OCÉANO ATLÁNTICO

Las Bahamas

Estrecho de Florida

Matanzas

Cienfuegos CUBA
• Camagüev

Guantánamo

Santiago
de Cuba

Kingston

JAMAICA

HAITÍ

Port-au-Prince

Santo
Domingo

REPÚBLICA
DOMINICANA

PUERTO
RICO

Mayagüez
Ponce San
Juan

Islas Vírgenes Antigua

Guadalupe
Dominica

Martinique
Santa Lucía

San
Vicente Barbados

Granada

Antillas Menores

MAR DEL CARIBE

Aruba

Bonaire

Curaçao

Isla de
Margarita

Trinidad

Tobago

Port-of-Spain

Caracas

R. Orinoco

Canal de
Panamá

• Colón

• Panamá

PANAMÁ

Golfo
de
Panamá

R. Magdalena

VENEZUELA

GUYANA

GUAYA
FRANC

SURINAM

AMÉRICA DEL SUR

• Bogotá

COLOMBIA

BRASIL

¡TRATO HECHO!

Library of Congress Cataloging-in-Publication Data
McMinn, John.
  ¡Trato hecho!: Spanish for Real Life/John McMinn, Virginia Vigil, Robert A. Hemmer.
  p. cm.
  Includes index.
  ISBN 0-13-327974-X (full ed.). -- ISBN 0-13-459108-9 (lst half). -- ISBN 0-13-459116-X (2nd half). --
  ISBN 0-13-446949-6 (instructor's ed.)
  1. Spanish language--Textbooks for foreign speakers--English.
  I. Vigil, Virginia. II. Hemmer, Robert A. III. Title.
  PC4129.E5M44 1995
  468.2'421--dc20   95-25076
                                                CIP

Editor-in-Chief: Steve Debow
Executive Editor: Laura McKenna
Director of Development: Marian Wassner
Project Editor: Glenn A. Wilson
Assistant Editor: María F. García
Editorial Assistant: Karen George
Managing Editor: Deborah Brennan
Cover Design: Carol Anson
Interior Design: Ximena de la Piedra, Hothouse, Function thru Form, Inc.
Page Layout: Ximena de la Piedra
Electronic Art: Siren Design, Inc., Ximena de la Piedra, Wanda España
Illustrations: Daisy de Puthod
Photo Researcher: Melinda Alexander
Manufacturing Buyer: Tricia Kenny

 ©1996 by Prentice Hall, Inc.
A Simon & Schuster Company
Upper Saddle River, New Jersey 07458

Printed in the United States of America
10 9 8 7 6 5 4 3 2 1

ISBN   0-13-327974-X Combined Edition
ISBN   0-13-459108-9 Volume 1
ISBN   0-13-459116-X Volume 2
ISBN   0-13-446949-6 Annotated Instructor's Edition

Prentice Hall International (UK) Limited, *London*
Prentice Hall of Australia Pty. Limited, *Sydney*
Prentice Hall Canada Inc., *Toronto*
Prentice Hall Hispanoamericana, S.A., *México*
Prentice Hall of India Private Limited, *New Delhi*
Prentice Hall of Japan, Inc. *Tokyo*
Prentice Hall of Southeast Asia Pte. Ltd, *Singapore*
Editora Prentice Hall do Brasil, Ltda., *Rio de Janeiro*

¡TRATO HECHO!

Spanish for Real Life

Combined Edition

John T. McMinn
Austin Community College,
Riverside Campus

Robert A. Hemmer
Marquette University

Virginia D. Vigil
Austin Community College,
Rio Grande Campus

Prentice Hall Upper Saddle River, New Jersey 07458

Scope and Sequence

¡Trato hecho! is a modular beginning Spanish program for students who want to put Spanish to immediate use in their community or place of work. The central goals of **¡Trato hecho!** are to build proficiency in and appreciation for the Spanish language, to develop students' understanding of Hispanic cultures and their growing importance in the world, and to provide contexts that reinforce the usefulness of Spanish in today's economy, particularly in North America.

Students today recognize the important role Spanish plays and will continue to play in North America. The global economy and community, NAFTA, and opportunities in international business have sparked a renewed interest in language study. **¡Trato hecho!** responds to this surging interest by stressing the features of Spanish needed for everyday communication and applying them immediately to realistic settings around the world.

Approach and Organization

At the heart of **¡Trato hecho!** is its flexible, modular approach. It is published in two paperbound volumes of six lecciones each (five regular *lecciones* and one video review) and in one hardcover volume of twelve *lecciones*. All volumes are expected to be available in electronic and CD-ROM formats and can be customized to suit any program.

The main theme of the ten regular *lecciones* is divided into four interrelated topics, each of which corresponds to a language function that comprises three to four two-page modules. There are usually two vocabulary modules (four pages) and two grammar and exercise modules (four pages) per topic. A cumulative active vocabulary list is included after the fourth topic, before the student proceeds to the reading, writing, and application modules, which synthesize material in the vocabulary and grammar modules and provide opportunities to use newly-acquired skills in expanded contexts.

Two video review chapters recombine vocabulary, structures, functions, and cultural information in applied settings to offer cumulative real-world practice as well as a systematic review of all material covered.

The modular approach of **¡Trato hecho!** was developed in response to the requests of students, particularly non-majors and those at community colleges, as well as of professors in service courses in departments with few Spanish majors. Students who work full- or part-time in addition to attending college benefit from compact modules, because material is more manageable when learners can test their abilities and apply new material in one module before continuing to the next one. Students find smaller chunks of material better suited to their fragmented schedules. Instructors say they also prefer modules because they afford flexibility in planning and personalizing a course, and tailoring it to the needs of their audience.

With **¡Trato hecho!**, instructors have the option of customizing material by selecting modules to emphasize. For example, in a course that meets three hours per week and focuses on grammatical accuracy, an instructor might decide to emphasize the grammar modules. Other instructors might elect to cover fully the vocabulary and synthesizing modules and assign the grammar modules outside of class. The flexibility offered by the modular design allows instructors to tailor materials to the specific goals and needs of their students.

Development and design

The development and design of **¡Trato hecho!** put in place a process completely driven by pedagogical priorities. Photographs, illustrations, and realia are integrated with text so that each reinforces the other. Developing a language program with fully integrated text and graphics poses a serious challenge for authors and publishers. In the traditional textbook writing process, an author usually completes a manuscript before designers, artists, and photo researchers create the design and format and add the visual support of illustrations and photographs. This process often results in photographs with limited functional or pedagogical value, or in materials that are difficult (or impossible) to use.

To address this situation, the publishing team worked simultaneously on the writing and design of the program. We custom designed each two-page spread so that text and graphics not only fit in the space allocated for each module, but work together in a dynamic and pedagogically effective manner. The result is a new way of presenting Spanish that invigorates instructors and students and provides instant visual cues for learning and remembering material.

Chapter Organization

The material in the ten regular *lecciones* is divided into four interrelated, color-coded topics that emphasize skill-getting: there is a blue, yellow, green and red topic in every regular chapter. Each color-coded topic comprises at least one two-page vocabulary module and one two-page grammar and exercise module. This modular, color-coded format provides an extremely focused and flexible framework for presenting and learning new material within the limited blocks of time available to today's students and instructors. The four color-coded topics are followed by a list of new chapter vocabulary, also presented by topic and color, one reading and writing module, and one application module.

Vocabulary modules. ¡Trato hecho! teaches useful vocabulary and expressions in contexts in which a broad range of students—traditional college-aged students, working people completing course work at night, retirees returning to school—might realistically find themselves or someone they know. The use of lively illustrations and vivid photographs in the vocabulary modules makes it possible to present new language entirely in Spanish while building a rich cultural framework. Presentation of new material is interwoven with contextualized and personalized activities that give students immediate practice. A limited number of new structures are previewed in each vocabulary module, laying the groundwork for their formal presentation in the grammar modules that follow.

Grammar modules. Each grammar module of **¡Trato hecho!** presents and puts to use one new structure. Grammar explanations are extremely simple and direct, to facilitate study at home, if necessary, and review. In addition, self-check questions *(Para averiguar)* appear in the margins of the text to help students focus on essential points of each explanation and to enable them to verify that they have understood an explanation after they have read it.

We encourage students to look over these self-check questions before reading the explanations or proceeding to the exercises and activities *(A lo personal)*, which provide immediate, contextualized reinforcement of new structures.

■ ■ ■Vocabulary summary. A cumulative list of new active vocabulary appears in a two-page module that follows the skill-getting modules and precedes the skill-using modules. New words and expressions, all of which are recorded, are divided into four color-coded sections that correspond to the topic in which they appear. The color-coded format of the chapter vocabulary list makes it easy for students to study for exams and for instructors to make them up. In addition, this summary module also highlights one aspect of pronunciation related to the chapter structures or vocabulary and tied to additional work in the *Lab Manual*.

Reading and writing activity modules. Students become independent readers and writers by acquiring a mix of varied, flexible techniques and strategies. Each reading and writing module focuses on one new reading strategy that students put to immediate use as they read an authentic text carefully selected to tie together or expand the chapter topics.

Authentic texts include articles from magazines and newspapers, as well as brief literary texts. Writing activities offer students opportunities to apply their steadily growing base of vocabulary and structures to situations that require practical and creative expression.

¡TRATO HECHO! **Application modules.** In recognition of the increased interest in Applied Spanish courses across the country at the intermediate-advanced levels, every regular *lección* of **¡Trato hecho!** features a task-based module in which students use Spanish in a realistic, applied way in a variety of fields where they may be likely to seek their future careers, including: education, counseling and social work, music and entertainment, the retail and fashion industries, law and the legal professions, the restaurant and catering industries, the hotel and travel industries, the media and communication industries and medicine. The **¡Trato hecho!** modules make use of dynamic art and graphics and a rich variety of charts, articles, and other documents to emphasize the usefulness and vitality of Spanish in today's world.

Video review. *Lecciones 6* and *12* are special video review chapters produced on location in Quito, Ecuador. These chapters give students the opportunity to recycle actively the functions, vocabulary, and structures they learned in the five preceding chapters in the context of a narrative that focuses on the world of business and commerce. Each chapter follows a character as he or she moves through a series of everyday experiences and job-related situations related to key functions students have studied. A unique feature of these chapters is the way they guide students to conduct their own systematized review of the material: through a series of carefully structured steps, students analyze the structures and vocabulary they need and come up with the paradigms required to complete the chapter activities. No other introductory Spanish program offers such a structured, motivating framework for students to review the material they have studied.

Components

The essential goal of each component of ¡**Trato hecho!** is simple: to make teaching and learning Spanish a successful experiences. Each component is carefully and logically woven into the program. Each brings the language, culture, and people of the Spanish-speaking world alive for instructors and students.

Student Text

¡**Trato hecho!** is available in two volumes for purchase separately or in a special combined volume at a reduced price. *Combined edition*: ISBN 013-327974-X

Online Electronic Workbooks

Completely integrated with ¡**Trato hecho!** and available free of charge on the Internet, *Electronic Workbooks* have been designed for students with little or no computer experience. These workbooks consist of tutorial and practice screens. All practice material is supported by detailed hints and reference files.

Multimedia

¡**Trato hecho!** is expected to be available on CD within one year. Compatible with both IBM® and Macintosh® machines, the CD will enable students to slow speech, repeat phrases with the help of a native-speaking voice tutor, look up unknown words and phrases, record and listen to their own voices, and view translations of recorded material.

Lab Manual/Workbook

The organization of the *Lab Manual* parallels that of the student text. Its scripted and semi-authentic recordings provide realistic listening texts and contexts that challenge learners to move beyond the in-text activities. One set of cassettes is available to departments adopting ¡**Trato hecho!** and can be duplicated and distributed to each student or used in the language lab. The *Workbook* complements the student text. It recycles and reinforces functions, vocabulary, grammar topics, cultural information, and communicative goals.

Annotated Instructor's Edition

Marginal annotations in the *Annotated Instructor's Edition* include warm-up and expansion exercises and activities and additional cultural information. Also included are an array of tips and ideas designed specifically for novice teaching assistants or adjunct faculty who may be teaching Spanish for the first time in many years.

Testing Programs

The *Testing Programs* for ¡**Trato hecho!** use a variety of techniques to evaluate students' skills in listening, speaking, reading, writing, and culture. These testing programs consist of quizzes and tests for each chapter, alternative mid-term and final examinations, and oral proficiency tests. They are available in IBM and Macintosh formats.

Online Transparencies

Transparencies of maps, readings and illustrations to facilitate internalization of new vocabulary provide visual support materials for the student text.

Customized Components

Every print component can be custom published to your individual specifications. The Prentice Hall Customized Components Program permits departments to add syllabi, extra readings, activities, exercises, and other print materials to any of the components at a nominal cost.

Acknowledgments

We would like to thank everyone who has helped us turn our years of teaching experience into ¡Trato hecho!

First we would like to express our appreciation to our students and colleagues, without whose encouragement we could have never found the energy to finish. We are especially thankful to Teresa Shu and Stuart Smith for their contributions to the **Workbook/Lab Manual** and to Sharon Gormley and Julio de la Llata for reading and commenting on chapters. We are grateful to Guadalupe López-Cox for her insightful work and guidance in testing. We also thank Bill Sarkis of Daytona Beach Community College for his work on the Supplementary Translation Exercises that appear at the back of each volume of the program.

We are indebted to the many members of the Spanish teaching community whose comments and suggestions helped us shape, reshape, and fine-tune every *lección*. Their many eyes helped us to see more clearly. In many cases, colleagues generously donated activities and exercises that keep the program fresh. We gratefully acknowledge and thank:

Deborah Baldini	*University of Missouri, St. Louis*	Ellen Haynes	*University of Colorado, Boulder*
Kristin Boda	*Normandale Community College*	Pat Houston	*Pima Community College*
Aris Cedeño	*Marquette University*	Roger Klinkenborg	*S. Connecticut State University*
Carmen Coracides	*Scottsdale Community College*	Sharyn Kuusisto	*San Francisco City College*
Miriam Echeverría	*Southwest Texas State University*	Cynthia Medina	*York College of Pennsylvania*
Ronna Feit	*Nassau Community College*	Rosalea Postma-Carttar	*University of Kansas*
Myra Gann	*State University of New York, Potsdam*	Nelson Rojas	*University of Nevada, Reno*
Gerry Giauque	*Imperial Valley College*	Bill Sarkis	*Daytona Beach Comm. College*
John Griggs	*Glendale Community College*	Ingrid Watson-Miller	*Hampton University*
Peg Haas	*Kent State University*		

We are equally happy to acknowledge the assistance of the following native speakers, who read the manuscript to check for linguistic and cultural appropriateness: Javier Corrales, *Cuba*; Jorge Cubillos, *Colombia;* Ximena de la Piedra, *Perú*; María F. García, *Cuba*; Ana Luisa Gil-Adalid, *México;* María González-Aguilar, *Argentina*; Alfredo Irizarry, *Puerto Rico*; Julio de la Llata, *México*; Juan Raggio Pérez, *Spain;* Nelson Rojas, *Spain*; Miguel Vásquez, *México*.

It has been a pleasure to work with our friends at Prentice Hall. Words cannot express our thanks to Steve Debow, Marian Wassner, Deborah Brennan, and Laura McKenna for their support and dedication to the project. Their tireless energy and abilities to work miracles are amazing. Many individuals contributed countless hours and talents to the team. We gratefully acknowledge the contributions and efforts of Carol Carter, Director of Student Programs for the concept of an applications-oriented program with a real world orientation, María F. García for her coordination of all aspects of the program including audio and video materials, not to mention our snappy title, Glenn Wilson for his writing, meticulous work and eagle eye, Karen George and Aileen Ugural for the countless phone calls, runs to express mail service counters, efficiency and pleasant manners. We extend heartfelt thanks to Daisy de Puthod and Joan Kristensen whose artistic talent and flair bring the vocabulary and application modules to life, to the talented team at Siren Design for its realia design, to Carol Anson and Leslie Osher for their development of the cover concept and its various preliminary versions, to Robert Farrar-Wagner, Ann Marie Trimmer, and Lourdes Brun for their colorful promotional materials.

Our deepest appreciation goes to Ximena de la Piedra who exhibited so many talents, we do not know where to begin the list. Ximena is an artist in every sense of the word. She approached every module differently and marshalled a plethora of techniques and ideas to individualize each two-page spread. Her expertise in electronic production, creativity, and willingness to spend the time to get things right sets ¡Trato hecho! apart from other programs. Ximena's gentle manner, patience, and unwillingness to compromise were a constant source of new ideas and inspiration. Ximena, you're the best!

Last, but not least, we extend a big hug to our friends and families for their support throughout it all, especially Daniel, Rhonda, Eddy, and Javier.

¡TRATO HECHO!

En la universidad

1

TEMA 2

Las presentaciones

- Te presento a...
- ¿Cómo estás?

- *estar* + adjetivo

TEMA 3

Los números y la hora

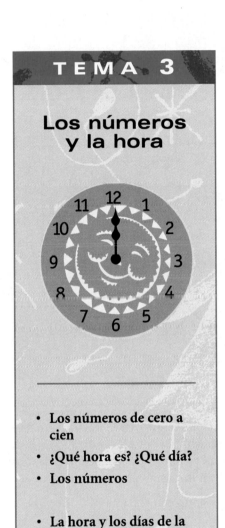

- Los números de cero a cien

- ¿Qué hora es? ¿Qué día?
- Los números

- La hora y los días de la semana

TEMA 4

La clase

- El salón de clase

- El artículo definido: género y número
- El artículo indefinido

Using Cognates

Hispanics in the United States

Hola. ¡Buenos días! ¿Cómo te llamas?

A. Saludos. At what time of the day would you use these expressions to greet people?

Buenos días.

Buenas tardes.

Buenas noches.

B. ¿Cómo te llamas? Lázaro Reyna, a student at the University of Miami is meeting his new roommate, Carlos Martínez, a foreign student from Spain. You may use these expressions to introduce yourself to a classmate, a child, or other people with whom you have an informal relationship.

–Hola. ¿Cómo te llamas?	*Hi. What is your name?*
–Lázaro. ¿Y tú?	*Lázaro… And you?*
–Yo me llamo Carlos.	*My name is Carlos.*

C. ¿Cómo se llama Ud.? You use different verb forms and words to say *you* when talking to someone to whom you want to show respect, such as a professor, your boss, or people you do not know well.

Carlos is meeting some of his new neighbors.

–Disculpe, ¿Cómo se llama usted?
–Me llamo Carlos Martínez. ¿Y usted, señor?
–Soy Antonio Pérez y ésta es mi esposa Isabel.
–Mucho gusto.
–Igualmente.

D. Respuestas. Respond using the expressions in the box.

Me llamo…	Soy	Buenas noches.	Igualmente.
Buenas tardes.	Buenos días.	Mucho gusto.	

1. ¡Buenos días!
2. ¿Cómo te llamas?
3. ¿Cómo se llama usted?
4. ¡Buenas tardes!

5. ¡Buenas noches!
6. Me llamo Daniel. ¿Y tú?
7. Mucho gusto.
8. Soy Carlos Martínez.

E. ¿Cómo se escribe? This is how to ask people to spell a word or their name.

–¿Cómo se escribe?   *How is it written?*
–Mi apellido se escribe…   *My last name is written…*

a	a	ñ	eñe
b	be	o	o
c	ce	p	pe
d	de	q	cu
e	e	r	ere
f	efe	rr	erre
g	ge	s	ese
h	hache	t	te
i	i	u	u
j	jota	v	ve
k	ka	w	doble ve
l	ele	x	equis
m	eme	y	i griega
n	ene	z	zeta

Jj
Un **jaguar** toma **jugo** en la **jungla**.

¡ojo!

Until recently, **ch** and **ll** were considered different letters from **c**, **h**, and **l**. Only the most recent dictionaries will have these letters alphabetized as in English. In old dictionaries, **c** followed by any other letter will precede **ch**, and **l** followed by any other letter will precede **ll**.

• The Spanish alphabet has two more letters than the English alphabet: **ñ** and **rr**. In alphabetized lists, **n** + any letter will precede **ñ**. The **rr** is alphabetized as in English. For example, the following words would be alphabetized in this order:

     banal   banco   bañar   caro   ca**rr**o   carta

• The letters **b** and **v** are pronounced alike, so when spelling, people often say **be grande** (*big*) for the letter *b* and **ve chica** (*small*) for the letter *v*.

F. ¿Cómo se escribe? Spell the names of your favorite people or things in Spanish. Your classmates should try to name them.

1. su actor favorito
2. su actriz favorita
3. su restaurante favorito

4. su grupo musical favorito
5. su auto favorito
6. su profesor/a favorito/a

G. Una conversación. Role-play the following conversation.

–Buenos días (Buenas tardes, Buenas noches).
–_____.
–¿Cómo te llamas?
–Me llamo _____.
–¿Cómo se escribe tu apellido?
–Se escribe _____.

Las clases

A. ¿Dónde estudias?

–¿Dónde estudias?
–Estudio en la Universidad de Virginia.

B. ¿Qué estudias?

–¿Qué estudias?
–Estudio sociología, arte, …

CIENCIAS

BIOLOGÍA, QUÍMICA, FÍSICA

LITERATURA, LENGUAS

ESPAÑOL, FRANCÉS,
ALEMÁN, RUSO, JAPONÉS,
INGLÉS

ADMINISTRACIÓN DE
EMPRESAS

SOCIOLOGÍA, PSICOLOGÍA,
HISTORIA, FILOSOFÍA

CONTABILIDAD, ECONOMÍA

ARTE, MÚSICA

INFORMÁTICA,
MATEMÁTICAS, INGENIERÍA

C. Diálogo. ¿De dónde eres? Carlos is getting to know Doug Lambert, one of Lázaro's friends. Use the same questions to learn more about another student in your class.

CARLOS: ¿De dónde eres?
DOUG: Soy de aquí.
CARLOS: ¿Eres estudiante?
DOUG: Sí, soy estudiante en la universidad.
CARLOS: Yo también. ¿Qué estudias?
DOUG: Estudio español.
CARLOS: ¿Quién es el profesor?
DOUG: Es la profesora Jaimes.

D. ¿Y Ud.? Choose one of the answers in parentheses or another of your choice to describe yourself.

1. Soy de (aquí, Dallas, Nueva York, Los Ángeles,…)
2. Soy estudiante en (la universidad de Iowa, Richland College,…)
3. Estudio (matemáticas, biología, literatura,…)

E. Unos hispanos famosos. Which of the following famous Hispanic celebrities is talking? Use the context to guess the meaning of the words in italics.

Javier Pérez de Cuellar   Gloria Estefan
Gabriela Sabatini   José Canseco

1. Soy de Argentina. Soy *jugadora* de tenis.
2. Soy de La Habana, Cuba. Soy *jugador* de béisbol. *Ahora juego* con las Medias Rojas de Boston.
3. Soy de Miami. Soy *cantante* y *canto* en inglés y español.
4. Soy de Lima, Perú. Soy *el ex-secretario general de las Naciones Unidas.*

F. Las facultades. What would you study in these departments?

1. la Facultad de Ciencias Económicas
2. la Facultad de Ciencias Naturales
3. la Facultad de Bellas Artes
4. la Facultad de Filosofía y Letras

G. Firma aquí. Walk around the room asking in Spanish your classmates' names, where they are from, and what they are studying. As you find people who fit the categories, have them sign their name in the corresponding space on the grid.

SOMEONE…	¿CÓMO TE LLAMAS?	¿DE DÓNDE ERES?	¿QUÉ ESTUDIAS?
1. from here			
2. who studies computer science			
3. from another city in this state			
4. whose last name starts with A			
5. who studies math			
6. whose last name starts with E			
7. who studies music			
8. who studies literature			
9. who studies history			
10. whose last name starts with N			
11. from the same city as you			
12. who studies accounting			
13. who studies psychology			
14. who studies natural sciences			
15. whose last name starts with S			
16. from another state			

Usted, tú y yo

Para averiguar

After reading this explanation you should be able to answer the following questions. Check your answers in p. 221.

1. When do you address someone with **tú**? And with **Ud.?**

2. How do you say *I*? Do you generally use subject pronouns in sentences in Spanish?

3. **Tú eres** means *you are.* How would you translate the single word **eres**?

4. Translating literally, what does **(yo) me llamo** mean?

• There are two ways to say *you* (singular) in Spanish. Use **tú** when talking to a friend, a classmate, a family member, or a child. Use **usted** to address an adult you do not know or someone to whom you wish to show respect. Although in many situations **tú** is used among peers regardless of age difference, when in doubt, use **usted** unless both people are college-age or younger. **Usted** is often abbreviated **Ud.** It is frequently used with a title of respect. **Yo** means *I.* **Yo, tú,** and **usted** each have a different form of the verb. Do you see any patterns in the endings of the first two verbs in the lists?

YO	TÚ	USTED
(Yo) me llamo…	¿Cómo te llamas (tú)?	¿Cómo se llama (Ud.)?
(Yo) estudio…	(Tú) estudias…	(Ud.) estudia…
(Yo) soy…	(Tú) eres…	(Ud.) es…

• In Spanish, the verb ending contains the information about who the subject is. Therefore, the subject pronouns **yo, tú,** and **Ud.** are frequently omitted because the subject is clear from the verb ending.

• **Estudio** and **yo estudio** are both translated as *I study* in English and **estudias** and **tú estudias** are translated as *you study.* As you can see, you should not expect to be able to translate word for word from English to Spanish. To communicate, use an equivalent expression, not a literal translation. The lack of a one-to-one correspondence between Spanish and English can also be seen in the phrases used to ask for and give names.

SPANISH	EQUIVALENT EXPRESSION	LITERAL TRANSLATION
¿Cómo te llamas (tú)?	*What is your name?*	*How yourself call you?*
¿Cómo se llama Ud.?	*(How do you call yourself?)*	
(Yo) me llamo…	*My name is…*	*(I) myself call…*
	(I call myself…)	

A lo personal

A. ¿Y tú? Ask a classmate you do not know questions about himself/herself, changing the questions below from the **Ud.** form to the **tú** form.

MODELO: —¿Cómo se llama Ud.?
　　　　　—¿Cómo te llamas?
　　　　　—Me llamo María.

1. ¿Es Ud. de aquí?
2. ¿De dónde es Ud.?
3. ¿Es Ud. estudiante?
4. ¿Dónde estudia Ud.?
5. ¿Qué estudia Ud.?
6. ¿Estudia Ud. matemáticas?

B. ¿Tú o usted? Who would be more likely to say the following while getting acquainted, the people in the photo to the left or those in the photo to the right?

1. ¿Cómo te llamas?
2. ¿Cómo se llama usted?
3. Me llamo Alicia, ¿y tú?
4. Me llamo Pablo Zamora, ¿y usted?
5. ¿De dónde es usted?
6. ¿De dónde eres?
7. ¿Eres estudiante?
8. ¿Dónde estudias?
9. ¡Buenas noches!
10. ¡Buenos días!

Miami

Calle Ocho, Miami

C. ¿Cómo se llama usted?/¿Cómo te llamas? How would you ask these people their name?

MODELO: an elderly neighbor
¿Cómo se llama usted?

1. a professor
2. a classmate
3. your classmate's younger brother
4. your roommate's grandmother
5. a salesclerk
6. your roommate's girlfriend/boyfriend
7. your father's boss
8. your mother's secretary

D. ¿De dónde es usted?/¿De dónde eres? How would you ask the people in *Activity C* where they are from?

MODELO: an elderly neighbor
¿De dónde es usted?

Te presento a…

A. **Te presento a…** Here are some people you might want to introduce to each other. Use **quiero presentarte a**… to introduce someone to a person you address with **tú.** Use **quiero presentarle a**… when talking to someone you address with **usted.** What patterns do you see in the endings of the words that refer to women versus those referring to men?

Quiero presentarte a…/Quiero presentarle a…

mi mejor amigo Carlos   mi mejor amiga Patricia   mi novio

mi novia   mi profesor de español   mi profesora de español

mi compañero de clase   mi compañera de clase

B. Diálogo. Un nuevo compañero de cuarto.

Lázaro is introducing Carlos to his girlfriend, Silvia.

LÁZARO: Silvia, quiero presentarte a mi nuevo compañero de cuarto, Carlos Martínez.
Carlos es de España. Carlos, ésta es mi novia, Silvia.

CARLOS: ¡Mucho gusto, Silvia!

SILVIA: Encantada.

CARLOS: ¿Eres estudiante también?

SILVIA: Sí, estudio administración de empresas en la Universidad de Miami.

CARLOS: ¡Qué coincidencia! Yo también.

C. ¿Comprende Ud.?

1. ¿Quién es el nuevo compañero de cuarto de Lázaro?
2. ¿De dónde es?
3. ¿Es estudiante?
4. ¿Qué estudia?

D. ¿Hombre o mujer? Imagine that your instructor is introducing the following people to you. How would you say that you are glad to meet each one: **Mucho gusto señor, señorita,** or **señora?**

MODELO: Quiero presentarle a la profesora de música.
—*Mucho gusto, señora.*

1. Quiero presentarle al director de la facultad.
2. Quiero presentarle a mi novia.
3. Quiero presentarle a mi compañero de trabajo.
4. Quiero presentarle a la profesora de inglés.
5. Quiero presentarle a mi esposa.

E. Las presentaciones. Imagine that you are introducing the following people to the student next to you. What would you say? If you don't have one of these relationships, say **No tengo…** (*I don't have…*).

MODELO: your art teacher
Quiero presentarte a mi profesor de arte, el profesor Peña.
o *No tengo profesor de arte.*

1. your roommate
2. your boyfriend or girlfriend
3. your best friend
4. another classmate near you
5. your math teacher
6. your Spanish teacher

F. Una conversación. In small groups, one student introduces two classmates and they get to know each other a little better by asking the following questions.

1. ¿De dónde eres?
2. ¿Qué estudias?
3. ¿Quién es el profesor de…?

¿Cómo estás?

A. ¿Cómo estás? Use the following expressions to ask how someone is doing or to say how you are doing.

–¿Cómo estás, Carlos? (*familiar*)
–¿Cómo está Ud., profesora Rodríguez? (*formal*)
–Estoy…

| bien | mal | regular |

B. Estoy… Many adjectives, when used to describe men, differ slightly in form from the same adjectives, when used to describe women. Do you see any patterns in the endings?

cansado   un poco enfermo   muy ocupado

cansada   un poco enferma   muy ocupada

C. ¡Adiós! To say good-bye use:

Adiós.	*Good-bye.*
Hasta luego.	*See you later.*
Hasta mañana.	*See you tomorrow.*
Nos vemos esta noche.	*See you tonight.*
Chau.	*Ciao.*

D. Diálogo. El apartamento de Carlos y Lázaro.

Lázaro' s girlfriend, Silvia, stops by to chat for a few minutes on the way to work.

SILVIA: ¿Cómo estás, Carlos?
CARLOS: Estoy bien pero un poco cansado. ¿Y tú?
SILVIA: Estoy muy bien. Pero no puedo hablar porque estoy muy ocupada en el trabajo.
CARLOS: Pues, nos vemos.
SILVIA: Hasta luego.

E. ¿Comprende Ud.?

1. ¿Quién está un poco cansado?
2. ¿Cómo está Silvia?
3. ¿Puede hablar un poco?

F. ¿Cómo están? Do you agree or disagree with the statements about the people in this ad? (**él** = *he*; **ella** = *she*)

MODELO: Él está un poco cansado.
Sí, está un poco cansado.

Ella está un poco enferma.
No, no está enferma.

1. Él está muy cansado.
2. Ella está muy cansada.
3. Él está bien.
4. Ella está bien.
5. Ella está muy ocupada ahora.
6. Él está muy ocupado ahora.

G. ¿Y Ud.? ¿Cómo está hoy? Choose one statement from each group to say how *you* are doing today. Use the correct endings.

1. Estoy bien.
   Estoy mal.
   Estoy regular.
2. Estoy un poco cansado/a.
   Estoy muy cansado/a.
   No estoy cansado/a.

3. Estoy un poco enfermo/a.
   Estoy muy enfermo/a.
   No estoy enfermo/a.
4. Estoy ocupado/a.
   Estoy muy ocupado/a.
   No estoy ocupado/a.

estar + adjetivo

Para averiguar

After reading this explanation, you should be able to answer the following questions. Check your answers at the back of the book.

1. What form of **estar** should you use with **yo?** with **tú?** with **Ud.?** What form should you use to talk about a third person, such as Carlos or Silvia?

2. If an adjective that describes a male ends with **-o,** what will it end with when it describes a female?

• To say how you or your friends are doing, use an adjective with the verb **estar.**

–¿Cómo **estás?**	–*How are you?* (familiar)
–**Estoy** *bien.*	–*I' m fine.*
–¿Cómo **está** Ud., Sra. Ortiz?	–*How are you Mrs. Ortiz?* (formal)
–**Estoy** un poco *cansada.*	–*I' m a little tired.*
–¿Cómo **está** Carlos?	–*How is Carlos doing?*
–Carlos **está** muy *ocupado.*	–*Carlos is very busy.*

• Many adjectives end with **-o** when describing men and **-a** when describing women. Most adjectives that end with any letter other than **-o** or **-a** have only one form for both men and women.

MEN	WOMEN		MEN AND WOMEN	
aburrido	aburrida	*bored*	triste	*sad*
cansado	cansada	*tired*	regular	*so-so*
confundido	confundida	*confused*	mejor	*better*
contento	contenta	*happy*		
nervioso	nerviosa	*nervous*		
ocupado	ocupada	*busy*		
preocupado	preocupada	*worried*		

A lo personal

A. ¿Cómo está Ud.? Do the following adjectives describe you at this moment?

MODELO: cansado/a
Sí, estoy (un poco, muy) cansado/a. o No, no estoy cansado/a.

1. ocupado/a
2. nervioso/a
3. triste
4. aburrido/a

5. regular
6. preocupado/a
7. confundido/a
8. contento/a

B. En clase. Which adjectives best describe how you feel in the following courses? If you have never taken the course, imagine how you would feel.

> nervioso/a   bien   confundido/a   aburrido/a
> mal   ocupado/a   contento/a

MODELO: en la clase de inglés
En la clase de inglés, estoy aburrido/a.

1. en la clase de literatura
2. en la clase de música
3. en la clase de informática

4. en la clase de arte
5. en la clase de matemáticas
6. en la clase de español

C. ¿Familiar o formal? Would the people in the illustrations use familiar or formal greetings? Role-play each scene with a classmate.

MODELO: —¿Cómo estás?/¿Cómo está Ud.?
        —Estoy enfermo.

¡A escuchar!

Un amigo de Lázaro. Listen as Lázaro introduces Carlos to a friend.

1. ¿Cómo se llama el amigo de Lázaro?
2. ¿Cómo está el amigo de Lázaro?
3. ¿Cómo está Carlos en Miami?
4. ¿Qué estudia el amigo de Lázaro?

D. Compañeros de clase. Prepare a conversation in Spanish in which you introduce two classmates. Each asks how the other is doing and what each is studying. Then you all say good-bye with an expression that indicates when you expect to see each other again.

Los números de cero a cien

A. Para contar.

0	cero						
1	uno	11	once	21	veintiuno	31	treinta y uno
2	dos	12	doce	22	veintidós	32	treinta y dos
3	tres	13	trece	23	veintitrés	…	
4	cuatro	14	catorce	24	veinticuatro	40	cuarenta
5	cinco	15	quince	25	veinticinco	50	cincuenta
6	seis	16	dieciséis	26	veintiséis	60	sesenta
7	siete	17	diecisiete	27	veintisiete	70	setenta
8	ocho	18	dieciocho	28	veintiocho	80	ochenta
9	nueve	19	diecinueve	29	veintinueve	90	noventa
10	diez	20	veinte	30	treinta	100	cien

B. Diálogo. El número de teléfono.

Carlos is asking Lázaro for the telephone number at the apartment. To Lázaro's surprise, he also asks for Silvia's number.

CARLOS: Lázaro, ¿cuál es el teléfono de aquí?
LÁZARO: Es el 6–49–98–23.
CARLOS: Y Silvia, ¿cuál es tu teléfono?
SILVIA: El 6–49–31–90.

C. ¿Qué número? Figure out the following patterns and supply the correct numbers.

1. 2, 4, 6, ___, 10, ___, 14, ___
2. 1, 2, 4, 8, 16, ___, ___
3. 100, 90, ___, 70, ___, 50, ___, 30, ___, 10
4. 1, ___, 9, 27, 81
5. 1, 2, 3, 5, 8, 13, 21, 34, ___, ___

D. Los mensajes secretos.
Your instructor will read a series of numbers. Using the code below, decipher the messages by writing the letter next to each number that you hear. When you hear 0 (**cero**), start a new word beginning with the next number. When you hear 31 (**treinta y uno**), write an accent on the previous letter.

MODELO: You hear: 2, 15, 26, 5, 19, 8, 0, 6, 7, 31, 12, 8
         You write: *Buenos días.*

1	g	7	i	13	f	19	o	25	j
2	b	8	s	14	x	20	p	26	e
3	q	9	ñ	15	u	21	c	27	v
4	m	10	h	16	z	22	t		
5	n	11	l	17	r	23	y		
6	d	12	a	18	rr	24	k		

E. El horóscopo. You are calling the service in the ad to get your horoscope. Tell what number you dial and a classmate will guess your sign.

MODELO: —*El 34.*
   —*Tú eres leo.*
   —*Sí, soy leo.*

TODOS LOS DIAS
TU HOROSCOPO TELEFONICO
SOLO MARCA AL
91-801-510+☐☐
y luego el número junto a tu signo
¡Este número puede cambiar tu vida!

30 ARIES · 34 LEO · 38 SAGITARIO
31 TAURO · 35 VIRGO · 39 CAPRICORNIO
32 GEMINIS · 36 LIBRA · 40 ACUARIO
33 CANCER · 37 ESCORPION · 21 PISCIS

F. ¿Cuál es tu teléfono? Ask five of your classmates their phone numbers and write them as they would be written by a resident of Madrid. Then practice saying the numbers aloud.

MODELO: You hear: 781–5563
   You write: *7–81–55–63*
   You say: *siete, ochenta y uno, cincuenta y cinco, sesenta y tres.*

G. Asociaciones. What number do you associate with each thing?

1. los estudiantes en clase hoy
2. la temperatura hoy
3. una temperatura agradable
4. los días en noviembre
5. un adulto

6. la graduación
7. el matrimonio
8. los Estados Unidos de América
9. un triángulo
10. una A en la clase de español

   ¡A escuchar!

¡Una fiesta! Carlos and Lázaro are going to have a party. Carlos asks Silvia for some of her friends' phone numbers so that he can invite them. Listen to the conversation and fill in the missing telephone numbers in the blanks below.

CARLOS: ¿Cuál es el teléfono de tu amiga Magdalena?
SILVIA: Es el _____. ¿Quieres el teléfono de Solimar?
CARLOS: Sí, ¿cuál es?
SILVIA: Es el _____. Y el teléfono de Mariquita es _____. ¿A quién más quieres invitar?
CARLOS: A Daniela, por supuesto.
SILVIA: Pues... su teléfono es el _____.

¿Qué hora es? ¿Qué día?

A. ¿Qué hora es?

Es la una.

Son las dos y diez.

Son las cuatro y cuarto.

Son las seis y media.

Son las siete menos veinte.

Son las once menos cuarto.

Es el mediodía.

Es la medianoche.

B. ¿Qué día? Lázaro tiene tres clases los lunes, miércoles y viernes, y tiene dos clases los martes y jueves. No tiene clase los sábados y domingos.

HORARIO	LUNES	MARTES	MIÉRCOLES	JUEVES	VIERNES	SÁBADO	DOMINGO
9:00		filosofía		filosofía	literatura española	trabajo	
10:00	literatura española		literatura española		historia		
11:00	historia		historia				
12:00							
1:00	biología		biología		biología		
2:00							
3:00		economía		economía			
4:00	trabajo		trabajo		trabajo		
5:00							
6:00							
7:00							

C. Diálogo. El horario.

Tomorrow is the first day of school. Lázaro and Carlos are discussing class schedules.

CARLOS: ¿A qué hora es tu primera clase mañana?

LÁZARO: Los lunes tengo mi primera clase a las diez y mi última clase es a la una de la tarde. ¿Y tú?

CARLOS: Los lunes, miércoles y viernes, tengo mi clase de contabilidad a las nueve de la mañana, mi clase de informática a las once y mi clase de inglés a las tres.

LÁZARO: ¿Y cuántas clases tienes los martes y jueves?

CARLOS: Sólo tengo la clase de historia a la una y media.

D. ¿Dónde estás? Carlos wants to know when Lázaro has classes. Use Lázaro's schedule to answer his questions. Then ask a classmate the same questions.

MODELO: —¿Estás en clase los lunes a las diez?
   —*Sí, los lunes a las diez estoy en la clase de literatura.*
   —¿Estás en clase los martes a la una?
   —*No, los martes a la una no estoy en clase.*

1. ¿Estás en clase los lunes a la una?
2. ¿Estás en clase los martes a las once y media?
3. ¿Estás en clase los miércoles al mediodía?
4. ¿Estás en clase los jueves a las dos y media?
5. ¿Estás en clase los viernes a las tres menos cuarto?
6. ¿Estás en clase los sábados?

E. ¿Están abiertos los restaurantes? Use the ads for restaurants from the Monterrey, Mexico yellow pages to say when each restaurant is open.

MODELO: ¿*Singapur Express* está abierto a las diez de la mañana?
   No, no está abierto.

1. ¿*Singapur Express* está abierto a las tres de la tarde?
2. ¿*El Fundador* está abierto los lunes a las diez de la mañana? ¿los lunes al mediodía? ¿los domingos al mediodía?
3. ¿*Showbiz Pizza Fiesta* está abierto los viernes a las once y media? ¿los sábados a las once y media?
4. ¿*Sólo faltas tú* está abierto los martes a las cinco menos cuarto? ¿los domingos a las cinco menos cuarto?

Los números

- The numbers 16–29 are commonly written as one word but may be written as three.

    dieciséis/diez y seis   **veinticuatro/veinte y cuatro**

- Numbers 30–99 are always written as three separate words.

    treinta y uno   **cincuenta y siete**   **ochenta y tres**

- **Y** *(and)* is only used between the tens and ones columns for numbers above 20.

    cuarenta y dos   **sesenta y tres**

- The number 100 has two forms. Use **cien** for exactly 100. If another number follows, use **ciento**. **Cien** and **ciento** mean *one hundred,* with the idea of *one* already included. Do not use **uno** before them to say *one* hundred.

cien	100
ciento uno	101
ciento dos	102
…	…
ciento noventa y nueve	199

Para averiguar

1. When do you use **cien** and when do you use **ciento** to express *one hundred?*

2. Do you translate the word *one* in *one hundred?*

A lo personal

A. ¿Cómo se escribe? You are writing out checks in Spanish and cannot remember how to spell the following numbers. Ask another student.

MODELO: 9

    —¿Cómo se escribe 9?
    —*Se escribe n-u-e-v chica-e.*

1. 7   6. 29
2. 6   7. 30
3. 15   8. 40
4. 18   9. 70
5. 20   10. 100

B. ¿Cuánto es? Check a third grader's arithmetic skills. Note: **más** (+), **menos** (-), **es** (=).

MODELO: 5 + 4 =

    Cinco más cuatro es nueve.
    30 - 14 =
    Treinta menos catorce es dieciséis.

1. 3 + 10 =   5. 6 + 88 =   9. 16 - 2 =
2. 2 + 13 =   6. 24 + 1 =   10. 29 -14 =
3. 40 + 20 =   7. 11 - 3 =   11. 50 - 17 =
4. 77 + 4 =   8. 20 - 8 =   12. 26 - 12 =

C.   ¿Por qué vienen? Based on the graph, what percentage of people travel to the United States for the following reasons?

1. los amigos
2. los negocios
3. las vacaciones
4. los estudios
5. las convenciones

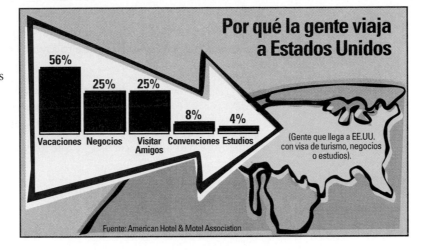

Por qué la gente viaja a Estados Unidos

56% Vacaciones
25% Negocios
25% Visitar Amigos
8% Convenciones
4% Estudios

(Gente que llega a EE.UU. con visa de turismo, negocios o estudios).

Fuente: American Hotel & Motel Association

D. Las vacaciones. While on vacation in the United States, how many millions of dollars did the following groups of people spend? To say *point* use **punto.**

Dinero en las billeteras

Los turistas en EE.UU. gastaron 71.200 millones de dólares en 1992, 11% más que en 1991. ¿Quiénes gastaron más?:

$13.7 Japón
$9.3 Canadá
$7.5 Reino Unido
$6.4 México
$4.8 Alemania

(en miles de millones)

1. los alemanes
2. los ingleses
3. los canadienses
4. los mexicanos
5. los japoneses

E. Los estudiantes del extranjero. What percentage of foreign students study each subject in the United States?

1. negocios = administración de empresas
2. ingeniería
3. ciencias
4. informática

Estudiando en EE.UU. ...

Carreras preferidas por los estudiantes extranjeros en EE.UU.
   Porcentaje de alumnos en cada carrera:

20.1% NEGOCIOS/MANAGEMENT
17.6% INGENIERÍA
9.0% FÍSICA/CIENCIAS
8.4% INFORMÁTICA

Fuente: Instituto de Educación Internacional

La hora y los días de la semana

Para averiguar

1. When do you use **es** instead of **son** to say *what time it is?*

2. When would you say **son las dos?** **a las dos?**

3. When do you use **el** with a day of the week? When do you use **los?** When do you use neither?

• Use **¿Qué hora es?** to ask *What time is it?* now. Use **Es la una** to say *It's one o' clock*, **Es el mediodía** to say *It's noon*, and **Es la medianoche** to say *It's midnight*. With all of the other hours, use **son las…**

–¿Qué hora es?
       –Son las dos y cuarto.
       –Son las tres menos diez.
       –Son las ocho y media.

• To ask *at what time* something will take place, use **¿A qué hora…?** To answer, use **a la** or **a las …**

–¿A qué hora es tu clase de historia?   –Es a la una.
                                   –Es a las dos.

• To say that you do something *from (time) until (time)* use **desde… hasta…** or **de…a.**

Los lunes estoy en clase **desde** las nueve **hasta** la una.
Los sábados estoy en la oficina **de** las dos **a** las cuatro.

• Most Spanish-speaking countries do not use A.M. and P.M. Instead, use:

de la mañana	A las ocho **de la mañana.**	*At eight in the morning.*
de la tarde	A la una **de la tarde.**	*At one in the afternoon.*
de la noche	A las once **de la noche.**	*At eleven in the evening.*

• To ask and tell what day it is today, use:

–¿Qué día es hoy?
–Hoy es lunes (martes, miércoles, jueves, viernes, sábado, domingo).

• To say that something will occur on Monday, on Tuesday…, use **el lunes, el martes…**

Esta semana, no tengo clase **el miércoles.**   *This week, I don't have class on Wednesday.*

• To say that something normally occurs on Mondays, on Tuesdays…, use **los lunes, los martes…**

Tengo clases sólo los **martes y jueves.**   *I have classes only on Tuesdays and Thursdays.*

A lo personal

A. ¿Qué hora es?

B. ¿A qué hora? At what time do you do these activities on the days named?

MODELO: *Tengo clases desde las ocho de la mañana hasta la una de la tarde los lunes.* o
No tengo clases los lunes.

1. Tengo clases desde _____ hasta _____ los lunes (los martes, los sábados).
2. Estudio hasta _____ los jueves (los viernes, los sábados, los domingos).
3. Estoy en clase de _____ a _____ los miércoles (los jueves).
4. Estudio de _____ a _____ los lunes (los sábados, los domingos).

C. Entrevista. Interview a classmate and write down the answers to these questions.

1. ¿Qué día es hoy? ¿Qué hora es?
2. ¿Qué días tienes clases? ¿A qué hora es tu primera clase? ¿Y tu última clase?
3. ¿A qué hora es tu programa de televisión favorito? ¿Qué día? ¿Cómo se llama el programa?
4. Los viernes a la medianoche, ¿dónde estás por lo general? ¿En casa? ¿Con amigos? ¿En el trabajo?

D. Programación española. Look over the listing for **Canal +**, a television channel in Spain. What could you see at the following times?

1. El jueves a las 11:28 de la mañana.
2. El jueves a las 7:35 de la noche.
3. El viernes a las 2:05 de la tarde.
4. El sábado a las 3:00 de la tarde.
5. El sábado a las 8:00 de la noche.
6. El domingo a las 7:00 de la tarde.

CANAL +

JUEVES 14

10.00	Mi película favorita: "The loveless (sin amor)".
11.28	Cine: "Star Trek VI: aquel país desconocido".
13.35	Los 40 principales.
14.00	Redacción. Noticias.
14.05	Teleserie: "La odisea".
14.30	Teleserie: "La pareja basura".
15.00	Cine: "Tu novio huele mal".
17.10	Cine: "Los amantes del Pont Neuf".
19.35	Dibujos animados.
20.00	Avance. Redacción.
20.05	Los 40 principales.
20.30	Especial informativo: "Crónica de Sarajevo".
21.30	Redacción. Noticias.
21.53	Información deportiva.
22.00	Estreno Canal +: "El desafío".
01.05	Cine: "Compañeros inseparables".
02.04	Sesión especial V.O.: "Más allá de la ambición".
04.25	Cierre.

VIERNES 15

10.00	Cine: "El rey del desierto".
11.30	Cine "El cuervo".
13.35	Los 40 principales.
14.00	Redacción. Noticias.
14.05	Teleserie: "La odisea".
14.30	Teleserie: "Espías de guante blanco".
15.00	Cine: "Ama letal".
16.55	Cine: "Salmonberries".
18.27	National Geographic en Canal +
20.00	Avance. Redacción.
20.05	Los 40 principales.
20.30	Primer plano.
21.00	Teleserie: "Primos lejanos".
21.30	Redacción. Noticias.
22.00	Estreno Canal +: "Jugando en los campos del señor".
01.00	Cine X: "Nikki bon voyage".
02.18	Cine: "Los chicos del maíz II".
03.48	Cine: "Rescate desesperado".
05.19	Cine: "Las truchas".

SABADO 16

10.51	Cine: "Hechizo de un beso".
11.30	Documental: "Trucos de cine".
13.00	Del 40 al 1.
14.00	Redacción. Noticias.
14.05	Transworld Sport.
15.00	Golf.
16.00	Fútbol liga inglesa.
17.50	Cine: "Soldado universal".
19.35	Dibujos animados.
20.00	Avance. Redacción.
20.05	24 horas.
21.00	Lo + Plus.
21.30	Redacción. Noticias.
22.00	Prince en concierto.
23.32	Cine: "Alien 3".
01.22	Sesión especial V.O.: "Jaque al asesino".
03.14	Cine: "Seducción peligrosa".
04.55	Cine: "El diario de lady M".
06.51	Cine: "Nunca estás en casa".

DOMINGO 17

10.00	Cine: "Tres pequeños ninjas".
11.34	Cine: "Yo me bajo en la próxima, ¿y usted?".
13.00	El Gran Musical.
14.00	Redacción. Noticias.
14.05	Teleserie: "Barra libre".
15.00	National Geographic: En Canal +.
18.53	Cine: "Un horizonte muy lejano".
18.10	Previo Fútbol.
19.00	Fútbol. Liga Española.
21.30	Redacción. Noticias.
22.00	Estreno Canal +: "Coraje en la sangre".
23.40	El tercer tiempo.
02.35	Cine: "El laberinto griego".
04.15	Cierre.

E. ¿Y Ud.? Prepare your own schedule for this week. Then use the program listing to choose five programs that you are free to watch. Say what they are and at what times they are on.

El salón de clase

A. Vocabulario. En el salón de clase hay…

B. En el escritorio de la profesora.

C. Diálogo. El cuarto de Lázaro.

Lázaro is showing Doug his room.

LÁZARO: Aquí está mi cuarto. Hay una ventana grande, dos sillas, un escritorio, un estante y una cama.

DOUG: ¿Y por qué hay una puerta aquí?

LÁZARO: Es mi baño.

DOUG: ¡Qué bueno! Hay un baño en tu cuarto.

D. ¿Comprende Ud.?

1. ¿Tiene Lázaro un escritorio en su cuarto?
2. ¿Tiene baño el cuarto?
3. ¿Cómo es la ventana?
4. ¿Cuántas sillas tiene Lázaro en su cuarto?

E. ¿En qué tienda? In which store would you more likely find the following items?

MODELO: una mesa
              en Carsa

1. un escritorio   3. una silla   5. una calculadora   7. bolígrafos
2. papel   4. cuadernos   6. una computadora   8. un estante

F. ¿Qué hay? Are the following things in the classroom, in your room at home, or in both places?

MODELO: una ventana
              Hay una ventana en el salón de clase. o Hay una ventana en el salón
              de clase y en mi cuarto también.

1. una pizarra   3. un baño   5. una silla   7. una mochila
2. un escritorio   4. una cama   6. una profesora   8. una mesa

G. ¿Cuánto cuesta? Approximately how much do the following items cost in dollars (**dólares**) or cents (**centavos**)?

MODELO: una mochila
              Una mochila cuesta diecinueve dólares con veinticinco centavos.

1. un lápiz   3. un libro de español
2. una calculadora   4. un cuaderno de español

El artículo definido: género y número

Para averiguar

1. What are the four forms of the Spanish word for *the?* When do you use each one?

2. Are the following nouns masculine or feminine: **diccionario, biología, sociedad, composición?**

3. When do you make a noun plural by adding *-s?* By adding *-es?*

- All nouns in Spanish have gender. This means that they are classified as masculine or feminine. In grammar, the terms *masculine* and *feminine* have little to do with being male or female. Except for nouns identifying people, you cannot guess the gender of a word from its meaning. For example, the word for *dress* (**vestido**) is masculine and the word for *necktie* (**corbata**) is feminine.

- There are four different ways to say *the* in Spanish. The form you use depends on whether the following noun is masculine or feminine, and whether it is singular or plural.

The Definite Article				
	MASCULINE		FEMININE	
SINGULAR	**el** libro	*the book*	**la** silla	*the chair*
PLURAL	**los** libros	*the books*	**las** sillas	*the chairs*

- Generally, nouns ending in **-o** or **-l** are masculine and those ending in **-a, -d,** or **-ción/sión** are feminine. There are a few exceptions, such as **el día,** *day* and **la mano,** *hand.* The gender of nouns ending in other vowels or consonants is not predictable, so you should always learn them with the article in order to help you remember whether they are masculine or feminine. Here are some nouns you might use in class. Can you fill in the blanks with **el** or **la?**

____ tarea	*homework*	____ vocabulario	*vocabulary*
____ pregunta	*question*	____ ejercicio	*exercise*
____ respuesta	*answer*	____ cuaderno	*notebook*
____ palabra	*word*	____ libro	*book*
____ página	*page*	____ bolígrafo	*pen*
____ oración	*sentence*	____ español	*Spanish*

- Nouns referring to males are generally masculine and those referring to females are feminine. Nouns ending in **-e** generally have the same form for a man or a woman.

  el señor/la señora
  el profesor/la profesora
  el estudiante/la estudiante

- To make a noun plural, use the plural form of the article and add **–s** to nouns ending with a vowel or **-es** to those ending with a consonant.

el libro	→	los libros
el papel	→	los papeles
la mesa	→	las mesas
la universidad	→	las universidades

- Final **-z** becomes **c** when **-es** is added: **el lápiz → los lápices.** The accent on words ending with **-ión** disappears in the plural: **la oración → las oraciones,** because a new syllable has been added, which changes the stress pattern.

A lo personal

A. ¿El artículo definido? Which item is in or on the other? Use **está** after a singular noun and **están** after a plural noun.

MODELO: mesa/mochila
  La mochila está en la mesa.
  libros/estante
  Los libros están en el estante.

1. lápices/mesa
2. tarea/pizarra
3. cuaderno/papel
4. respuestas/pizarra
5. ejercicio/página 31
6. libros/mochila
7. libro/preguntas
8. sillas/estudiantes
9. profesor/salón de clase

B. ¿Cuánto cuesta?

MODELO: *La calculadora cuesta treinta y cuatro dólares con noventa y cinco centavos.*

El artículo indefinido

Para averiguar

What are the two forms of the Spanish word for *a*? How do you say *some*?

- Like the word for *the*, the word for *a* or *some* has different forms, depending on whether the following noun is masculine or feminine, singular or plural.

The Indefinite Article				
	MASCULINE		FEMININE	
SINGULAR	**un** libro	*a book*	**una** silla	*a chair*
PLURAL	**unos** libros	*some books*	**unas** sillas	*some chairs*

- As in English, the word for *some* can be omitted in Spanish.

  Hay (unos) libros en la mesa.   *There are (some) books on the table.*

- The word for *one* is the same as the word for *a*. When counting, use **uno** to say *one*, but before a noun, use **un** or **una**.

  uno, dos, tres, cuatro…   *one, two, three, four…*
  un libro   *one book, a book*
  una mesa   *one table, a table*

A lo personal

A. ¿Qué cosas? Complete these sentences with all appropriate words. Use the plural, when necessary.

MODELO: En mi mochila, tengo (libro, lápiz, calculadora, bolígrafo, cuaderno)
          En mi mochila, tengo unos libros, unos lápices y un bolígrafo.

1. En mi cuarto tengo (cama, estante, silla, baño, libro, computadora, escritorio)
2. En la clase de español hay (profesor, profesora, estudiante, libro, cuaderno)
3. En el salón de clase hay (pizarra, silla, estante, reloj, ventana, puerta)
4. En la pizarra hay (pregunta, oración, ejercicio, respuesta, palabra)

B. ¿Los artículos definidos o indefinidos? After completing the sentences with a form of the definite or indefinite article, use the questions to interview a classmate.

1. ¿A qué hora es _____ clase de español?
2. ¿Hay _____ profesor o _____ profesora en _____ clase de español?
3. ¿Quién es _____ profesor/a?
4. ¿Estás _____ poco nervioso/a cuando estás en _____ clase de español?
5. ¿_____ tarea está en _____ cuaderno o en _____ libro? ¿Está en _____ página 11?
6. ¿Hay _____ computadora en tu cuarto?
7. ¿Tienes _____ cuarto aquí en _____ universidad?

La comunicación en clase

- Here are some things your instructor might tell you to do. The command has a final **-n** when it is directed at a group. There is no **-n** when the command is addressed to one person.

Abra(n) el libro en la página veinte.	Saque(n) papel y un lápiz.
Cierre(n) el libro.	Escriba(n) la respuesta.
Escuche(n) los casetes.	Conteste(n) la siguiente pregunta.
Repita(n) cada palabra, por favor.	Haga(n) los ejercicios en el cuaderno.
Júnte(n)se con un compañero.	Aprenda(n) el vocabulario.
Vaya(n) a la pizarra.	Siénte(n)se.
Lea(n) la oración en la pizarra.	

- Here are some things you might want to say to your instructor.

Hable más despacio, por favor.	¿Cómo se dice _____ en español?
¿Qué significa _____?	No comprendo.
¿Cómo se escribe?	No sé.
¿Cómo se pronuncia esta palabra?	¿En qué página está?
	¿Cuál es la tarea para la próxima clase?

A. ¿En clase o en casa? Is the instructor telling you to do these things **en clase** or **en casa?**

MODELO: Lean la oración en la pizarra.
          En clase.

1. Vayan a la pizarra.
2. Cierren el libro.
3. Repitan, por favor.
4. Saquen papel y un lápiz.
5. Escriban las respuestas en la pizarra.
6. Hagan los ejercicios en el cuaderno.

B. ¿Qué dice el profesor? Form logical commands using a word from each column. Include the definite article, when necessary.

MODELO: *Hagan los ejercicios en el cuaderno.*

Escriban	palabras		página 35
Escuchen	vocabulario		escritorio
Repitan	libro	en	estante
Lean	oraciones		pizarra
Contesten	preguntas		casetes

C. ¿Qué dicen? Which expressions would you use in each situation?

Repita, por favor.   No sé.   No comprendo.   ¿Qué significa…?
¿En qué página está?   ¿Cuál es la tarea para mañana?   ¿Cómo se dice…?
Hable más despacio, por favor.

1. The teacher asks you a question, but you cannot hear well.
2. The teacher is talking too fast.
3. You do not know the answer.
4. You want to know how to say something in Spanish.
5. You want to know what a Spanish word means.
6. You were out of class and you call to find out the next day's assignment.
7. You don't know what a question means.

Vocabulario y expresiones

1 LOS NOMBRES Y LAS CLASES

ASKING NAMES AND GETTING TO KNOW PEOPLE

Buenos días.	Good morning.
Buenas tardes.	Good afternoon.
Buenas noches.	Good evening. Good night.
¿Cómo te llamas?	What is your name? (familiar)
¿Cómo se llama Ud.?	What is your name? (formal)
Hola.	Hi.
Me llamo…	My name is…
¿De dónde eres?	Where are you from? (familiar)
Soy de aquí.	I am from here.
Mucho gusto.	Pleased to meet you.
Igualmente.	Likewise. (Me too.)
¿Qué estudias?	What do you study?
Estudio…	I study…
¿Quién es…?	Who is…?

ASKING WHAT PEOPLE STUDY

la administración de impresas	business
el arte, las artes	art, the arts
la biología	biology
las ciencias	science
la contabilidad	accounting
la economía	economics
la filosofía	philosophy
la física	physics
la geografía	geography
la historia	history
la informática	computer science
la ingeniería	engineering
las lenguas	languages
el alemán	German
el español	Spanish
el francés	French
el inglés	English
el japonés	Japanese
el ruso	Russian
la literatura	literature
las matemáticas	mathematics
la música	music
la psicología	psychology
la química	chemistry
la sociología	sociology

OTHER NOUNS

el/la estudiante	student
la facultad	department, school
el/la profesor/a	professor
la universidad	university

2 LAS PRESENTACIONES

INTRODUCING PEOPLE

Quiero presentarte a…	I want you to meet… (familiar)
Quiero presentarle a…	I want you to meet… (formal)
Te presento a…	I'd like you to meet… (familiar)
Le presento a…	I'd like to meet… (formal)
el/la (mejor) amigo/a	(best) friend
el/la compañero/a de clase	classmate
de cuarto	roommate
el/la esposo/a	husband/wife
el hombre	man
la mujer	woman
el/la novio/a	boyfriend/girlfriend
el/la señor/a	Mr./Mrs., Sir/Madame
la señorita	Miss

ASKING HOW PEOPLE ARE

¿Cómo estás?	How are you? (familiar)
Estoy…	I am…
aburrido/a	bored
(muy) bien	(very) well
cansado/a	tired
confundido/a	confused
contento/a	content
encantado/a	delighted
enfermo/a	sick, ill
mal	not well, badly
mejor	better
nervioso/a	nervous
ocupado/a	busy
preocupado/a	worried
regular	so-so
triste	sad
hoy	today
porque	because
(un) poco	(a) little

SAYING GOOD-BYE

Adiós.	Good-bye.
Hasta luego.	See you later.
Hasta mañana.	See you tomorrow.
Nos vemos.	We'll be seeing each other.

OTHER EXPRESSIONS

| muy | very |
| pero | but |

3 LOS NÚMEROS Y LA HORA

COUNTING

cero/uno/dos	zero/one/two
tres/cuatro/cinco	three/four/five
seis/siete/ocho	six/seven/eight
nueve/diez	nine/ten
once	eleven
doce	twelve
trece	thirteen
catorce	fourteen
quince	fifteen
dieciséis (diez y seis)	sixteen
diecisiete (diez y siete)	seventeen
dieciocho (diez y ocho)	eighteen
diecinueve (diez y nueve)	nineteen
veinte	twenty
veintiuno (veinte y uno)	twenty-one
veintidós (veinte y dos)	twenty-two
ventitrés (veinte y tres)	twenty-three
veinticuatro (veinte y cuatro)	twenty-four
veinticinco (veinte y cinco)	twenty-five
treinta	thirty
cuarenta	forty
cincuenta	fifty
sesenta	sixty
setenta	seventy
ochenta	eighty
noventa	ninety
cien(to)	one hundred

ASKING WHAT DAY IT IS

¿Qué día es hoy?	What day is today?
lunes	Monday
martes	Tuesday
miércoles	Wednesday
jueves	Thursday
viernes	Friday
sábado	Saturday
domingo	Sunday

TELLING TIME

¿Qué hora es?	What time is it?
Es la…/Son las…	It is…
de/a	from/to
menos	minus
de la mañana	a.m., in the morning
de la tarde	p.m., in the afternoon
de la noche	p.m., in the evening
desde/hasta	from/until
el mediodía	noon
la medianoche	midnight

4 LA CLASE

IN THE CLASSROOM

Hay…	There is…, There are…
un baño	bathroom
un bolígrafo	pen
una calculadora	calculator
una computadora	computer
un cuaderno	notebook
un escritorio	(teacher's) desk
un estante	shelf
un lápiz	pencil
un libro	book
una mesa	table
una mochila	backpack
una pizarra	chalkboard
una puerta	door
un reloj	clock
una silla	chair
una tienda	store
una ventana	window
el ejercicio	exercise
la oración	sentence
la palabra	word
la página	page
la pregunta	question
la respuesta	answer
la tarea	homework

¿Cómo se pronuncia? *Las vocales*

There are five basic vowels in Spanish: *a, e, i, o, u*. Whereas the tongue tends to move as you pronounce vowels in English, you must hold the tongue firmly in place when pronouncing vowels in Spanish. This gives the vowels in Spanish words a purer and often shorter, clipped sound.

a: hasta, mañana, cansada, mal
e: es, está, el, me
i: mi, literatura, aquí, sí
o: poco, cómo, ocupado, contento
u: tú, usted, música, universidad

If a word ends in *n, s,* or a *vowel*, the next-to-last syllable of the word is normally stressed.

If a word ends in a *consonant* other than *n* or *s*, the last syllable is normally stressed.

Reading will help you learn Spanish more quickly. There are many Spanish-language magazines available on a wide range of subjects in the United States and Canada. Although you are just beginning, you can already understand a lot of the content of Spanish-language magazines. This is because there are many words that look the same and have similar meanings in both English and Spanish. These words are called *cognates*.

A. Revistas. Look at the magazine covers below and list the cognates that you find. Then read the *Table of Contents* on the next page and list the cognates that you find there.

B. El contenido. Now reread the *Table of Contents* and match it with the magazine from which it was taken. Then say on which page you could find an article on the following subjects.

1. alternative medicines
2. longevity
3. hypnosis
4. medical astrology
5. sexuality
6. maternity

Síntomas
Así nos defiende la fiebre
La alta temperatura corporal es un síntoma muy habitual que a veces nos asusta. Este indicador preciso de las defensas de nuestro cuerpo tiene varias particularidades y aquí se las mostramos. **Pág 54**

Nutrición
Vitaminas: las menos conocidas
Una es fundamental en la coagulación de la sangre, otra interviene en la disminución del colesterol. Vitaminas que no tienen tanta prensa como sus colegas más famosas, pero aún así vale la pena conocer sus efectos y aprender a utilizarlas en forma efectiva. **Pág 47**

Estética
Las técnicas de belleza más efectivas del mundo
Las francesas son campeonas en el arte del maquillaje, las escandinavas, expertas en mantener el vigor del cuerpo. Un viaje alrededor del mundo para descubrir lo mejor de cada país en materia de belleza. **Pág 66**

Deportología
Como desarrollar los músculos más utilizados en la vida cotidiana
Cuando levantamos una caja, empujamos un mueble o cambiamos una goma del auto, ponemos en acción una serie de músculos imprescindibles en la vida diaria. Entérese cuáles son y cómo ejercitarlos sin perjudicar a su cuerpo. **Pág 72**

¡A escribir!

Look over the table of contents and write five questions you would like to ask your instructor.

MODELO: *¿Qué significa la palabra **milagro**?*
*¿Cómo se pronuncia la palabra **l-o-n-g-e-v-i-d-a-d**?*

¡TRATO HECHO!

Hispanics in the United States

A. Mis antepasados. In groups of two or three, discuss where your ancestors came from, your ethnic heritage, and how you do or do not maintain this heritage. Be sure to mention any customs or celebrations that are ethnically based, as well as language, foods and other traditions. Then, discuss the customs and traditions that Hispanics have brought to the United States. Select a spokesperson to summarize your discussion for the class.

B. Reacciones. React to the following statements about Hispanics in the United States, based on what you read in ¡TRATO HECHO!

1. I will only use Spanish if I live in a big city.
2. Most Hispanics are maids and gardeners.
3. The majority of Hispanics are from Central America.
4. Most Hispanics cannot speak English.
5. Most Hispanics only speak Spanish.
6. Few Hispanics live in suburban/metro areas.

Nogales, Arizona.

C. Una generalización. Based on the information below, write several accurate statements about Hispanics in the United States. Then, in groups, discuss how your statements compare with what you knew or thought prior to reading this information. Does this information omit any important details? In what way does this information differ from what you thought?

¡ojo!

The term **Hispanic** does not denote race. Hispanic is generally used to refer to the ethnicity or socio-cultural identity of a group of people. Thus, Hispanics can be black or white (or any other race). For U.S. statistical purposes, the categories generally used are: White, non-Hispanic; Black, non-Hispanic; Hispanic; Asian/Pacific Islander; and American Indian/Alaska Native. In this book, as in many other studies, white and black are understood to mean non-Hispanic.

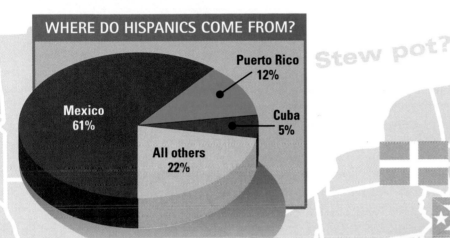

WHERE DO HISPANICS COME FROM?

Mexico 61%
Puerto Rico 12%
Cuba 5%
All others 22%

Stew pot?

Diversity

TOP FIVE NON-ENGLISH LANGUAGES SPOKEN AT HOME IN THE UNITED STATES IN 1990

S P A N I S H	17,345,064
F R E N C H	1,930,404
G E R M A N	1,547,987
I T A L I A N	1,308,648
C H I N E S E	1,219,462

WHERE DO HISPANICS WORK?

Managerial and professional speciality	4%
Technical, sales, and administrative support	6%
Service occupations	11%
Farming, forestry, and fishing	16%
Precision production, craft and repair	9%
Operators, fabricators, and laborers	12%

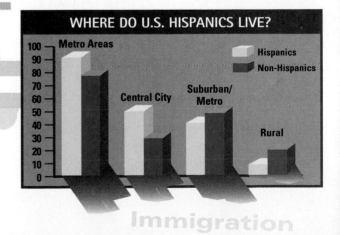

WHERE DO U.S. HISPANICS LIVE?

Metro Areas
Hispanics
Non-Hispanics
Central City
Suburban/Metro
Rural

Bilingual   Multicultural   Immigration

D. Saludos en un negocio. Read the conversation below. Then answer the questions.

SEÑORA MONGE:	Buenos días.
DEPENDIENTE:	Buenos días, señora. ¿En qué le puedo servir?
SEÑORA MONGE:	Necesito un cuaderno y dos bolígrafos.
DEPENDIENTE:	Muy bien. Aquí están.
SEÑORA MONGE:	¿Cuánto cuestan?
DEPENDIENTE:	Cuatro pesos con cincuenta.
SEÑORA MONGE:	Perfecto. Me los llevo.

1. What does **dependiente** mean?
2. After greeting señora Monge, the dependiente asks her a question. What would be the logical question to ask in this situation? In other words, what does **¿en qué le puedo servir?** probably mean?
3. Where else might you hear this same question?
4. What does señora Monge need?
5. What does señora Monge want to know about these items?
6. What is señora Monge's reaction to the answer? In other words, is she happy or unhappy about the answer? How do you know?
7. Can you guess what **Me los llevo** means?

¡A escuchar!

Saludos del mundo latino. There are many regional differences in how Spanish speakers greet one another, especially among friends. Some of them are listed below. After studying the greetings below, listen to the tape and identify the greeting that you hear by writing the name of the country where it is used.

ARGENTINA/URUGUAY	Che, ¿qué hacés? ¿Cómo te va?
COLOMBIA	¿Quiubo?
CUBA	¿Cómo tú estás?
ECUADOR	¿Qué fue?
ESPAÑA	Hola, ¿qué hay?
GUATEMALA/MÉXICO	Hola, ¿qué onda?
NICARAGUA	¿Qué pasó?
PANAMÁ	¿Qué es lo que es?
VENEZUELA	Epa, chamo. ¿Qué tal?

1. _____   4. _____

2. _____   5. _____

3. _____

E. ¿Dónde se escuchan estos saludos? Match the letter of each conversation with the place where you are most likely to hear these greetings.

a. –Hola, Juan. ¿Cómo estás?
 –Bien, Felipe. ¿Y tú?
b. –Buenas tardes.
 –Buenas tardes. ¿En qué le puedo servir?
c. –Papelería Ramón, buenos días.
 –Buenos días. ¿Tiene Ud. bolígrafos *Cross*?
d. –Buenos días, Señor Vietti. ¿Cómo está Ud?
 –Buenos días, Señora Castro. Muy bien, ¿y Ud.?

1. _____ in a store (in person)   3. _____ in a business establishment (over the phone)
2. _____ at a party   4. _____ at a business meeting

F. The Wrong Target. In groups of two or three discuss the current sentiments about immigration in your area. What are the stereotypes? What are people saying and assuming about immigration? How does it compare with Jacoby's opinion in the following article? How do you feel about immigration?

THE *WRONG* TARGET   JEFF JACOBY

The great thing about immigrant-bashing is that it doesn't require logical consistency.

You can hate immigrants for being unschooled ignoramuses who refuse to learn English. Or you can hate them because their obsession with education is overloading the public schools.

You can trash immigrants for keeping to themselves and refusing to assimilate. Or you can fume at the rising rate of intermarriage between U.S. natives and foreign-born Asians and Hispanics.

You can despise new arrivals for being lazy leeches who come here to get on welfare. Or you can be furious that they take away jobs that would otherwise go to Americans…

…Horror stories to the contrary notwithstanding, the United States is not experiencing an unprecedented wave of immigration.

Between 1981 and 1990, the number of immigrants entering the United States totaled 7.3 million. (Including undocumented aliens who were legalized under the 1986 Immigration Act.) By contrast, more than 8.8 million immigrants entered between 1901 and 1910. In absolute numbers, fewer immigrants are entering now than entered almost a century ago.

Which means the immigration rate—the number of newcomers relative to the U.S. population, which is what counts—is smaller, too. In the 1980s, the immigration rate was 3.1. In the 1920s, it was 3.5. In the 1910s, 5.7. The 1900s, 10.4. Far from being alarmingly high, immigration rates today are actually quite low…

…If we've got problems with welfare, illegitimacy, and multiculturalism, let's roll back welfare, illegitimacy, and multiculturalism. Choking off immigration to cure our ills would be like choking a cancer patient to cure a tumor. It will do nothing to alleviate the real sickness, but it will be all too effective in cutting off the new blood that renews our energy and revives our spirit.

The above opinion piece was written in 1994 during the debate about California's Proposition 187. The facts, as Mr. Jacoby of The Boston Globe *presents them, stand in stark contrast to the many strong opinions that formed part of the public discourse throughout this election season.*

Después de las clases

2

LECCIÓN

DOS

TEMA 1

La universidad y los amigos

HORARIO	LUNES	MARTES
9:00		filosofía
10:00	literatura española	
11:00	historia	
12:00		
1:00	biología	
2:00		
3:00		economía

- ¿Cómo es la universidad?
- ¿Cómo eres? ¿Cómo son tus amigos?

- El verbo *ser* y los pronombres sujetos
- Los adjetivos

TEMA 2

Los pasatiempos

- ¿Qué te gusta hacer?
- ¿Qué quieres hacer?

- Los infinitivos

TEMA 3

Los días de trabajo

- ¿Qué haces durante la semana?
- ¿Qué haces después del trabajo?

- Los verbos que terminan en -ar

TEMA 4

Las preguntas

- ¡Tengo una pregunta!
- ¿Qué quieres? ¿Cuál prefieres?

- Las preguntas

¡TRATO HECHO!

Scanning

Spanish in the Field of Education

¿Cómo es la universidad?

A. ¿Cómo es la universidad?

Los edificios son…

nuevos y modernos

viejos

La biblioteca es…

grande

pequeña

Las residencias son…

bonitas

feas

La comida de la cafetería es…

buena

mala

Las clases son…

fáciles

difíciles

interesantes

aburridas

B. Diálogo. Una comparación.

Lázaro y Carlos comparan las universidades de España y las universidades de aquí.

CARLOS: Las universidades en España son muy distintas de las universidades de aquí. No hay muchas residencias. Muchos estudiantes viven con la familia.

LÁZARO: Y los estudiantes son muy serios, ¿verdad?

CARLOS: Eso depende del estudiante. Pero no hay muchas actividades sociales en la universidad. Por ejemplo, no hay muchos deportes como aquí, donde el fútbol americano y el básquetbol son muy importantes. En España, los cafés y el cine son muy populares.

C. ¿Comprende Ud.? Do these statements refer to universities in Spain or here?

1. Hay muchas residencias.
2. No hay muchas actividades sociales.
3. Los deportes son muy importantes.
4. No hay muchos deportes.

D. Una universidad perfecta. Complete the sentences to describe how things are at the ideal university.

1. La biblioteca es… (grande, pequeña).
2. La biblioteca es… (moderna, vieja).
3. Las clases son… (grandes, pequeñas).
4. Los profesores son… (buenos, malos).
5. Los profesores son… (aburridos, interesantes).
6. Las residencias son… (viejas, nuevas).
7. La comida de la cafetería es… (buena, mala).
8. Los edificios son… (feos, bonitos).

E. Su universidad. How is your university different from your idea of the ideal university? Complete the sentences above based on your own school.

F. ¿Cuántos? Complete the following sentences with the appropriate words to describe your college or university.

1. Hay (un, muchos, pocos) edificio(s) nuevo(s).
2. Hay (un, unos, muchos, pocos) edificio(s) feo(s).
3. Hay (muchas, pocas) actividades sociales.
4. Hay (muchos, pocos) estudiantes interesantes
5. Hay (muchas, pocas) clases aburridas.

G. ¿Cómo son? Complete the following sentences with the logical adjective.

1. Hay 100 estudiantes en mi clase de matemáticas. Es muy (grande, pequeña).
2. Hay 12 estudiantes en mi clase de literatura. Es muy (grande, pequeña).
3. Tengo una A en mi clase de inglés. Es muy (difícil, fácil).
4. Tengo una F en mi clase de química. Es muy (difícil, fácil).
5. Me gusta la comida de la cafetería. Es (buena, mala).
6. La biblioteca es nueva. Es muy (moderna, vieja).

¿Cómo eres? ¿Cómo son tus amigos?

A. ¿Cómo eres? ¿Cómo son tus amigos?

¿ERES MÁS…?	¿Y TU MEJOR AMIGO/A? ¿ES…?
tímido/a o extrovertido/a	simpático/a
cómico/a o serio/a	generoso/a
atlético/a o intelectual	egoísta
idealista o realista	religioso/a
optimista o pesimista	interesante
perezoso/a o trabajador/a	aburrido/a
rebelde o conformista	muy inteligente
conservador/a o liberal	un poco tonto/a

B. Diálogo. ¿Son interesantes?

Carlos y Lázaro hablan después del primer día de clases.

LÁZARO: ¿Te gusta la universidad?
CARLOS: Sí, me gusta mucho. El campus es agradable y los estudiantes son simpáticos.
LÁZARO: ¿Y tus clases, son interesantes?
CARLOS: Sí, me gustan mucho mis profesores de informática y de cálculo. Son muy buenos. El profesor de contabilidad es un poco aburrido pero es un hombre simpático. Me gusta la clase porque estoy con Silvia.

C. ¿Comprende Ud.? Complete these sentences based on the conversation above.

1. El campus de la Universidad de Miami es…
2. Las clases de Carlos son…
3. Los profesores de informática y de cálculo son…
4. El profesor de contabilidad es un poco…
5. Silvia está con Carlos en la clase de…

D. ¿Cómo son? Describe each person with one of the adjectives below.

> PARA LAS MUJERES: seria cómica conservadora liberal trabajadora
> conformista rebelde tonta vieja intelectual atlética simpática egoísta

MODELO: *Gloria Estefan es trabajadora.*

1. Gabriela Sabatini
2. Madonna
3. Jane Fonda
4. Whoopi Goldberg
5. Rosie Pérez
6. Barbara Walters

> PARA LOS HOMBRES: serio cómico conservador liberal trabajador
> conformista rebelde tonto viejo intelectual atlético simpático egoísta

MODELO: *Dan Rather es trabajador.*

1. David Letterman
2. Erik Estrada
3. José Canseco
4. Rush Limbaugh
5. Jesse Jackson
6. Donald Trump

E. Las preferencias. Complete these sentences to express *your* likes and dislikes.

1. En el campus, me gustan más los edificios (modernos, viejos).
2. Me gustan los profesores (muy serios, un poco cómicos, muy cómicos).
3. No me gustan los profesores (generosos, egoístas, intelectuales, tontos).
4. Me gustan más las clases (interesantes pero un poco difíciles, aburridas pero muy fáciles).
5. Me gustan los amigos (conservadores, liberales).
6. Me gusta más la clase de (historia, química, biología, inglés …).
7. Mi clase de (historia, física, matemáticas, español …) es la más interesante.
8. Mi clase de (historia, física, matemáticas, español …) es la más aburrida.

Los amigos hispanos: *Spanish names and nicknames*

People with Hispanic backgrounds have both paternal and maternal surnames. A person named **Magali Formosa Solís** takes her first surname, **Formosa,** from her father, and the second, **Solís,** from her mother. In some Hispanic countries, women still keep their father's surname when they marry (giving up their mother's surname) and may attach their husband's paternal surname using the preposition **de.** Thus, if **María Formosa Solís** married **Eduardo Guedes Guillén**, her new name would be **Magali Formosa de Guedes.** It would also be common for people to refer to her as **la señora de Guedes** *(Mrs. Guedes)* and to the couple as **los Guedes.** The use of nicknames in place of first names is as common as it is in the United States.

HOMBRES		MUJERES	
Alejandro	Alex, Alejo	Ana	Anita
Antonio	Tony, Toño	Concepción	Conchita
Enrique	Quique	Consuelo	Chelo
Francisco	Paco, Pancho	Dolores	Lola
Guillermo	Memo, Guille	Graciela	Chela
José	Pepe, Chepe	Guadalupe	Lupe
Ignacio	Nacho	Isabel	Chabela
Luis	Lucho	María Isabel	Maribel
Manuel	Manolo	María Luisa	Marilú
Rafael	Rafa	Mercedes	Mencha, Merche
Ramón	Moncho	Rosario	Charo, Chayo
Roberto	Beto	Teresa	Tere

Carmen Herrera Sáenz
INGENIERA DE SISTEMAS

TVA. ARQUITECTO
JOVER-BLOQUE B N. 3-4. B
TELÉFONO 965-26 54 48
ALICANTE 16

Juan Carlos Etchart

Consultores

Mirta M.C. Torres
de Etchart

(1665) JOSÉ C. PAZ-F.G.S.M.
MIRANDA 1690

El verbo *ser* y los pronombres sujetos

- Use the verb **ser** to tell where people are from or what they are like.

ser (to be)					
yo	**soy**	*I am*	nosotros/as	**somos**	*we are*
tú	**eres**	*you are (familiar)*	vosotros/as	**sois**	*you are*
él	**es**	*he is*	ellos	**son**	*they are (m.)*
ella	**es**	*she is*	ellas	**son**	*they are (f.)*
usted	**es**	*you are (formal)*	ustedes	**son**	*you are*

—¿De dónde **son** Uds.?	*Where are you from?*
—**Somos** de Miami.	*We're from Miami.*
—¿**Son** estudiantes?	*Are you students?*
—Yo **soy** estudiante pero ella **es** profesora.	*I'm a student, but she is a professor.*

- **Ustedes** is usually abbreviated **Uds.**

- In Spain, the pronoun **vosotros** is used as the plural of familiar **tú**, but in American Spanish, the plural of both formal **usted** and of informal **tú** is **ustedes**.

- The subject pronouns **yo**, **tú**, **nosotros/as**, and **vosotros/as** are generally not used, because each has a unique verb form that tells you who the subject is. But **usted**, **él**, and **ella** have the same verb form, as do **ustedes**, **ellos**, and **ellas**, and are therefore used when needed for clarity.

¿**Eres** conservador?	*Are you conservative?*
¿**Es Ud.** conservador?	*Are you conservative?*
¿**Es él** conservador?	*Is he conservative?*

- Subject pronouns are used when you wish to emphasize the person about whom you are talking.

Tú eres conservador pero yo no.	*You are conservative but I'm not.*

- The feminine pronouns **nosotras**, **vosotras**, and **ellas** are used to describe all-female groups. For mixed groups, use **nosotros**, **vosotros**, and **ellos**.

A lo personal

A. ¿Quiénes? To whom might the following sentences refer? Insert names of someone you know.

MODELO: Somos estudiantes
    Mi compañero de cuarto y yo somos estudiantes.

1. Es profesor/a.
2. Son conservadores.
3. Es muy tímido/a.
4. Somos compañeros/as de clase.
5. Son de aquí.

B. Nacionalidades. You are at a meeting of international students where all participants are from their nation's capital. Give their nationality and tell where they are from.

Caracas	Bogotá	La Paz	Buenos Aires
Madrid	Managua	Tegucigalpa	

MODELO: yo/boliviano
Yo soy boliviano. Soy de La Paz.

1. nosotras/colombianas
2. Javier/argentino
3. ellos/españoles
4. ustedes/hondureños
5. María/nicaragüense
6. ¿tú?/venezolano

C. La clase de español. Describe your Spanish class using the correct form of the verb **ser**. Negate the verb when appropriate.

MODELO: La clase _____ difícil.
La clase no es difícil.

1. La clase _____ grande.
2. Los estudiantes _____ simpáticos.
3. Nosotros _____ estudiantes trabajadores en la clase.
4. El/La profesor/a _____ muy inteligente.
5. Yo _____ tímido/a.
6. El salón de clase _____ feo.
7. Todos nosotros _____ serios en la clase.
8. Yo _____ perezoso/a.

D. ¿Y sus compañeros/as? Ask a classmate about himself/herself. Then describe your classmate to the rest of the class.

1. ¿De dónde eres?
2. ¿Eres conservador/a o liberal?
3. ¿Eres serio/a o cómico/a?
4. ¿Eres tímido/a o extrovertido/a?
5. ¿Eres rebelde?

E. Tú y yo. Based on the information about your classmate from the previous exercise, summarize your similarities and differences. Write your answers on paper.

MODELO: *Tú eres de Chicago pero yo soy de Atlanta.* o
Nosotros/as somos tímidos/as.

F. Sus amigos y Ud. Write five statements comparing yourself to two of your friends. Then write five statements comparing your friends to each other.

MODELO: *Yo soy idealista pero mi amiga Maricarmen es pesimista.*
Maricarmen es seria pero mi amiga Ximena es cómica.

Los adjetivos

Para averiguar

1. If the masculine form of an adjective ends in **-o**, what is its feminine form? Which adjectives do not have different masculine and feminine forms?

2. How do you make an adjective plural?

3. Where are most adjectives placed with respect to the noun they describe?

- In Spanish, adjectives have different forms, depending on whether they describe a masculine or a feminine noun, and whether the noun is singular or plural.

	MASCULINE	FEMININE
SINGULAR	El profesor es **aburrido**.	La clase es **aburrida**.
PLURAL	Los profesores son **aburridos**.	Las clases son **aburridas**.

- Generally, as with nouns, adjectives ending in -o in the masculine end with -a in the feminine. However, adjectives ending in -ista have only one form.

> Mi novi**o** es muy románti**co** pero también egoí**sta**.
> Mi novi**a** es muy románti**ca** pero también egoí**sta**.

- Adjectives ending with a consonant or **-e** generally have the same masculine and feminine forms, except for adjectives ending in **-dor** or nationalities, which add **-a** in the feminine.

> Mi profes**or** es intelectual pero también paciente.
> Mi profes**ora** es intelectual pero también paciente.

> Mi profes**or** es español y muy trabaja**dor**.
> Mi profes**ora** es español**a** y muy trabaja**dora**.

- As with nouns, adjectives ending with a vowel are made plural by adding -s, and those ending with a consonant are made plural by adding -es. The possessive adjectives **mi** (*my*) and **tu** (*your, familiar*) are also made plural by adding -s.

> −¿Tu**s** clases son buena**s**?
> −Mi**s** clases son interesante**s** pero difícile**s**.

- Adjectives often follow the noun they describe, rather than precede it as in English.

Me gustan las clases **fáciles**.	*I like easy classes.*
Hay una biblioteca **grande** en el campus.	*There's a big library on campus.*

A lo personal

A. Novios diferentes. Silvia y Lázaro are opposites. Describe Silvia based on these statements about Lázaro.

MODELO: Lázaro es tímido.
Silvia no es tímida, es extrovertida.

Lázaro es...

1. conservador	3. serio	5. conformista
2. realista	4. muy pesimista	6. aburrido

Now ask your classmates and professor if they are like Silvia or Lázaro.

MODELO: −*Profesor/a, ¿es Ud. tímido/a o extrovertido/a?* o
−*David, ¿eres tímido o extrovertido?*
−*Soy más como Lázaro. Soy un poco tímido/a.*

B. Los padres y los hijos.

¿EN QUE NOS EQUIVOCAMOS?

Quizás usted no sepa por qué su hijo actúa de determinada manera. Averígüelo con esta tabla. Busque primero la conducta que más se parezca a la de su hijo y luego, revise cuál es su actitud como padre. La clasificación es muy amplia y general, por eso téngala en cuenta sólo como referencia.

SI LOS PADRES SON	LOS CHICOS PUEDEN SER
Muy permisivos	Antisociales. Caprichosos. Incapaces de afrontar responsabilidades y problemas.
Sobreprotectores (ansiosos)	Inmaduros. Obsesivos. Angustiados.
Incoherentes	Hostiles. Dominantes.
Celosos	Agresivos.
Despreciativos	Tímidos. Agresivos. Mentirosos, irónicos. Con tendencia a estar a la defensiva.
Golpeadores	Agresivos. Hostiles.
Muy ambiciosos (Hiperexigentes)	Frustrados. Inmaduros.
Rígidos	Excesivamente dóciles. Tímidos, sumisos.
Poco afectivo	Pesimistas. Agresivos. Retroceden en su crecimiento.

¡ojo!

By using cognates, you should be able to understand much of this excerpt from *Todo lo que hay que saber para criar a sus hijos* ("Everything you need to know to rear your children"). Remember that cognates are words that look similar and have the same meaning in both English and Spanish. How many cognates can you find in the chart?

C. Una entrevista.

1. ¿De dónde eres? ¿Cómo eres? ¿Eres extrovertido/a? ¿Eres conservador/a o liberal? ¿Eres idealista o realista? ¿Eres atlético/a?
2. ¿De dónde es tu mejor amigo/a? ¿Cómo es? ¿Es estudiante? ¿Son ustedes muy diferentes? ¿Cómo?
3. ¿Qué clase te gusta más? ¿Cómo es la clase? ¿Cómo es el/la profesor/a? ¿Cómo son los estudiantes? ¿Qué clase no te gusta mucho? ¿Cómo es? ¿Cómo es el/la profesor/a? ¿Te gustan más las clases grandes o las clases pequeñas?
4. ¿Te gusta la universidad? ¿Te gusta el campus? ¿Qué edificios te gustan? ¿Los nuevos o los viejos? ¿Los grandes o los pequeños?

D. ¿Quién soy yo? Write a short description of a famous person, telling where they are from and what they are like. Then read your description aloud and your classmate will try to guess who it is.

¿Qué te gusta hacer?

A. ¿Qué te gusta hacer?

Me gusta (mucho/un poco)…
No me gusta…

salir con amigos

hablar por teléfono

ir al cine

escuchar música

comer en un restaurante

cantar y bailar

ir a un café

trabajar en el jardín

ir de compras

mirar la televisión

B. Diálogo. Después de la clase.

Silvia y Carlos están en la misma clase de contabilidad. Hablan de qué quieren hacer.

CARLOS: ¿Quieres hacer la tarea de contabilidad conmigo?

SILVIA: Sí, pero más tarde. Ahora, prefiero hacer algo más divertido.

CARLOS: ¿Quieres ir a tomar un café?

SILVIA: ¡Sí, vamos!

CARLOS: ¿Y Lázaro?

SILVIA: Está en la biblioteca. No le gusta mucho ir a los cafés. Prefiere estudiar. Es muy estudioso y a veces un poco aburrido.

C. ¿Comprende Ud.?

1. ¿Qué quiere hacer Carlos con Silvia?
2. ¿Qué prefiere hacer Silvia?
3. A Lázaro no le gusta mucho ir al café. ¿Qué prefiere hacer?
4. ¿Cómo es Lázaro a veces?

D. Las preferencias. Say what you like to do by replacing the italicized words with your preferences.

1. Me gusta salir con *mis amigos Roberto y Lisa.*
2. Me gusta hacer la tarea con *mi amiga Cristina.*
3. Me gusta comer en el restaurante *Casa Monterrey.*
4. Me gusta escuchar la música de *Linda Ronstadt.*
5. Me gusta mirar *Star Trek* en la televisión.
6. Me gusta ir de compras a *Highland Mall.*
7. Me gusta ir a bailar a la discoteca *Club Carnaval.*
8. Me gusta ir al cine *Village 6.*

Expressing likes and dislikes: *gustar*

Although **me gusta** and **te gusta** are translated as *I like* and *you like*, they literally mean (it) is pleasing to me and (it) is pleasing to you. To say he or she likes, use **le gusta. Me/te/le gusta(n)** may be followed by a verb or a noun. If the noun is plural, use **me gustan, te gustan,** and **le gustan.**

> **Me gusta** la universidad.
> **Me gustan** los deportes.

¿Te gusta(n)...? Ask a classmate these questions, choosing the correct subject.

MODELO: ¿Te gusta (el español, las clases)?
—*¿Te gusta el español?*
—*Sí, (No, no) me gusta el español.*

1. ¿Te gusta (la psicología, las artes)?
2. ¿Te gustan (el trabajo, los domingos)?
3. ¿Te gusta (el cine, los libros)?
4. ¿Te gustan (la filosofía, las matemáticas)?
5. ¿Te gustan (la cafetería, las residencias) aquí?

Firma aquí. As you walk around, use **¿Te gusta...?** to find out some of your classmates' likes and dislikes. As you find people who fit the category, have them sign their name in the appropriate space.

SOMEONE WHO LIKES TO...

1 study history _____
2. eat at *Taco Bell* _____
3. listen to *Nine Inch Nails* _____
4. study Spanish _____
5. watch *Nick at Nite* _____

¿Qué quieres hacer?

A. Las invitaciones.

PARA HACER UNA INVITACIÓN

¿Quieres…?	ir al cine conmigo esta noche
¿Te gustaría…?	ir al lago el sábado
¿Puedes…?	tomar algo después de clase
¿Prefieres…?	hacer algo conmigo este fin de semana

SI NO QUIERE O NO PUEDE ACEPTAR UNA INVITACIÓN

No gracias, no quiero…	bailar
Sí, me gustaría pero necesito…	estudiar
Lo siento, no puedo…	salir contigo esta noche
Prefiero…	mirar la televisión

PARA DAR UNA EXCUSA

Necesito…	estudiar
	trabajar
Tengo que...	limpiar la casa
	ayudar en casa esta noche

Invitación a una boda

B. Diálogo. ¡Qué sorpresa!

Carlos y Silvia pasan por la biblioteca antes de ir al café.

CARLOS: Hola, Lázaro.

LÁZARO: ¡Carlos, Silvia! ¡Qué sorpresa! ¿Cómo están?

CARLOS: ¡Oye! ¿No quieres ir al café con nosotros?

LÁZARO: ¿Ir al café con ustedes? Sí, me gustaría pero ahora no puedo. Tengo que hacer la tarea para mi clase de literatura.

CARLOS: ¿No quieres descansar un poco?

LÁZARO: No puedo. Tengo que terminar todo esto para mañana.

SILVIA: Pues, si no quieres ir con nosotros... Hasta luego.

C. ¿Comprende Ud.? ¿Cierto o falso?

1. Carlos y Silvia quieren ir a un café.
2. Lázaro no quiere ir con ellos.
3. Lázaro quiere descansar.
4. Lázaro tiene que terminar la tarea.

D. Las obligaciones. Do you generally want or have to do the following?

MODELO: ir al cine
Quiero ir al cine.
limpiar la casa
Tengo que limpiar la casa.

1. salir con amigos
2. hacer la tarea de español
3. comer en un restaurante
4. descansar
5. ir a clase
6. escuchar música
7. ir de compras
8. trabajar

E. Preferencias. Which do you prefer?

MODELO: comer en un restaurante/comer en casa

      Prefiero comer en casa.

1. ir al cine/mirar la televisión
2. cantar/bailar
3. estudiar/trabajar
4. trabajar en un restaurante/trabajar en una oficina
5. escuchar los casetes de español/escuchar música
6. salir con amigos/trabajar
7. ir de compras/ir al cine
8. escuchar en clase/hablar en clase
9. salir los viernes/descansar los viernes
10. comer en un restaurante de comida italiana/comer en un restaurante de comida mexicana

F. Los planes. Describe your plans and preferences.

descansar	salir con amigos	ir a bailar	mirar la televisión
trabajar	estudiar	limpiar la casa	ayudar en casa
ir al cine	tomar algo	comer en un restaurante	ir a un café

1. Esta noche quiero…
2. Esta noche tengo que…
3. Hoy después de clase, me gustaría…
4. Hoy después de clase, necesito…
5. Este fin de semana me gustaría…
6. Este fin de semana no quiero…
7. Este fin de semana no puedo…
8. Los sábados prefiero…

G. Más preferencias. Complete these sentences logically.

1. Carlos está aburrido en casa. Quiere _____.
2. Mañana tengo un examen. Esta noche _____.
3. A Silvia le gustan las discotecas. Le gusta _____.
4. Soy tímido/a. No me gusta _____.

Los infinitivos

Para averiguar

1. What is an infinitive?

2. What are the three infinitive endings in Spanish?

3. What verbs followed by infinitives can you use to invite a friend to do something?

4. What expressions can you use to turn down an invitation?

- The basic form of the verb that you find in dictionaries or in vocabulary lists is called the *infinitive*. Some examples of infinitives in English are *to study*, *to eat*, or *to go*. In Spanish, infinitives consist of single words that end in -ar, -er, or -ir: **estudiar**, **comer**, **ir**. Infinitives are used after conjugated verbs to name activities.

- The following expressions are frequently followed by an infinitive and are useful when inviting a friend to do something.

TO ASK A FRIEND		TO TALK ABOUT YOURSELF	
¿Quieres…?	*Do you want…?*	**Quiero…**	*I want…*
¿Prefieres…?	*Do you prefer…?*	**Prefiero…**	*I prefer…*
¿Te gusta…?	*Do you like…?*	**Me gusta…**	*I like…*
¿Te gustaría…?	*Would you like…?*	**Me gustaría…**	*I would like…*
¿Puedes…?	*Can you…?*	**Puedo…**	*I can…*
¿Necesitas…?	*Do you need…?*	**Necesito…**	*I need…*
¿Tienes que…?	*Do you have to…?*	**Tengo que…**	*I have to…*

–¿Quieres hacer algo conmigo?   *–Do you want to do something with me?*
–No puedo salir. Tengo que estudiar.   *–I can't go out. I have to study.*

- Note that you use **¿Te gusta…?** to ask a friend about what he or she likes in general and **¿Te gustaría…?** to ask what your friend would like to do on a particular occasion.

IN GENERAL	SPECIFIC OCCASION
¿Te gusta ir al cine?	**¿Te gustaría** ir al cine esta noche?
Do you like to go to the movies?	*Would you like to go to the movies tonight?*

A lo personal

A. ¿Qué quieres hacer? Ask a classmate these questions.

MODELO: ¿Quieres ir de compras esta noche?
          Sí, me gustaría ir de compras esta noche.
          o *Sí, quiero ir.*
          o *No, no quiero ir de compras esta noche.*

1. ¿Quieres hacer la tarea después de clase?
2. ¿Quieres ir al café más tarde?
3. ¿Quieres salir esta noche o quieres descansar?
4. ¿Prefieres estudiar por la mañana, por la tarde o por la noche?
5. ¿Prefieres salir los viernes o los sábados?
6. ¿Prefieres mirar la televisión o ir al cine?
7. ¿Te gustaría ir de compras este fin de semana?
8. ¿Te gustaría comer en un restaurante esta noche?

B. Una invitación. Using the verbs **quieres** or **te gustaría,** invite a classmate to do these things at the indicated times. Your partner should accept or give an excuse.

MODELO: —¿Quieres hacer la tarea conmigo esta noche?
    —*Sí, me gustaría.*
        o *No puedo esta noche. Tengo que trabajar hasta tarde.*

1. el viernes

2. después de clase

3. este fin de semana

4. más tarde

5. esta noche

C. Avisos personales. Read these personal ads and say what each person likes to do. Then, write your own personal ad. If you prefer, write an ad for a friend.

HOMBRES

INDUSTRIOSO caballero sincero. Jardinero. Sin vicios. Desea conocer dama de 30-35 para relación seria.#6578

GUAPO PADRE SOLTERO. Atlético, rubio, ojos verdes. Bailador. Busco latina atractiva con piernas largas. #6523

MÚSICO. CANTANTE. Apasionado, joven, sexy. Busco mujer atractiva 20—25 con mismos gustos. #6590

MUJERES

IRREMEDIABLEMENTE romántica, morena, educada. Me gusta bailar. Busco educado, serio. 33-37 #6324

PERUANA. atractiva, honesta, alegre, romántica. Aficionada al cine. Busco bilingüe, alto, sincero. #6534

BELLA MORENA gordita, 38, 5'8", méxicoamericana, educada. Gusta música. Busco amistad con caballero espiritual. #6598

D. Una conversación. You invite a friend to do something tonight, but your friend can't do it and gives you an excuse. Then you make plans to do something tomorrow. Decide on a time for your activity.

¿Qué haces durante la semana?

A. ¿Qué haces durante la semana?

—¿Trabajas?
—No, no trabajo./Sí, trabajo.

—¿Trabajas todos los días?
—Sí, trabajo todos los días menos los fines de semana, cuarenta horas a la semana.
—¿Dónde trabajas?

en un restaurante

en una escuela con los niños

en una tienda de ropa

en una oficina

en un supermercado

en una fábrica

B. Diálogo. El trabajo de Silvia.

Carlos y Silvia hablan en el café.

CARLOS: ¿Estudias y trabajas también, Silvia?
SILVIA: Sí, trabajo veinte horas a la semana en una oficina.
CARLOS: ¿Qué haces allí?
SILVIA: Soy secretaria. Me gusta mi trabajo. Es interesante.
CARLOS: ¿Tienes que hablar español a veces en el trabajo?
SILVIA: Sí, todos los días. Soy secretaria bilingüe. Y hablo con gente de Puerto Rico y de otros países de Latinoamérica. Por eso, gano bastante dinero.

C. ¿Comprende Ud.? Decide if Silvia would say the following things. Answer with **sí** or **no.** Then change the statements she would not say so that she describes herself correctly.

1. Trabajo veinte horas a la semana.
2. Trabajo en un restaurante.
3. Me gusta mi trabajo.
4. Tengo que hablar español en el trabajo.
5. Hablo con gente de muchos países.
6. No gano mucho dinero.

D. ¿Mucho o poco? Complete each statement logically with **mucho** or **poco.**

MODELO: Soy muy trabajadora. Descanso *poco.*

1. Soy un poco perezoso. Trabajo _____.
2. Soy tímido. Hablo _____ en clase.
3. Soy muy estudioso. Estudio _____.
4. Soy extrovertida. Hablo _____ por teléfono con mis amigos.
5. Me gusta mucho mi trabajo. Gano _____ dinero.
6. Soy secretario bilingüe. Hablo _____ español todos los días.
7. Me gusta ir a la discoteca. Bailo _____.

Now, say whether *you* do the preceding activities a lot or a little.

E. ¿Dónde trabajan? Complete the following statements logically.

1. Silvia es secretaria bilingüe. Trabaja en…
2. Mi mamá trabaja con niños. Trabaja en…
3. El señor Quiroz es mi profesor de matemáticas. Trabaja en…
4. ¿Necesitas ropa nueva? Mi amiga Ana trabaja en…

F. ¿Dónde y cuándo? Answer the following questions based on Lázaro's schedule.

1. ¿Dónde está Lázaro los martes a las 9.00?
2. ¿Cuándo tiene Lázaro la clase de historia?
3. ¿Dónde está Lázaro los sábados a las 10.00?
4. ¿Cuándo tiene Lázaro la clase de literatura?
5. ¿Dónde está Lázaro los miércoles a las 11.00?

HORARIO ↓	LUNES	MARTES	MIÉRCOLES	JUEVES	VIERNES	SÁBADO	DOMINGO
9:00		filosofía		filosofía	literatura española	trabajo	
10:00	literatura española		literatura española		historia		
11:00	historia		historia				
12:00					biología		
1:00	biología		biología				

¿Qué haces después del trabajo?

A. Después del trabajo…

Regreso a casa.

Preparo la comida.

Lavo los platos y limpio la casa.

B. ¿Y para descansar?

–¿Y qué haces para descansar?
–Tomo algo con los amigos en el café, miro la televisión o escucho música.

C. ¿Con qué frecuencia haces eso?

siempre	**Siempre** estudio en la bibloteca.
(casi) todos los días	Trabajo **todos los días**.
los lunes, los martes…	Hablo con mis padres **los domingos**.
con frecuencia	Miro la televisión **con frecuencia**.
a veces	**A veces**, tomo algo con mis amigos después de clase.
nunca	**Nunca** bailo porque bailo muy mal.

D. Diálogo. Somos diferentes.

Carlos y Silvia hablan de Lázaro.

SILVIA: La verdad es que Lázaro y yo somos muy diferentes.
CARLOS: ¿Sí? ¿Cómo son diferentes?
SILVIA: Lázaro es muy tímido y serio. No le gusta hablar con la gente. Yo soy más extrovertida.
CARLOS: ¿Y qué te gusta hacer los fines de semana?
SILVIA: A mí me gusta ir al bar, tomar algo con los amigos o ir a bailar, pero Lázaro nunca quiere salir. Siempre estudia o trabaja los fines de semana.
CARLOS: ¿A veces no deseas salir con otro muchacho?
SILVIA: No. Hay diferencias entre nosotros, pero Lázaro es el único hombre para mí. ¡Oye! Este sábado es su cumpleaños y necesito tu ayuda para organizar una fiesta de sorpresa para él.

E. ¿Comprende Ud.? Say whether each statement describes Silvia or Lázaro.

1. Le gusta salir con amigos.
2. No le gusta mucho bailar.
3. Siempre estudia.
4. Trabaja los fines de semana.
5. Es la persona más extrovertida.
6. Necesita ayuda para organizar una fiesta.

F. Mi mejor amigo/a. Describe your best friend using one of the expressions in parentheses.

MODELO: Mi mejor amigo/a (nunca) estudia (a veces, todos los días).
Mi mejor amigo/a nunca estudia. o *Mi mejor amigo/a estudia todos los días.*

1. Mi mejor amigo/a (nunca) mira la televisión (a veces, todos los días).
2. (Nunca) habla conmigo por teléfono (a veces, todos los días).
3. (Nunca) trabaja (a veces, todos los días).
4. (Nunca) escucha salsa (a veces, con frecuencia, todos los días).
5. (Siempre, Nunca) estudia conmigo (a veces, con frecuencia, todos los días).
6. (Siempre, Nunca) toma algo con amigos (a veces, con frecuencia).
7. (Siempre, Nunca) limpia la casa (a veces, con frecuencia, todos los días).
8. (Siempre, Nunca) prepara la comida (a veces, con frecuencia, todos los días).
9. Baila (mucho, poco). Baila (bien, mal).
10. Canta (mucho, poco). Canta (bien, mal).

G. ¿Y Ud.? Describe what you like to do by replacing the italicized words with your preferences.

1. Con frecuencia miro *20/20* en la televisión.
   A veces miro *Oprah*.
   Nunca miro *American Gladiators*.
2. Con frecuencia escucho la música de *Gloria Estefan*.
   A veces escucho la música de *Linda Rondstadt*.
   Nunca escucho la música de *Madonna*.
3. Con frecuencia estudio *los lunes por la mañana*.
   A veces estudio *los domingos por la noche*.
   Nunca estudio *los viernes por la tarde*.
4. Con frecuencia necesito *trabajar* los fines de semana.
   A veces me gusta *descansar* los fines de semana.
   Nunca me gusta *estudiar* los fines de semana.

H. ¿Y tú? Ask a member of the class about his/her preferences.

1. ¿Miras _____ en la televisión con frecuencia?
2. ¿A veces miras _____?
3. ¿Qué programa nunca miras?
4. ¿Escuchas la música de _____ con frecuencia? ¿a veces?

Los verbos que terminan en -*ar*

Para averiguar

1. What ending do you drop from the infinitive when you conjugate an -ar verb? What ending do you add for each subject pronoun?

2. What word must you insert before a specific human direct object? What happens if this word is followed by el (*the*)?

3. Where are expressions of time placed in a sentence?

• To indicate the subject of a verb, you must use different verb endings. This is called conjugating the verb. To conjugate an **-ar** verb, drop the final **-ar** and add the endings below.

trabajar *(to work)*					
yo	**trabajo**	*I work*	nosotros/as	**trabajamos**	*we work*
tú	**trabajas**	*you work*	vosotros/as	**trabajáis**	*you work*
él, ella	**trabaja**	*s/he works*	ellos, ellas	**trabajan**	*they work*
usted	**trabaja**	*you work*	ustedes	**trabajan**	*you work*

–¿**Trabajas** en la biblioteca?   *Do you work in the library?*
–No, **trabajo** en una tienda.   *No, I work in a store.*

• These **-ar** verbs follow the pattern above.

ayudar	*to help*	**ganar**	*to earn to win*
bailar	*to dance*	**hablar**	*to speak*
caminar	*to walk*	**lavar**	*to wash*
cantar	*to sing*	**limpiar**	*to clean*
descansar	*to rest*	**mirar**	*to watch, to look at*
desear	*to desire, to wish*	**necesitar**	*to need*
escuchar	*to listen*	**preparar**	*to prepare*
estudiar	*to study*	**regresar**	*to return*
fumar	*to smoke*	**tomar**	*to drink, to take*

• The word **a** must precede human direct objects referring to specific people. In this context, it is called the *personal* **a**. Direct objects are people and objects to whom something is being done. In the following examples, **Lázaro, el profesor, and el estudiante** are the direct objects because they are being invited, and listened to.

• When the word **a** is followed by the definite article **el**, they contract to **al**. **A** does not contract with **la**, **los**, or **las**.

¿Por qué no invitas **a** Lázaro?   *Why don't you invite Lázaro?*
Escucho **al** (**a** + **el**) profesor.   *I listen to the professor.*
¿Ayuda Ud. **al** (**a** + **el**) estudiante?   *Do you help the student?*

• Place time expressions either at the beginning or the end of the sentence, except for **nunca** and **siempre**; place them just before the verb.

Siempre estudio con amigos.
Mis amigos y yo estudiamos **todos los días**.
Con frecuencia estudiamos en la biblioteca.
Nosotros **nunca** estudiamos en mi apartamento.

A lo personal

A. Actividades. Carlos is talking to Silvia. According to Carlos, how often do he, Lázaro, Silvia, and their friends do each pictured activity?

MODELO: nosotros/con frecuencia
Lázaro/todos los días
Nosotros estudiamos con frecuencia.
Lázaro estudia todos los días.

1. nosotros/con frecuencia
Lázaro/nunca

2. tú/veinte horas a la semana
Lázaro/todos los días

3. Lázaro y yo/los sábados
mis amigos/nunca

4. mis amigos/siempre
yo/a veces

5. yo/con frecuencia
Lázaro y tú/casi nunca

B. ¿Y Ud.? Now tell how frequently you, your parents, and your best friend do the preceding activities.

MODELO: *Yo estudio todos los días.*
Mis padres nunca estudian.
Mi mejor amigo estudia a veces.

C. Entrevista.

1. ¿Trabajas? ¿Trabajas en una oficina? ¿Trabajas todos los días? ¿Trabajas cuarenta horas a la semana? ¿Tienes que hablar español a veces en el trabajo?
2. ¿A qué hora regresas a casa los lunes? ¿los martes? ¿Preparas la cena en casa o prefieres salir a un restaurante? ¿Lavas los platos todos los días?
3. ¿Descansas los sábados por lo general? ¿Limpias tu casa (apartamento, cuarto) los fines de semana?

 ¡A escuchar!

En el apartamento. Listen to the conversation and answer the questions.

1. ¿Cuándo regresa Carlos a casa por lo general?
2. ¿Qué le gusta escuchar?
3. ¿Hablan mucho Carlos y Lázaro? ¿De qué hablan?
4. ¿Quién limpia el apartamento, Carlos, Lázaro o los dos?
5. ¿Quién prepara la comida? ¿Quién lava los platos?

¡Tengo una pregunta!

A. Las preguntas.

PARA ENTREVISTAR A OTROS ESTUDIANTES	
¿Qué estudias este semestre/trimestre?	Estudio español, historia y literatura americana.
¿Cuál es tu clase favorita?	La clase de español, por supuesto.
¿Por qué estudias español?	Porque es obligatorio. Porque es interesante y útil. Porque todos mis amigos hablan español. Porque mi novio/a habla español.
¿Cómo es la clase de español?	Es (muy) interesante/(un poco) aburrida. Es (muy) fácil/(un poco) difícil. Es fantástica.
¿Cuántos estudiantes hay?	Hay entre veinticinco y treinta.
¿Dónde estudias?	Estudio en casa. Estudio en la biblioteca.
¿Con quién estudias?	Estudio con amigos. Estudio con un/a compañero/a de clase. Estudio solo/a.
¿Cuándo estudias?	Estudio por la mañana/por la tarde/por la noche. Estudio todo el tiempo. Estudio antes de clase/después de clase. Estudio los fines de semana.

B. Diálogo. Los planes.

Lázaro habla con Silvia de los planes para el sábado, el día de su cumpleaños.

LÁZARO: ¿Qué quieres hacer el sábado?
SILVIA: ¿Este sábado? No puedo salir contigo.
LÁZARO: ¿No? ¿Por qué?
SILVIA: Porque ya tengo planes con alguien.
LÁZARO: ¿Ya tienes planes? ¿Con quién?
SILVIA: Con alguien muy especial.

C. ¿Comprende Ud.?

1. ¿Cuándo es el cumpleaños de Lázaro?
2. ¿Por qué no puede salir Silvia con Lázaro?
3. ¿Con quién tiene planes Silvia?

D. El trabajo. What is the logical answer to each question?

1. ¿Dónde trabajas?
2. ¿Cuántas horas a la semana trabajas?
3. ¿Por qué trabajas cincuenta horas?
4. ¿Cómo es tu trabajo?
5. ¿Cuándo trabajas?

a. Trabajo todos los días menos los lunes.
b. Trabajo en un restaurante.
c. Mi trabajo es aburrido.
d. Trabajo cincuenta horas a la semana.
e. Trabajo mucho porque necesito dinero.

E. Unas preguntas. Complete each question with a logical interrogative word. Then ask a classmate the question.

1. ¿ _____ estás?
2. ¿ _____ hora es?
3. ¿ _____ día es hoy?
4. ¿ _____ clases tienes este semestre/trimestre? ¿Una, dos…?
5. ¿ _____ son tus clases? ¿Interesantes? ¿Difíciles?
6. ¿ _____ es tu profesor favorito? ¿ _____ te gusta?
7. ¿ _____ estudias? ¿Por la mañana, por la tarde o por la noche?

F. Unas invitaciones. Complete these invitations with logical question words.

MODELO: −¿Quieres salir con nosotros este fin de semana?
         −¿Cuándo?
         −Mañana a las ocho.

1. −¿Te gustaría estudiar conmigo después de clase?
   −¿_____?
   −En la biblioteca.

2. −¿Quieres ir al cine con nosotros?
   −¿_____ se llama la película?
   −*Mujeres al borde de un ataque de nervios.*
   −¿_____ ponen la película?
   −En el cine Río Grande.
   −¿A _____ hora es?
   −A las siete y media.

3. −¿_____ te gustaría comer?
   −En el restaurante *El Patio.*
   −¿_____ quieres comer en ese restaurante?
   −Porque las enchiladas son muy buenas allí.

4. −¿Con _____ prefieres salir? ¿Con Lázaro o con Carlos?
   −Con Carlos.
   −¿_____ con él?
   −Porque es muy divertido.
   −¿_____ es Lázaro?
   −Es muy serio.

G. ¿Cuál es la pregunta? What was the question?

MODELO: Estudio historia, contabilidad y matemáticas este semestre.
         ¿Qué estudias este semestre?

1. Mi clase favorita es historia.
2. La clase es a las nueve de la mañana.
3. Estudio historia porque me gusta.
4. La clase es muy interesante.
5. Hay casi cien estudiantes en la clase.
6. Me gusta estudiar en la biblioteca.

¿Qué quieres? ¿Cuál prefieres?

A. Para hablar de las preferencias.

–¿Qué tipo de música te gusta?
  (la música clásica, el rap, el jazz, la música popular, la salsa)
–Me gustan el jazz y la salsa.

–Cuál es tu deporte favorito?
  (el fútbol americano, el básquetbol, el béisbol, el tenis, el golf, el esquí)
–Prefiero el tenis.

–¿Qué tipo de comida te gusta?
  (la comida mexicana, la comida italiana, la comida china, la comida francesa)
–Me gusta más la comida mexicana.

–¿Cuál es tu restaurante favorito? ¿En qué calle está?
–Mi restaurante favorito es *Casa Monterrey*. Está en la calle Broadway.

–¿Cuál es tu programa de televisión favorito?
–Mi programa favorito es *Cristina*.

–¿Qué tipo de película prefieres?
  (las comedias, los dramas, las películas de miedo, las películas musicales, las
  películas del oeste, las películas de aventura)
–Prefiero las comedias.
–¿Cuál es tu película favorita?
–Mi película favorita es *Mujeres al borde de un ataque de nervios*.

B. Diálogo. La fiesta.

*Lázaro cree que Silvia y Carlos salen juntos en secreto. Cuando Carlos le dice a Lázaro que
tiene que ir con él al apartamento de Silvia el sábado, Lázaro no comprende por qué.*

TODOS: ¡Sorpresa!
LÁZARO: ¿Qué es esto?
 SILVIA: Es una fiesta para ti. ¿Te gusta?
LÁZARO: ¡Sí, mucho! Entonces ¿no tienes planes con otro muchacho esta noche?
 SILVIA: Sólo contigo. ¿Quieres bailar?
LÁZARO: Sí. ¡Vamos a bailar!
 SILVIA: ¿Cuál prefieres, salsa o algo más romántico?
LÁZARO: Prefiero algo romántico.

C. ¿Comprende Ud.?

1. ¿Dónde están?
2. ¿Le gusta la fiesta a Lázaro?
3. ¿Qué tipo de música prefiere Lázaro?

D. Mis cosas favoritas. Answer the questions about the item mentioned. Your classmates will try to guess what you are describing.

1. Su programa de televisión favorito: ¿Qué día es? ¿A qué hora es? ¿Quién es el actor principal/la actriz principal?
2. Su actor favorito: ¿De dónde es? ¿En qué tipo de película actúa *(act)*? ¿Cuál es su mejor película?
3. Su actriz favorita: ¿De dónde es? ¿En qué tipo de película actúa? ¿Cuál es su mejor película?
4. Su canción favorita: ¿De qué tipo de música es? (de jazz, de música popular...) ¿De qué período es? (de los años 50, 60,...) ¿Quién canta la canción?
5. Su restaurante favorito: ¿Qué tipo de comida sirven? ¿En qué calle está? ¿Cómo es? (grande, pequeño, nuevo, viejo...)

¿Qué? and ¿Cuál?

The interrogatives **¿qué?** and **¿cuál?** may cause some confusion for English speakers learning Spanish, because each may be translated as *what* or *which* in different circumstances.

¿Qué?

When **¿qué?** is used alone, it is a request for a definition and is translated as *what?* in English. When followed by a singular or plural noun, **¿qué?** means *which?* and requests information about *one* or *some among many*.

¿Qué es esto?	*What is this?*
¿Qué es un infinitivo?	*What is an infinitive?*
¿Qué clase(s) prefieres?	*Which class(es) do you prefer?*

¿Cuál?

¿Cuál? generally implies selection from a group.

¿Cuál es tu película favorita?	*What is your favorite movie?*
¿Cuál es la capital de Ecuador?	*What is the capital of Ecuador?*
¿Cuál(es) prefieres?	*Which one(s) do you prefer?*

¿Qué? o ¿Cuál?

1. ¿_____ libro prefieres?
2. ¿_____ es la respuesta?
3. ¿_____ es una chirimoya?
4. ¿_____ quieres hacer este fin de semana?
5. ¿_____ es tu idea?
6. ¿_____ es tu película favorita?
7. ¿_____ hora es?
8. ¿_____ estudias?

Las preguntas

Para averiguar

1. Where do you generally place the subject of a question?

2. How do you translate tag questions like *isn't he?*, *can't she?*, and *don't they?*

3. Which question words have written accents? Which ones have plural forms?

4. What does cuál mean? What does qué mean? When do you use cuál instead of qué to say *what?*

- To ask a question that may be answered *yes* or *no,* use rising intonation. Notice that the word *do,* used to ask questions in the present tense in English, is not translated in Spanish and that answers in the negative may use *no* twice.

–¿**Hablas** español?	*Do you speak Spanish?*
–Sí, hablo un poco.	*Yes, I speak a little.*
–¿**Eres** de aquí?	*Are you from here?*
–**No, no** soy de aquí.	*No, I am not from here.*

- When the subject of the verb is stated, it is generally placed after the verb in a question.

STATEMENT	QUESTION
Daniel estudia todos los días.	¿Estudia **Daniel** todos los días?

- In English, when you think you already know the answer to a question and you are just asking to be sure, you end your question with a tag such as *can't you?*, *isn't he?*, *doesn't she?*, or *right?* In Spanish, use **¿verdad?** *(true)* or **¿no?** with rising intonation.

Hablas español, **¿verdad?**	*You speak Spanish, **don't you?***
Puedes ir con nosotros, **¿no?**	*You can go with us, **can't you?***

- To ask questions that will be answered with information, such as *where, when,* or *with whom,* use the following question words. Note that several question words have plural forms and all have written accents.

DE ARCO A ARCO *por* LILLO

¡PRIII!

¿QUIÉN, YO?

¿a qué hora?	*at what time?*
¿cuál(es)?	*which?, what?*
¿cuándo?	*when?*
¿cuánto/a?	*how much?*
¿cuántos/as?	*how many?*
¿cómo?	*how?*
¿dónde?, ¿adónde?,	*where?, to where?,*
¿de dónde?	*from where?*
¿por qué?	*why?*
¿quién(es)?, con quién(es)?	*who?, with whom?*
¿qué?	*what?*

- With information questions, invert the subject and verb and use falling intonation.

    –¿Dónde estudia Lázaro?
    –Estudia en la biblioteca.
    –¿Quiénes son los hombres que están con Silvia?
    –Son Lázaro y Carlos.

A lo personal

A. Asociación de palabras. Roberto Guerrero, a Mexican actor, did this word association for the magazine *Circo*. Answer the following questions as he would.

1. ¿Cuál es tu fantasía?
2. ¿Cómo es la mujer/el hombre perfecta/o?
3. ¿Cuál es tu vino favorito?
4. ¿Dónde hay playas bonitas?
5. ¿Cuál es tu pasión?
6. ¿Qué tipo de comida prefieres?
7. ¿Quién es tu actor favorito? ¿Y tu actriz favorita?
8. ¿Cuál es tu pasatiempo favorito?

B. Más preguntas. First, ask if your partner likes to do the activity mentioned. Then, using the question words in parentheses, ask questions to obtain more information.

MODELO: comer en un restaurante
(cuándo, con quién, dónde, por qué)

–*¿Te gusta comer en un restaurante?*
–*Sí me gusta mucho.*
–*¿Cuándo te gusta comer en un restaurante?*
–*Los viernes o los sábados.*
 ¿Con quién te gusta comer?
–*Con mi novio.*
–*¿Dónde te gusta comer?*
–*En el restaurante El Patio.*
–*Por qué te gusta comer en El Patio.*
–*Me gustan las enchiladas de allí.*

1. ir al cine (cuándo, con quién, dónde)
2. mirar la televisión (cuándo, qué, por qué)
3. escuchar música (qué, quién, cuándo, dónde)
4. leer (qué, quién, por qué)

C. El día de Carlos. Read about Carlos' day below. Then write five questions to ask one of your classmates about it.

Hoy es jueves. Tengo muchas clases hoy. Tengo la clase de matemáticas a las 9:00 de la mañana. Es una clase muy difícil. Prefiero la clase de literatura hispanoamericana. Es interesante y la profesora es muy buena. Después de la clase de literatura, estudio por una hora en la biblioteca con mi amigo Alejandro. A la 1:30 Alejandro y yo vamos a la cafetería para comer. Prefiero comer en mi casa porque la comida de la cafetería es muy mala, pero tengo una clase a las 2:00. Es una clase de química y el profesor es viejo y aburrido. Después de la clase de química regreso a mi casa para descansar.

Un hombre *con vanidad*

Por: Guadalupe Sánchez Rivas

Fantasía... El mundo	**Política...** Honestidad
Amor... Saint Germain	**Embarazo...** Es de Dios
Sexo... Armonía	**Sida...** Despierten
Ilusión... Carrera	**Actor...** Robert De Niro
Meta... Dios	**Actriz...** Catherine Deneuve
Mujer... Espiritual	**Arte...** Me encanta
Música... Toda	**Pasatiempo...** Hablar
Vino... Chanteaulafit	conmigo mismo
Muerte... No existe	**Engaño...** Todo se sabe
Religión... Todas	**Primer disco...** Vista al Frente
Película... Indochina	**Automóvil...** Ferrari
Enfermedad... Salud	**Vejez...** Sabiduría
Idolo... Carlos Salinas de Gortari	**Homosexualidad...** Respeto
Celos... Malo	**Deporte...** Esquiar
Vanidad... Sana	**Fumar...** Muy mal
Soledad... Necesaria	**Dinero...** Bonito
Bebida... Martini	**Meditación...** Grandeza
Droga... Destrucción	**Telenovela...** Dos mujeres,
Ejercicio... Lo mejor	un camino
Playa... Acapulco	**Fracaso...** No existe
Reventon... Baby 'O	**Raymundo...** Exito
Familia... Muy importante	**Cantinflas...** Lo extraño
Amistad... Lo más sagrado	**Picasso...** El más grande
Temor... Falso	**Mario Vargas Llosa...** No
Violación... Incorrecto	lo he leído
Ropa... Cómoda	**Matrimonio...** Lo máo bollo
Pasión... Cantar	**Libertad...** Siempre
Dios... En todos lados	**Amante...** Verdad
Comida... China	**Estudiar...** Claro
Fidelidad... Grandeza	**Cirugía Plástica...** En
Lujo... Sencillez	ocasiones necesaria

1 LA UNIVERSIDAD Y LOS AMIGOS

TELLING WHERE

la bibilioteca	*library*
la cafetería	*cafeteria*
el edificio	*building*
la residencia	*dormitory*

DESCRIBING PEOPLE, PLACES AND THINGS

aburrido/a	*boring*
bonito/a	*pretty*
bueno/a	*good*
difícil	*difficult*
distinto/a	*different*
fácil	*simple, easy*
feo/a	*ugly*
grande	*big*
importante	*important*
interesante	*interesting*
malo/a	*bad*
moderno/a	*modern*
nuevo/a	*new*
pequeño/a	*small*
social	*social*
viejo/a	*old*
popular	*popular*

DESCRIBING YOURSELF AND FRIENDS

agradable	*nice, pleasant*
atlético/a	*athletic*
cómico/a	*funny*
conformista	*conformist*
conservador/a	*conservative*
egoísta	*selfish*
extrovertido/a	*outgoing, extroverted*
generoso/a	*generous*
idealista	*idealistic*
intelectual	*intellectual*
liberal	*liberal*
optimista	*optimistic*
perezoso/a	*lazy*
pesimista	*pessimistic*
realista	*realistic*
rebelde	*rebellious*
religioso/a	*religious*
serio/a	*serious*
simpático/a	*nice*
tímido/a	*shy, timid*
tonto/a	*stupid, silly*
trabajador/a	*hardworking*

OTHER EXPRESSIONS

después (de)	*after*
me gusta(n)…	*I like…*
ser	*to be*
te gusta(n)	*you like…*

2 LOS PASATIEMPOS

TALKING ABOUT ACTIVITIES

ayudar	*to help*
bailar	*to dance*
caminar	*to walk*
cantar	*to sing*
comer	*to eat*
descansar	*to rest*
escuchar	*to listen (to)*
estudiar	*to study*
fumar	*to smoke*
hablar por teléfono	*to talk on the phone*
hacer	*to do*
ir de compras	*to go shopping*
limpiar	*to clean*
mirar	*to watch, to look at*
salir	*to go out*
terminar	*to finish*
tomar	*to drink*
trabajar	*to work*

NAMING PLACES

el café	
el cine	*movie theater*
el jardín	*garden*
la música	*music*
el restaurante	*restaurant*
la televisión	*television*

INVITING A FRIEND

¿Quieres…?	*Do you want…?*
¿Prefieres…?	*Do you prefer…?*
¿Te gusta/n…?	*Do you like…?*
¿Te gustaría/n…?	*Would you like…?*
¿Puedes…?	*Can you…?*
¿Necesitas…?	*Do you need…?*
¿Tienes que…?	*Do you have to…?*

TO TALK ABOUT YOURSELF

Quiero…	*I want…*
Prefiero…	*I prefer…*
Me gusta/n…	*I like…*
Me gustaría/n…	*I would like…*
Puedo…	*I can…*
Necesito…	*I need…*
Tengo que…	*I have to…*

OTHER EXPRESSIONS

Lo siento.	*I'm sorry.*
algo	*something*
antes (de)	*before*
desafortunadamente	*unfortunately*
pues	*well*
todo	*everything*

3 LOS DÍAS DE TRABAJO

TELLING WHERE YOU WORK

la escuela	*school*
la fábrica	*factory*
la oficina	*office*
el supermercado	*supermarket*
la tienda de ropa	*clothing store*

DESCRIBING YOUR WEEKDAYS

caminar	*to walk*
desear	*to wish, desire*
el día	*day*
el fin de semana	*weekend*
ganar dinero	*to earn money*
la semana	*week*
lavar	*to wash*
preparar	*to prepare*
regresar	*to return*

TELLING HOW OFTEN

a veces	*sometimes*
(casi) todos los días	*(almost) every day*
con frecuencia	*frequently*
nunca	*never*
siempre	*always*
todo el tiempo	*all the time*

¿Cómo se pronuncia? *r* y *rr*

In Spanish, a single **r** between vowels is pronounced by tapping the tip of the tongue just behind the upper teeth. This is similar to the tapping sound of **dd** when you pronounce the English word *ladder* quickly. Practice the following words:

quieres	quiero	prefieres	prefiero
te gustaría	me gustaría	eres	pero

The double **rr** is pronounced by tapping the tip of the tongue behind the upper teeth in a series of rapid vibrations. When a single **r** appears at the beginning of a word or following the consonants **l, n,** or **s,** it is pronounced **rr.** When **r** appears at the end of a syllable, the tendency is to pronounce it as **r,** but for emphasis it can be pronounced as **rr.**

aburrido	cierre	pizarra	responsable
repitan	residencia	alrededor	Enrique Israel
carta	tarde	ver	

4 LAS PREGUNTAS

ASKING QUESTIONS

¿cómo?	*how?*
¿cuál(es)?	*which?, what?*
¿cuándo?	*when?*
¿cuánto/a?	*how much?*
¿cuántos/as?	*how many?*
¿dónde?	*where?*
¿por qué?	*why?*
porque	*because*
¿qué?	*what?*
¿quién(es)?	*who?*

NAMING YOUR FAVORITE THINGS

la comida	*food*
china	*Chinese*
francesa	*French*
italiana	*Italian*
mexicana	*Mexican*
los deportes	*sports*
el básquetbol	*basketball*
el béisbol	*baseball*
el esquí	*skiing*
el fútbol	*soccer*
el fútbol americano	*football*
el golf	*golf*
el tenis	*tennis*
la música	*music*
el jazz	*jazz*
la música clásica	*classical*
la música popular	*pop*
el rap	*rap*
la salsa	*salsa*
las películas	*movies*
...de aventura	*adventure, action*
...de miedo	*horror*
...del oeste	*Westerns*
las comedias	*comedies*
los dramas	*dramas*
las musicales	*musicals*

OTHER EXPRESSIONS

favorito/a	*favorite*
por supuesto	*of course*
solo/a	*alone*
todo el tiempo	*all the time*
útil	*useful*
¿verdad?	*true? right?*

When thumbing through a Spanish-language magazine you may at first find the longer articles too difficult to read. But you can sometimes still glean a lot of information by scanning them for words that you recognize. When you scan, you glance at the article in search of key words and phrases, without reading every word. You generally use this technique when trying to find answers to specific questions. A key word or phrase is a word or phrase directly related to the main topic of an article.

Remember that although you may not understand many of the words in the article, you should be able to grasp the main ideas.

Cognates. Scan the following article on Mexican universities in the state of Chihuahua from *Eres* magazine. List the cognates you find, and when you have finished, use them to write two sentences in English explaining what you learned about each school.

PISTAS PARA INDECISOS: LAS UNIVERSIDADES DE...

Ciudad Juárez

Chihuahua

MEXICO

CHIHUAHUA

Instituto Tecnológico de Ciudad Juárez

Cuenta con laboratorios de cómputo a niveles básico, avanzado y de posgrado, además de un centro de información con una amplísima biblioteca. Las instalaciones deportivas son otro de sus atractivos, ya que cuentan con un gimnasio y un cuarto de pesas, y puedes practicar básquetbol, vólibol, judo y gimnasia olímpica. También tienen una piscina semi-olímpica de seis carriles, una pista de atletismo de 400 metros con seis carriles, campos de fútbol soccer, americano, béisbol, y canchas de vólibol y básquetbol al aire libre. El Tecnológico es una escuela pública y el teléfono donde te pueden dar más datos, es el 17 31 04 en Cd. Juárez, Chih.

Lic. en Administración	Ing. Industrial
Contador Público	Ing. Mecánico
Ing. Eléctrico	Ing. en Sistemas
Ing. en	Computacionales y
Electromecánica	Programación
Ing. en Electrónica	

Instituto de Estudios Superiores de Chihuahua

Aquí, lo curioso es que la mayoría son mujeres, a pesar de que en las carreras como Sistemas Computacionales y Relaciones Industriales es común que haya más hombres. Cuenta con una amplia biblioteca, cafetería, dos laboratorios de cómputo, uno de ellos con 15 terminales en red. Por otra parte, los deportes que se practican, son el básquetbol y el fútbol. Si necesitas más datos, puedes llamar al 10 17 44 en Chihuahua, Chih.

Lic. en Administración de Empresas	Ing. Electromecánico
	Lic. en Relaciones
Lic. en Comercio Industrial	Industriales
	Lic. en Sistemas
Contador Público	Computacionales

Instituto Tecnológico de Chihuahua

Cuenta con programas de intercambio cultural, científico y deportivo con la universidad de Texas y la de Nuevo México. Además, otro punto importante

Lic. en Administración
Ing. Eléctrico
Ing. en Electromecánica
Ing. en Electrónica
Ing. en Materiales
Ing. Mecánico
Ing. Químico

es que la escuela se actualiza constantemente para dar a sus alumnos la mejor preparación. Las instalaciones deportivas son súper completas, imagínate, tienen un gimnasio para básquetbol, vólibol y gimnasia, otro para hacer pesas muy bien equipado, con decirte que hay aparatos multidisciplinarios. Además, cuentan con una pista de atletismo, cancha de futbol soccer y americano, y un área de canchas de básquetbol. Si lo prefieres, puedes inscribirte en los talleres de danza moderna, folklórica; música de cuerda tipo estudiantina, teatro, pintura, escultura o grabado. El tecnológico es una escuela pública, y si necesitas más informes, puedes llamar al 13 74 74 o 13 70 42 en Chihuahua, Chih.

Después de leer

A. Las universidades en Chihuahua. Read the following questions. Then scan the article again to find the answers.

1. ¿Son escuelas tecnológicas o escuelas de arte?
2. ¿Qué tipo de cursos hay en cada escuela?
3. ¿Qué deportes hay en cada escuela?
4. ¿Cómo se dice *exchanges* en español? ¿Qué escuela tiene intercambios con dos universidades de los Estados Unidos? ¿Con qué universidades?
5. ¿Cuál es el teléfono de cada escuela?

B. Descripciones. To which school(s) does each statement refer?

1. Hay más mujeres que hombres.
2. Hay talleres de danza.
3. Hay talleres de pintura.
4. Hay laboratorios de cómputo básico, avanzado y posgrado.
5. Son escuelas públicas.
6. Las instalaciones deportivas son buenas.
7. Hay una alberca semi-olímpica.
8. Está en Ciudad Juárez.

 ## ¡A escribir!

As you reread *Las universidades de Chihuahua*, write down the words or sentences that may also be used to describe your school. Then, with these words and others from *Lecciones 1* and *2*, write ten sentences that describe your school. Talk about the following topics in your sentences.

- los cursos y los profesores
- las actividades sociales o los talleres
- las instalaciones deportivas

1.
2.
3.
4.
5.
6.
7.
8.
9.
10.

¡TRATO HECHO!

Spanish in the Field of Education

¿Qué estudia?

Palabras básicas

LA MATRÍCULA

el acta de nacimiento	*birth certificate*
el apellido	*last name*
el curso	*course*
la dirección	*address*
el/la director/a	*principal*
la enseñanza	*education, instruction*
la escuela	*school*
el formulario	*form*
el/la maestro/a	*teacher*
la solicitud	*application*
los estudios	*studies*
el (an)alfabetismo	*(il)literacy*
el año/el grado	*year, grade (of school)*
los apuntes	*notes*
avanzado/a	*advanced*

básico/a	*basic*
la calificación/la nota	*grade (on a test)*
la conducta	*behavior*
intermedio/a	*intermediate*
el jardín de infantes	*kindergarten*
el recreo	*recess, break*
el salón (de clase)	*classroom*
la tarea	*homework*

EXPRESIONES VERBALES

asistir a	*to attend*
enseñar	*to teach*
estar ausente/presente	*to be absent/present*
inscribir	*to sign up*
matricularse	*to register*

Report Urges Policies to Improve Schooling for Hispanic Students

By Ann Bradley

WASHINGTON—If the nation's rapidly growing Hispanic population is to be well educated, a report released here last week suggests, the number of Latino teachers must be dramatically increased and teachers of all ethnic backgrounds must be better prepared to meet the needs of Latino students.

The report by the Tom's Rivera Center, a national institutie for policy

A. Soltar ideas. In groups, try to think of as many possible situations in which you might need Spanish in an educational setting. Summarize your discussion. Select a spokesperson to report to the rest of the class.

B. Adivinar. Guess which six states contain 72 percent of the LEP students in the United States. Which 4 states complete the top-10 list?

C. Identificar. In the context of education, what do you think the following terms mean: 1) Transitional bilingual education; 2) Developmental Bilingual Programs; 3) English as a Second Language Approach; and 4) Immersion Programs?

MATRICULACIÓN PARA ESCUELAS PRIMARIAS Y SECUNDARIAS PÚBLICAS EN LOS ESTADOS POR RAZA/ETNICIDAD (1992)

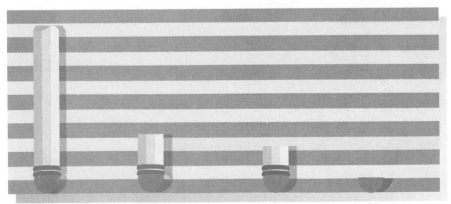

66.7%	16.5%	12.3%	3.5% Isleños
Blancos	Afroamericanos	Hispanos	asiáticos/pacíficos

Programas de alfabetización

Centro de orientación vocacional

escuela primaria

escuela secundaria

Programas de intercambio

Oficina para estudiantes extranjeros

D. La escuela *Lovell J. Honiss.* You work in the office at the local elementary school. A woman who speaks little English appears with her young son. You speak only a little Spanish. The woman only has her own passport.

- Where does Sergio's mother get her last names?
- What last names would Magali have if she weren't married to Eduardo?

E. La matrícula. Help Sergio's mother answer questions to complete the elementary school application. You will need to provide an address and phone number.

- child's name
- father's name
- mother's name
- place of birth

- citizenship
- address
- phone number

bilingual
refers to a speaker of any two languages. In the United States, where Spanish is the most frequently used language after English, bilingual is often understood to mean English and Spanish. In the U.S. there are English-French, English-German, English-Hmong, and English-Hebrew bilingual programs, to name just a few.

REPUBLICA DE COSTA RICA

Nombre del portador
Magali Formosa de Guedes

Nacionalidad
Costarricense

Estatura	Domicilio
1.65m	**Javier Prado 455, Guápiles**

Fecha de nacimiento	Cédula de identidad
17 abr. 1965	**Nº· 4-074-421**

Estado civil	Raza
casada	**Blanca**

1. Esposo/a
Eduardo Guillén Guedes

Cédula de identidad
Nº· 4-937-577

2. Hijo(s)
Sergio Álvaro

F. La matrícula. de Susan Weinstein. You are registering at a university in Quito, Ecuador and your advisor is filling out your registration form. Role-play the following conversation with a classmate, changing the word(s) in italics so that they describe you.

—¿Cómo se escribe su apellido??
—*W-E-I-N-S-T-E-I-N.*
—¿Y su nombre?
—*Susan.*
—¿Cuál es su dirección en los Estados Unidos?
—*289 Highland Avenue.*

—¿Su teléfono?
—*El 617-776-0676.*
—¿Para qué cursos desea matricularse?
—*La clase de literatura española a las nueve y la clase de sociología a las once.*

¡A escuchar!

Programas bilingües. The principal of a bilingual school and a parent of a new student are discussing school programs on the telephone. Before listening to the conversation, write the English cognates of the words below. Now complete the chart below.

COGNATES

programa
bilingüe
inglés
primaria
completamente
secundaria
grado

	HIJO 1	HIJO 2
NOMBRE:	_____	_____
EDAD:	_____	_____
ESCUELA:	_____	_____
¿PROGRAMA BILINGÜE?	SÍ/NO	SÍ/NO

Now complete these statements.

1. El señor Parra habla con…

   a) unos profesores   b) la directora   c) Mateo

2. Los profesores son…

   a) muy malos   b) el primer grado   c) muy buenos

3. Mateo y Roberto hablan un poco de…

   a) inglés   b) francés   c) desafortunadamente

G. Maestro bilingüe. You are working as a bilingual teacher and you are meeting a parent for the first time. Prepare a role-play with a classmate in which you:

• greet each other and introduce yourselves
• discuss at what time students have class
• explain what courses/subjects students study

La familia

3

La casa

- ¿Dónde vives?
- ¿Cómo es tu cuarto?

- El verbo *estar*
- *ser* y *estar*

TEMA 2

La familia

- ¿Cómo es tu familia?
- ¿Cómo son tus familiares?

- Los verbos *tener* y *venir*
- La posesión

TEMA 3

La vida diaria

- ¿Qué haces durante la semana?
- ¿Qué haces los fines de semana?

- Los verbos regulares *-er* e *-ir*
- Los verbos irregulares *-er* e *-ir*

TEMA 4

Las actividades del momento

- ¿Qué está pasando?
- El presente progresivo

- Las expresiones afirmativas y negativas

Using What You Already Know

¡TRATO HECHO!

Spanish for Counseling and Social Work

¿Dónde vives?

A. ¿Dónde vives?
–Vivo en la calle Comal.
–Vivo cerca de aquí/lejos de aquí.

–Tengo una casa/un apartamento/un cuarto en una residencia.
–¿Cuánto es el alquiler?
–400 dólares al mes.

B. Vocabulario. ¿Qué hay en tu casa?

–En mi casa hay…

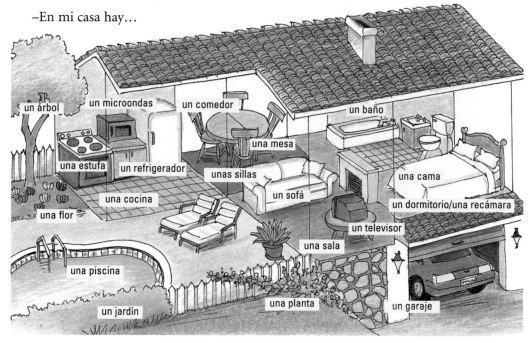

C. Diálogo. Una casa grande.

Ramón Castro y Alicia Villareal, dos estudiantes de arquitectura de la Universidad de Arizona, acaban de graduarse y casarse. Ella es de Phoenix y él de Monterrey, México. Van a vivir con los padres de Ramón en Monterrey, donde tienen trabajo en la compañía del padre de Ramón. Ramón le muestra la casa a Alicia.

ALICIA: Tus padres tienen una casa muy grande.
RAMÓN: Sí, hay muchos cuartos. Aquí está la sala y la cocina está detrás de esta puerta. El baño está allí cerca de la recámara de mis padres.
ALICIA: ¿Qué hay arriba?
RAMÓN: Hay tres recámaras más y otro baño.

D. ¿Y Ud.? Describe where you live.

1. Tengo (una casa grande, una casa pequeña, un apartamento grande, un apartamento pequeño, un cuarto en una residencia).
2. Hay (una, dos, tres, …) recámara(s) en mi (apartamento, casa).
3. Vivo en la calle (Lamar, Riverside, …).
4. Vivo (cerca de, lejos de) aquí.

E. Describe esta casa. With a partner, discuss the Arias' house based on the floor plan below.

MODELO: —¿Tienen los Arias dos dormitorios en la casa?
—*No, no tienen dos dormitorios. Tienen tres dormitorios.*

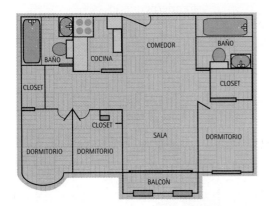

F. Apartamentos nuevos. Read the ad (**anuncio**) for apartments in Mexico City. Then answer the questions.

1. No usan la palabra **apartamento**. ¿Qué palabra usan?
2. ¿Qué cuartos tienen los apartamentos?
3. ¿Cuántas recámaras hay? ¿Cuántos baños?
4. ¿Cómo son la sala y el comedor?
5. ¿En qué calle está el Residencial Santa Fé?
6. ¿Está cerca de la Universidad Iberoamericana?
7. ¿Cuáles son dos palabras nuevas para Ud. en este anuncio?

G. Buscando apartamento. Ignacio and Inés Portela need an apartment in Barcelona for a few weeks. Their friend, María, tells them there is an apartment available in her building. The Portelas want information about the apartment and they call María. In groups of three, act out this situation.

THE PORTELAS WANT TO KNOW	MARIA KNOWS
• how many rooms it has	• that it has three bedrooms, a living room and a large dining room
• how many baths it has	• it has two bathrooms
• if it has a phone	• there is a phone
• about the rent	• the rent is US$100 per week

¿Cómo es tu cuarto?

A. ¿Cómo es tu cuarto?

–Mi cuarto es… bonito/feo   grande/pequeño
cómodo/incómodo   moderno/viejo
agradable/desagradable

B. ¿Qué hay en tu cuarto?

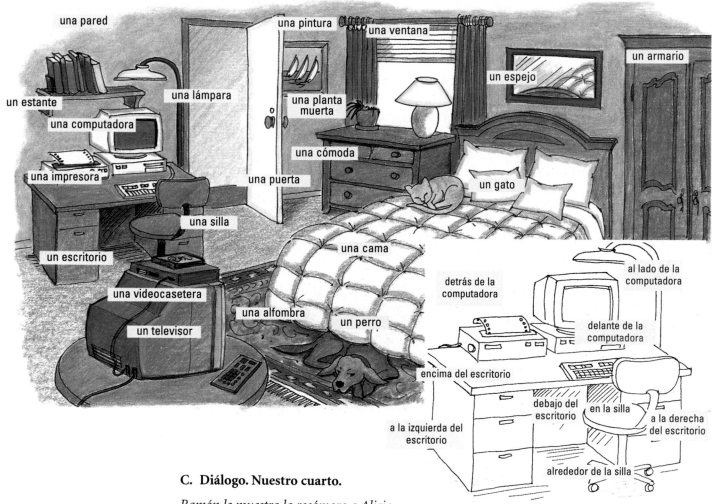

C. Diálogo. Nuestro cuarto.

Ramón le muestra la recámara a Alicia.

RAMÓN: Aquí está nuestro cuarto.

ALICIA: ¡Qué bonito! Los muebles son muy bonitos y hay dos ventanas grandes. ¿Qué hay detrás de esta puerta?

RAMÓN: Es nuestro baño.

ALICIA: ¡Aquí tenemos de todo! Hasta hay un televisor.

D. ¿Comprende Ud.?

1. ¿Cómo son los muebles en el cuarto de Ramón y Alicia?
2. ¿Cómo son las ventanas?
3. ¿Qué más hay en el cuarto?

E. ¿Dónde está? Use the illustration on the facing page to name the item referred to in each statement.

MODELO: Está delante de la ventana.
La planta muerta está delante de la ventana.

1. Está al lado de la computadora.
2. Está delante de la ventana.
3. Está encima de la cama.
4. Está debajo de la cama.

5. Está detrás de la puerta.
6. Está entre el televisor y la cama.
7. Está a la derecha de la cama.
8. Está a la izquierda de la cama.

F. ¿En qué tienda? What items for their room can Alicia buy in these stores?

G. La casa de Joaquín Elías. Say whether each statement is *cierto* or *falso* based on the illustration below.

1. El apartamento tiene dos dormitorios y un baño.
2. Hay una alfombra en el comedor.
3. En la cocina no hay refrigerador.
4. El dormitorio tiene una cama grande y un armario.
5. Hay tres baños.
6. En la sala hay un espejo y dos sillas.

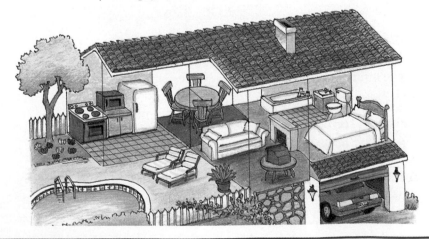

El verbo *estar*

Para averiguar

1. What are two ways to say *to be* in Spanish?

2. Which forms of **estar** have written accents?

3. What are two uses of **estar**?

4. Which prepositions from the list on page 78 are not followed by **de**? What happens to **de** when it is followed by the definite article **el** *(the)*?

- In **Lección 1**, you learned to use the verb **estar** to describe how someone is feeling or how things are going.

  –¿Cómo **estás**?   *How are you?*
  –**Estoy** un poco cansado.   *I'm a little tired.*

estar *(to be)*			
yo	**estoy**	nosotros/as	**estamos**
tú	**estás**	vosotros/as	**estáis**
usted, él, ella	**está**	ustedes, ellos, ellas	**están**

- As you have seen, both **ser** and **estar** mean *to be.*

- Use **estar** to describe mental and physical conditions.

  –¿Cómo **están** ustedes?   *How are you?*
  –**Estamos** muy ocupados.   *We are busy.*
  –¿**Estás** cansada?   *Are you tired?*
  –No, **estoy** bien.   *No, I am fine.*

- **Estar** is also used with the following adjectives denoting variable conditions.

solo/a	*alone*	listo/a	*ready*
limpio/a	*clean*	abierto/a	*open*
sucio/a	*dirty*	cerrado/a	*closed*

- Use **estar** to tell where someone or something is.

  –¿Dónde **está** el baño?   *Where is the bathroom?*
  –**Está** al lado de mi cuarto   *It's next to my room.*
  –¿Dónde **están** tus amigos?   *Where are your friends?*
  –**Están** en el jardín.   *They are in the garden.*

- When the definite article **el** *(the)* follows the preposition **de,** they contract to form **del. De** does not contract with **la, los,** or **las.**

  Mi casa está cerca **del** parque.   *My house is near the park.*
  Nuestro apartamento está lejos   *Our apartment is far from the university.*
  de la universidad.

A lo personal

A. ¿Cómo están? Use **estar** with the logical adjective to describe the people or items indicated in parentheses.

solo/a	contento/a	cerrado/a	sucio/a	cansado/a
listo/a	enfermo/a	ocupado/a	nervioso/a	

1. Quiero descansar un poco. (yo)
2. Trabajamos mucho en este momento. (nosotros)
3. Hay un examen hoy. (¿Uds?)

4. El examen no es muy difícil. (los estudiantes)
5. ¿Necesitas ir al hospital? (¿tú?)
6. Mi compañera de cuarto no tiene familia. (ella)
7. El supermercado no está abierto. (él)

B. ¿Dónde están?

MODELO: *En mi cuarto/casa, la videocasetera está al lado del televisor.*
        o *No tengo videocasetera en mi cuarto.*

En mi cuarto/casa …

		la ventana
la videocasetera		la puerta
la impresora	en	la pared
la lámpara	debajo de	la mesa
la silla	delante de	la computadora
los libros	detrás de	el televisor
las plantas	al lado de	el estante
la cama	cerca de	el escritorio
las pinturas		el armario
		la cómoda

C. Entrevista.

1. ¿Cómo estás hoy? ¿Qué días estás muy ocupado/a? ¿Cuándo no estás ocupado/a?
2. ¿Te gusta estar solo/a? ¿Estás nervioso/a cuando estás solo/a en casa? ¿Estás triste cuando no puedes salir con tus amigos?
3. ¿Dónde está tu restaurante favorito? ¿Está cerrado los domingos? ¿Cuándo está abierto?
4. ¿Siempre está limpio tu cuarto? ¿Qué días limpias la casa? ¿Hay platos sucios en la cocina en este momento? ¿Lavas los platos todos los días?
5. ¿Dónde está el televisor en tu casa? ¿En la sala? ¿La mesa está en la cocina o en el comedor?

 False cognates

As you have already seen, the ability to recognize cognates is very useful when learning a language. Unfortunately, there are also *false* cognates. You will need to become aware of them, and learn what they mean and how to use them in Spanish. *False cognates* are words that look and sound alike, but in fact are unrelated. For example, you might think that **estar embarazada** is the equivalent of *to be embarassed*. Instead it means *to be pregnant*. Some other false cognates are:

SPANISH	FALSE COGNATE	ENGLISH EQUIVALENT
estar molesto/a	to be molested	*to be ill-at-ease, upset*
actualmente	actually	*at present, nowadays*
suceder	to succeed	*to happen, to come to pass*
realizar	to realize (mental activity)	*to accomplish*

What do you think **carpeta** might mean? What might **mascota** mean? Look at the advertisements on page 83. Can you find the right word for *carpet*? What does **mascota** actually mean?

Ser y estar

Para averiguar

1. What does **¿Cómo están tus padres?** mean?

2. What are four uses of **ser?**

3. What does **¿Cómo son tus padres?** mean?

Both **ser** and **estar** mean *to be,* but the two verbs are not interchangeable. Each verb has its own meaning. You have just learned to use **estar:**

• to describe mental and physical condition

¿Por qué **estás** triste?   *Why are you sad?*

• to describe variable conditions

¿La tienda **está** abierta o cerrada?   *The store is open or closed?*

• to tell where someone or something is

Mi apartamento **está** cerca de aquí.   *My apartment is near here*

Use **ser**

• to identify people and things.

−¿Quién **es** tu profesora?   −¿Cuál **es** tu libro?
−la profesora López.   −**Es** ¡Trato hecho!

• to describe general characteristics such as personality and physical traits.

−¿Cómo **es** Alicia?
−**Es** bonita y muy simpática.

• to tell time or say when something occurs.

−¿Qué hora **es**?   −¿A qué hora **es** la película?
−**Son** las ocho y media.   −**Es** a las nueve y cuarto.

• to tell where someone is from.

−¿De dónde **eres**?
−**Soy** de los Estados Unidos.

Compare these sentences.

¿Cómo **está** tu padre?   *How is your father doing?*
¿Cómo **es** tu padre?   *What is your father like?*

Tu madre **está** bonita.   *Your mother looks pretty. (On a specific
                                  occasion.)*

Tu madre **es** bonita.   *Your mother is pretty. (She's a pretty
                                  woman in general.)*

Some adjectives change meaning, depending on whether they are used with **ser** or **estar.**

estar aburrido	*to be bored*	**estar listo**	*to be ready*
ser aburrido	*to be boring*	**ser listo**	*to be clever*

A lo personal

A. Entrevista. Read the question and determine why **ser** or **estar** is used. Then interview a classmate using the questions.

1. ¿De dónde eres? ¿Cuántos son Uds. en tu familia? ¿Cómo son tus padres? ¿Cómo están?
2. ¿Quién es tu mejor amigo/a? ¿De dónde es? ¿Cómo es? ¿Cómo está? ¿Dónde está ahora?
3. ¿Qué días estás en clase? ¿Cómo son tus profesores?
4. ¿Está tu apartamento/casa/cuarto cerca de aquí? ¿Es un lugar cómodo? ¿agradable? ¿tranquilo? ¿Estás contento/a allí ?

B. ¿Dónde vives? You are interested in sharing an apartment. Complete each question with the correct form of **ser** or **estar.**

1. ¿Dónde _____ tu apartamento?
2. ¿ _____ cerca o lejos de la universidad?
3. ¿_____ un apartamento grande o pequeño?
4. ¿Cómo _____ las recámaras?
5. ¿Cuánto _____ el alquiler al mes?
6. ¿_____ en el apartamento los fines de semana o sales generalmente?
7. Me gustaría pasar por el apartamento hoy. ¿Está bien? Puedo_____ en una hora.
8. ¿Qué hora _____ ?

C. Preguntas. Answer these questions based on information in the ads to the right.

1. ¿Cuántas recámaras hay en cada apartamento? ¿Cuántos banos hay?
2. ¿Cómo es el apartamento de Van Nuys? ¿De qué cstá cerca? ¿Qué significa la palabra **escuela**? ¿Qué hay en la cocina?
3. ¿Cómo son los apartamentos de North Hills? ¿De qué lugares están cerca? Los residentes no pueden tener mascota. ¿Qué significa la palabra **mascota?**
4. ¿Cómo son la alfombra y la estufa del apartamento de Lynwood? ¿Cómo son los vecinos?

Van Nuys

AHORRE DINERO
2 recámaras, 1 baño. $500.
Tranquilo y cómodo. Sólo 6 unidades. Cerca de escuelas primarias. Alfombras nuevas.
Nuevamente pintado.
Linóleo, estufa y refrigerador.
Se piden referencias.
(818) 779-1274

Lynwood

$575
2 recámaras. Alfombra nueva afelpada. Persianas. Estufa nueva. Lavandería. Piscina tropical. Estacionamiento rejado. Vecinos tranquilos.
(310) 763-4289

North Hills — BAJA RENTA
15252 Nordhoff St.
Estacionamiento cerrado. Edificio limpio y tranquilo. Apartamento grande de 2 recámaras, 1 baño. Piscina. Cerca de todo. No se aceptan mascotas.

 ¡A escuchar!

Listen to the conversation to determine to which of the preceding ads it refers.

D. ¿Y Ud.? Write an ad looking for a roommate. Include the following information:

- el número de recámaras donde Ud. vive
- algunos adjetivos descriptivos
- las cosas que están cerca del apartamento
- la dirección
- el alquiler

¿Cómo es tu familia?

A. Siete familias.

La familia

As you know, family is a personal and individual notion. Which of the following words apply to *your* family or to families with which you are familiar?

el/la abuelo/a
el/la ahijado/a
el/la compañero/a
el/la cuñado/a
el/la esposo/a
el/la hermano/a
el/la hijo/a
la madrasta
la madre
la madrina
el marido
la media hermana
el medio hermano
la nuera
el padrastro
el padre
el padrino
la pareja
el/la primo/a
el/la tío/a
el/la suegro/a
el yerno
el/la bisabuelo/a

B. La familia de Alicia. Use the family tree to complete Alicia's description of her family.

Mis _____, Manuel y Rosa son los padres de mi padre. Los padres de mi madre están muertos. Mi padre se llama _____ y mi madre Isabel.
Mi padre tiene una hermana. Es mi _____ Carmen. Tengo dos _____. Son hijos de mi tío Alfredo y su esposa Carmen. También tengo dos _____. Son hijos de mi hermana Delia. Mi sobrino se llama _____ y mi sobrina se llama _____.

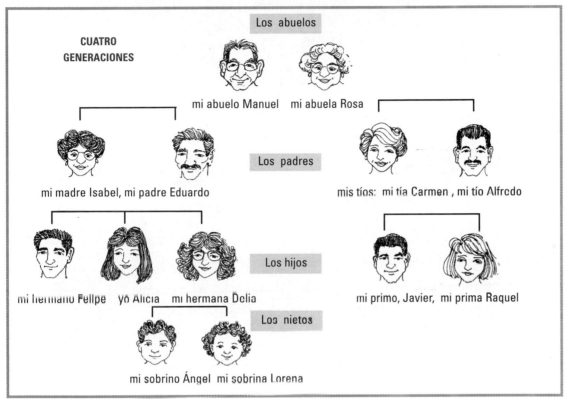

CUATRO
GENERACIONES

Los abuelos

mi abuelo Manuel   mi abuela Rosa

Los padres

mi madre Isabel, mi padre Eduardo

mis tíos: mi tía Carmen , mi tío Alfredo

Los hijos

mi hermano Felipe   yo Alicia   mi hermana Delia

mi primo, Javier, mi prima Raquel

Los nietos

mi sobrino Ángel mi sobrina Lorena

C. ¿Quién es?

1. ¿Quién es mayor por lo general, el abuelo o el padre? ¿el primo o el tío?
   ¿la hermana o la madre? ¿la abuela o la madre? ¿el hermano o el sobrino?
   ¿la tía o la abuela?
2. ¿Quién es la madre de su padre? ¿el padre de su padre? ¿el hermano de su padre?
   ¿la esposa de su padre? ¿el/la hijo/a de su tío? ¿la hermana de su padre?
   ¿el hijo de su hermano?

D. Tres generaciones. Take five minutes to sketch your family tree and describe important members of your family to the group. If you would rather describe someone else's family, feel free to do so.

E. La televisión norteamericana. You are discussing local television programs with a friend. Can you answer these questions?

1. ¿Cómo se llama la esposa de Ed Bundy en *Married with Children*? ¿y sus hijos?
2. ¿Quién es la hermana de Rosanne en el programa *Rosanne*? ¿y el esposo de Rosanne?
3. ¿Cómo se llama la hermana de Bart Simpson? ¿su padre? ¿su madre?
4. ¿Quién es la esposa de Norm Peterson en *Cheers*?
5. ¿Quién es la abuela de Tabatha en el programa *Bewitched*?
6. ¿Cómo se llama la tía de Opee en el *Andy Griffith Show*?

¿Cómo son tus familiares?

A. ¿Cómo son tus hermanos?

alto/a	bajo/a
delgado/a	gordo/a
guapo/a	feo/a
moreno/a	rubio/a
joven	viejo/a
casado/a	soltero/a

el pelo corto

anteojos
ojos café,
verdes,
azules

una barba

un bigote
negro

B. Diálogo. La familia y los familiares de Ramón.

Ramón y Alicia miran el álbum de fotos de la familia de Ramón.

ALICIA: Tienes una familia grande, ¿verdad? ¿Todos tus tíos y primos viven aquí en Monterrey?

RAMÓN: No, mi tía Margarita y sus hijos viven en Puebla y la ex-esposa de mi tío Juan y sus hijos están en el Distrito Federal, pero vienen aquí durante el verano.

ALICIA: ¿Este muchacho en la foto es tu hermano? Es increíble. Aquí tiene barba y el pelo largo. ¡Qué feo! ¡No me gusta así! Se ve rebelde.

RAMÓN: Sí, la gente cambia. Ahora es muy serio. Tiene el pelo corto y trabaja en un banco.

ALICIA: ¿Cuántos años tiene ahora?

RAMÓN: Tiene casi treinta años.

C. ¿Comprende Ud.?

1. ¿Tiene Ramón una familia grande o pequeña?
2. ¿Cuántos primos tiene Ramón?
3. ¿Toda la familia de Ramón vive en Monterrey?
4. ¿Cómo se llama la tía de Ramón?
5. ¿Dónde viven los hijos de su tío Juan?
6. ¿Cuándo vienen a Monterrey?
7. ¿Cómo se ve en la foto? ¿Por qué?
8. ¿Cómo es ahora? ¿Dónde trabaja?
9. ¿Cuántos años tiene?

D. ¿Quién es? What celebrities have these characteristics?

- ¿un actor rubio?
- ¿una actriz rubia?
- ¿un actor guapo?
- ¿una actriz bonita?
- ¿un actor alto? ¿bajo?
- ¿una actriz baja? ¿alta?

- ¿un actor con bigote? ¿con barba?
- ¿una actriz con el pelo largo? ¿con el pelo corto?
- ¿un actor o una actriz con anteojos?
- ¿un actor o una actriz con los ojos azules? ¿café? ¿verdes?

D. ¿Cómo son estas personas?

¿CÓMO ES EL HOMBRE?

¿Es alto o bajo?
¿Es guapo o feo?
¿Tiene barba o bigote?
¿Tiene el pelo largo o corto?
¿Es joven o viejo?
¿Cuántos años tiene?
¿Es casado o soltero?

¿CÓMO ES LA MUJER?

¿Es alta o baja?
¿Es guapa o fea?
¿Tiene anteojos?
¿Tiene el pelo largo o corto?
¿Es joven o vieja?
¿Cuántos años tiene?
¿Es casada?

E. ¿Quién es? Write the name of a person in your class on a small piece of paper. Your classmates may ask four questions; then they must guess who it is.

MODELO:
—¿Tiene pelo rubio? —No, no tiene pelo rubio.
—¿Tiene bigote? —Sí, tiene bigote.
—¿Está cerca de la puerta? —No, no está cerca de la puerta.
—¿Está detrás de Mónica? —Sí.
—¿Es Daniel? —Sí, es Daniel.

F. Entrevista. Entre nosotros.

1. ¿Dónde viven tus padres?
2. ¿Cómo se llaman tus hermanos?
3. ¿Cuántos años tienen tus hermanos?
4. ¿Cómo son tus hermanos?

Los verbos *tener* y *venir*

Para averiguar

1. **Tener** and **venir** are conjugated alike except for two forms. Which ones?

2. How do you tell your age in Spanish? How do you tell what you have to do?

• The verb **tener** *(to have)* is useful when describing your family and possessions.

> —¿**Tienes** un apartamento o un cuarto en una residencia?
> —**Tengo** un apartamento.

tener *(to have)*			
yo	**tengo**	nosotros/as	**tenemos**
tú	**tienes**	vosotros/as	**tenéis**
él, ella, usted	**tiene**	ellos, ellas, ustedes	**tienen**

• **Tener** generally means *to have*. It is also used in these idiomatic expressions:

tener… años	*to be… years old.*	**tener miedo**	*to be afraid*
tener calor	*to be hot*	**tener prisa**	*to be in a hurry*
tener frío	*to be cold*	**tener razón**	*to be right*
tener ganas de…	*to feel like*	**tener sed**	*to be thirsty*
tener hambre	*to be hungry*	**tener sueño**	*to be sleepy*

Use **tener que** + an *infinitive* to say that someone has to do something.

> —**Tengo** sed. ¿**Tienes** ganas de tomar algo?
> —No **tenemos** tiempo.
> —**Tienes** razón. **Tenemos que** regresar al trabajo.

> —*I'm thirsty. Do you feel like drinking something?*
> —*We don't have time.*
> —*You're right. We have to go back to work.*

• **Venir** *(to come)* is conjugated like **tener** except for the ending of the **nosotros** and **vosotros** forms.

venir *(to come)*			
yo	**vengo**	nosotros/as	**venimos**
tú	**vienes**	vosotros/as	**venís**
él, ella, usted	**viene**	ellos, ellas, ustedes	**vienen**

> —¿**Viene** tu familia a tu apartamento con frecuencia?
> —Sí, **vienen** mañana.

A lo personal

A. **¿Tener o venir?** Complete one question from each group with the correct form of **tener** and the other with the correct form of **venir.** Then use the questions to interview someone in your class.

MODELO: ¿ _____(tú) un compañero/a de cuarto? ¿ _____Uds. juntos/as a la universidad?
  ¿Tienes un compañero/a de cuarto? ¿Vienen Uds. juntos/as a la universidad?

1. ¿Qué días _____ (tú) clases? ¿ _____ (tú) a la universidad los fines de semana?
2. ¿ _____ (nosotros) un examen la próxima semana? Los días de exámenes, ¿ _____ (tú) a la universidad temprano para estudiar?
3. ¿ _____ (nosotros) un buen gimnasio en la universidad? ¿ _____ muchos estudiantes a la universidad para hacer ejercicio?
4. ¿ _____ nuestra universidad una biblioteca grande? ¿ _____(tú) aquí a la biblioteca los fines de semana?

B. **¿Qué tienen?** Complete each sentence with a form of **tener** and logical items.

MODELO: En mi mochila, (yo)…
  En mi mochila, tengo tres libros, un lápiz, dos cuadernos, y una calculadora. o *No tengo mochila.*

1. En su oficina, el profesor…
2. En su cuarto, los estudiantes típicos…
3. En el salón de clase, (nosotros)…
4. En la sala, una familia típica…
5. En nuestra cocina, (nosotros)…
6. En mi escritorio, (yo)…

C. **¿Cómo son?** Describe the following celebrities and give the age of each one.

MODELO: Connie Chung (8/20/46)
  Tiene el pelo negro y los ojos negros también. Tiene _____ años.

1. Madonna (8/16/58)
2. Bill Cosby (7/27/37)
3. Glenn Close (3/19/47)
4. Gloria Estefan (9/1/57)
5. Aretha Franklin (3/25/42)
6. McCauley Culkin (8/26/80)

D. **Expresiones.**

tener hambre	tener prisa	tener calor
tener frío	tener sueño	tener sed

1. Estamos cansados. Todos…
2. ¿Quieres un sándwich? ¿(Tú)…?
3. ¡Cierren las ventanas, por favor! Mis hijos …
4. ¡Abran las ventanas, por favor! (Nosotros)…
5. ¡Más rápido! (Yo)…
6. ¿Quiere Ud. tomar una *Coca-Cola*? ¿(Ud.)…?

La posesión

- Possessive adjectives are useful when talking about family and possessions.

<table>
<tr><th colspan="7">los adjetivos posesivos</th></tr>
<tr><td>yo</td><td>mi/s</td><td>my</td><td>nosotros/as</td><td>nuestro/a/os/as</td><td>our</td></tr>
<tr><td>tú</td><td>tu/s</td><td>your</td><td>vosotros/as</td><td>vuestro/a/os/as</td><td>your</td></tr>
<tr><td>él</td><td></td><td>his, its</td><td>ellos</td><td></td><td>their</td></tr>
<tr><td>ella</td><td>su/s</td><td>her, its</td><td>ellas</td><td>su/s</td><td></td></tr>
<tr><td>usted</td><td></td><td>your</td><td>ustedes</td><td></td><td>your</td></tr>
</table>

- Possessive adjectives agree in number with the noun that follows them. Only **nuestro/a** and **vuestro/a** have additional forms for masculine or feminine nouns.

Nuestra familia es grande.	*Our family is big.*
Mi casa es vieja.	*My house is old.*

- Since **su(s)** can mean *his, her, its, your,* or *their,* it is often rephrased using **de + él, ella, usted, ellos,** or **ustedes** for clarity.

	los amigos **de él**	*his friends*
sus amigos =	los amigos **de ella**	*her friends*
	los amigos **de usted(es)**	*your friends*
	los amigos **de ellos/ellas**	*their friends*

Prefiero los amigos **de él**.	*I prefer his friends.*
No me gustan los amigos **de ella**.	*I don't like her friends.*

- Use the *definite article + noun +* **de** instead of *apostrophe s* to show possession in Spanish.

la casa **de** Ramón	*Ramón's house*
las preguntas **de** los estudiantes	*the students' questions*

A lo personal

A. ¿Y Ud.? Use the verb **tener** to reword the following statements.

MODELO: Tus padres son muy simpáticos. La casa de ellos es muy bonita.
Tienes padres muy simpáticos. Tienen una casa muy bonita.

1. Tu hermano es muy serio. Su bigote es muy grande.
   _____ un hermano muy serio. _____ un bigote muy grande.
2. Mi familia es pequeña. Nuestra casa es muy vieja.
   _____ una familia pequeña. _____ una casa muy vieja.
3. Nuestro perro es gordo y simpático. Su pelo es muy largo.
   _____ un perro gordo y simpático. _____ el pelo muy largo.
4. Nuestro cuarto es muy agradable. Las ventanas del cuarto son grandes.
   _____ un cuarto muy agradable. El cuarto _____ ventanas grandes.
5. Nuestros vecinos son simpáticos. Su jardín es muy bonito.
   _____ vecinos simpáticos. _____ un jardín bonito.

Para averiguar

1. What can **su(s)** mean? How can you reword a sentence with **su(s)** to avoid ambiguity?

2. What do you use instead of *apostrophe s* in Spanish to show possession?

B. **¿Quién?** To which of your acquaintances or to which celebrity might these statements refer?

MODELO: Su casa es muy bonita.
          La casa de mis padres es muy bonita.

1. Su casa siempre está limpia.
2. Sus hijos son simpáticos.
3. Su familia es grande.
4. Sus ojos son azules.
5. Me gusta su bigote.

6. Su esposo es guapo.
7. Sus películas son tontas.
8. Me gustan sus películas.
9. Me gustan sus libros.
10. Me gusta su música.

C. La casa de mis padres. This young woman's boyfriend is going to visit her parents for the first time. Complete the conversation using **mi(s), tu(s),** or **su(s).**

ELLA: ¿Vienes conmigo a la casa de _____ padres este fin de semana?

ÉL: Sí. ¿Dónde está _____ casa?

ELLA: No está lejos de aquí.

ÉL: ¿Y cómo son _____ padres?

ELLA: _____ padre es alto y tiene barba. Es muy simpático. Le gusta hablar mucho. _____ madre es alta y rubia. No habla mucho. Es muy seria.

ÉL: ¿Cuántos años tienen?

ELLA: _____ padre tiene cincuenta años y _____ madre cuarenta y nueve.

ÉL: ¿_____ hermanos viven con _____ padres?

ELLA: No. Todos ya son grandes y tienen _____ propias familias.

D. Entrevista.

1. ¿Cuántos son Uds. en tu familia? ¿Con qué frecuencia hablas con tus padres? ¿Tienen Uds. mucho en común? ¿Eres más como tu madre o más como tu padre? ¿Tienen los ojos azules, verdes o café?
2. ¿Cómo se llama tu mejor amigo/a? ¿Cuántos años tiene? ¿Cómo es? ¿Tiene el pelo largo o corto?
3. ¿Eres casado/a? ¿Cómo es el/la esposo/a perfecto/a? ¿Quieres tener una familia grande? ¿Cuántos hijos quieres tener?

E. Una visita. A new friend is going to spend the weekend with your family. With a classmate, prepare a conversation in which you explain:

• where your family lives
• what your house is like
• what your house is near
• what your family members are like
• how old each family member is

¿Qué haces durante la semana?

A. ¿Qué haces?

Como en casa/en un restaurante/en la cafetería universitaria.

Pongo el televisor durante el desayuno/el almuerzo/la cena.

Salgo a las ocho/nueve para la universidad/para el trabajo.

Leo el periódico.

Corro en el parque.

Hago ejercicio en el gimnasio.

Escribo muchas cartas.
Hago mi tarea.

B. Diálogo. Los planes para mañana.

Ramón y Alicia hacen planes para el día siguiente.

ALICIA: ¿Qué quieres hacer mañana?

RAMÓN: No sé. Quiero pasar un día tranquilo–correr por la mañana y leer un libro o ver una película por la tarde. ¿Y tú?

ALICIA: Me gustaría conocer a los vecinos. También me gustaría ver la casa abandonada de al lado. Es una casa muy grande. Debe tener muchos cuartos. Quiero ver el interior

RAMÓN: Eso es imposible. No debes ir a esa casa.

ALICIA: ¿Por qué? ¿Es una casa con fantasmas?

C. ¿Comprende Ud.?

1. Mañana, Ramón quiere…
2. Alicia quiere…
3. Alicia no debe…

D. ¿Cuándo? When do you do these activities? (por la mañana, por la tarde, por la noche o casi nunca)

MODELO: Hago ejercicio.
            Hago ejercicio por la mañana. o *Nunca hago ejercicio.*

1. Leo el periódico.
2. Escribo cartas.
3. Como en un restaurante.
4. Pongo el televisor.
5. Corro.
6. Hago mi tarea de español.
7. Salgo con amigos.
8. Escucho música.

E. ¿Y Ud.? Change the italicized word(s) to say what you do on school days.

1. Salgo para la universidad *a las nueve.*
2. Como en *la cafetería universitaria.*
3. Estoy en clase *hasta las dos y media.*
4. Estudio *tres o cuatro* horas por día.
5. Regreso a casa a las *seis.*

F. ...pero me gustaría... Using the sentences you wrote for *Activity E,* say what you would like to do on school days.

MODELO: Salgo para la universidad a las seis y media.
            Pero me gustaría salir a las diez.

G. Firma aquí. Walk around the room asking for the signatures of people who always, sometimes, or never do the following things. The questions are given in the **tú** form.

ACTIVIDAD	SIEMPRE	A VECES	NUNCA
1. ¿Sales a las ocho para la universidad?			
2. ¿Lees el periódico?			
3. ¿Comes en casa?			
4. ¿Comes en un restaurante?			
5. ¿Escribes muchas cartas?			
6. ¿Estudias cuatro horas por día?			
7. ¿Haces ejercicios todos los días?			
8. ¿Ves mucha televisión?			
9. ¿Sales con amigos?			
10. ¿Regresas a casa después de las clases?			

¿Qué haces los fines de semana?

A. ¿Qué hacen?

Juego al tenis/al vólibol/
al fútbol/al básquetbol

Veo una película o un video.

Duermo hasta las diez.

Salgo con los amigos a un
restaurante/a un bar/a una discoteca

Asisto a un partido de
fútbol/a un concierto.

Hago viajes.

Voy a la iglesia.

No hago nada en especial. Paso
mucho tiempo en casa.

B. Diálogo. Planes para la noche.

Es sábado. Ramón y Alicia hablan de sus planes .

RAMÓN: Esta noche comemos en la casa de mi hermana.
ALICIA: ¿A qué hora?
RAMÓN: A las siete.
ALICIA: ¿Qué hora es?
RAMÓN: Son los cinco y media.
ALICIA: Tu hermana vive lejos. Tenemos que salir pronto.
RAMÓN: Sí, en una media hora.

Alicia y Ramón salen...

ALICIA: Debemos llevar una botella de vino a la casa de tu hermana.
RAMÓN: Yo conozco bien a mi hermana y a su esposo. Sé que ellos prefieren un licor
  para tomar después de comer.
ALICIA: Muy bien. ¡Vamos!

C. ¿Comprende Ud.?

1. Esta noche, Ramón y Alicia comen en…
2. Deben estar allí a las…
3. Deben salir a las…
4. Después de comer…
5. La hermana de Ramón y su esposo prefieren…

D. ¿Qué hacen? Match each person to a logical weekend activity.

MODELO: Ve una película.
   Gene Siskel ve una película.

1. Toma algo con amigos en un bar.	a. Aranxta Sánchez Vicario
2. Juega al tenis.	b. Hakeem Olajuwon
3. Hace ejercicio.	c. Richard Simmons
4. Asiste a un partido de fútbol.	d. Gene Siskel
5. Juega al básquetbol.	e. el presidente
6. Escribe libros.	f. Jackie Joiner Kersey
7. Corre.	g. Norm Peterson
8. Ve una película	h. Stephen King
9. Va a Camp David.	i. Terry Bradshaw

E. ¿Cuándo? On which day(s) of the week do you participate in the following activities? If you never participate, use **nunca**.

1. Salgo con amigos los…
2. Voy a la iglesia los…
3. Como en un restaurante los…
4. Leo el periódico los…
5. Escribo cartas los…
6. Asisto a un partido de fútbol los…
7. Duermo hasta tarde los…
8. Veo una película los…
9. No hago nada especial los…

¡A escuchar!

En la casa de los padres de Alicia. Ramón and Alicia are at her parent's house. Listen as they talk about their plans for the evening and determine whether these statements are **cierto** or **falso**.

1. Alicia y Ramón salen con los padres de ella esta noche.
2. Alicia conoce un buen restaurante.
3. Necesitan reservaciones.
4. La abuela de Alicia come con ellos.
5. Su abuela vive cerca del restaurante.

Los verbos regulares: -er e -ir

- Like **-ar** verbs, many **-er** and **-ir** verbs follow similar patterns. Most **-er** and **-ir** verbs are conjugated alike, except in the **nosotros** and **vosotros** forms.

comer *(to eat)*			
yo	**como**	nosotros/as	**comemos**
tú	**comes**	vosotros/as	**coméis**
el, ella, usted	**come**	ellos, ellas, ustedes	**comen**

vivir *(to live)*			
yo	**vivo**	nosotros/as	**vivimos**
tú	**vives**	vosotros/as	**vivís**
él, ella, usted	**vive**	ellos, ellas, ustedes	**viven**

- The following **–er** and **–ir** verbs are conjugated like **comer** and **vivir**.

aprender (a)	*to learn*	**abrir**	*to open*
beber	*to drink*	**asistir (a)**	*to attend*
creer	*to believe*	**decidir**	*to decide*
deber	*to owe, should, ought to*	**escribir**	*to write*
leer	*to read*	**insistir (en)**	*to insist (on)*
vender	*to sell*	**recibir**	*to receive*

- Note the use of prepositions after **aprender**, **asistir**, and **insistir** in the following examples.

> Aprendemos español. **Aprendemos a** hablar, **a** escribir, **a** escuchar y **a** leer.
> **Asisto a** clase todos los días.
> **Insisto en** comprender todo.

A lo personal

A. ¿Qué leen? Which magazine do these people probably read?

MODELO: A mi abuelo le gusta hacer viajes. (Él)…
         Lee *Geomundo*.

1. A mis hermanos les gusta estudiar las ciencias. (Ellos)…
2. Nosotros trabajamos en un hospital. (Nosotros)…
3. A mi sobrino le gusta mucho el fútbol. (Él)…
4. ¿Te gusta ver telenovelas? ¿(Tú)…?
5. ¿Ustedes tienen una casa nueva? ¿(Ustedes)…?

B. Una familia de diplomáticos. Name the countries in which family members presently live.

MODELO: *Nuestros abuelos viven en Venezuela.*

C. Muchas cartas. Their friends frequently receive letters from everyone. From which capital cities do they write?

MODELO: *Nuestros abuelos escriben de Caracas, Venezuela.*

D. ¿Quién? Who in your class does these things? If no one does, use **nadie**.

MODELO: beber café
El profesor bebe café. o *Muchos estudiantes beben café.* o *Nadie bebe café.*

1. leer bien el español
2. asistir a clase siempre
3. comer en clase
4. deber estudiar esta noche

5. comprender todo en clase
6. escribir mucho en la pizarra
7. aprender mucho
8. insistir en hablar español

E. ¿Qué hacen? Say what you and your friends do in each place. Form logical sentences.

	recibir ayuda	
	comer	
	abrir las ventanas	en el parque
Yo	beber	en el gimnasio
El/La profesor/a	aprender mucho	en un cine
Nosotros	leer libros/el periódico	en clase
Los estudiantes	escribir composiciones	en casa
Mi amigo Ivan	hacer tareas/ejercicio	en la biblioteca
Mi amiga María	correr	en la librería
Ellos	deber escuchar bien	en un bar
	insistir en hablar español	en una discoteca
	asistir a clases	en la iglesia
	vender libros	en la universidad
	comprender mucho/poco	

F. ¿Qué debo hacer? Tell your friend what he/she should or should not do to be healthier.

MODELO: —¿Debo tomar alcohol?
—*No, no debes tomar alcohol.*

1. ¿Debo hacer ejercicio?
2. ¿Debo comer mucha comida mexicana?
3. ¿Debo tomar mucha *Coca-Cola*?
4. ¿Debo dormir más de cuatro horas al día?
5. ¿Debo pasar más tiempo en el gimnasio?
6. ¿Debo pasar menos tiempo delante del televisor?

Los verbos irregulares: –er e –ir

Para averiguar

1. Which six verbs are conjugated like –er and –ir verbs in the present indicative in all forms except the **yo** form? What is the **yo** form of each of these verbs?

2. What is the **yo** form of verbs that end in –**cer**?

• In the present indicative, the following verbs are conjugated like –**er** or –**ir** verbs, except for the **yo** form.

hacer *(to make, to do)*	**hago,** haces, hace, hacemos, hacéis, hacen
poner *(to put, to place)*	**pongo,** pones, pone, ponemos, ponéis, ponen
saber *(to know)*	**sé,** sabes, sabe, sabemos, sabéis, saben
salir *(to go out, to leave)*	**salgo,** sales, sale, salimos, salís, salen
traer *(to bring)*	**traigo,** traes, trae, traemos, traéis, traen
ver *(to see)*	**veo,** ves, ve, vemos, veis, ven

• The verb **oír** *(to hear)* follows a slightly different pattern.

oigo, oyes, oye, oímos, oís, oyen

• With verbs ending in -**cer,** the letter **z** is inserted before the **c** in the **yo** form.

parecer *(to seem, to appear)*	**parezco,** pareces, parece, parecemos, parecéis, parecen
conocer *(to be familiar with, to know people)*	**conozco,** conoces, conoce, conocemos, conocéis, conocen

A lo personal

A. ¿Con qué frecuencia? How often do you do the following in class?

MODELO: salir de clase temprano
Nunca salgo de clase temprano.

1. oír palabras nuevas
2. saber las respuestas
3. poner algo debajo de su silla
4. hacer preguntas
5. traer su libro a clase
6. traer un diccionario a clase
7. salir de la clase
8. oír a estudiantes en el pasillo

B. ¿En tu familia? Ask a classmate if the indicated member of his/her family does the activity in parentheses.

MODELO: tus hermanos (hacer mucho ejercicio)
–*¿Hacen tus hermanos mucho ejercicio?*
–*Mi hermana hace ejercicio a veces, pero mi hermano nunca hace ejercicio.*

1. tus padres (escribir muchas cartas)
2. tu madre (conocer a todos tus amigos)
3. tu padre (ver televisión todos los días)
4. tus abuelos (hacer muchos viajes)
5. tú (beber todos los días)
6. tú (hacer ejercicio todos los días)
7. tú (leer el periódico todos los días)
8. tú (salir esta noche)

C. Entrevista.

1. ¿Conoces a mucha gente aquí? ¿Conoces a otros profesores de español?
2. ¿Sales los fines de semana? ¿Con quién sales generalmente?
3. ¿Haces ejercicio todos los días? ¿Corres a veces?
4. ¿Escribes muchas cartas o llamas más por teléfono?
5. ¿Lees el periódico? ¿Crees todo lo que *(that)* lees en el periódico? ¿Qué revistas lees con frecuencia? ¿A veces lees revistas o periódicos en español?
6. En tu opinión, ¿quién escribe libros interesantes? ¿Lees todos sus libros?

D. Esta noche. You are planning to go out with a friend tonight. Discuss:

- what you want to do
- what time you should leave
- what time you have to return home
- what you have to do tomorrow

 Expressing *to know: saber* and *conocer*

- Both **saber** and **conocer** mean *to know.* Use **saber** to say that you *know information,* such as when, where, who, or why. To say that you *know how to do something,* use **saber** followed by an infinitive.

¿Sabes quién viene?	*Do you know who is coming?*
No **sé** hablar francés.	*I don't know how to speak French.*

- Use **conocer** to say that you know a person, place, or thing in the sense that you are familiar with them. Remember to insert the word **a** before a direct object that is a specific person.

¿Conoces a mi hermana?	*Do you know my sister?*
Conocemos un buen restaurante aquí.	*We know a good restaurant here.*

¿Saber o conocer? Complete these questions with the **tú** form of **saber** or **conocer** and interview a classmate.

1. ¿_____ a todos los estudiantes de la clase?
2. ¿_____ cómo se llaman todos los estudiantes?
3. ¿_____ cuál es la tarea para mañana?
4. ¿_____ las horas de oficina de nuestro/a profesor/a?
5. ¿_____ en qué edificio está su oficina?
6. ¿_____ todos los edificios del campus?
7. ¿_____ bien las calles cerca del campus?
8. ¿_____ un buen restaurante cerca de la universidad?

¿Qué está pasando?

A. ¿Qué está haciendo?

–¿Dónde está tu mejor amigo/a en este momento?
–Está en casa/en clase/con otros amigos.

Está mirando la televisión.

Está comiendo.

Está estudiando.

Está leyendo.

Está trabajando.

Está jugando al tenis.

No está haciendo
nada en especial.

Está durmiendo.

B. Diálogo. Los hijos de Adela.

Ramón y Alicia llegan a la casa de Adela, la hermana de Ramón. Ella quiere presentarle sus hijos a Alicia.

ADELA: ¡Javier! ¡Marisa! ¿Dónde están? ¿Qué están haciendo? El tío Ramón está aquí con la tía Alicia.

LOS NIÑOS: Estamos aquí en el patio haciendo la tarea.

ADELA: ¿Por qué no vienen a la sala? La tía Alicia quiere ver a sus nuevos sobrinos.

ALICIA: ¿Por qué no salimos al patio, donde están estudiando?

C. ¿Comprende Ud.? ¿Cierto o falso? Correct any false statement(s).

1. Cuando Alicia y Ramón llegan a la casa de su hermana, los hijos están jugando.
2. Los niños están en el patio.
3. Los adultos están en la cocina.

D. ¿Dónde está? Where is your best friend if he/she is doing the following things?

MODELO: Está trabajando.
   Está en MacDonald's. o *Está en su oficina.*
   o *Mi mejor amigo/a no trabaja.*

1. Está estudiando.
2. Está mirando la televisión.
3. Está durmiendo.
4. Está comiendo.
5. Está haciendo ejercicio.
6. No está haciendo nada en especial.

E. Diálogo. Ni ruidos ni luces.

Esta noche Alicia no puede dormir. Mira por la ventana.

RAMÓN: ¿Qué estás mirando?

ALICIA: Algo misterioso está pasando en la casa abandonada. De día no veo a nadie, pero ahora alguien está haciendo ruido, y hay luces encendidas también.

RAMÓN: ¡Nadie está haciendo nada en esa casa! No hay ni ruidos ni luces. Estás imaginándote todo eso!

ALICIA: No estoy imaginándome nada.

F. ¿Comprende Ud.?

1. ¿Qué está haciendo Alicia?
2. Según ella, ¿qué está pasando en la casa abandonada de al lado?
3. ¿A quién ve ella en esa casa durante el día?
4. Según Alicia, ¿qué está haciendo alguien en la casa ahora?
5. Según Ramón, ¿quién está haciendo ruidos?

G. En el centro estudiantil. First say if anyone is or is not doing these things based on the illustration below. Then say if anyone in your class is doing these things.

MODELO: ¿Alguien está comiendo?
   Sí, el estudiante con el bigote está comiendo.

   ¿Alguien está bailando?
   Nadie está bailando.

Alguien está…

1. ¿… leyendo?
2. ¿… durmiendo?
3. ¿… bebiendo?
4. ¿… haciendo ejercicio?
5. ¿… usando una computadora?
6. ¿… escuchando música?
7. ¿… abriendo una ventana?
8. ¿… fumando?
9. ¿… escribiendo algo?

El presente progresivo

Para averiguar

1. What is a present participle? Give an example of one.

2. How are the present progressive forms for **-er** and for **-ir** verbs different from **-ar** verbs in Spanish?

3. Do any verbs have irregular present participles? Name two of them.

- To tell what someone is in the process of doing at a particular moment, use the present progressive.

- The present progressive is composed of a conjugated form of the verb **estar** followed by the present participle. To form the present participle of most verbs, drop the **-ar,** **-er,** or **-ir** ending of the infinitive and add **-ando** to **-ar** verbs and **-iendo** to **-er** and **-ir** verbs.

el presente progresivo		
hablar	¿Quién **está hablando?**	*Who is talking?*
comer	**Estamos comiendo.**	*We are eating.*
escribir	¿Qué **estás escribiendo?**	*What are you writing?*

- **Leer** and **dormir** have irregular present participles.

leer	Estoy le**y**endo.	*I am reading.*
dormir	Están d**u**rmiendo.	*They are sleeping.*

- The present progressive is used similarly in Spanish as in English, but not as frequently. It is rarely used with verbs that indicate *coming* and *going*

Salgo con amigos.	*I am going out with my friends.*
Vienen ahora.	*They're coming now.*

- Do not use the present progressive to express future actions as you do in English.

Trabajo este fin de semana.	*I am working this weekend.*

A lo personal

A. ¿Qué están haciendo?

Mi hermana/
una carta

MODELO: *Mi hermana está escribiendo una carta.*

1. Mis padres/
    un libro

2. Yo/
   una *Coca-Cola*

3. Mi abuela/
    por teléfono

4. Mi hermana/
    la siesta

B. ¿Qué están haciendo? Complete each sentence with the present participle of one of the verbs below to see what Ramón says everyone is doing.

jugar	hablar	dormir	trabajar
hacer	correr	preparar	visitar

MODELO: Alicia está en la cama.
    Está durmiendo.

1. Yo estoy _____ el desayuno para todos.
2. Mi hermana está _____ con una amiga por teléfono.
3. Sus hijos están _____ al fútbol en el patio.
4. Su esposo Martín está _____ ejercicio en el garaje.
5. Mis padres no están en Monterrey. Están _____ a mis primos en Puebla.
6. Los vecinos están _____ en su jardín.
7. El perro está _____ tras un gato.

C. Una llamada telefónica. A friend calls to ask you what you are doing. Answer using the cues provided. Your friend then asks the time. Respond logically. Then switch roles.

MODELO: leer el periódico
    —¿Qué estás haciendo?
    —*Estoy leyendo el periódico.*
    —¿Qué hora es?
     Son las nueve de la mañana

1. hacer mi tarea de español
2. descansar
3. mirar mi programa favorito
4. poner la mesa para la cena
5. preparar el desayuno
6. hacer ejercicio
7. limpiar la casa
8. tomar un café

D. ¿Qué están haciendo? What are these people doing? For each numbered person or group, write a statement about what s/he is or are doing.

Las expresiones afirmativas y negativas

Para averiguar

1. What is the negative antonym of **algo**, **alguien**, **alguno**, **también**, and **siempre?**

2. When a negative expression follows the verb, what must precede the verb?

3. What happens to **alguno** and **ninguno** before singular masculine nouns?

• The following words are useful when explaining what is or is not happening.

algo	*something*	**nada**	*nothing*
alguien	*someone*	**nadie**	*nobody*
alguno/a/os/as	*some*	**ninguno/a**	*none, not one*
cada	*each*		
también	*also*	**tampoco**	*neither, not either*
siempre	*always*	**nunca**	*never*
a veces	*sometimes*		
y… o	*and…or*	**ni… ni**	*neither…nor*

• Unlike English, Spanish has double negatives. When negative expressions are placed after the verb, **no** must be placed immediately before the verb. **No** is not required when a negative expression precedes the verb.

–¿Estás comiendo algo?	*–Are you eating something?*
–**No** estoy comiendo **nada**.	*–No, I am not eating anything.*
–¿Estás tomando algo?	*–Are you drinking something?*
–**No** estoy tomando **nada tampoco**.	*–No, I am not drinking anything either.*
–¿Con quién estás hablando?	*–With whom are you speaking?*
–**No** estoy hablando con **nadie**.	*–I am not speaking with anybody.*
–Entonces ¿quién está hablando?	*–Who is talking then?*
–**Nadie** está hablando. Es la televisión.	*–No one is talking. It's the TV.*

• **Alguno** and **ninguno** must agree in number and gender with the noun they describe. They become **algún** and **ningún** before singular masculine nouns. **Ninguno/a** is not used in the plural.

> **Algunos** estudiantes están en la biblioteca.
> No tengo **ninguna** idea.
> Por **ningún** motivo debes ir allí.

A lo personal

A. Contradicciones. Ramón always contradicts Alicia. How would he respond to the following statements?

MODELO: Alguien está en esa casa abandonda y está haciendo ruidos también.
Nadie está en esa casa y nadie está haciendo ruidos tampoco.

1. Algo sospechoso está pasando allí.
2. Sí, hay ruidos y luces allí.
3. Siempre hay alguien en esa casa por la noche.
4. Algunos hombres entran y salen de allí.
5. En todo caso, debemos ir a ver qué está pasando allí. Debemos llamar a la policía también.
6. Nunca escuchas cuando estoy hablando.

B. Entrevista. Complete the conversation with logical affirmative or negative expressions in the correct form.

alguno	algo	alguien	ni… ni	tampoco
ninguno	nada	nadie	también	

—¿Estás trabajando?

—No, no estoy haciendo _____ en especial. ¿Por qué?

—Mi hermano está jugando al fútbol con _____ amigos y quiere saber si deseas jugar con ellos.

—Gracias. No puedo esta tarde porque salgo con _____ a las seis.

—¿Con una muchacha?

—Sí.

—¿María o Carolina?

—No, no es _____ María _____ Carolina.

—¿Quién es? ¿Yolanda?

—No es ella _____. No es _____ de nuestras amigas.

—¿Es una estudiante?

—No, no es _____ de la universidad.

C. En mi familia. Change the italicized words to describe your family.

1. En mi familia, todos sabemos *hablar español*. Nadie sabe *jugar al golf.*
2. Todos somos *bajos.* Nadie es *rubio.*
3. Por lo general, mis padres hacen algo *los sábados,* pero no hacen nada en especial *los domingos.*
4. A veces mis padres *comen en un restaurante* los fines de semana pero nunca *salen a bailar.*
5. Mi padre y mi madre son *simpáticos.* Ni mi padre ni mi madre es *extrovertido.*
6. Mi madre tiene *ojos azules* y yo también.

D. Una llamada telefónica. You call to invite a friend to do something with you.

- ask what your friend is doing
- say what you are doing
- invite your friend to do something with you and some friends
- explain which friend(s) are going
- discuss the time at which you are going
- say good-bye

1 LA CASA

SUSTANTIVOS

la alfombra	rug
el alquiler	rent
el árbol	tree
el armario	armoire (wardrobe)
la cama	bed
la cocina	kitchen
el comedor	dining room
la cómoda	dresser
la computadora	computer
el dormitorio	bedroom
el espejo	mirror
la estufa	stove
la flor	flower
el garaje	garage
el/la gato/a	cat
la impresora	printer
el jardín	(flower) garden
la lámpara	lamp
la mesa	table
el microondas	microwave
la pared	wall
el/la perro/a	dog
la pintura	painting
la piscina	swimming pool
la planta	plant
la recámara (Méx.)	bedroom
la residencia	dormitory
el refrigerador	refrigerator
la sala	living room
la silla	chair
el televisor	television
la videocasetera	VCR

ADJETIVOS

cómodo/a	comfortable
desagradable	unpleasant
incómodo	uncomfortable
limpio/a, sucio/a	clean/dirty
muerto/a	dead

PREPOSICIONES

a la izquierda/derecha de	to the left/to the right of
al lado de	next to
alrededor de	around
cerca de/lejos de	near/far from
debajo de/encima de	under/on top of
delante de/detrás de	in front of/behind
en	on, in, at
enfrente de	across from, facing
entre	between, among
sobre	above

2 LA FAMILIA

PERSONAS

el/la abuelo/a	grandfather/grandmother
el/la hermano/a	brother/sister
el/la hijo/a	son/daughter
la madre	mother
el padre	father
el/la primo/a	cousin
el/la sobrino/a	nephew/niece
el/la tío/a	uncle/aunt

OTROS SUSTANTIVOS

los anteojos	eyeglasses
la barba	beard
el bigote	moustache
el ojo	eye
el pelo	hair

VERBOS

tener	to have
tener... años	to be... years old
tener calor	to be hot
tener frío	to be cold
tener ganas de...	to feel like...
tener hambre	to be hungry
tener miedo	to be afraid
tener prisa	to be in a hurry
tener que + infinitive	to have to
tener razón	to be right
tener sed	to be thirsty
tener sueño	to be sleepy
venir	to come

ADJETIVOS

alto	tall
azul	blue
bajo/a	short
café (color café)	brown
casado/a	married
corto/a	short
delgado/a	thin
gordo/a	fat
guapo/a	handsome, beautiful
largo/a	long
moreno/a	having brown hair
negro/a	black
rubio	having blond(e) hair
soltero/a	unmarried
verde	green

FOR POSSESSIVE ADJECTIVES, SEE PAGE 90.

VERBOS

abrir	to open
aprender (a)	to learn
asistir (a)	to attend
beber	to drink
comer	to eat
conocer (zc)	to meet, to know
correr	to run
creer	to believe
deber	to owe; should, ought to
decidir	to decide
dormir (ue)	to sleep
escribir	to write
hacer	to do, to make
insistir (en)	to insist (on)
ir	to go
jugar (ue)	to play
leer	to read
parecer (zc)	to appear, to seem
poner	to put or place, to turn on
recibir	to receive
saber	to know
salir	to go out
tomar	to take, to drink
traer	to bring
vender	to sell
vivir	to live

EXPRESIONES AFIRMATIVAS

algo	something
alguien	someone
alguno/a/os/as	some
a veces	sometimes
cada	each
siempre	always
también	also
y... o	and... or

EXPRESIONES NEGATIVAS

nada	nothing
nadie	nobody
ni... ni	neither...nor
ninguno/a	none/not one
nunca	never
tampoco	neither, not either

¿Cómo se pronuncia?: The letters *d* and *g*

The letter **d** in Spanish is pronounced as in English only when it is the first sound in a phrase or after the letters **n** or **l**. In all other positions, it is pronounced similarly to the **th** sound of the English word *they*.

–¿**D**ón**d**e está tu casa?
–Está **d**etrás **d**el supermerca**d**o y al la**d**o **d**el parque.
–¿Está a la **d**erecha o a la izquier**d**a **d**el parque?
–A la **d**erecha. No hay na**d**a a la izquier**d**a.

The letter **g** is pronounced like the Spanish letter **j** when it is before **e** or **i.** This is similar to a harsh English *h* sound pronounced with back of the tongue arched high in the back of the mouth.

–¿Conoces a mi amigo **G**erardo?
–Sí, está en mi clase de biolo**g**ía. Es muy inteli**g**ente.

The **g** in Spanish before the vowels **a, o,** or **u,** is pronounced like an English *g* when it is the first sound of a phrase or after **n.**

gato pon**g**o **g**usto un **g**araje

In other cases, place the tongue in the same position, but do not press it tightly against the roof of your mouth as in English. Practice pronouncing these new verbs.

hago	oigo	salgo
sigo	amigo	luego
algo	agua	

When you read a newspaper or magazine article, you often have a general idea of what it is about because you may already have some knowledge about the topic or the visuals that accompany it. The article **¿Perro o gato?** describes the advantages and disadvantages of choosing a cat or a dog as a family pet (**una mascota**). Using what you already know about cats and dogs will help you understand the article.

First, jot down in English the advantages and disadvantages you associate with each animal. Then read the following article.

¿Perro o gato?
VENTAJAS Y DESVENTAJAS

Es un buen momento para pensar en las ventajas e inconvenientes que prestan los gatos y los perros

Antes de aceptar el pedido de su hijo, evalúe qué animal se adaptará mejor a su casa y evitará arrepentirse por la opción.

Toda mascota tiene sus ventajas y desventajas

1. El perro es fiel a su amo; el gato es leal a sí mismo únicamente.
2. El perro se somete a las órdenes de su amo; el gato es independiente.
3. El perro es dócil; el gato es orgulloso.
4. El perro come más que el gato y pide comida a cada rato.
5. Un gato puede vivir eternamente dentro de la casa; al perro hay que sacarlo, por lo menos tres veces al día.
6. El perro es guardián; el gato tiende a defender su propio terreno, pero no el de su amo.
7. El gato se limpia solo; al perro hay que bañarlo cada 15 días.
8. El perro es un compañero de juegos permanente, el gato es un compañero ocacional.
9. El perro está expuesto a contagios debido a su contacto con la calle; el gato, si no sale, elude esta posibilidad.
10. Un gato pasa inadvertido, pero un perro puede puede traerle problemas por los ladridos.

Después de leer

A. En contexto. Reread the artcile and use cognates, context, and what you know about cats and dogs to guess the meaning of the itaclicized words in these sentences.

1. El perro *se somete a los órdenes de su amo*; el gato es independiente.
2. Un gato puede vivir eternamente dentro de la casa; al perro *hay que sacarlo* por lo menos tres veces al día.
3. El perro es guardián; el gato tiende a defender *su propio terreno*, pero no al terreno de su amo.
4. El gato se limpia solo; al perro *hay que bañarlo* cada 15 días.
5. El perro está *expuesto a contagios debido* a su contacto con la calle; el gato, si no sale, elude esta posibilidad.
6. Un gato pasa inadvertido, pero un perro puede traerle problemas por los *ladridos*.

B. ¿Cuál es? In your opinion, do these statements describe a cat or a dog?

1. Es fiel.
2. Es dócil.
3. Es orgulloso.
4. Come mucho.
5. Es un compañero permanente.
6. Es un compañero ocasional.
7. No tiene que salir de casa.
8. Es muy inteligente.
9. Es la mascota que prefiero.

¡A escribir!

Una semana típica. Write two paragraphs, one describing a typical weekday and another describing the weekend. Discuss the following:

• where you live and with whom
• what time you leave home and for where
• what you do during the day
• when you return home
• what you do after you return home
• what you like to do on the weekend and how often you do it

¡TRATO HECHO!

Spanish for Counseling and Social Work

Palabras básicas

la asistencia social	*welfare*
la cárcel	*jail*
la cita	*appointment*
el/la ciudadano/a	*citizen*
la clínica	*clinic*
el comportamiento	*behavior*
el cupón de alimentos	*food stamp*
la dependencia	*dependence*
la depresión	*depression*
la drogadicción	*drug addiction*
el (des)empleo	*(un)employment*
el expediente	*file*
el grupo de apoyo	*support group*
la guardería infantil	*child care*

la incapacidad	*disability*
el/la inmigrante	*immigrant*
el/la niñero/a	*babysitter*
el/la refugiado/a	*refugee*
la rehabilitación	*rehabilitation*
el seguro de vida	*life insurance*
el seguro médico	*medical insurance*
el Seguro Social	*Social Security*
el SIDA	*AIDS*
el suicidio	*suicide*
el/la suicida	*suicide victim*
la tarjeta de residente	*resident card, "green card"*
la violación	*rape*
la violencia doméstica	*domestic violence*

Brownsville

A. Soltar ideas. Review the information on these pages. Then, in groups of two or three, make a list of the problems that Hispanics encounter when coming to live in the U.S. What are the kinds of adjustments they have to make? What kinds of basic services do recent immigrants need to help them make the adjustment? Compare this to the kinds of services that people who have not recently immigrated need. How are they similar or different? Why? In what way do our Social Service Agencies address the needs of immigrants? In what ways do they fail? Select a spokesperson to summarize your ideas for the class.

B. Reaccionar. Look at the table on the Distribution of Government Social Programs. Compare the percentages for welfare, food stamps, medicaid and housing with those of social security, medicare and jobless insurance. How do these figures compare for each racial/ethnic group? How do these figures compare with the percentages of population distribution? Does it matter? What is the purpose of these programs?

Distribution of Government Social Programs, by Race/Ethnicity, 1991	Hispanics %	Non-Hispanic	
		Whites %	Blacks %
Entitlement			
Welfare	15.0	40.0	32.0
Food stamps	17.0	46.0	33.0
Medicaid	17.0	47.0	31.0
Housing	14.0	38.0	43.0
Programs available for all income levels			
Social Security	4.0	85.0	10.0
Medicare	4.0	80.0	16.0
Jobless insurance	7.0	77.0	15.0

C. Adivinar. In 1992, 368,200 Hispanics were admitted to the United States as permanent residents (green card holders), which represents 37.8 percent of all immigrants admitted that year. Can you guess the top five countries from which these Hispanics immigrated?

D. Acertar. The main problem Hispanics have in accessing social services is the language barrier. In Massachusetts, *Centro las Américas* and *SMOC* advertise in *The Hispanic Yellow Pages* (see next page). Given the context of social work and counseling, can you guess the meaning of these phrases?

1. trabajadores sociales
2. servicios para ancianos
3. prevención de deserción escolar
4. el examen equivalente de cuarto año
5. corporación privada sin fines de lucro
6. bajos ingresos
7. vivienda

Now match the specific services listed in *Centro las Américas* with the more general categories of services listed in *SMOC*.

E. Ayudar. Look at Ms. Zimmer's business card. What is her profession? What degree does she hold? Why would she be helpful to the Hispanic community? Design a brochure that lists the programs she might set up for the community she serves.

Family and Children's Services

Evelyn A. Zimmer, M.S.W.

Asesoramiento bilingüe/Bilingual Counseling

37 South Meridian Avenue (219)363-5991
Indianapolis, IN 46374-2099 Fax (219)363-6093

F. Resolver problemas. First, write the English equivalent of Spanish cognates that describe some of the problems that bring people to a social service agency. Then, with a classmate, match the problem or condition with one of the services listed in *SMOC* or *Centro las Américas,* or provide your own solutions.

COGNADOS

abusado/a	_____
adicto/a	_____
dependiente	_____
desempleado/a	_____
desesperado/a	_____
incapacitado/a	_____
indocumentado/a	_____

PALABRAS ADICIONALES

borracho/a	*drunk*
desamparado/a	*homeless*
deprimido/a	*depressed*
hambriento/a	*starving, hungry*
pobre	*poor*

CENTRO Americas Est. 1977

- Ropa
- Muebles
- Banco de Comida
- Ayudantes de Padres
- Trabajadores Sociales
- Servicios para Ancianos
- Servicios de Inmigración
- Servicios Sociales Básicos
- Salón Cultural (actividades)
- Instituto de Arte y Cultura
- Festival Latinoamericano

- Promoción del Desarrollo Económico
- Prevención de deserción escolar
- Enseñanza del Idioma Inglés como Segunda Lengua
- Preparación para el exámen equivalente de cuarto año
- Educación y Prevención del Abuso de Sustancia/HIV

Para mayores informes:

11 Sycamore Street   Worcester, MA   508-798-1900

MODELO: —*Este hombre está deprimido.*
          —*Pues, necesita el servicio de salud mental.*

SMOC South Middlesex Opportunity Council

La Organización de Oportunidad de South Middlesex

S.M.O.C. es una corporación privada sin fines de lucro dedicada a proveer servicios y a mejorar la calidad de vida de la comunidad de bajos ingresos.

SMOC actualmente opera 40 programas de servicios incluyendo una organización afiliada de vivenda sin fines de lucro:

- South Middlesex Non-Profit Housing Corporation: (508) 879-6691
- También tiene asociación con Servicios Legales: (508) 620-1830 ó 1-800-696-1501

- **Servicios de Adición**
- **Servicios de Comunidad**
- **Atención de Niños**
- **Energía**

- **Educación**
- **Vivienda**
- **Salud Mental**
- **Nutrición**

Tel: (508) 872-4853   Fax: (508) 620-2310
354 Waverly Street Framingham, MA 01701

En la guardería infantil. Complete this day care application, based on the conversation that you hear.

Wee Willy Daycare

289 W. 38th Street, New York, NY 10013, 212-433-5897

name _____

child's name _____

address _____

age _____ home phone _____

day phone_____ siblings _____

will attend   (M) (T) (W) (Th) (F)

method of payment   monthy   weekly

recommended by:_____

G. Un horario complicado. You are the social worker who coordinates the scheduling of services at your agency. You need to get Esteban, Filomena, Mayra and Edgardo to their appointments. On a separate sheet of paper draw up a weekly schedule. Read all of the information below to figure out the schedule of appointments. Finally, call your clients to inform them of their appointments.

MODELO: *Esteban, tu cita para ... es ...*
          Esteban tiene que ir al psicólogo el viernes a las diez de la mañana.

· Filomena tiene 88 años. Necesita comida para el sábado y el domingo.
· Mayra tiene 16 años. Es adicta al alcohol y tiene HIV.
· Hay servicio para ancianos los martes y jueves.
· Hay reuniones de Alcohólicos Anónimos los lunes, miércoles y viernes al mediodía, y los martes y jueves a las 7:30 de la noche.
· Hay servicios de salud mental a las 10:15 de la mañana y a las 2:00 de la tarde.
· Hay un grupo de apoyo para la gente que tiene HIV/SIDA a las 9:30 por la mañana los miércoles y a las 8:00 de la noche los lunes.
· Mayra baila los martes por la noche. Tiene clase durante el día.
· Filomena tiene clase de inglés como segunda lengua los jueves.
· Esteban y su pareja, Edgardo, quieren ir juntos al grupo de apoyo para gente que tiene HIV. Esteban trabaja de noche.
· Mayra va a una reunión de AA y a un grupo de apoyo para gente que tiene HIV.

Las diversiones

4

TEMA 2

La vida diaria

- ¿Qué haces todos los días?
- ¿Cómo son tus relaciones con tu mejor amigo/a?

- Los verbos reflexivos
- Más sobre los reflexivos

TEMA 3

Los fines de semana

- ¿Adónde vas los fines de semana?
- ¿Adónde vas para ...?

- Los verbos *ir* y *dar*

TEMA 4

Los planes y las actividades recientes

- ¿Cuáles son tus planes?
- ¿Qué noticias tienes?

- El futuro inmediato y el pasado reciente

Using Key Words

¡TRATO HECHO! Spanish for the Music and Entertainment Industries

¿Cómo pasas tu tiempo libre?

A. En mi tiempo libre, me gusta…

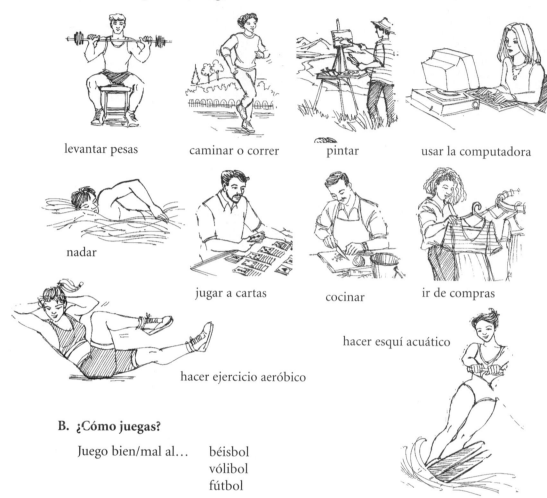

levantar pesas   caminar o correr   pintar   usar la computadora

nadar

jugar a cartas   cocinar   ir de compras

hacer ejercicio aeróbico

hacer esquí acuático

B. ¿Cómo juegas?

Juego bien/mal al…   béisbol
vólibol
fútbol

Casi siempre gano/pierdo los partidos de tenis.

C. ¿Quién es tu jugador favorito?

¿Quién es tu jugador/a de tenis favorito/a?
¿Cuál es tu equipo de fútbol americano favorito?

D. Diálogo. Los planes

Alicia está haciendo planes para mañana con su cuñada Adela.

ADELA: Martín y yo siempre jugamos al tenis los domingos por la mañana. ¿Quieren
jugar con nosotros mañana?
ALICIA: ¿A qué hora empiezan?
ADELA: A las once, más o menos. Martín siempre duerme hasta tarde los domingos.
ALICIA: A las once está bien.
ADELA: Si quieren, podemos ir a tomar algo después.
ALICIA: Sí, cómo no. ¡Y si pierden, invitan!

E. ¿Comprende Ud.?

1. Martín y Adela siempre juegan al _____ los _____.
2. Empiezan a las _____.
3. Martín siempre _____ hasta tarde los domingos.
4. Después de jugar, pueden ir a _____.

F. Entrevista.

1. ¿Cómo pasas tu tiempo libre por lo general? ¿Te gusta salir? ¿Qué días tienes mucho tiempo libre?
2. ¿Te gusta ir a lago? ¿Nadas bien? ¿Esquías a veces?
3. ¿Haces ejercicio regularmente? ¿Levantas pesas? ¿Haces ejercicio aeróbico? ¿Corres? ¿Caminas mucho?
4. ¿Qué deportes te gustan? ¿Tienes un equipo favorito de básquetbol? ¿de béisbol? ¿de fútbol americano? ¿Quién es tu jugador de tenis favorito? ¿Quién es tu jugadora favorita? ¿Juegas bien al tenis? ¿Ganas o pierdes por lo general?
5. ¿Qué te gusta hacer cuando tienes que pasar el día en casa? ¿Te gusta pintar? ¿cocinar? ¿jugar a cartas? ¿jugar a juegos electrónicos? ¿usar la computadora?

G. Panorama deportivo. On what page would you find an article about your favorite sport?

MODELO: *Me gustaría leer sobre el boxeo en la página 42.*
 o No tengo ganas de leer ninguno de los artículos.

CONTENIDO

SUPLEMENTO:
HISTORIA MUNDIALISTA DE BRASIL

PAN RAMA
DEPORTIVO

3

Miami fuera de la liga de fútbol profesional

12 BEISBOL

Silencio en las alturas
La octava huelga planteada desde 1972 mantiene paralizadas las acciones en la pelota mayor.

20 FUTBOL

Lluvia de pases internacionales
Brasil, Argentina, Uruguay, Colombia y Paraguay están a la cabeza de los países suramericanos exportadores de jugadores al balompié europeo.

23

Brasil Tetracampeón.
La historia de los títulos mundiales ganados por Brasil.

31

Copa liberatadores

32 CICLISMO

Marlon Perez campeon de la humilidad
El pedalista antioqueño obtuvo el Campeonato Mundial de ciclismo.

36 BALONCESTO

Estados Unidos repitió título mundial

42 BOXEO

Se recupera boxeo nacional en Miami

44 TENIS

Martina Navratilova
Figura del tenis en el campeonato de Virginia

Nuestra Portada *Gary Sheffield El Artillero de la Florida*

¿Quieres tomar algo conmigo?

A. A tomar algo. ¿Qué pides?

¿Tienes hambre? ¿Tienes sed?
En un café sirven...

Por lo general, pido una bebida como...

una taza de té

un refresco

un café

un vaso de jugo de
naranja

una botella de agua
mineral

una cerveza
(mexicana/alemana)

una copa de vino
(tinto/blanco)

También puedes comer algo ligero como...

un bocadillo

una ensalada

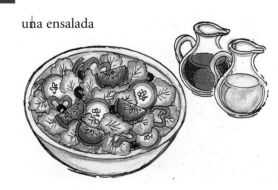

B. Diálogo. Tengo sed.

Después de jugar al tenis, Alicia, Ramón, Adela y Martín van al café para tomar algo.

MESERO: Buenas tardes, señores. ¿Qué desean ustedes?
ADELA: Un jugo de naranja, por favor.
RAMÓN: Para mí, una limonada con mucho hielo.
ALICIA: Una cerveza para mí.
MESERO: ¿Una Corona está bien?
RAMÓN: Muy bien.
MARTÍN: Y una Corona para mí también.
MESERO: Bueno, un jugo de naranja, una limonada y dos Coronas. ¿Algo más?
RAMÓN: No gracias. Eso es todo.

C. ¿Qué toma? Say what you drink in the following situations.

MODELO: Quiere tomar algo
          Tomo un refresco.

1. Quiere brindar por la salud de un amigo.
2. Hace calor y tiene mucha sed.
3. Son las cuatro de la tarde y quiere descansar.
4. Es temprano por la manana y quiere despertarse.
5. Está con sus amigos después de las clases.

D. Preferencias. Change the italicized words to say what you prefer to drink in these situations.

1. Por la mañana, tomo *jugo de naranja*.
2. Después de un partido de tenis o de básquetbol, me gusta tomar *agua con mucho hielo*.
3. Con la cena, prefiero tomar *té con hielo*.
4. Con el almuerzo, tomo *Coca-Cola* por lo general.
5. Cuando tengo mucha sed tomo *agua*.
6. Casi nunca tomo *vino tinto*.

E. En el café. You are traveling with a friend in Mexico and decide to stop for a drink at a café. Role-play the scene with two classmates, one of whom will play the waiter or waitress.

F. Entrevista.

1. ¿Qué bebidas tienen cafeína? ¿Tomas muchas bebidas con cafeína? ¿Prefieres el té o el café? ¿Necesitas tomar café por la mañana? ¿Cuántas tazas de café tomas en un día típico? ¿Tomas más café cuando trabajas o cuando no tienes que hacer nada en especial?
2. ¿Qué bebidas tienen alcohol? ¿Tomas muchas bebidas alcohólicas? ¿Prefieres el vino tinto o el vino blanco? ¿Sirven cerveza en la universidad?
3. ¿Qué bebidas tienen mucho azúcar *(sugar)*? ¿Prefieres los refrescos con azúcar o los dietéticos? ¿Cuál es tu refresco favorito? ¿Qué refresco no te gusta?
4. ¿Qué bebidas son buenas para la salud *(health)*? ¿Malas para la salud? ¿Por qué son malas para la salud?
5. ¿Tienes sed ahora? ¿Qué te gustaría tomar? ¿Tienes hambre ahora? ¿Dónde te gustaría comer? ¿Dónde prefieres comer cuando sólo quieres algo ligero?

Los verbos con cambios en la raíz

Para averiguar

1. In stem-changing verbs, **e** becomes **ie** or **i** and **o** becomes **ue** in all forms except two. Which are they?

2. **Decir** is conjugated like **pedir** except for the **yo** form. What is the **yo** form of **decir**?

• Some **-ar, -er,** and, **-ir** verbs have vowel changes in the stem when they are conjugated. An **e** will become **ie** or **i,** and an **o** will become **ue** in all forms except **nosotros** and **vosotros.**

	empezar (ie)	poder (ue)	pedir (i)
yo	emp**ie**zo	p**ue**do	p**i**do
tú	emp**ie**zas	p**ue**des	p**i**des
él, ella, usted	emp**ie**za	p**ue**de	p**i**de
nosotros/as	empezamos	podemos	pedimos
vosotros/as	empezáis	podéis	pedís
ellos, ellas, ustedes	emp**ie**zan	p**ue**den	p**i**den

• Other verbs that have stem changes are:

e → ie		o → ue		e → i	
cerrar	*to close*	**almorzar**	*to eat lunch*	**decir**	*to say, to tell*
pensar	*to think*	**entender**	*to understand*	**repetir**	*to repeat*
perder	*to lose*	**dormir**	*to sleep*	**servir**	*to serve*
preferir	*to prefer*	**encontrar**	*to find, to meet*	**seguir**	*to follow*
querer	*to want*	**volver**	*to return*		

• **Decir** is conjugated like **pedir,** but the **yo** form is irregular.

digo, dices, dice, decimos, decís, dicen

• The **u** in **seguir** is dropped in the **yo** form:

sigo, sigues, sigue, seguimos, seguís, siguen

• **Jugar** is the only stem-changing verb in which **u** changes to **ue.**

juego, ju**e**gas, ju**e**ga, jugamos, jugáis, ju**e**gan

A lo personal

A. ¡Yo también! Two friends are talking about their daily activities. Do you do the same things?

MODELO: Dormimos hasta las nueve todos los días.
Yo duermo hasta las siete u ocho.

1. Almorzamos en McDonald's por lo general.
2. Jugamos al tenis todos los días.
3. Volvemos a casa a las tres de la tarde.
4. Empezamos nuestras tareas entre las cuatro y las cuatro y media de la tarde.
5. Preferimos cenar *(to eat dinner)* a las ocho o a las nueve.
6. Pedimos una pizza dos o tres veces a la semana.
7. Dormimos siete u ocho horas cada noche.
8. Repetimos las mismas actividades todos los días.

B. En mi familia. Who in your family does the following activities?

MODELO: perder la paciencia con frecuencia
Mi padre pierde la paciencia con frecuencia. o *Nadie en mi familia pierde
la paciencia.* o *Todos perdemos la paciencia con frecuencia.*

1. decir cosas tontas a veces
2. dormir mucho
3. entender los problemas de Ud.
4. servir la cena
5. jugar al tenis
6. volver tarde con frecuencia
7. perder cosas con frecuencia
8. repetir siempre las mismas cosas

C. Una invitación. Complete the conversations with the correct form of the
verbs from the list.

empezar	querer	jugar
decir	tener	preferir

–Felipe, ¿____1____ mirar el
partido de fútbol con nosotros el
sábado?
–¿Qué equipos ____2____?
–Los equipos nacionales de Italia y
Brasil.
–¿A qué hora ____3____ el partido?
–A la una de la tarde.
–Sí, me gustaría mucho ver ese
partido. El equipo de Italia es mi
favorito. Y tú, ¿qué equipo ____4___?
–No ____5____ preferencia pero
todos ___6___ que el equipo de
Italia es muy bueno.

D. Entrevista.

1. ¿En qué restaurante almuerzas con frecuencia? ¿Sirven comida mexicana? ¿Sirven
   vino? ¿Qué pides para beber? ¿A qué hora empiezan a servir el almuerzo? ¿A qué
   hora cierran?
2. ¿Qué piensas hacer este fin de semana? ¿Vuelves a visitar a tus amigos de la escuela
   secundaria con frecuencia? ¿Hasta qué hora duermes los fines de semana?
3. ¿Qué deportes practicas? ¿Cuándo juegas por lo general? ¿Con quién juegas? ¿Ganas
   o pierdes más frecuentemente? ¿A veces cuando juegas, pierdes la paciencia?

E. Una conversación. With another student, prepare a conversation in which you
invite a friend to go to a concert, a soccer or basketball game, or to see a movie. Be sure
to talk about the time the activity will start and if you will do something afterwards.

Más cambios en la raíz

Para averiguar

Although **-ar** and **-er** stem-changing verbs have regular present participles, **-ir** stem-changing verbs have irregular present participles. What does the stem vowel of **-ir** verbs change to?

- The present participle of stem-changing **-ar** and **-er** verbs is formed regularly, with no stem changes.

almorzar	Los niños están **almorzando.**
perder	Estamos **perdiendo.**

- Stem-changing **-ir** verbs have the following changes in the present participle:

dormir	o → u	Todos están d**u**rmiendo.
seguir	e → i	Alguien está s**i**guiendo nuestro coche.

A lo personal

A. ¿Qué están haciendo? Guess what the following people are doing based on the information given. Complete each statement with the correct form of the appropriate verb.

dormir	morir	almorzar
decir	servir	mentir

MODELO: Hay un coche detrás de (behind) nosotros.
         Está siguiendo nuestro coche.

1. Elena tiene una jarra en la mano. Está _____ la sangría.
2. Jorge y Pablo están muy cansados. Están _____ .
3. La naríz de Pinocho crece cuando está _____ .
4. Los jóvenes tienen sándwiches y *Coca-Cola* y están en un café. Están _____ .
5. El testigo jura que está _____ la verdad.

B. ¿Por qué están haciendo eso? Choose the logical reason why these people are doing what they are doing.

tener sueño	tener prisa	tener frío	tener hambre
tener calor	tener sed	tener ganas de hacer un viaje	

MODELO: ¿Por qué están durmiendo los niños?
         Están durmiendo porque tienen sueño.

1. ¿Por qué estás almorzando tan temprano?
2. ¿Por qué estamos corriendo?
3. ¿Por qué están pidiendo algo de tomar?
4. ¿Por qué están cerrando la ventana?
5. ¿Por qué estás pensando en las vacaciones?
6. ¿Por qué estás pidiendo más hielo?

C. ¿Cómo se siente? How do you feel or what do you do when these things are happening?

MODELO: Alguien está diciendo algo falso.
         Estoy furioso/a. o *Digo la verdad.* o *No hago nada.*

1. Ud. está regresando a casa y alguien está siguiendo su coche.
2. Su equipo favorito está perdiendo un partido.
3. Está almorzando en un restaurante elegante y hay un pelo (hair) en la comida.
4. No puede entender algo que el profesor está diciendo.
5. Ud. sale a un club y encuentra a su novio/a bailando con otro/a muchacho/a.

D. Entrevista.

1. ¿Prefieres nadar en una piscina o en un lago? ¿Hay una piscina en tu apartamento? ¿A qué hora cierran la piscina? ¿Duermes al lado de la piscina a veces?
2. Para ti, ¿es importante almorzar regularmente? Dicen que el desayuno y el almuerzo son las comidas más importantes. ¿Cuál es la comida más importante para ti? ¿A qué hora empiezas a tener hambre por la mañana? ¿Prefieres seguir la misma rutina todos los días? ¿Duermes las mismas horas todos los días?
3. ¿Vuelves a ver a tus amigos de la escuela secundaria a veces? ¿Piensas mucho en ellos? ¿Encuentras la universidad más interesante que la escuela secundaria? ¿más difícil?
4. ¿En qué estás pensando en este momento? ¿Por qué estás pensando en eso? ¿Piensas mucho en tus problemas?

¿Qué haces todos los días?

A. La rutina diaria.

Me levanto a las seis.

Me baño por la mañana

Me afeito todos los días.

Me visto rápidamente.

Me voy para la universidad a las ocho.

Me acuesto a las once.
Me duermo fácilmente.

B. Diálogo. Mucho ruido

Alicia no puede dormir y está mirando la casa abandonada de al lado.

RAMÓN: ¿Por qué te preocupas tanto por esa casa? ¿Por qué no te acuestas?

ALICIA: No me puedo dormir. Todas las noches hacen mucho ruido allí.

RAMÓN: Pero es ridículo levantarte a cada hora para mirar por la ventana.

ALICIA: Tenemos que hacer algo. Algo está pasando allí. ¿Y por qué sólo de noche? No comprendo.

RAMÓN: No tenemos que hacer nada. Tú tienes que olvidarte de esa casa.

ALICIA: Y tú tienes que calmarte. ¿Por qué te pones de mal humor cada vez que hablo de esa casa? ¿Tienes algún secreto?

C. ¿Comprende Ud.?

1. Alicia no puede dormir porque se preocupa por…
2. Hacen ruido todas…
3. Según Ramón, Alicia tiene que olvidarse de…
4. Cada vez que Alicia menciona esa casa, Ramón se pone…
5. Alicia piensa que Ramón tiene…

D. ¿En qué orden? Match each activity of a typical day with the logical hour given below.

Me levanto…
Antes de salir, me baño y me visto…
Me voy para la universidad…
Almuerzo…
Regreso a casa…
Preparo la cena…
Veo un poco de televisión…
Me acuesto…
Me duermo…

MODELO: Me despierto a las siete.

Now, go back and say at what time *you* do each of the listed activities.

E. ¿Y Ud.? Change the italicized words to describe *your* emotions and worries.

1. Me divierto cuando *salgo a bailar.*
2. No me divierto cuando *miro un partido de fútbol con mi novio.*
3. Me enojo con frecuencia con *mi compañera de cuarto.*
4. Me enojo cuando *no comprendo la tarea.*
5. Me preocupo a veces por *mi trabajo.*
6. Nunca me preocupo por *mi familia.*
7. Me pongo de mal humor cuando *mis amigos hablan de política.*

¿Cómo son tus relaciones con tu mejor amigo/a?

A. Nos llevamos bien.

- Nos vemos todos los días (a menudo, de vez en cuando).
- Nos decimos todo.
- Nos abrazamos.
- Nos llamamos por teléfono con frecuencia.
- Nos llevamos bien.
- Raramente nos peleamos.

B. Diálogo. La casa abandonada.

Alicia está hablando con su cuñada de sus relaciones con Ramón.

ALICIA: Todas las noches Ramón y yo nos peleamos.

ADELA: ¿Sí? ¿Por qué?

ALICIA: Por esa casa abandonada que puedo ver desde la ventana de nuestro cuarto. De día parece abandonada pero de noche salen muchos ruidos de allí. Creo que alguien está haciendo algo ilegal.

ADELA: Es mejor no preocuparte por esa casa. Estás imaginándote cosas.

C. ¿Comprende Ud.?

1. ¿Con qué frecuencia se pelean Alicia y Ramón?
2. ¿Por qué se pelean?
3. ¿Cómo parece la casa abandonada de día?
4. ¿Qué pasa todas las noches, según Alicia?

D. ¿Se llevan bien? Alicia made the following statements about her relationship with Ramón. Say whether or not they get along.

MODELO: Nos abrazamos mucho.
Se llevan bien.

No nos entendemos.
Se llevan mal.

1. Nos abrazamos mucho.
2. Nos peleamos todas las noches.
3. Siempre nos ayudamos con nuestros problemas.
4. A veces nos decimos cosas feas.
5. A veces no nos hablamos por muchas horas.
6. Si no nos vemos todos los días, nos ponemos tristes.
7. Nos comprendemos muy bien.
8. Nos decimos todo.

E. Mi mejor amigo/a y yo. Say how often you and your best friend do the following things.

a menudo	nunca	a veces	de vez en cuando	una vez a la semana
raramente	siempre	dos veces al día	todos los días	

MODELO: Nos peleamos.
Nunca nos peleamos. o *Nos peleamos de vez en cuando.*

1. Nos escribimos.
2. Nos vemos.
3. Nos abrazamos.
4. Nos llamamos por teléfono.
5. Nos decimos secretos.
6. Nos peleamos.
7. Nos ayudamos con nuestras tareas.
8. Nos saludamos con un beso.

F. Novios. Complete the following paragraph with the correct verb.

nos decimos	nos llevamos	nos encontramos	nos conocemos
nos vemos	nos llamamos	nos abrazamos	

Hace tres años que mi novia y yo _____. _____ en un restaurante casi todos los días para almorzar. Los días que no _____, _____ por teléfono. A veces nos enojamos y nos peleamos, pero por lo general _____ bien. Después de pelearnos, siempre _____ y _____ que nos queremos.

Los verbos reflexivos

Para averiguar

1. What types of verbs are generally reflexive in Spanish?

2. What are the reflexive pronouns?

- Verbs describing actions that subjects perform on or for themselves and those describing changes in a state of mind are generally reflexive in Spanish. With reflexive verbs, the subject performs an action on himself or herself.

NON-REFLEXIVE

REFLEXIVE

Adela baña al perro.

Alicia se baña.

- Reflexive verbs are preceded by reflexive pronouns.

lavarse (to wash oneself)			
yo	**me** lavo	nosotros/as	**nos** lavamos
tú	**te** lavas	vosotros/as	**os** laváis
usted, él, ella	**se** lava	ustedes, ellos, ellas	**se** lavan

- Other reflexive verbs are:

acostarse (ue)	*to go to bed*
bañarse	*to bathe*
calmarse	*to calm down*
casarse (con)	*to get married (to)*
despertarse (ie)	*to wake up*
divertirse (ie)	*to have fun*
divorciarse	*to get divorced*
dormirse (ue)	*to fall asleep*
enojarse	*to get angry*
irse	*to go away*
llamarse	*to be named, called*
levantarse	*to get up*
ponerse (+ *adj.*)	*to become (+ adj.)*
preocuparse	*to worry*
quedarse	*to stay*
sentarse (ie)	*to sit*
sentirse (ie)	*to feel*
vestirse (i)	*to get dressed*

A lo personal

A. Antónimos. Using a verb from the list above, say the opposite of the statements given.

MODELO: No me acuesto, …
   No me acuesto, me levanto.

1. Mis padres no se despiertan, …
3. A veces me enojo, pero después…
2. No me voy, al contrario…
4. ¿Te levantas o…?

B. ¿Qué hacen? Complete the sentences logically with the correct form of the appropriate verb to say what Adela and her husband do on Saturdays. ¡OJO! Not all their activities are expressed with reflexive verbs.

despertarse   vestirse   lavarse   abrazarse

1. Mi esposo y yo _____ .
2. Después, yo _____ a nuestros hijos.
3. Primero yo _____ .
4. Después, _____ a mi hijo.
5. Martín y mi hijo _____ el coche.
6. Después, _____ las manos.
7. Antes de acostarnos, Martín y yo _____ a nuestros hijos.
8. Antes de acostarnos, _____ nosotros también.

C. El extraterrestre. An extraterrestrial has moved in with you but he does not quite understand how things are done on earth. Tell him what humans normally do.

MODELO: ¿Me acuesto en el refrigerador?
   Nosotros nos acostamos en la cama.

1. ¿Me levanto durante la noche?
2. ¿Me acuesto durante el día?
3. ¿Me visto y después me baño?
4. ¿Me baño en la cocina?
5. ¿Me lavo el pelo en la piscina?
6. ¿Me visto en el autobús?

D. Entrevista.

1. ¿A qué hora te acuestas por lo general? ¿Y a qué hora te levantas? ¿Te duermes fácilmente? ¿Te despiertas fácilmente? ¿Necesitas café para despertarte?
2. ¿Te enojas con frecuencia? ¿Cuándo te pones de mal humor? ¿Con quién te enojas de vez en cuando? ¿Te llevas bien con tus vecinos *(neighbors)*? ¿Y con tu compañero/a de cuarto?
3. ¿Te pones nervioso/a fácilmente? ¿Cuándo te pones nervioso/a? ¿Te pones incómodo/a con la gente que no es como tú? ¿Qué haces para calmarte?

Más sobre los reflexivos

Para averiguar

1. Where are the reflexive pronouns placed when a conjugated verb is followed by an infinitive or a present participle?

2. What is a reciprocal verb?

- When a conjugated verb is followed by a reflexive verb in the infinitive, the reflexive pronoun can be attached to the end of the infinitive or placed before the conjugated verb. The pronoun must correspond to the subject of the conjugated verb.

Quiero divertir**me**.	**Me** quiero divertir.
Podemos levantar**nos** tarde.	**Nos** podemos levantar tarde.

- Similarly, with the present progressive (**estar** + **-ndo**), the reflexive pronoun can either be placed before the conjugated form of **estar** or attached to the end of the present participle. In the latter case, a written accent is added to the stressed vowel of the present participle.

Me estoy divirtiendo.	Estoy divirtiéndo**me**.

- Reciprocal verbs are conjugated in the same way as reflexive verbs. Whereas reflexive verbs indicate that someone is doing something to oneself, reciprocal verbs indicate that two or more people are doing something to each other. Many verbs can be made reciprocal by simply adding the reflexive/reciprocal pronouns.

Mis padres nunca **se** hablan.	*My parents never talk to each other.*
Nos vemos con frecuencia.	*We see each other frequently.*
Mi novia y yo **nos** queremos mucho.	*My girlfriend and I love each other a lot.*

A lo personal

A. ¿Quiénes son? Which of your acquaintances or which celebrities might the following statements describe?

MODELO: No se llevan bien.
Mi novio y mi compañera de cuarto no se llevan bien.
o El presidente y el congreso no se llevan bien.

1. Se llevan muy bien.
2. Se quieren mucho.
3. Nunca se hablan.
4. Se enojan con frecuencia.
5. Se ven todos los días.
6. Se divorcian.

B. Una pareja feliz. Use the following verbs to recount the courtship of Pablo and Felicia. Working with a partner, add as many details as you can.

MODELO: *Pablo y Felicia se ven por primera vez en un café. Él está sentado y ella se sienta en la mesa de al lado…*

verse por primera vez	encontrarse después del trabajo
mirarse a los ojos	abrazarse con pasión
levantarse	hablarse por horas
presentarse	no poder separarse
pedirse los números de teléfono	quererse
empezar a llamarse	casarse

C. Mis amigos y yo. Form complete sentences to describe yourself and the others mentioned.

MODELO: (yo) poder/levantarse tarde/todos los días
Puedo levantarme tarde todos los días. o *No puedo levantarme*
tarde los días de clase.

1. mis hermanos/preferir/quedarse en casa/los fines de semana
2. mis amigos y yo/querer/divertirse/los fines de semana
3. (yo)/tener que/levantarse temprano/los sábados
4. (tú)/preferir/bañarse/por la mañana
5. mi mejor amigo(a)/preferir/vestirse de jeans
6. (nosotros)/poder/calmarse/antes de los exámenes
7. mi madre/poder/dormirse/después de tomar café
8. (yo)/necesistar/acostarse/más temprano
9. mis primos/pelearse/todos los días

 ¡A escuchar!

En casa de los padres. Ramón and Alicia are spending their first night together at his parents' house. Listen to the conversation between Ramón and his mother. Then answer the questions.

1. ¿Qué está haciendo Alicia?
2. ¿A qué hora quiere despertarse Ramón mañana?
3. ¿Quién se queda en casa mañana?

D. En México. You are in Mexico on a study-abroad program for the summer and you are just getting to know your roommate. Role-play a scene with a classmate where you discuss the following:

- what time you like to get up
- what time you usually go to bed
- whether or not you usually bathe in the morning or evening
- whether or not you like to stay home
- what you like to do in your free time

E. Somos diferentes. You and your roommate are very different. Respond to these statements by your roommate saying you like to do the opposite or something else.

1. Me gusta levantarme muy tarde.
2. Me gusta acostarme temprano.
3. Me baño por la noche.
4. En mi tiempo libre me gusta dormir.

F. Una carta. Summarize the information you gave your roomate in the activity above in the form of a letter to your parents or a friend.

¿Adónde vas los fines de semana?

A. Voy…

al parque

al centro comercial

al lago

a un partido de fútbol en el estadio

a un club

a la iglesia/la sinagoga/la mezquita

a la playa

a una fiesta

a un concierto

B. Diálogo. ¿Qué quieres hacer?

Ramón y Alicia regresan del café. Están haciendo planes para mañana.

ALICIA: Antes de regresar, ¿por qué no vamos al mercado? Tengo que comprar algunas cosas.

RAMÓN: Sí, pero si vamos a la iglesia esta tarde, no tenemos mucho tiempo.

ALICIA: ¿Qué quieres hacer después de la iglesia?

RAMÓN: ¿Por qué no vamos al cine? Hay una nueva película de Almodóvar que me gustaría ver.

ALICIA: ¿A qué hora empieza?

RAMÓN: Creo que es a las 5:00.

C. ¿Comprende Ud.?

1. ¿Adónde van Ramón y Alicia para comprar algunas cosas?
2. ¿Adónde van esta tarde? ¿Y después?
3. ¿Qué película quiere ver Ramón? ¿A qué hora es?

D. ¿Por qué no vamos a...? Your friend wants to do the following things. Suggest an appropriate place.

a casa	a un club	a la playa	al lago	al café
al parque	a un concierto	a una fiesta	al estadio	al centro comercial

MODELO: Tengo ganas de tomar algo.
         ¿Por qué no vamos al café?

Tengo ganas de...

1. ir a bailar
2. jugar frisbee
3. escuchar música
4. nadar
5. comprar ropa
6. divertirme
7. descansar
8. ir al partido de fútbol
9. conocer gente
10. tomar sol

E. Nuestra ciudad. Change the italicized word(s) to describe places in *your* city.

1. Mi restaurante favorito es *Casa Monterrey.*
2. El club más popular entre los estudiantes es el *Club Carnival.*
3. Me gusta correr o caminar en el parque *Rosewood.*
4. Hay muchas iglesias en la calle *Enfield.*
5. Hay muchos restaurantes en la calle *Lamar.*
7. El centro comercial más grande es *El Bosque.*
6. Me gusta ir a conciertos en *el Estadio Azteca.*
8. Me gusta nadar en el lago *Travis.*
9. Me gusta ir a las playas de *Fort Lauderdale.*
10. *Mi amiga Aitza* hace las mejores fiestas.

F. Entrevista.

1. ¿Te gusta ir a bailar los fines de semana? ¿A qué club te gusta ir? ¿Con quién sales por lo general?
2. ¿Corres o caminas a veces? ¿Prefieres correr o caminar en un parque o en un estadio?
3. ¿Sabes nadar? ¿Prefieres nadar en una piscina, en un lago o prefieres ir a la playa?
4. ¿Dónde pasas más tiempo, en casa o con amigos? ¿En el centro comercial o en la biblioteca? ¿En la playa o en el parque? ¿En clase o en fiestas?

¿Adónde vas para…?

A. ¿Adónde vas para…

…divertirte?	¿Al cine? ¿A un club? ¿A un partido de fútbol? ¿Al teatro?
…descansar?	¿A la casa de tus padres? ¿Al parque? ¿Te quedas en casa?
…hacer ejercicio?	¿Al gimnasio? ¿A la piscina? ¿Al estadio?
…comprar ropa?	¿Al centro comercial? ¿A una tienda de ropa usada?
…pasar una noche romántica?	¿A un restaurante elegante? ¿A un club?

GIMNASIO CONTRY

- Pesas
- Gimnasia aeróbica
- Baños de vapor

Tels.: 57-97-96
AVE. REVOLUCIÓN 3633 SUR
COL. COUNTRY MTY., N.L.

UN RESTAURANTE DIFERENTE

mariscos

La Langosta

Venga a saborear con su famila los más completos y exquisitos platillos de mariscos y pescados. • En cada uno de ellos encontrará el sabor fresco y natural con un delicioso sazón. • Lo esperamos todos los días para que deleite a su paladar

VILLAGRAN No. 107 NTE.
Tel. **44-62-33 • 40-64-79**

RICOS ANTOJERÍA Música Viva Diariamente

Todo Tipo de Antojitos y Cortes
SERVICIO DE BAR
Diariamente: Bufete de Almuerzos y Bufete de Mediodía

Horario de 8 de la Mañana a 2 de la Mañana
45-17-09 45-17-69 Fax: 43-66-26
VENUSTIANO CARRANZA 6312 SUR
ENTRE PADRE MIER Y MATAMOROS

B. Diálogo. Quiero ver la casa.

Alicia y Ramón regresan del cine y pasan por la casa misteriosa de al lado.

ALICIA: ¿Por qué no vamos a ver esa casa?
RAMÓN: ¿Para qué?
ALICIA: Para ver el interior. ¡Sólo quiero mirar por las ventanas.
RAMÓN: Estoy muy cansado esta noche, pero si todavía quieres ir mañana, vamos.
ALICIA: Está bien.

C. ¿Comprende Ud.?

1. ¿Dónde están Ramón y Alicia?
2. ¿Qué quiere hacer ella? ¿Para qué?
3. ¿Por qué no quiere ir Ramón?
4. Según Ramón, ¿cuándo pueden ir?

D. ¿Para qué? Do you go to the places mentioned to do the following things?

MODELO: a la clase de español (aprender, dormir, divertirse)
Sí, voy a la clase de español para aprender.
No, no voy a la clase de español para dormir.
Sí, voy a la clase de español para divertirme.

1. a un club (bailar, divertirse, conocer a muchachos/as, practicar el español)
2. al parque (caminar, descansar, trabajar, correr, estudiar)
3. a una fiesta (mirar la televisión, estar con amigos, bailar, hacer ejercicio)
4. a la playa (jugar al vólibol, trabajar, correr, nadar, descansar)
5. al centro comercial (comprar ropa, trabajar, hacer ejercicio, mirar a la gente)

E. Una invitación. Invite a classmate to go to the following places. Your classmate asks what you plan to do there and you respond logically. Finally, your classmate accepts or declines.

MODELO: el parque
–¿Por qué no vamos al parque?
–¿Para qué?
–Para correr.
–Está bien. o *No me gusta correr.* o *No puedo ahora.*

1. al centro comercial
2. al estadio
3. al lago
4. a mi casa

F. De vacaciones. You are planning a vacation. Explain why you want to visit the following places.

esquiar en los Andes
visitar el viejo San Juan e ir a la playa
visitar Machu Picchu, la ciudad sagrada de los Incas
ver las pirámides
ver las ruinas romanas y moras
hacer un viaje a Tierra del Fuego y la Antártida argentina

MODELO: a Chile
–¿Por qué no vamos a Chile?
–¿Para qué?
–Para esquiar en los Andes.

1. a España
2. a Puerto Rico
3. a Perú
4. a Argentina
5. a México

Los verbos *ir* y *dar*

- You have already seen the **yo** and **nosotros** forms (**voy** and **vamos**) of the verb **ir**. The verb **dar** *(to give)* is conjugated like **ir** in the present indicative. Here are the complete conjugations.

ir *(to go)*		
yo **voy**	nosotros/as	**vamos**
tú **vas**	vosotros/as	**vais**
él, ella, Ud. **va**	ellos, ellas, Uds	**van**

dar *(to give)*		
yo **doy**	nosotros/as	**damos**
tú **das**	vosotros/as	**dais**
él, ella, Ud. **da**	ellos, ellas, Uds	**dan**

> —¿**Vas** al trabajo todos los días?
> —No, sólo **voy** los lunes, miércoles y viernes.

- Use **adónde** to ask where someone is going. To answer, use the preposition **a** *(to)*, which contracts with the definite article **el** to form **al.**

> —¿**Adónde** van Uds.?
> —Primero vamos **a** la iglesia y después **al** cine.

- To explain for what purpose you are doing something, use **para** (for, in order to) with an infinitive.

> —Voy a Los Ángeles este fin de semana.
> —¿Sí? ¿Para qué?
> —Para asistir a un concierto.

- **Dar** is used in the idiomatic expressions **dar un paseo,** and **dar una vuelta,** both meaning *to go for a walk (or ride).*

A lo personal

A. ¿Adónde van? Use the correct form of the verb **ir** and an appropriate place to complete these sentences.

1. Para divertirnos, mis amigos y yo…
2. Para comprar comida, mi madre…
3. Para pasar una noche romántica, los jóvenes…
4. Para descansar, yo…
5. Para hacer ejercicio, muchos estudiantes…
6. Para comer algo ligero, yo…
7. Para pasar una tarde tranquila, mi padre…
8. Para comprar ropa, yo…

Now ask your classmates and instructor where they go to do these same things.

MODELO: A otro/a estudiante:
   —¿*Adónde vas para divertirte?*
   —*Voy a muchas fiestas.*
   A su profesor/a:
   —¿*Adónde va Ud. para divertirse?*
   —*Voy a muchos conciertos.*

Para averiguar

1. You use **dónde** to ask where something is located. What question word do you use to ask where someone is going?

2. What happens to the preposition **a** when it is followed by the definite article **el**?

3. What does **para** mean when it is followed by an infinitive?

B. ¿Adónde van todos? Alicia is explaining where everyone is going today and for what purpose. What does she say?

MODELO: Ramón y yo
          Ramón y yo vamos a un café para almorzar.

1. Adela   2. Los padres de Ramón   3. Martín

4. mis sobrinos   5. el perro

C. Capitales. The following people are going to different Latin American capitals. Which country will they visit?

MODELO: yo/Bogotá
          Yo voy a Bogotá. Voy a Colombia.

1. nosotros/Quito   4. ustedes/Caracas
2. ellos/Santiago   5. ella/Asunción
3. tú/Montevideo   6. usted/La Paz

Which of these cities would you like to visit most?

MODELO: Me gustaría ir a Quito.

D. ¿Qué dan? Complete these sentences with the correct form of the verb **dar**.

1. Tú _____ las mejores fiestas.
2. ¿ _____ ustedes mucho dinero a La Cruz Roja.
3. ¡El perro es simpático pero _____ muchos problemas.
4. Yo _____ una vuelta todas las mañanas.
5. El cine *Biograph* _____ muchas películas extranjeras.
6. Ese profesor _____ muchos exámenes.
7. Nosotros _____ un paseo después de comer.

E. Una conversación. With a classmate, prepare a conversation in which you talk about where you are going after your Spanish class today and what your purpose is for going there.

¿Cuáles son tus planes?

A. Los planes. ¿Qué vas a hacer? Voy a…

…graduarme el próximo año.

Después de graduarme, voy a…
mudarme a otra ciudad
buscar trabajo
casarme con mi novio/a
viajar

B. Diálogo. Mucha confusión.

Al regresar a casa, Ramón desaparece. Alicia mira por la ventana y ve a su esposo rodeado de tres hombres detrás de la casa misteriosa. Toman todo su dinero y Alicia se imagina que son ladrones. Ésta es la conversación entre Ramón y los hombres.

RAMÓN: Van a terminar esta noche, ¿verdad? Vamos a mudarnos este fin de semana. Mi esposa cree que algo ilegal está pasando aquí. Ella no sabe nada. Ésta es una sorpresa y por eso ustedes pueden trabajar sólo de noche.

HOMBRE 1: Acabamos de terminar la sala y vamos a pintar el baño esta noche.

RAMÓN: Van a limpiar todo también, ¿verdad?

HOMBRE 2: ¡Claro, señor!

RAMÓN: Mi esposa no sabe que ésta es nuestra casa y cree que vamos a vivir con mis padres. Cree que esta casa está abandonada pero le va a gustar mucho. Bueno, quiero pagarles ahora el dinero que les debo. ¿Cuánto es?

C. ¿Comprende Ud.?

1. ¿Qué van a hacer Ramón y Alicia este fin de semana? ¿Alicia sabe algo de eso?
2. ¿Qué van a hacer los hombres esta noche?
3. ¿De quién es la casa abandonada?

D. Planes para el futuro. Describe yourself by completing each sentence with one of the words or phrases in parentheses.

1. (Nunca) Me voy a graduar (este año, el próximo año, en dos años, en tres años).
2. Después de graduarme, voy a (buscar trabajo, viajar, descansar, tener una familia, continuar mis estudios).
3. Después de graduarme, voy a (quedarme aquí, mudarme a…).
4. (No) voy a tener una familia (grande, pequeña).
5. El próximo verano, voy a (estudiar, trabajar, viajar, descansar).
6. El próximo semestre/trimestre (sí, no) voy a tomar una clase de español.

E. ¿Qué van a hacer? Complete the following sentences logically to see what Adela says everyone will do.

MODELO: Alicia tiene sed. Va a…
Va a tomar algo.

nadar	comprar algo	tomar algo	estudiar
descansar	comer algo	mudarse	

1. Ramón tiene hambre. Va a…
2. Javier y Marisa tienen exámenes mañana. Van a…
3. Estoy muy cansada. Voy a…
4. Martín ¿vas al centro comercial? ¿Vas a… ?
5. Este fin de semana, nosotros vamos a la playa. Vamos a…
6. Los vecinos venden su casa. Van a…

F. Predicciones. Do you think these things will happen in twenty years?

MODELO: ¿Vamos a vivir en otros planetas?
Sí, vamos a vivir en otros planetas en veinte años. o No, no
vamos a vivir en otros planetas en veinte años.

1. ¿Vamos a tener coches solares?
2. ¿El treinta por ciento de la población de los Estados Unidos va a hablar español?
3. ¿Vamos a vivir mejor que ahora?
4. Vamos a usar el ADN (*DNA*) para recrear dinosaurios como en la película *El parque Jurásico*?
5. ¿Las computadoras van a hacer todo el trabajo?
6. ¿Vamos a encontrar una cura contra el SIDA?
7. ¿Los países del mundo van a vivir en paz?
8. Vamos a construir ciudades debajo del mar?

 ¡A escuchar!

¿Adónde van todos? Listen to the conversation. Then answer the questions.

1. ¿Adónde va Martín esta tarde? ¿Para qué?
2. ¿Adónde va Adela? ¿Para qué?
3. ¿Adónde van esta noche?
4. ¿Van los niños a la escuela mañana?

¿Qué noticias tienes?

A. Acontecimientos recientes. Use the following expressions to talk about recent events.

Mis abuelos son viejos pero activos.

Acaban de… jubilarse.
hacer un viaje a Chile.

Estoy muy contenta.

Acabo de… encontrar un trabajo nuevo.
recibir un aumento de sueldo.

Mi primo tiene algunos problemas.

Acaba de … divorciarse.
sufrir una depresión.

Mi hermana está muy bien.

Acaba de… comprar una casa.
tener un bebé.

B. Diálogo. El secreto.

Después de llamar a la policía, Alicia va corriendo para ayudar a su esposo.

ALICIA: ¡No te preocupes! Acabo de llamar a la policía. Van a venir ahora mismo.

RAMÓN: ¿Acabas de llamar a la policía? ¿Por qué?

ALICIA: ¿No acaban de robarte todo el dinero unos ladrones?

RAMÓN: ¿Ladrones? No, esos hombres están renovando nuestra casa, pero ahora acabas de descubrir mi sorpresa.

ALICIA: ¿Nuestra casa? Entonces, ¿no vamos a vivir con tus padres?

RAMÓN: No. "Esos ladrones" están trabajando para nosotros y van a terminar todo esta noche. Pues, ahora que estás aquí, vamos a ver la casa donde vamos a vivir con nuestros futuros hijos.

ALICIA: Y ahora que yo sé tu secreto, tú tienes que saber el mío. Acabo de descubrir que estoy embarazada! ¡Vamos a tener un bebé!

C. ¿Comprende Ud.?

1. Alicia acaba de llamar a… Van a venir…
2. Alicia cree que los hombres que están renovando la casa abandonada son…
3. Alicia descubre que no van a vivir con los padres de Ramón. Van a vivir…
4. Los hombres van a terminar todo el trabajo…
5. Alicia tiene una sorpresa también. Está… Va a tener…

D. ¿Antes o después? Based on what these people say, decide if they have just done the activity mentioned or will do it shortly.

MODELO: Estamos nerviosos. (Vamos a/Acabamos de) tener un examen.
         Vamos a tener un examen.

1. Mi hermana sale del hospital. (Va a/Acaba de) tener un bebé.
2. Mi esposa está embarazada. (Va a/Acaba de) tener un bebé.
3. Tengo mucho hambre. (Voy a/Acabo de) almorzar.
4. No vivo más con mis padres. (Voy a/Acabo de) mudarme.
5. Todavía estudio en la universidad. (Voy a/Acabo de) graduarme este año.
6. Mis padres no trabajan ahora. (Van a/Acaban de) jubilarse.
7. Regresamos del centro comercial. (Vamos a/Acabamos de) comprar una alfombra.
8. Mis padres no están aquí. (Van a/Acaban de) irse.
9. Estamos muy cansados. (Vamos a/Acabamos de) correr diez kilómetros.
10. No tengo esposa. (Vamos a/Acabamos de) divorciarnos.

E. ¿Cómo se siente? What activities affect your feelings? Complete each sentence with an infinitive.

1. Me siento bien cuando acabo de…
2. Estoy contento/a cuando voy a…
3. Me siento enfermo cuando acabo de…
4. Me pongo nervioso/a cuando voy a…
5. Me siento triste cuando acabo de…
6. Me preocupo cuando voy a…

El futuro inmediato y el pasado reciente

Para averiguar

1. What structure do you use to say you are going to do something? What structure do you use to say you have just done something?

2. Where do you place reflexive pronouns with the structure **ir a** + *infinitive* or **acabar de** + *infinitive*?

3. The following expressions refer to the past. What are the corresponding expressions that refer to the future? **hace una hora, ayer por la tarde, anoche, anteayer, la semana pasada**

- To say what you are going to do, use the structure **ir a** + *infinitive*.

  —¿**Vas a** salir esta noche?
  —Sí, **voy a** salir con mi novia. **Vamos a** comer y después **vamos** a ver una película.

- To say what you have just done, use **acabar de** + *infinitive*.

  Acabo de recibir una carta de mi padres.
  Acaban de mudarse a México.

- Remember that when a reflexive verb in the infinitive follows a conjugated verb, the reflexive pronoun may either be placed before the conjugated verb or it may be attached to the end of the infinitive.

  Voy a levantar**me** temprano mañana.   **Me** voy a levantar temprano mañana.
  Acabo de levantar**me**.   **Me** acabo de levantar.

- The following adverbs of time are useful to talk about when you are going to do something or when you did something.

EN EL FUTURO		EN EL PASADO	
en dos horas	*in two hours*	**hace dos horas**	*two hours ago*
esta mañana	*this morning*	**ayer**	*yesterday*
esta tarde	*this afternoon*	**ayer por la mañana**	*yesterday morning*
esta noche	*tonight*	**ayer por la tarde**	*yesterday afternoon*
mañana	*tomorrow*	**anoche**	*last night*
mañana por	*tomorrow morning*	**anteayer**	*day before yesterday*
la mañana		**hace tres días**	*three days ago*
mañana por la tarde	*tomorrow afternoon*	**mañana por noche**	*tomorrow night*
pasado mañana	*day after tomorrow*	**la semana pasada**	*last week*
en tres días	*in three days*	**el fin de semana**	*last weekend*
este fin de semana	*this weekend*	**pasado**	
la próxima semana	*next week*		

A lo personal

A. ¿De dónde? ¿Adónde? Where are these people coming from and where are they going?

MODELO: Acabamos de comer y ahora vamos a bailar.
     Venimos *del restaurante* y vamos *al club*.

1. Acabo de mirar un partido de fútbol y voy a tomar algo con mis amigos.
   Vengo _____ y voy _____.
2. Acabamos de estudiar y ahora vamos a levantar pesas. Venimos _____ y vamos
   _____.
3. Mi compañero de cuarto acaba de hablar con uno de sus profesores y ahora va a
   nadar. Viene _____ y va _____.
4. Mis padres acaban de ver una película y ahora no van a hacer nada en especial.
   Vienen _____ y van _____.

B. ¿Con qué frecuencia? First say if you do these activities frequently. Then say if you will do the same thing tomorrow.

MODELOS: comer en un restaurante
Como en un restaurante una o dos veces a la semana.
Sí, voy a comer en un restaurante mañana.

acostarse después de las doce
Nunca me acuesto después de las doce.
No, no me voy a acostar después de las doce mañana.

1. ir al lago
2. hacer ejercicio
3. salir a bailar
4. ver una película
5. tener un examen
6. jugar al tenis
7. almorzar en la cafetería
8. ir a un concierto
9. levantarse temprano
10. bañarse
11. lavarse el pelo
12. vestirse de jeans

C. ¿Qué van a hacer? Complete the following statements logically.

MODELO: Mi mejor amigo/a acaba de casarse. Ahora…
Ahora va a hacer un viaje con su esposa/o.

1. Acabo de graduarme. Ahora…
2. Mis padres acaban de jubilarse. Ahora…
3. Mi mejor amigo/a acaba de perder su trabajo. Ahora…
4. Mi hermano acaba de comprar una casa. Ahora…
5. Mi compañero/a de cuarto acaba de regresar a casa después de clase. Ahora…
6. Acabamos de empezar la clase hoy. Ahora…
7. Acabo de ganar diez millones de dólares en la lotería. Ahora…
8. Nosotros acabamos de tomar el examen final de la clase de español. Ahora…

D. Entrevista.
1. ¿Qué acabas de hacer? ¿Acabas de comer? ¿Vienes de otra clase? ¿Vienes del trabajo?
2. ¿Qué vas a hacer esta noche? ¿A qué hora vas a acostarte? ¿A qué hora vas a levantarte mañana? ¿Vas a trabajar mañana? ¿Vas a hacer algo interesante este fin de semana?
3. ¿Cuándo vas a graduarte? ¿Vas a vivir aquí después de graduarte?
4. ¿Eres casado/a? ¿Te vas a casar algún día? ¿Quieres tener hijos? ¿Cuántos hijos vas a tener?
5. ¿Vas a estudiar aquí el semestre/trimestre que viene? ¿Vas a tomar una clase de español? ¿Qué clases vas a tomar?
6. ¿Vas a estudiar en el verano? ¿Vas a hacer un viaje este verano? ¿Adónde vas a ir?

1 EL TIEMPO LIBRE

VERBOS

almorzar (ue)	to eat lunch
caminar	to walk
cerrar (ie)	to close
cocinar	to cook
decir (i)	to say, to tell
empezar (ie)	to begin, to start
entender (ie)	to understand
ganar	to win
hacer ejercicio	to exercise
hacer esquí (acuático)	to (water) ski
ir de compras	to go shopping
jugar	to play
levantar pesas	to lift weights
nadar	to swim
pedir (i)	to order, to ask for
pensar (ie)	to think
perder (ie)	to lose
pintar	to paint
poder (ue)	to be able, can, may
preferir (ie)	to prefer
querer (ie)	to want
repetir (i)	to repeat
seguir (i)	to follow
servir (i)	to serve
volver (ue)	to return

SUSTANTIVOS

el bocadillo	sandwich
la botella	bottle
el café con leche	coffee with steamed milk
la cerveza	beer
la copa	stemmed glass
la ensalada	salad
el jugo (de naranja)	(orange) juice
el refresco	soft drink
la taza	cup
el té	tea
el vaso	glass
el vino	wine

2 LA VIDA DIARIA

VERBOS

afeitarse	to shave
abrazarse	to hug each other
acostarse (ue)	to go to bed
bañarse	to bathe (oneself)
calmarse	to calm oneself
casarse (con)	to get married
decirse (i)	to tell each other
despertarse	to wake up
divertirse (ie)	to have fun
divorciarse	to get divorced
dormirse (ue)	to fall asleep
enojarse	to get angry
irse	to leave, to go away
lavarse	to wash (oneself)
levantarse	to get up
llamarse	to call each other/oneself
llevarse	to get along with each other
pelearse	to fight with each other
ponerse + *adjective*	to become
preocuparse	to worry
sentarse	to sit down
sentirse	to feel
verse	to see each other
vestirse (i)	to get dressed

3 LOS FINES DE SEMANA

SUSTANTIVOS

el centro comercial	shopping mall
el club	(dance) club
el estadio	stadium
la fiesta	party
el lago	lake
la mezquita	mosque
el parque	park
la playa	beach
la sinagoga	synagogue

OTRAS PALABRAS

para + *infinitive*	in order + infinitive

¿Cómo se pronuncia? *b* y *v*

In Spanish, **b** and **v** are pronounced exactly alike. When they are the first sound after a pause or after an **m** or an **n**, they are pronounced as in English, with the lips pressed together.

voy	**v**ino	**b**ien
bueno	**b**anco	tam**b**ién

In any other positions, **b** and **v** are pronounced with the lips pressed less tightly together.

Ellos **v**an a la **b**iblioteca.
Nosotros **v**amos al **b**anco.
Aca**b**o de **b**eber **v**ino.

---

4 LOS PLANES Y LAS ACTIVIDADES RECIENTES

VERBOS

acabar de + *infinitive*	to have just…
buscar	to look for
comprar	to buy
encontrar (ue)	to find
graduarse	to graduate
hacer un viaje	to take a trip
jubilarse	to retire
mudarse	to move
sufrir	to suffer
viajar	to travel

SUSTANTIVOS

el aumento de sueldo	salary increase, raise
la depresión nerviosa	nervous breakdown

EXPRESIONES TEMPORALES

EN EL FUTURO

en dos horas	in two hours
en tres días	in three days
esta mañana	this morning
esta tarde	this afternoon
esta noche	this evening
este fin de semana	this weekend
mañana	tomorrow
mañana por la mañana	tomorrow morning
mañana por la tarde	tomorrow afternoon
mañana por la noche	tomorrow evening
pasado mañana	day after tomorrow
la próxima semana	next week
la semana que viene	next week

EN EL PASADO

anoche	last night
anteayer	day before yesterday
ayer	yesterday
ayer por la mañana	yesterday morning
ayer por la tarde	yesterday afternoon
el fin de semana pasado	last weekend
hace dos horas	two hours ago
hace tres días	three days ago
la semana pasada	last week

You usually do not need to know every word in a text to understand it. When we read, we usually focus on a few key words. The following text from the Argentine magazine *Noticias de la semana* is a 30-question test to see if you are a workaholic. Although there are many unfamiliar words and structures, by focusing on the key words that you can understand, you should be able to guess the general idea in most of the questions.

Autocontrol

ADICCIÓN AL TRABAJO

Para saber si se es adicto al trabajo, responder al cuestionario y anotar el número de respuestas afirmativas.

1. ¿Su trabajo es muy importante para usted?
2. ¿Le gusta que las cosas sean perfectas?
3. ¿Tiene tendencia a verlo todo blanco o negro, nunca gris?
4. ¿Es competitivo y por lo general está decidido a ganar?
5. ¿Es importante para usted tener razón?
6. ¿Es excesivamente crítico consigo mismo si comete un error?
7. ¿Siente temor a fracasar?
8. ¿Es inquieto, impulsivo y se aburre con facilidad?
9. ¿Trabaja demasiado y tiene gran energía?
10. ¿Sufre ataques periódicos de extrema fatiga?
11. ¿Se lleva el portafolios a casa y trabaja por la noche o los fines de semana?
12. ¿Se siente inquieto o culpable si no tiene nada que hacer?
13. ¿Piensa que es usted una persona especial o diferente de los demás?
14. ¿Lee material relacionado con el trabajo cuando come solo?
15. ¿Confecciona una lista de las cosas que tiene que hacer o lleva un diario?
16. ¿Cada vez le resulta más difícil tomarse unas vacaciones prolongadas?
17. ¿Con frecuencia se siente agobiado por la prisa o con sensación de urgencia?
18. ¿Se mantiene en contacto con la oficina mientras está de vacaciones?
19. ¿Trabaja mientras juega, y se enfada si no juega bien?
20. ¿Evita hacer planes para cuando esté jubilado?
21. ¿Es responsable en el trabajo pero no en cuestiones personales?
22. ¿Trata de evitar el conflicto, en vez de tratar de resolverlo?
23. ¿Actúa de forma compulsiva sin tener en cuenta los efectos de ello sobre los demás?
24. ¿Tiene miedo al rechazo y a la crítica, y sin embargo juzga y critica?
25. ¿Cada vez recuerda menos lo que dicen los demás?
26. ¿Se enoja si las cosas no resultan como esperaba?
27. ¿Le molesta que lo interrumpan, ya sea en el trabajo o en el hogar?
28. ¿Crea situaciones de presión con plazos autoimpuestos?
29. ¿Se concentra en hechos futuros, en vez de disfrutar el presente?
30. ¿Olvida o le da poca importancia a las reuniones o celebraciones familiares?

RESPUESTAS   SI   _____   RESPUESTAS   NO   _____

Veinte o más respuestas afirmativas: es probable que sea adicto al trabajo.

Fuente: "La adicción al trabajo. Una dependencia "respetable". Guía para la familia", de Barbara Killinger. Ed. Paidós.

Antes de leer

A. Autocontrol. Before you begin to read, see if you can understand the following questions by focusing on the italicized words.

1. *¿Le gusta* que *las cosas* sean *perfectas?*
2. ¿Se lleva *el portafolios a casa y trabaja* por *la noche* y durante *los fines de semana?*
3. ¿Confecciona *una lista de cosas que tiene que hacer* o lleva *un diario?*
4. ¿Con frecuencia *se siente* agobiado por *la prisa* o con *una sensación de urgencia?*
5. ¿Cada vez le resulta *más difícil tomarse unas vacaciones* prolongadas?
6. ¿Se mantiene *en contacto con la oficina* mientras está de *vacaciones?*
7. *¿Se enoja si las cosas no resultan* como esperaba?
8. ¿Olvida o les *da poca importancia a las reuniones o celebraciones familiares?*

Después de leer

B. En contexto. Remember that using key words to guess the main idea of a text will help you guess the meaning of unfamiliar words from the context. Try to guess the meaning of the italicized words in the following questions.

1. ¿Es excesivamente crítico *consigo mismo* si comete un error?
2. ¿Trabaja *demasiado* y tiene gran energía?
3. *¿Se lleva* el portofolios a casa y trabaja por la noche o durante los fines de semana?
4. ¿Se siente *inquieto* o *culpable* si no tiene nada que hacer?
5. ¿Piensa que usted es una persona diferente de *los demás?*
6. ¿Se mantiene en contacto con la oficina *mientras* está de vacaciones?
7. *¿Trata de evitar* el conflicto *en vez de* resolver*lo?*
8. ¿Se concentra en *hechos* futuros *en vez de disfrutar* del presente?

C. ¿Y Ud.? Describe yourself by answering the three questions in the reading that best describe you.

MODELO: 1. Soy competitivo/a y decidido/a a ganar. (PREGUNTA 4)
              2. Soy excesivamente crítico/a conmigo mismo/a si cometo
                 un error. (PREGUNTA 6)
              3. Soy responsable en el trabajo pero no en las cuestiones personales.
                 (PREGUNTA 21)

¡A escribir!

D. Adicción al trabajo. Are you a workaholic or addicted to schoolwork? Write a composition describing your typical week day and your typical Saturday. In your composition, discuss the following:

- what your daily routine is like
- where you go and for what purpose
- when you are in a hurry and when you can relax
- what your weekday schedule is like
- what your weekends are like

As you write, refer to *Adicción al trabajo.* Include the descriptions that often/never fit you.

¡TRATO HECHO!

Sources: The Hispanic, November and August 1994; The Hispanic American Almanac (YEAR), U.S. Hispanic Market, 1991.

Spanish in the Music and Entertainment Industries

Consider these facts:

- According to the U.S. Census, 4.3 percent of Hispanics are employed as musicians and composers, 6.2 percent as actors or directors, and 3.1 percent as announcers.

- Hispanics accounted for 13 percent of the total box office gross at the movies in 1994.

- U.S. consumers annually spend about $154 billion on entertainment, of which $6.5 billion is spent by Hispanics.

- According to the Center for Media and Public Affairs, of the more than 7,000 television characters on 620 prime-time shows between 1955 and 1987, 2 percent were Hispanic.

- The National Council of La Raza reports that in the 1990s only 1 percent of television characters is Hispanic.

- Of every $50 that Hispanics spend on entertainment, 33 percent is spent on movies, 25 percent on video sales and rentals, 23 percent on sporting events and 19 percent on CDs, cassettes and records.

Palabras básicas

el actor	actor
la actriz	actress
la cadena	network (TV)
el canal	channel (TV)
la canción	song
el/la cantante	singer
dar	to show (a movie)
el/la director/a	director, conductor
el elenco	cast
en vivo	live
el escenario	stage
la estación	station (radio)
la estrella	star
estrenar	to debut
la farándula	entertainment
filmar, rodar	to film (a picture)
el/la intérprete	performer
la obra de teatro	play
la orquesta, la banda, el conjunto	band
la pantalla	screen
la película	movie, film
con subtítulos	subtitled
doblada	dubbed
la publicidad	publicity, advertising
el telón	(stage) curtain
la taquilla	ticket booth
el teatro	theater
la telenovela	soap opera
tocar	to play (music)
triunfar	to triumph, to be successful

A. Reflexionar. Consider the following questions as you review the statistics about Hispanic actors and actresses in *Consider these facts.* How do you interpret the difference between the percentage of Hispanics "employed" as actors or directors and the percentage of Hispanic characters portrayed on television? What kind of visibility do Hispanic actors and directors have? How have Hispanics been portrayed in the movies and television? Make a list of as many Hispanic actors and actresses that you can think of. How does this list compare to a list of African-American actors and actresses?

B Adivinar. Based on the information in this and previous *¡TRATO HECHO!* sections, guess which item completes each statement.

1. During the last decade, the Hispanic market grew (10, 40, 70, 100) percent.
2. Hispanics over the age of 18 watch (more, the same amount of, less) television in Spanish than in English.
3. Hispanic children and teenagers watch (more, the same amount of, less) television in Spanish than in English.
4. Overall, Hispanics are (more, just as, less) comfortable with Spanish than English.
5. There are currently (1, 2, 3, 4, 5) Spanish television networks with (25, 50, 75) station affiliates and more than (100, 200, 300, 400, 500) cable systems carrying Spanish programming.

¡A escuchar!

¿Qué hago? Review the **Palabras básicas** and the information that follows. Listen to the five brief descriptions. Write the name of the type of entertainment each statement refers to: **teatro, cine, música, televisión.**

1. _____
2. _____
3. _____
4. _____
5. _____

C. Soltar ideas. Whether or not to advertise in Spanish is an important topic of discussion in the advertising world. Since the majority of Hispanics speak English, is it necessary/desirable/advantageous to advertise in Spanish, or are the English-version advertising campaigns enough? In groups of two or three, outline the arguments that might be used on both sides of this debate for selling compact discs to Hispanic consumers. Use the facts and information from this and preceding chapters.

D. El/La artista. Find all the occurrences of the word artista on pages 150-151. What does this word mean? When you see the word *artist* in English, what is the first thing that comes to mind? How is **artista** used in Spanish? Is it used in the same way in English?

Música

LUIS MIGUEL

cantante mexicano de música pop, triunfa tanto en Latinoamérica como México con su nuevo disco compacto.

Productor: Luis Miguel
Co-productores: Juan Carlos Calderón
Armando Manzanero
Kiko Cabrián
Ingeniero de grabación
y mezcla: Paul McKenna
Asistente de grabación
y mezcla: Craig Brock
Grabado en: Record Plant Studios. LA, CA
Masterizado: Bernie Grundman·Mastering Studios
Coordinación artística: Alfredo Gatica
Fotografía: Carlos Somonte
Diseño: Cartel Diseñadores

Músicos

Piano y teclados: Robbie Buchanan, Francisco Loyo
Guitarra eléctrica: Paul Jackson
Guitarra acústica: George Doering, Kiko Cibrian
Bajo: Neil Stubenhaus
Batería: John Robinson
Percusión: Luis Conte

¿CONOCE UD. A ESTOS MÚSICOS Y CANTANTES?

ARGENTINA—Fito Páez, Mercedes Sosa
COLOMBIA—Carlos Vives
CUBA—Celia Cruz, Paquito d'Rivera
ESPAÑA—Miguel Bosé, Paloma San Basilio
PANAMÁ—Rubén Blades
REPÚBLICA DOMINICANA—Juan Luis Guerra
VENEZUELA—Ricardo Montaner, José Luis Rodríguez

Plácido Domingo, tenor

NACIDO:	01/21/41, Madrid, España
EDUCACIÓN:	Voz y piano en el Conservatorio de Música, México, D. F
ÓPERAS:	109 papeles diferentes
ESTRENO:	Papel de Alfredo en *La Traviata*, Monterrey, México
GRABACIONES:	87 discos de 59 óperas completas más varios otros discos, incluyendo *In concert with Carreras, Domingo, Pavarotti and Mehta*
TELEVISIÓN:	16 programas en los EE. UU. y numerosos programas en Europa
PELÍCULAS:	3: *La Traviata, Otello,* y *Carmen*
BIOGRAFÍA:	*My First Forty Years*, 1983, Alfred A. Knopf
PREMIOS:	Entre muchos: 8 premios Grammy, Ordre National de la Légion D'Honneur (Francia), Kammersaenger (Alemania) y Doctor en Música de Georgetown University
OTRO:	Director Artístico de la Ópera de Washington D.C a partir de 1996

Plácido Domingo es un artista versátil aunque se conoce mayormente por su trabajo operático. ¡Es uno de los artistas musicales más reconocidos del mundo entero!

E. El mundo de la música. Prepare the CD cover for your favorite musical group, singer or musician. Use Luis Miguel's CD as a guide. Then in groups of two or three, your classmates will ask you questions about the kind of music that you like, your favorite musicians, etc.

Cine

Forrest Gump

¡Ganadora de 5 Premios Oscar!

Mejor película

Mejor artista masculino

Mejor efectos visuales

Mejor adaptación

Mejor montaje

F. Forrest Gump. Look at the section on *Forest Gump.* In groups of two or three, try to guess what the following words mean.

1. premios
2. mejor
3. efectos visuales
4. montaje
5. ganadora

Now predict who will win the Oscar this year in each of these categories.

MODELO: Este año... va a ganar para...

G. 1-800-USA-CINE. You work for the 1-800 company that prepares the recordings for all the movie theaters in the local area, whose clientele is mostly Spanish-speaking. Prepare a recording of the movies offered this week. Include all the necessary information (time, theater, movie, actors, etc.) that people want to know as well as some commentary to spark their interest in the movies your company is showing. Present your "recordings" to the class.

H. La publicidad. As director of publicity, prepare a poster or playbill for the next play your theater is about to perform.

Televisión

notas profesionales

⭐ *TELEVOVELAS: Rosa Salvaje, Los ricos también lloran, Mi pequeña soledad, El derecho de nacer*

⭐ *TELEVISIÓN: La movida, Mala noche, Y Vero América va, Aquí está*

⭐ *DISCOS: Mamma Mía, Viva la banda, Mi pequeña soledad, Sus mejores 20 éxitos, Vámonos al dancing*

Verónica Castro estrena su nuevo programa ¡Y Vero América va!

Adorada por toda Latinoamérica, la artista mexicana triunfa una vez más, con este show producido en México por la cadena Televisa.

Una entrevista

5

LECCIÓN

CINCO

TEMA 1

El tiempo y la fecha

- ¿Qué tiempo hace?
- ¿Cuál es la fecha?
- La fecha

- Los números de 100 en adelante

TEMA 2

La ropa y los colores

- ¿Qué llevas?
- ¿Qué desea Ud.?

- Los adjetivos y pronombres demostrativos
- Adjetivos usados como pronombres

TEMA 3

Una solicitud de empleo

CURRÍCULUM VITAE

Apellido: Ochoa
Nombre: Dlias
Dirección: 1002 Lamar Boulevard, 102, Austin, Texas 78751, Estados Unidos
Edad: 26 años
Fecha y lugar de
nacimiento: 14 de agosto de 1971, Guanajuato, México
Nacionalidad: Estadounidense
Estado civil: Soltera
EDUCACIÓN
Secundaria: Belaire High School   Fechas: 1985-1989
Universitaria: Richland College, Dallas, Texas Fechas: 1900-1001
Universidad de Texas   Fechas: 1992-1994
Título: Comunicaciones,1994

EXPERIENCIA PROFESIONAL
Diseñadora de publicidad (trabajo independiente) Fechas: 1992-1994
Diseñadora de publicidad (almacenes Foley's) Fechas: 1994-presente

INTERESES Y PASATIEMPOS
la música, el cine, el tenis, la jardinería

REFERENCIAS
Marco San Miguel, director de publicidad, 560 East First Street, Houston, Texas, 79243,
Estados Unidos
Isabel Guzmán, profesora de literatura, 305 Vallecito Street, Austin,Texas, 78772, Estados Unidos
Carmen Elizondo, dentista, calle San Gabriel 567, Buenos Aires 1340

- Un currículum vitae
- ¿Qué experiencia tiene Ud.?

- Introducción al pretérito
- Cambios ortográficos en el pretérito

TEMA 4

El día de ayer

- ¿Qué tal te fue?
- ¿Qué hiciste hoy?

- Más sobre el pretérito

Using Visual Clues

Spanish in Retail and Fashion

¿Qué tiempo hace?

A. Las estaciones. ¿Cuál es tu estación favorita?

En el verano...   hace (mucho) calor.
    hace sol.
   el cielo está despejado.

En el otoño...   hace viento.
    hace fresco.

NORTEAMÉRICA: junio, julio agosto
SUDAMÉRICA: diciembre, enero, febrero

NORTEAMÉRICA: septiembre, octubre, noviembre
SUDAMÉRICA: marzo, abril, mayo

NORTEAMÉRICA: diciembre, enero, febrero
SUDAMÉRICA: junio, julio, agosto

NORTEAMÉRICA: marzo, abril, mayo
SUDAMÉRICA: septiembre, octubre, noviembre

En el invierno...   nieva.
    el cielo está nublado.
   hace frío.

En la primavera...   hace buen tiempo
    llueve.

B. Diálogo. El trabajo nuevo.

*Olga Ochoa acaba de graduarse de la Universidad de Texas con un diploma en publicidad.
En un mes va a casarse con René Marcos, un argentino, y después van a vivir en Buenos
Aires. Ahora Olga va a hacer un viaje a Buenos Aires porque allí tiene una entrevista.
Habla por teléfono con su novio sobre Buenos Aires.*

RENÉ: ¿Cuándo vienes a Buenos Aires?

OLGA: Tengo una entrevista el tres de julio, y otra el cinco. Voy a ir el primero o el dos.

RENÉ: Entonces, ¿todavía no sabes a qué hora vas a llegar?

OLGA: No, todavía no tengo mi boleto. Te llamo después… oye, ¿qué tiempo hace allí?
¿Qué ropa debo llevar?

RENÉ: ¿Sabes que es invierno aquí? Hace un poco de frío. La temperatura es de tres o
cuatro grados centígrados.

OLGA: ¿Cuánto es eso en fahrenheit?

RENÉ: Es más o menos 38 o 39 grados.

C. ¿Comprende Ud.?

1. Olga tiene dos entrevistas; una el _____ y la otra _____ de julio.
2. En Buenos Aires, es invierno pero en Texas, donde está Olga, es _____.
3. En Buenos Aires hace _____.
4. La temperatura es de _____. En fahrenheit es _____.

D. No es lógico. Which type of weather is not likely to occur with the other two?

1. hace sol, hace calor, nieva
2. hace sol, nieva, está nublado
3. hace buen tiempo, llueve, hace sol
4. hace fresco, hace frío, nieva
5. llueve, hace mal tiempo, hace buen tiempo
6. está despejado, está nublado, llueve

E. ¿Qué le gusta hacer? Say what you like to do in each type of weather.

descansar	ir al lago	dormir	esquiar
leer	correr	jugar al tenis	

1. Cuando hace sol, me gusta…
2. Cuando llueve, me gusta…
3. Cuando nieva, me gusta…
4. Cuando hace frío, me gusta…
5. Cuando hace calor, me gusta…

F. Los meses y las estaciones.

1. ¿Qué tiempo hace aquí en verano (invierno, otoño, primavera)?
2. ¿Cuándo hace viento? ¿Cuándo nieva? ¿Cuándo hace mejor tiempo?
3. Cuando es invierno (verano, otoño, primavera) aquí, ¿qué estación es en
Sudamérica?
4. ¿En qué mes es el primer día de clases en las escuelas? ¿Cuándo es el Superbowl? ¿la
Serie Mundial de béisbol?

¿Cuál es la fecha?

A. Fiestas hispanas. ¿Conoces estas celebraciones del mundo hispano?
la Noche Vieja (el treinta y uno de diciembre) y el Año Nuevo (el primero de enero)

La fiesta de San Fermín en Pamplona, España. Se celebra el siete de julio.

La Semana Santa en Sevilla, España incluye la Pascua Florida y la semana anterior. Se celebra en marzo o en abril.

El cinco de mayo, los mexicano-americanos celebran la victoria contra las fuerzas francesas de Napoleón III en México.

El dos de noviembre es el Día de los Muertos en México.

La independencia de la Argentina se celebra el 25 de mayo.

B. Fiestas importantes. ¿Vas a hacer algo en especial para…?

la Noche Vieja (el treinta y uno de diciembre) y el Año Nuevo (el primero de enero)

El Día de los Enamorados (el catorce de febrero.

el Día de la Independencia de los Estados Unidos (el cuatro de julio)

la Navidad (el veinticinco de diciembre) o la Janucá (en diciembre)

C. Diálogo. Una llamada.

Olga llama a René para decirle cuándo va a llegar.

OLGA: ¿Eres tú René? ¿Qué le pasa a tu voz? ¿Estás enfermo?

RENÉ: Sí, estoy un poco resfriado. Hace mucho frío aquí.

OLGA: Aquí hace un calor terrible, ciento dos grados.

RENÉ: A ver… eso es casi 40 grados centígrados.

OLGA: Oye, René. Tengo la información sobre mi vuelo. Es el vuelo 571 de Aerolíneas Argentinas. Voy a llegar a Buenos Aires el dos de julio a las 8:14 de la mañana.

RENÉ: ¿A qué hora tienes la primera entrevista el día siguiente?

OLGA: A las dos de la tarde.

RENÉ: ¿Dónde es la entrevista?

OLGA: La dirección es avenida Mitre 258.

RENÉ: No está muy lejos de donde vivo.

D. ¿Comprende Ud.?

1. ¿Cómo está René? ¿Qué tiempo hace en Buenos Aires?
2. ¿Qué tiempo hace donde está Olga?
3. ¿Qué día es el vuelo de Olga? ¿A qué hora va a llegar a Buenos Aires?
4. ¿Cuándo es la primera entrevista de Olga?

E. ¿Qué hace Ud.? Say what the weather is usually like on the following days. Then tell what you usually do to celebrate that holiday.

MODELO: el veinticinco de diciembre
El veinticinco de diciembre hace frío y nieva a veces.
Para la Navidad, regreso a la casa de mis padres, comemos juntos y
abrimos regalos. o *Para la Navidad, no hago nada en especial.*

1. el cuatro de julio
2. el primero de enero
3. el treinta y uno de diciembre
4. el catorce de febrero
5. el primero de abril
6. el cinco de mayo
7. el día de mi cumpleaños
8. el diecisiete de marzo

F. Entrevista.

1. ¿Cuál es tu celebración favorita? ¿Con quién pasas el día por lo general? ¿Qué te gusta hacer? ¿Qué tiempo hace por lo general?
2. ¿A qué hora te acuestas el treinta y uno de diciembre por lo general? ¿A qué hora te levantas el primero de enero? ¿Te gusta mirar el fútbol americano en la televisión el día del Año Nuevo?
3. ¿Cuál es tu estación favorita? ¿Por qué? ¿Qué tiempo hace? ¿Qué te gusta hacer?

La fecha

• To express the date, use the ordinal number **primero** for the first of the month, but use the cardinal numbers **dos, tres, cuatro…** for the other days. When saying you are going to do something *on a certain date,* do not translate the word *on.* The names of the months are not capitalized in Spanish.

enero	abril	julio	octubre
febrero	mayo	agosto	noviembre
marzo	junio	septiembre	diciembre

Voy a salir el **primero** de diciembre.   *I'm going to leave (on) the first of December.*
Mi cumpleaños es el **catorce** de agosto.   *My birthday is (on) August fourteenth.*

• When writing dates with numbers in Spanish, write the day first, then the month.

4 – 10 – 96	=	el cuatro de octubre de mil novecientos noventa y seis
21 . 1 . 77	=	el veintiuno de enero de mil novecientos setenta y siete
6 . VII . 98	=	el seis de julio de mil novecientos noventa y ocho

Para averiguar

1. When do you use the ordinal numbers *(first, second, third…)* and the cardinal numbers *(one, two, three…)* with dates?

2. Do you translate the word *on* when saying something occurs *on a certain date?*

A lo personal

A. Fechas importantes. Can you fill in the missing information in the following dates? If you do not know, guess.

1. la Declaración de la Independencia de los Estados Unidos: el 4 de julio de _____
2. el comienzo de la Revolución Mexicana: el 16 de _____ de 1810
3. el bombardeo de Pearl Harbor: el 7 de diciembre de _____
4. la bomba atómica en Hiroshima: el 6 de agosto de _____
5. el asesinato del presidente Kennedy: el 22 de _____ de 1963
6. la primera persona en la luna: el 20 de julio de _____

B. Tu cumpleaños. Your classmates will take turns trying to guess your birthday (**cumpleaños**). Indicate if it is earlier in the year by saying **antes** or later by saying **después**. Continue until they narrow it down to the correct date.

MODELO: —¿Es el primero de junio?
         —*Es antes.…*
         —¿Es el quince de febrero?
         —*Es después…*

C. Más celebraciones. Can you match the holidays in the left column with the correct date on the right.

1. el Día de Todos los Santos   a. el 5 de mayo
2. el Día de la Independencia Mexicana b. el 16 de septiembre
3. el Día de los Trabajadores   c. el 6 de enero
4. el Día de los Reyes Magos   d. el 1º de noviembre
5. la Celebración de la derrota   e. el 1º de mayo
   de los franceses en México

D. Los signos del zodíaco. Here are the dates of birth of some famous people. Say when they were born and give their sign.

MODELO: Connie Chung (20/8/46)
Connie Chung nació el 20 de agosto de 1946. Su signo es Leo.

1. Ophray Winfrey (29/1/54)
2. Gloria Estefan (1/9/57)
3. Steven Spielberg (18/12/47)
4. Candice Bergen (9/5/46)
4. Elton John (25/3/47)
5. Michael Jordan (17/2/63)
6. Arnold Schwarzenegger (30/7/47)
8. Andy García (12/4/56)

E. Entrevista.

1. ¿Cuál es la fecha de hoy? ¿Qué tiempo hace? ¿Qué vas a hacer después de clase?
2. ¿Cuándo es tu cumpleaños? ¿Qué haces por lo general? ¿Qué tiempo hace?
3. ¿Cuál es tu dirección? ¿Vives en una casa, un apartamento o una residencia? ¿Cuál es el número de tu apartamento o cuarto? ¿Cuánto pagas al mes?
4. ¿En qué año vas a graduarte? ¿Cuántos años vas a tener entonces? ¿Cuántos años vas a tener en el año 2010?

F. Una conversación. Your South American friend has invited you to accompany him/her on a visit, and you are planning to take the same flight. You learn from the travel agent that there are two possible flights so you call your friend to ask which one to book. Role-play a scene in which you discuss the dates, times, and prices of the flights.

Los números de 100 en adelante

Para averiguar

1. In which of the following numbers would you translate the word one: *one hundred, one thousand, one million*?

2. How do you express *years* in Spanish when referring to the date?

- Use the following numbers to count from 100 to 999.

100	cien	500	quinientos
101	ciento uno	600	seiscientos
102	ciento dos…	700	setecientos
200	doscientos	800	ochocientos
300	trescientos	900	novecientos
400	cuatrocientos	999	novecientos noventa y nueve

- Use **cien** to say *one hundred* exactly, but use **ciento** in 101 to 199. Never use the word **un** before **cien** or **ciento**. Although **cien** is used before both masculine and feminine nouns, multiples of one hundred (for example, 200, 300, etc.) agree in gender with the nouns they modify.

trescient**os** pesos	doscient**as** págin**as**
quinient**os** años	setecient**as** cuatro peset**as**

- The word for *thousand* is **mil**. **Mil** is not pluralized nor is **un** used before it.

1.543	**mil** quinientos cuarenta y tres
2.001	dos **mil** uno
5.187	cinco **mil** ciento ochenta y siete

- Note that years are expressed using **mil**, not hundreds.

1492	mil cuatrocientos noventa y dos
1997	mil novecientos noventa y siete

- When counting in the millions, say **un millón, dos millones, tres millones…** Use **de** before a noun that directly follows **millón/millones**. If another number is between the word **millón/millones** and the noun, **de** is not needed.

un millón **de** dólares	un millón doscientos mil dólares
dos millones **de** pesetas	dos millones novecientas pesetas

A lo personal

A. Números. Read the following numbers in Spanish.

1. 101	3. 539	5. 1.385	7. 100.079
2. 415	4. 764	6. 50.199	8. 1.253.941

B. Poblaciones. Try to match each country with its population on the right.

1. Estados Unidos	a. 3.130.000
2. México	b. 5.342.000
3. Honduras	c. 94.600.000
4. España	d. 256.300.000
5. Colombia	e. 10.000.000
6. Perú	f. 22.585.000
7. Guatemala	g. 34.900.000
8. Uruguay	h. 39.600.000

C. ¿Cuál es la dirección? You and some business associates are staying in different deluxe hotels while on a trip to Spain. Tell the taxi driver the address.

MODELO: —¿Adónde desea ir?
             —*Al hotel Rey Juan Carlos, avenida Diagonal 661, por favor.*

Rey Juan Carlos I ✍, av. Diagonal 661, ✉ 08028, ✆ 444 08 08, Fax 448 06 07, ✎ ciudad, «Modernas Instalaciones - AT z
parque con estanque y ☷ » - ♨ ▣ TV ☎ ♿ ☞ 🚗 ⓟ - ♨ 25/1000. AE ① E VISA JCB. ⌁
Com **Chez Vous** carta 3450 a 5200 - **Kokoro** (rest. japonés) carta 4100 a 5800 - **Café Polo** carta 2950 a 4350 -
⌷ 2100 - **412 hab** 27000/36000.

Ritz, Gran Vía de les Corts Catalanes 668, ✉ 08010, ✆ 318 52 00, Telex 52739, Fax 318 01 48 JV p
- ♨ ▣ TV ☎ - ♨ 25/350. AE ① E VISA JCB. ⌁ rest
Com 3250 - ⌷ 2150 - **158 hab** 32800/43000.

Princesa Sofía, pl. de Puis XII 4, ✉ 08028, ✆ 330 71 11, Telex 51032, Fax 330 76 21, ✎, ☞ ☷ - ♨ ▣ TV EX x
- ♨ 25/1200. AE ① E VISA JCB. ⌁.
Com 4600 - **Le Gourmet** (cerrado domingo, lunes y agosto) carta 3750 a 4650 - **L'empordá**
(cerrado sábado, domingo y julio) carta 3000 a 3300 - ⌷ 1800 - **505 hab** 22500/35500.

Claris ✍, Pau Claris 150, ✉ 08009, ✆ 487 62 62, Fax 215 79 70, « Modernas instalaciones con antigüedades - museo HV w
arqueológico », ☷ - ♨ ▣ TV ☎ 🚗 - ♨ 25/60. AE ① E VISA JCB. ⌁ rest
Com **Caviar Caspio** (sólo cena) carta aprox. 5500 - ⌷ 1800 - **124 hab** 20800/26000. ♨ - ♨ ▣ TV ☎ ♿ - FX v

Barcelona Hilton, av. Diagonal 589, ✉ 08014, ✆ 419 22 33, Telex 99623, Fax 405 25 73, ♿ - ♨ ▣ TV ☎ 🚗
♨ 25/800. AE ① E VISA JCB. ⌁
Com 3250 - ⌷ 2500 - **290 hab** 35500/44500.

D. Los hoteles. You and your associates are discussing your accommodations. Now say how many rooms there are in each hotel and give the price range.

MODELO: *—En el hotel Rey Juan Carlos hay 412 habitaciones.*
            —Una habitación cuesta entre 27.000 y 36.000 pesetas.

E. Una reservación. You have arrived at your hotels and are asking for a room. Act out the following conversation with a partner. Supplying the missing information based on the hotel listing above.

USTED: Buenas tardes.
RECEPCIONISTA: Buenas tardes.
USTED: Necesito una habitación para dos personas. ¿Tiene usted algo?
RECEPCIONISTA: Sí, creo que tenemos unas habitaciones.
USTED: ¿Cuánto cuestan?
RECEPCIONISTA: Una habitación con dos camas cuesta _____ pesetas.
USTED: ¿No tiene algo más barato?
RECEPCIONISTA: Sí, tengo una habitación a _____ pesetas, pero sólo hay una cama grande.
USTED: Está bien.
RECEPCIONISTA: ¿Es por cuántos días?
USTED: Por _____ días. Nos vamos el _____ .
RECEPCIONISTA: ¿Cuál es su nombre?
USTED: _____
RECEPCIONISTA: ¿Cómo se escribe?
USTED: _____
RECEPCIONISTA: ¿Y su dirección?
USTED: _____
RECEPCIONISTA: Bueno, es la habitación _____ . Aquí tiene la llave.

¿Qué llevas?

A. ¿Qué llevas? ¿Qué te pones?

B. Diálogo. La llegada a Buenos Aires.

Olga llegó a Buenos Aires sin equipaje. ¡Se le perdió! Está hablando con la dependiente en una tienda de ropa porque tiene que comprar algunas cosas para la entrevista.

LA DEPENDIENTE:	Buenas tardes. ¿En qué puedo servirle?
OLGA:	Quisiera probarme aquel vestido que tienen allí.
LA DEPENDIENTE:	¿Éste?
OLGA:	No, el otro. El rojo.
LA DEPENDIENTE:	Es de muy buena calidad.
OLGA:	¿Es de algodón?
LA DEPENDIENTE:	Sí.
OLGA:	¿Cuánto cuesta?
LA DEPENDIENTE:	189 pesos.
OLGA:	Es un poco caro. ¿No tienen algo más barato?
LA DEPENDIENTE:	Éstos cuestan 120 pesos.
OLGA:	Creo que prefiero el primero.

C. ¿Comprende Ud.?

1. ¿Qué desea comprar Olga?
2. ¿De qué color es?
3. ¿Cuánto cuesta? ¿Qué piensa Olga?
4. ¿Qué vestido prefiere Olga, el primero de 189 pesos o el segundo de 120?

D. ¿Qué se pone? What do you wear in these situations?

1. Hace sol y Ud. va al lago.
2. Hace frío y Ud. tiene que trabajar.
3. Está lloviendo y Ud. tiene que trabajar.
4. Está nevando y Ud. va a esquiar.
5. Hace calor y Ud. va al parque para correr.

E. ¿Cuándo? When do you wear the following clothes?

MODELO: un impermeable
Llevo impermeable cuando llueve. o *Nunca llevo impermeable.*

1. un traje o un vestido
2. un traje de baño
3. un abrigo
4. blue jeans
5. un sombrero
6. un suéter

F. ¿Cuánto cuesta? Ask the clerk how much different items of clothing on the previous page cost. A classmate will play the clerk.

MODELO: los calcetines
   —¿Cuánto cuestan los calcetines?
   —Los calcetines cuestan 4 pesos con 95 centavos.

1. el cinturón
2. la chaqueta
3. los pantalones
4. los zapatos
5. la bolsa
6. la corbata
7. el traje
8. las botas
9. los calcetines
10. el vestido

G. Entrevista.

1. ¿En qué tienda te gusta comprar ropa? ¿Tienen ropa cara o barata? ¿Cómo son los dependientes de allí?
2. ¿Qué se pone para ir a clase por lo general? ¿Qué lleva el/la profesor/a por lo general? ¿Quién lleva ropa elegante hoy?
3. ¿Qué te pones cuando te quedas todo el día en casa? ¿Y para salir con amigos los fines de semana?
4. ¿Dónde te pones un traje o un vestido a veces? ¿Te gusta llevar sombrero?

¿Qué desea Ud.?

A. ¿Dependiente o cliente? Las siguientes expresiones son útiles cuando se compra ropa.

EL/LA DEPENDIENTE:

¿En qué puedo servirle?
¿Cuánto desea Ud. gastar?
¿Cómo desea pagar Ud.?
¿Qué talla usa Ud.?
¿Qué número calza Ud.?
¿Qué color quiere Ud.?

EL /LA CLIENTE:

Sólo estoy mirando.
Quisiera…
¿Tiene Ud…?
¿No tiene Ud. algo…
    más barato?
    mejor?
    más grande?
    más pequeño?
    más informal?
    más formal?
    de algodón?
    de cuero?
    de lana?
    de seda?
¿Cuánto cuesta(n)?
¿Qué precio tiene(n)?
No quiero gastar más de… pesos.
Me voy a llevar éste/ésta (éstos/éstas)
¿Dónde está la caja?
Voy a pagar en efectivo.
¿Puedo pagar con cheque de viajero?
¿Acepta Ud. tarjetas de crédito?

B. Quiero algo…

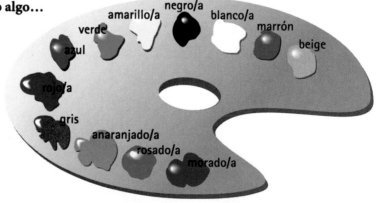

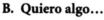

liso   de rayas   con lunares   de cuadros   estampado

C. Diálogo. De compras.

Olga acaba de probarse algunos vestidos y ahora está buscando una chaqueta.

LA DEPENDIENTE: ¿Necesita usted algo más?

OLGA: Sí, también necesito una chaqueta.

LA DEPENDIENTE: ¿Qué talla usa?

OLGA: 38.

LA DEPENDIENTE: Tenemos algunas chaquetas de cuero muy bonitas en esa talla.

OLGA: ¿De qué color son?

LA DEPENDIENTE: Hay en negro o en marrón.

OLGA: ¿Cuánto cuestan?

LA DEPENDIENTE: 250 pesos.

OLGA: ¡Qué bonitas! Me gustan mucho. Me voy a llevar ésta.

LA DEPENDIENTE: Muy bien. ¿Cómo desea pagar?

OLGA: Tengo cheques de viajero.

D. ¿Comprende Ud.?

1. ¿Qué más quiere comprar Olga?
2. ¿Qué talla usa?
3. ¿De qué color son las chaquetas?
4. ¿Cuánto cuestan?
5. ¿Le gustan a Olga?
6. ¿Cómo paga Olga?

E. Respuestas lógicas. Find the logical response on the right for each question on the left.

EL/LA DEPENDIENTE:

1. ¿En qué puedo servirle?
2. ¿Cuánto desea gastar?
3. ¿Qué color prefiere Ud.?
4. ¿Qué talla usa Ud.?
5. ¿Prefiere algo liso o estampado?
6. ¿Le gusta ésta?
7. ¿Necesita algo más?
8. ¿Cómo desea pagar?

EL/LA CLIENTE:

a. Necesito la talla 43.
b. No gracias. Eso es todo.
c. Busco una camisa.
d. ¿No tiene Ud. algo de rayas?
e. El precio no importa.
f. ¿Puedo pagar con cheque?
g. Quisiera algo en azul.
h. Sí, es muy bonita.

F. ¿De qué color es? Ask a classmate the color of the following things.

MODELO: la nieve
      —¿De qué color es la nieve?
      —Es blanca.

1. el sol
2. el cielo
3. las plantas
4. la pizarra
5. las rosas
6. el libro de español

G. Entrevista.

1. ¿Cuál es tu color favorito? ¿Cuál es el color que menos te gusta? ¿De qué color es tu cuarto? ¿De qué color es tu coche? ¿De qué color es tu camisa favorita? ¿De qué color son tus zapatos favoritos?
2. ¿Qué talla de camisa usas? ¿Prefieres las camisas lisas o estampadas? ¿Tienes más camisas de rayas o de cuadros? ¿Prefieres la ropa de algodón, de lana, de cuero o de seda?

Los adjetivos y pronombres demostrativos

Para averiguar

1. How do you say *this* or *that* in Spanish? What is the difference between **ese** and **aquel?**

2. How do you say *this one* instead of *this hat?* Which has a written accent, *this one* or *this hat?*

- Use the demonstrative adjectives to say *this* or *that.* **Ese/esa** and **aquel/aquella** may both be used to say *that,* but **aquel** is generally used to describe something at a distance.

este *(this)*		ese *(that)*		aquel *(that)*	
este sombrero	*this hat*	**ese** sombrero	*that hat*	**aquel** sombrero	*that hat*
esta corbata	*this tie*	**esa** corbata	*that tie*	**aquella** corbata	*that tie*
estos zapatos	*these shoes*	**esos** zapatos	*those shoes*	**aquellos** zapatos	*those shoes*
estas botas	*these boots*	**esas** botas	*those boots*	**aquellas** botas	*those boots*

¿Te gustan **estos** pantalones?	*Do you like these pants?*
Ese vestido va bien con **esos** zapatos.	*That dress looks good with those shoes.*
¿Puedo probarme **aquel** traje?	*May I try on that suit?*

- The demonstrative pronouns look just like the demonstative adjectives, except that they have written accents and the noun is not used.

—¿Te gustan **estos** pantalones?	—*Do you like these pants?*
—No, prefiero **ésos.**	—*No, I prefer those.*
—**Esa** corbata es muy bonita.	—*That tie is very pretty.*
—A mí me gusta **aquélla.**	—*I like that one.*
—¿Puedo probarme **aquel** sombrero?	—*May I try on that hat?*
—¿Por qué? ¿No, te gusta **éste?**	—*Why? Don't you like this one?*

- When you wish to say *this* or *that,* but you are refering to a general idea or situation rather than a specific noun, use the neuter demonstratives: **esto, eso,** and **aquello.**

Eso es imposible.	*That's imposible.*
Esto es muy importante.	*This is very important.*

A lo personal

A. De compras. You are shopping with a friend. The items that you are looking at are opposite from the items that your friend is showing you. Describe those that your friend shows you.

MODELO: Este vestido es demasiado *(too)* largo.
   Ese vestido es demasiado corto.

1. Estos zapatos son demasiado grandes.
2. Esta camisa es muy formal.
3. Estas medias son muy baratas.
4. Esta falda es demasiado larga.
5. Este impermeable es muy feo.
6. Este cinturón es desmasiado corto.
7. Estos suéteres son muy caros.
8. Estas botas son de buena calidad.

B. Mi ropa. Describe three pieces of clothing or other items you have with you, using **este/a/os/as.**

MODELO: *Esta camisa es nueva.*
Éstos son mis zapatos favoritos.
Este bolígrafo no escribe bien.

C. Mis lugares favoritos. React to your classmate's stated preferences.

MODELO: su tienda favorita
—Mi tienda favorita es Macy's.
—Esa tienda me gusta también. Tiene ropa bonita. o *Esa tienda no me gusta.*
Tiene precios muy caros. o *No conozco esa tienda.*

1. su restaurante favorito
2. su película favorita
3. su color favorito
4. su actor favorito
5. su actriz favorita
6. su ciudad favorita
7. su programa de televisión favorito
8. su canción favorita

D. Entrevista. Complete the following questions with the correct form of the demonstrative adjective or pronoun (**este/éste**). Then use them to interview a classmate.

1. ¿Qué vas a hacer _____ noche?
2. ¿Vas a hacer algo interesante _____ fin de semana?
3. ¿Qué tiempo va a hacer _____ sábado?
4. ¿Vas a ponerte _____ zapatos o los zapatos rojos?
5. ¿Piensas hacer un viaje _____ verano?
6. ¿Vas a graduarte _____ año?
7. ¿Vas a tomar otra clase de español después de _____?
8. Después de graduarte, ¿vas a quedarte en _____ región o quieres mudarte?
9. ¿Qué tiempo va a hacer _____ semana?
10. ¿Te gusta más el otro suéter o prefieres _____?

E. Reacciones. React to the following suggestions.

MODELO: En el futuro, todos vamos a usar ropa de papel desechable.
Eso es poco probable. o *Eso me gustaría.*

verdad	terrible	ridículo	posible
imposible	estupendo	me gustaría	probable

1. En cien años, los hombres y las mujeres van a llevar la misma ropa.
2. En el futuro, no vamos a tener casas con aire acondicionado sino trajes con aire acondicionado.
3. En cien años, vamos a llevar sólo ropa de materiales sintéticos y no naturales como el algodón o la lana.
4. Este verano, los trajes de baño de cuero van a estar de moda.
5. En diez años, nadie va a ponerse más los blue jeans.
6. En el futuro, todos van a tener que ponerse un traje o un vestido para ir a la clase de español.

Adjetivos usados como pronombres

Para averiguar

How do you say *the red one* instead of *the red shirt*?

• To say *the red one*, *the cotton ones*, or *the one with stripes* instead of *the red shirt*, *the cotton socks*, or *the dress with stripes*, you simply omit the noun in Spanish. The adjective or adjectival phrase then takes on the function of a pronoun.

Prefiero **la camisa roja.**	Prefiero **la roja.**
Me voy a llevar **los calcetines de algodón.**	Me voy a llevar **los de algodón.**
¿Te gusta más **el vestido de rayas?**	¿Te gusta más **el de rayas?**

• With demonstratives, descriptive adjectives also become pronouns by omission of the noun. With a prepositional phrase, it is the demonstrative that becomes a pronoun and so is written with an accent mark on the stressed syllable.

Prefiero esa camisa roja.	Prefiero **esa** roja.
¿Te gusta este vestido de rayas?	¿Te gusta **éste** de rayas?

A lo personal

A. Banderas. Can you tell which flag (**bandera**) is from each of the following countries: **España, Argentina, Bolivia, México, Ecuador, Chile?**

MODELO: *La bandera de España es la roja y amarilla.*

B. ¿Cuál? You are shopping with a friend who asks which item of clothing you are going to buy. Pick the one that *best* fits your taste.

MODELO: —¿Vas a comprar este traje de lana o aquél de algodón?
　　　　　—*Me voy a llevar éste de lana.*

1. ¿Vas a comprar esta corbata roja o aquella negra.
2. ¿Prefieres esta camisa de rayas o aquélla de cuadros?
3. ¿Te gustan más estos zapatos de tacón alto o aquéllos sin tacón?
4. ¿Quieres estos pantalones amarillos o aquellos negros?
5. ¿Vas a comprar este vestido azul claro o aquel azul oscuro?
6. ¿Te gusta más esta falda corta o aquella larga?
7. ¿Prefieres estas medias claras o aquellas oscuras?
8. ¿Quieres esta chaqueta de cuero o aquélla de algodón?

C. ¿Qué estación? Read the following fashion predictions from the Spanish language version of *Elle* magazine. Then name the season in which each article of clothing below will be popular. Remember that you will not understand all the words in the article, but you should be able to grasp the meaning.

MODELO: los abrigos largos con cinturones
Los abrigos largos con cinturones van a estar de moda este invierno.

1. las chaquetas de ante y cuero
2. los minipulls con minifaldas
3. el color negro
4. las medias con costura y de red
5. los bikinis de color rosa
6. las camisas blancas
7. los vestidos largos
8. el color gris

En primavera volará el color

Feliz y cómoda se muestra en: trajes pantalón de satén, lentejuelas y tejidos que brillan, color negro, esmoquin negro o blanco, estampados de topos, chaquetas y jerseys con cinturón, vaqueros para el día y la noche, trench, guantes cortos blancos, medias con costura y de red.

Un verano ardiente

Serán tiempos de frescura. Estampados de flores y cuadros vichy, vestidos largos con grandes escotes en la espalda, sujetadores-bikini para llevar como top, color rosa en toda su gama blanco para la noche, tops corsés, blusas anudadas bajo el pecho, camisas blancas de organza, shorts-bragas, bikinis con strass, bañadores de estilo retro años 40, sandalias de tacón chino.

Nuevos vientos de otoño

Suavidad y color se combinarán contra el frío en materiales de todo tipo y texturas. Pieles sintéticas; satén y terciopelo; tejidos brillantes, plastificados, tornasolados; terciopelo; mohair; estampados con aspecto envejecido; estilo minimalista; influencia de los 30, 60 y 70, colores marrones, grises y especiados; tonos suaves (blanquecinos); plateado y dorado, y toques de colores ácidos.

Un invierno que derrite el hielo

Toda una sensación de color: chaquetones de pieles falsas multicolores; chaquetas y abrigos de ante y cuero doble faz para el sport y también para un vestir elegante; abrigos largos con cinturón; minipulls combinados con minifaldad o pantalones; jerseys irisados en lana mohair, muy esponjosos, y faldas escocesas estilo kilt.

¡A escuchar!

Un regalo. René is shopping for a present for Olga. Listen to his conversation with the salesclerk, then answer the questions.

1. ¿Qué quiere comprar René para Olga?
2. ¿Tienen blusas de qué colores?
3. ¿Cuál prefiere René?
4. ¿Cuánto cuestan las blusas?
5. ¿Cómo paga René?

D. Una conversación. You are shopping for clothes in Argentina. Role-play a scene with a classmate who will be the salesclerk. Note that Argentina uses European rather than American sizes. In your conversation, discuss:

- what you are looking for
- the price you wish to pay
- the size you need
- what color you prefer
- the cost of various items of clothing
- which one you decide to buy
- how you wish to pay

Damas

Vestidos/Trajes					
Americana	8	10	12	14	16	18
Europea	36	38	40	42	44	46

Medias					
Americana	8	8½	9	9½	10	10½
Europea	0	1	2	3	4	5

Zapatos					
Americana	5½	6½	7½	8½	9½
Europea	37	38	39	40	41

Caballeros

Trajes/Sobretodos					
Americana	8	10	12	14	16	18
Europea	36	38	40	42	44	46

Camisas				
Americana	15	16	17	18
Europea	38	41	43	45

Zapatos								
Americana	5	6	7	8	8½	9	9½	10	11
Europea	38	39	41	42	43	43	44	44	45

Un currículum vitae

A. **El currículum de Olga Ochoa.**

CURRÍCULUM VITAE

Apellido: Ochoa
Nombre: Olga
Dirección: 1002 Lamar Boulevard, Apt. 102, Austin, Texas 78751, Estados Unidos
Edad: 26 años
Fecha y lugar de nacimiento: 14 de agosto de 1971, Guanajuato, México
Nacionalidad: Estadounidense
Estado civil: Soltera

EDUCACIÓN

Secundaria:	Belaire High School	Fechas: 1985-1989
Universitaria:	Richland College, Dallas, Texas	Fechas: 1989-1991
	Universidad de Texas	Fechas: 1992-1994
Título:	Comunicaciones,1994	

EXPERIENCIA PROFESIONAL

Diseñadora de publicidad (trabajo independiente)	Fechas: 1992-1994
Diseñadora de publicidad (almacenes Foley's)	Fechas: 1994-presente

INTERESES Y PASATIEMPOS

la música, el cine, el tenis, la jardinería

REFERENCIAS

Marco San Miguel, director de publicidad, 580 East First Street, Houston, Texas, 79243, Estados Unidos

Isabel Guzmán, profesora de literatura, 305 Vallecito Street, Austin,Texas 78772, Estados Unidos

Carmen Elizondo, dentista, calle San Gabriel 567, Lima 14 Perú

B. Diálogo. La entrevista.

Olga tiene una entrevista con el Sr. Jaimes en la oficina de una sociedad de almacenes en Argentina.

OLGA: Buenas tardes, señor. Soy Olga Ochoa.

EL SR. JAIMES: Mucho gusto, señorita Ochoa. Soy Enrique Jaimes, jefe de personal.

OLGA: Mucho gusto, señor Jaimes.

EL SR. JAIMES: Según su solicitud de empleo, veo que usted es de los Estados Unidos.

OLGA: Nací en México, pero fui a vivir a Texas con mi familia a la edad de cuatro años.

EL SR. JAIMES: ¿Y ahora vive en Buenos Aires?

OLGA: Voy a casarme en un mes con un argentino y vamos a vivir aquí.

EL SR. JAIMES: ¿Dónde hizo usted sus estudios?

OLGA: En los Estados Unidos. Estudié en Richland College en Dallas por dos años y luego fui a la Universidad de Texas donde recibí un diploma en publicidad.

C. ¿Comprende Ud.? Complete the statements as Olga would.

1. Nací en…
2. Fui a vivir en los Estados Unidos a la edad de…
3. Estudié en Richland College por… y luego fui a…
4. Recibí un diploma en…

D. Yo. Now imagine that you are applying for a job after graduating. Complete the statements about yourself.

1. Nací en … en el año…
2. Estudié en…
3. Recibí un diploma en … en el año…

E. Datos personales. Give the following information about yourself.

1. nombre y apellido
2. dirección
3. edad
4. fecha de nacimiento
5. lugar de nacimiento
6. nacionalidad
7. estado civil
8. intereses y pasatiempos

F. En otras palabras. You want to find out the following information but can't remember some of the words. Reword the questions.

MODELO: ¿Cuál es su nacionalidad?
    ¿De dónde es Ud.?

1. ¿Cuál es su apellido?
2. ¿Cuál es su edad?
3. ¿Cuál es su dirección?
4. ¿Cuál es su estado civil?
5. ¿Cuáles son sus pasatiempos?

¿Qué experiencia tiene Ud.?

¡ojo!

There are several words used for *waiter*. Each country usually shows a preference for one of these words but any of them should be understood: **camarero/a, mesero/a, mesonero/a, mozo.**

A. Mi experiencia.

Trabajé por un año para… como…

el estado
(abogado/a, empleado/a,
programador/a de computadoras)

una empresa grande
(jefe/a de personal, secretario/a
hombre/mujer de negocios, contador/a)

un hospital
(enfermero/a,
médico/a, psiquiatra)

un restaurante
(mesero/a, cocinero/a)

una tienda
(dependiente, director/a de
publicidad, cajero/a)

una escuela
(maestro/a, director/a)

una fábrica
(obrero/a, ingeniero/a)

un teatro
(actor, actriz, cantante, músico/a)

B. Diálogo. La entrevista continúa…

Olga sigue hablando con el jefe de personal.

EL SR. JAIMES: ¿Tiene usted experiencia con una empresa como la nuestra?

OLGA: Sí, durante mis estudios, trabajé independientemente como diseñadora de publicidad para varias tiendas pequeñas. Después de graduarme, empecé a trabajar como ayudante del director de publicidad de un grupo de almacenes en Houston.

EL SR. JAIMES: ¿Y cuándo se graduó?

OLGA: Me gradué hace dos años.

EL SR. JAIMES: ¿Le gustó trabajar independientemente?

OLGA: Sí, me gustó mucho, pero prefiero trabajar con una empresa como ésta. Creo que hay más oportunidades de aprender y de avanzarme profesionalmente.

C. ¿Comprende Ud.?

1. Durante sus estudios, Olga trabajó…
2. Después de graduarse, empezó a…
3. Se graduó hace …
4. Le gustó trabajar independientemente, pero prefiere…

D. ¿Qué hacen? Olga is talking about where different family members work. What might their professions be?

MODELO: Mi novio toca el saxofón con una orquesta.
         Es músico.

1. Mi madre trabaja en una tienda.
2. Mi padre enseña en una escuela.
3. Mi hermana trabaja en un hospital.
4. Mi hermano tiene trabajo en un restaurante.
5. Mi abuelo trabaja en una fábrica.
6. Mi tío trabaja para una empresa grande.

E. ¿Quién gana más? In which profession does one usually earn more money?

MODELO: maestro/abogado
         Los abogados ganan más que los maestros por lo general.

1. mujer de negocios/secretaria
2. mesero/contador
3. enfermera/médica
4. psiquiatra/cocinero
5. director de publicidad/vendedor
6. abogada/contadora
7. obrero/ingeniero
8. cajera/jefa de personal

F. ¿Qué profesión? For what profession might each be studying?

MODELO: Miguel estudia biología, química y anatomía.
         Estudia para médico o enfermero.

1. Delia toma clases de teatro.
2. Rogelio estudia contabilidad.
3. Angélica se especializa en psicología.
4. Jorge estudia música.
5. Alicia estudia administración de empresas.
6. Javier toma clases en una escuela culinaria.

G. Entrevista.

1. ¿Trabajas? ¿Dónde? ¿Te gusta trabajar allí?
2. ¿Para qué profesión estudias? ¿Qué profesiones no te gustarían?
3. ¿Te gustaría trabajar independientemente o prefieres trabajar para alguien? ¿Prefieres trabajar para una empresa grande o para una empresa pequeña? ¿Te gustaría trabajar para una empresa internacional?
4. ¿En qué profesiones hay mucho trabajo ahora? ¿En qué profesiones hay mucho desempleo?

Introducción al pretérito

Para averiguar

1. What verb tense do you use to tell what someone did or what happened at some moment in the past?

2. Which preterite forms look like the present tense?

3. What happens in the preterite to a stem vowel **e** or **o** of stem-changing **-ir** verbs?

4. What two irregular verbs are identical in the preterite?

- To say what you did at some point in the past, use the preterite. Here are the forms of the preterite of regular **-ar, -er,** and **-ir** verbs. Note that the **nosotros** form of **-ar** and **-ir** verbs looks the same as the present tense. Context will clarify the meaning. The nosotros form of **-er** verbs has an **i** instead of the **e** in the ending of the present.

	comprar	comer	abrir
yo	compr**é**	com**í**	abr**í**
tú	compr**aste**	com**iste**	abr**iste**
usted, él, ella	compr**ó**	com**ió**	abr**ió**
nosotros/as	compr**amos**	com**imos**	abr**imos**
vosotros/as	compr**asteis**	com**isteis**	abr**isteis**
ustedes, ellos, ellas	compr**aron**	com**ieron**	abr**ieron**

—¿Ya **comiste?**
—Sí, **comí** en casa antes de salir.
—¿**Compraste** algo?
—**Compré** el vestido azul oscuro. **Vendieron** el otro que me **probé.**

- The **-ar** and **-er** stem-changing verbs form the preterite like non-stem-changing verbs:

    pensar: pensé, pensaste, pensó, pensamos, pensasteis, pensaron
    volver: volví, volviste, volvió, volvimos, volvisteis, volvieron

- In stem-changing **-ir** verbs, **e** becomes **i** and **o** becomes **u** in the third-person (**él, ella, usted, ellos, ellas, ustedes**) preterite forms.

    pedir: pedí, pediste, p**i**dió, pedimos, pedisteis, p**i**dieron
    dormir: dormí, dormiste, d**u**rmió, dormimos, dormisteis, d**u**rmieron

- The irregular verbs **ser** and **ir** are identical in the preterite. **Dar** and **hacer** are also irregular.

	ser/ir	dar	hacer
yo	fui	di	hice
tú	fuiste	diste	hiciste
usted, él, ella	fue	dio	hizo
nosotros/as	fuimos	dimos	hicimos
vosotros/as	fuisteis	disteis	hicisteis
ustedes, ellos, ellas	fueron	dieron	hicieron

¿Quién **fue** esa persona?   *Who was that person?*
Fui al cine anoche.   *I went to the movies last night.*
¿Qué **hiciste** el sábado?   *What did you do on Saturday?*
Ayer **dimos** un paseo.   *We went for a walk yesterday.*

A lo personal

A. ¿Cuántas veces? Say how many times you did the following things last week.

| nunca | una vez | dos veces | más de dos veces |

1. Fui a la clase de español.
2. Hablé con mis padres.
3. Lavé la ropa.
4. Compré ropa nueva.
5. Me acosté tarde.
6. Dormí hasta el mediodía.
7. Comí en un restaurante.
8. Fui a bailar.
9. Fui al supermercado.
10. Leí el periódico.
11. Me quedé todo el día en casa.
12. Di un paseo.
13. Hice mi tarea de español.
14. Hice la cama.

B. La última vez. Ask a classmate when he/she last did the following things.

| ayer | anoche | la semana pasada | el mes pasado |
| en mayo | anteayer | hace mucho tiempo | hace tres días |

MODELOS: hacer un viaje
  —*¿Cuándo fue viaje la última vez que hiciste un viaje?*
  —*Hice un viaje la última vez el verano pasado.*

  comer pizza
  —*¿Cuándo fue la última vez que comiste pizza?*
  —*Comí pizza hace tres días.*

1. bailar
2. estudiar todo el día
3. levantarse temprano
4. tomar una *Coca-Cola*
5. enojarse
6. salir con amigos
7. asistir a un concierto
8. comer una hamburguesa
9. leer un libro interesante
10. escribir una carta
11. ir a la biblioteca
12. hacer un viaje

C. El semestre pasado. Tell whether you and your classmates did the following things last semester in your Spanish class.

MODELO: hacer mucha tarea
  Sí, hicimos mucha tarea. / No, no hicimos mucha tarea.

1. ir a clase todos los días
2. mirar videos en español
3. escuchar los casetes
4. escribir algo en la pizarra
5. comer algo en clase
6. hacer muchas preguntas

D. Datos personales. Imagine that you are applying for a job after graduating and are asked the following questions at the interview. Answer in complete sentences.

1. ¿Dónde nació Ud.?
2. ¿Qué estudió Ud. en la universidad?
3. ¿Cuándo se graduó Ud.?
4. ¿Dónde trabajó Ud. antes?

E. Un poco de historia. Restate these events from the history of Argentina changing the verb forms from the present to the past.

1. En 1520 Fernando de Magallanes *explora* la costa y *descubre* el estrecho de Magallanes.
2. En 1536 Pedro de Mendoza *funda* la Ciudad de la Santísima Trinidad y Puerto Santa María del Buen Aire (hoy en día, Buenos Aires).
3. El 9 de julio de 1816 el Congreso de Tucumán *declara* la independencia definitiva de América del Sur.
4. En 1868 Domingo Sarmiento *es* nombrado a la presidencia. Sarmiento *adelanta* (*advances*) la instrucción pública y la inmigración.
5. En 1946 el coronel Juan Domingo Perón *gana* las elecciones. Perón *nacionaliza* la industria y eso *provoca* tensión entre los Estados Unidos y Argentina.
6. En 1955 los militares *expulsan* a Perón de la presidencia.
7. El 12 de octubre de 1973 Juan Domingo Perón *vuelve* a ocupar la presidencia.
8. El 1° de julio de 1974 Perón *muere* y su esposa María Estela Martínez *toma* el poder. El país *entra* en un período de crisis económica.
9. En marzo de 1976, una junta militar *organiza* un golpe de Estado y *nombra* presidente a Jorge Rafael Videla. Videla *suspende* el congreso y *prohíbe* toda actividad política. Muchos prisioneros políticos *desaparecen* bajo Videla.
10. En 1983 el poder *regresa* a las manos de los ciudadanos con nuevas elecciones libres.

F. Acerca de los Estados Unidos. Working with a classmate, answer these questions about the history of the United States.

1. ¿Quién escribió la Declaración de ia Independencia de los Estados Unidos? ¿En qué año escribió este documento? ¿Para qué sirvió? ¿Cuál es el nombre de una de las personas que firmó la Declaración de la Independencia?
2. ¿Quién fue el primer presidente de los Estados Unidos? ¿En qué guerra sirvió como general? ¿Qué río famoso cruzó durante la guerra? ¿Con quién se casó?
3. ¿Quién fue presidente de los Estados Unidos durante la Guerra Civil? ¿En qué año empezó la guerra? ¿Cuándo terminó? ¿Quién fue el general importante de esta guerra?
4. ¿Qué presidente murió en Dallas en 1963? ¿Qué presidente fue un actor popular antes de ser presidente? ¿Quién ganó las últimas elecciones presidenciales?

 ¡A escuchar!

¿Qué compró Rene? Olga is asking René how his day went. Listen to their conversation, then answer the questions.

1. ¿Por qué regresó René temprano hoy?
2. ¿Dónde almorzó René? ¿Por qué fue allí?
3. ¿Qué compró?

G. La primera foto. Read the article about the invention of photography from the Spanish-language magazine *Enciclopedia Popular*, then answer the questions. Read for the main ideas, since you may not understand every word.

1. ¿Quién descubrió la fotografía?
2. ¿En qué año tomó la primera foto?
3. ¿Qué país de Sudamérica declaró su independencia dos meses después?

1816
La primera fotografía

El 9 de mayo de ese año, dos meses antes de la declaración de la independencia en Argentina, un francés - Joseph Niepce es el primero en conseguir combinar ciertos procedimientos químicos para obtener sobre un papel lo que fue la primera fotografía. En realidad, ese documento parece ahora en manchón, pero representa lo que Niepce veía desde la ventana de su cuarto de trabajo: un granero, una casa de ladrillos y un palomar. Este es, pues, el punto de partida de un arte que tuvo su notable expansión en nuestro siglo.

H. Un viaje. Ask a classmate the following questions about the last trip he/she took on a plane. Then write a paragraph describing your partner's trip.

- ¿Adónde fuiste?
- ¿Con quién viajaste?
- ¿Viajaste por avión? ¿Cuánto costó el boleto?
- ¿Cómo fue el vuelo?
- ¿Cuándo llegaste?
- ¿Te quedaste en un hotel?
- ¿Por cuánto tiempo te quedaste?
- ¿Qué hiciste?
- ¿Cuándo volviste?

I. El fin de semana. It's Monday morning. You have just arrived at school or work and are chatting with a friend about what you did during the weekend. Prepare a role-play with a classmate, in which you ask each other about what you did on Friday night, Saturday morning, and Sunday afternoon.

J. Entrevista.

1. ¿Qué tiempo hizo ayer? ¿Llovió? ¿Nevó? ¿Cuántas veces nevó aquí el año pasado?
2. ¿Qué hiciste ayer? ¿Trabajaste? ¿Te quedaste en casa? ¿Estudiaste? ¿Dónde comiste?
3. ¿A qué hora te levantaste esta mañana? ¿A qué hora te acostaste anoche?
4. ¿Saliste con amigos el fin de semana pasado? ¿Con quién saliste? ¿Adónde fueron? ¿Qué hicieron? ¿A qué hora regresaron?

Cambios ortográficos en el pretérito

Para averiguar

1. What spelling changes occur in the preterite **yo** forms of verbs ending in **-car**, **-gar**, and **-zar**?

2. What happens to the **-ió** and **-ieron** when they immediately follow a vowel?

• In the preterite, **-ar** verbs ending in **-car, -gar,** and **-zar** have the following spelling changes in the **yo** form.

	buscar	pagar	empezar
yo	**busqué**	**pagué**	**empecé**
tú	buscaste	pagaste	empezaste
él, ella, Ud.	buscó	pagó	empezó
nosotros	buscamos	pagamos	empezamos
vosotros/as	buscasteis	pagasteis	empezasteis
ellos, ellas, Uds.	buscaron	pagaron	empezaron

• The third-person **-er** and **-ir** endings **-ió** and **-ieron** become **-yó** and **-yeron** when the verb stem ends in a vowel, as in **leer, creer,** or **oír.**

	leer	creer	oír
yo	leí	creí	oí
tú	leíste	creiste	oíste
él, ella, Ud.	**leyó**	**creyó**	**oyó**
nosotros	leímos	creímos	oímos
vosotros/as	leísteis	creísteis	oísteis
ellos, ellas, Uds.	**leyeron**	**creyeron**	**oyeron**

A lo personal

A. Ayer. Here's what I did. Say whether or not you did the same.

MODELO: Jugué al tenis ayer por la tarde.
Yo también jugué al tenis ayer por la tarde. o *Yo no jugué al tenis ayer.*

1. Jugué al básquetbol el fin de semana pasado.
2. Anoche empecé a estudiar muy tarde.
3. Anoche practiqué mi pronunciación del español con los casetes.
4. Dediqué mucho tiempo al español el fin de semana pasado.
5. Ayer almorcé en casa.
6. Busqué mucho tiempo antes de decidirme la última vez que compré zapatos.
7. Pagué más de cien dólares la última vez que compré zapatos.
8. La última vez que organicé una fiesta casi nadie vino.

B. ¿Qué leyeron? Here is part of the *Table of Contents* from **Clara** magazine. What did the following people read about if they read the article on the indicated page?

MODELO: mi novia (110)
Mi novia leyó la sección sobre música en la página 110.

1. mi abuelo (118)
2. nosotros (112)
3. los estudiantes (111)
4. yo (120)
5. mi amiga que es actriz (114)
6. mi compañera de cuarto (42)
7. mi amigo y yo (26)

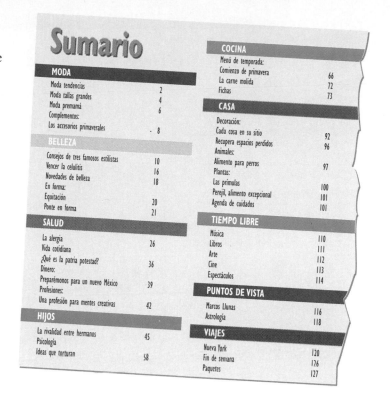

C. ¿Qué hiciste ayer? Supply the missing verb forms in the following dialog.

PATRICIO: ¡Hola Hernán! ¿Qué _____ (ser)? Ayer no _____ (ir) a clase. ¿Qué (pasar)?

HERNÁN: Cuando _____ (despertarse), _____ (decidirse) a dar un paseo por el parque con Oscar.

PATRICIO: ¿Oscar no _____ (ir) a clase tampoco?

HERNÁN: No, nosotros _____ (pasar) el día en el parque. Él _____ (leer) un libro, y yo _____ (jugar) *frisbee* con Marisol. Ella _____ (llevar) unos bocadillos e _____ (hacer) un picnic.

PATRICIO: Yo también _____ (pensar) faltar a clase, pero ayer _____ (ser) el examen de química.

HERNÁN: ¿Qué tal te _____ (ir)? Nunca me _____ (gustar) la química. Yo siempre _____ (preferir) la biología.

PATRICIO: ¿Qué _____ (hacer) ustedes después de jugar en el parque?

HERNÁN: _____ (ir) al cine para ver una película nueva. _____ (ser) una película de terror y a Oscar le _____ (dar) mucho miedo.

PATRICIO: Yo _____ (comer) con Alejandra y después nosotros _____ (salir) a bailar. En la discoteca _____ (encontrarse) con muchos amigos y cuando _____ (terminar) la noche, todos _____ (desayunar) juntos. _____ (ser) muy divertido.

HERNÁN: ¡Qué bien! Esta noche vamos a hacer una fiesta, ¿quieres venir?

PATRICIO: ¡Sí! _____ (hablar) con Alejandra esta mañana y ella quiere salir esta noche también. ¿Puede venir ella a la fiesta?

HERNÁN: ¡Claro! Creo que Oscar ya la _____ (invitar). Sé que ellos _____ (hablar) esta mañana también.

PATRICIO: De acuerdo.... Nos vemos esta noche, ¡hasta luego!

¿Qué tal te fue?

A. Ayer…

Olga describe su primera entrevista.

Me puse mi vestido nuevo.

Fui al centro en autobús.

Tuve mi primera entrevista a las 2:00.

El jefe de personal vino por mí a las 2:10.

Entramos en su oficina y de repente, me puse muy nerviosa.

Un poco más tarde, la secretaria trajo café.

Estuve en la entrevista por más de una hora.
Hablamos de mis estudios y de mi experiencia profesional.

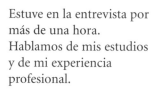

Me fue bien en la entrevista.

B. Diálogo. Dos entrevistas.

Olga habla con René de sus dos entrevistas.

RENÉ: ¿Cómo fueron las entrevistas?

OLGA: Creo que la primera fue mejor que la segunda.

RENÉ: ¿Sí? ¿Por qué?

OLGA: No, sé. Hablamos mucho… estuve allí más de una hora y el jefe de personal hizo muchas preguntas acerca de mi experiencia profesional.

RENÉ: ¿Cuánto tiempo duró la segunda entrevista?

OLGA: Sólo unos minutos. Nos dimos la mano, le di mi currículum vitae al jefe de personal, nos dijmos adiós y me fui.

RENÉ: ¿Y qué lugar te gustó más?

OLGA: No sé. No pude enterarme de nada de la segunda empresa.

C. ¿Comprende Ud.? Is Olga referring to the first (**primera**) or the second (**segunda**) interview?

1. Hablé mucho con el jefe de personal.
2. Estuve allí más de una hora.
3. Estuve allí sólo unos minutos.
4. El jefe de personal hizo muchas preguntas acerca de mi experiencia profesional.
5. No pude enterarme de nada.
6. Creo que me gustó más ese lugar.

D. ¿Y Ud.? Replace the italicized words so that each sentence describes your own experience during a job interview. If you have never had an interview, imagine how you would like it to go.

1. Llevé *traje y corbata* a la entrevista.
2. La entrevista fue *a las 10:00 de la mañana*.
3. Llegué a la entrevista *a las 9:45*.
4. Tuve que esperar *unos quince minutos*.
5. Estuve en la entrevista por *una hora más o menos*.
6. Hablamos *de mis estudios*.
7. Me fue *muy bien* en la entrevista.
8. Salí de la entrevista *muy contento/a*.

E. ¿A qué hora? Say at what time you did the following things yesterday.

MODELO: *Desayuné a las ocho y media.* o *No desayuné ayer.*

1. Me desperté…
2. Me levanté…
3. Desayuné…
4. Vine a la universidad…
5. Tuve mi primera clase…
6. Estuve en clase hasta…

F. ¿Qué pregunto? Imagine you are *el/la jefe/a* at a travel agency. Choose the questions from the list below that would be appropriate to ask a perspective employee during a job interview.

1. ¿Trabajó usted alguna vez en una fábrica?
2. ¿Le gusta viajar?
3. ¿Qué estudió en la universidad?
4. ¿Es usted casado/a?
5. ¿Qué le gusta hacer en su tiempo libre?
6. ¿Habla usted otras lenguas?
7. ¿Cuál fue el último viaje que hizo?
8. ¿Trajo usted su currículum vitae?
9. ¿Le gustaría ir al cine esta noche?
10. ¿Por qué dejó usted su último trabajo?

G. ¿Cómo respondo? Imagine you are on an interview for a job at a travel agency. Choose from the statements below those that would be appropriate responses to your interviewer's questions from Activity F above.

1. Sí, me gusta mucho viajar.
2. Sí, hablo ruso y francés.
3. Porque acabo de mudarme de Washington a Austin.
4. No, nunca trabajé en una fábrica.
5. Sí, traje mi currículum vitae. Aquí está.
6. El año pasado pensé viajar a Bolivia...pero fui al Perú.
7. En mi tiempo libre me gusta tocar guitarra.
8. En la universidad estudié relaciones públicas.
9. No, no soy casado/a.
10. ¡Sí, sí! Vamos al cine esta noche.

¿Qué hiciste hoy?

A. Esta mañana.

René le describe su día a Olga.

Esta mañana…

Me levanté tarde y salí de casa sin desayunar. Perdí el autobús y tuve que esperar otro. Llegué muy tarde al trabajo.

Esta tarde…

Almorcé en la oficina. Unos clientes vinieron a las dos e hice una presentación que duró dos horas. Les gustaron mucho mis ideas.

Después del trabajo…

Fui al supermercado, compré algunas cosas para la cena y volví a casa a las siete. Hice unas brochetas.

B. Diálogo. ¿Quién llamó?

Olga habla con René después de recibir una llamada de una de las empresas.

RENÉ: ¿Quién llamó?
OLGA: Fue el jefe de personal de la empresa donde tuve mi primera entrevista.
RENÉ: ¿Y qué dijo?
OLGA: Dijo que conseguí el puesto. Debo empezar la semana después de nuestra boda.
RENÉ: ¿Y nuestra luna de miel?
OLGA: Lo sé… Lo siento… pero no quiero perder esta oportunidad.

C. ¿Comprende Ud.?

1. ¿Quién llamó?
2. ¿Consiguió Olga el puesto?
3. ¿Cuándo debe empezar Olga? ¿Por qué no le gusta eso a René?
4. ¿Cuál es más importante para Olga, el trabajo o la luna de miel?

D. El día de René. Change the sentences below so that they correctly describe René's day yesterday according to the illustrations on the previous page.

1. Ayer René se puso blue jeans y una camiseta para ir a la oficina.
2. Perdió el autobús número 35.
3. Llegó a la oficina a las 9:00.
4. Almorzó a la una de la tarde.
5. Comió pizza.
6. Cuatro clientes fueron a su oficina.
7. Los clientes se quedaron hasta las cinco.
8. René gastó más de 50 pesos en el supermercado.
9. Hizo espaguetis para la cena.
10. Preparó la cena en la cocina.

E. ¿Qué hiciste? Ask another student about his/her last day at the university.

1. ¿Qué tiempo hizo?
2. ¿A qué hora fue tu primera clase? ¿De qué hablaron en esa clase? ¿Comprendiste todo? ¿Hiciste algunas preguntas?
3. ¿A qué hora regresaste a casa? ¿Qué hiciste después? ¿Descansaste? ¿Comiste? ¿Hiciste la tarea?
4. ¿A qué hora te acostaste? ¿Te dormiste fácilmente?

F. Somos diferentes. Say that you did the opposite of what your roommate did yesterday.

MODELO: Mi presentación duró mucho tiempo.
Mi presentación duró poco tiempo.

1. Me levanté tarde y no desayuné.
2. Tuve que esperar el autobús por mucho tiempo.
3. Almorcé solo.
4. No compré nada para la cena.
5. Volví a casa muy temprano.

Más sobre el pretérito

• The following verbs are irregular in the preterite.

	dar	estar	poner	querer	tener
yo	di	estuve	puse	quise	tuve
tú	diste	estuviste	pusiste	quisiste	tuviste
él, ella, usted	dio	estuvo	puso	quiso	tuvo
nosotros/as	dimos	estuvimos	pusimos	quisimos	tuvimos
vosotros/as	disteis	estuvisteis	pusisteis	quisisteis	tuvisteis
ellos, ellas, ustedes	dieron	estuvieron	pusieron	quisieron	tuvieron

	decir	poder	traer	saber	venir
yo	dije	pude	traje	supe	vine
tú	dijiste	pudiste	trajiste	supiste	viniste
él, ella, usted	dijo	pudo	trajo	supo	vino
nosotros/as	dijimos	pudimos	trajimos	supimos	vinimos
vosotros/as	dijisteis	pudisteis	trajisteis	supisteis	vinisteis
ellos, ellas, ustedes	dijeron	pudieron	trajeron	supieron	vinieron

¿Cuánto tiempo **estuvieron** en Buenos Aires?
—**Estuvimos** allí por una semana.

—¿**Trajiste** ropa para la entrevista?
—Sí, **traje** algunas cosas pero mi equipaje se perdió.

A lo personal

A. El mes pasado. Indicate how often you and others did the following in Spanish class last month.

nunca	una vez	dos veces	más de dos veces

1. Estuve enfermo/a.
2. Tuvimos un examen.
3. Tuve que estudiar toda la noche.
4. No hice la tarea.
5. El/la profesor/a no vino a clase.
6. El/la profesor/a dijo algo que no comprendí.
7. Hice una pregunta.
8. No pude contestar en clase.
9. Me puse nervioso/a en clase.
10. No quise venir a clase.
11. Fui a la oficina del/de la profesor/a.
12. Todos estuvimos en clase.
13. Hicimos algo divertido.

B. ¿Qué hicieron? Say whether the following people were at the university yesterday.

MODELO: Mis profesores…
          Mis profesores estuvieron en la universidad ayer.

1. Yo…
2. Mi mejor amigo/a…
3. Todos nosotros de la clase de español…
4. Todas las secretarias…
5. El presidente de la universidad…

Para averiguar

1. What is the preterite stem of **estar, poner, querer, tener, decir, poder, traer, saber**, and **venir**?

2. What are the preterite endings for these verbs?

C. ¿Quién? Name classmates who brought the following things to class today.

MODELO: una mochila azul
          Ana, David y yo trajimos una mochila azul. o Nadie trajo una mochila azul.

1. una mochila verde
2. el libro de español
3. un bolígrafo rojo
4. un cuaderno amarillo
5. un paraguas
6. una calculadora
7. una bolsa de cuero marrón
8. algo de comer
9. una *Coca-Cola*
10. un millón de dólares

D. El fin de semana. Ask a classmate if he/she did the following things last weekend.

MODELO: tener que trabajar
          –¿Tuviste que trabajar el fin de semana pasado?
          –Sí, tuve que trabajar. o No, no tuve que trabajar.

1. venir al campus
2. poder descansar
3. ir a una fiesta
4. ir de compras
5. tener que estudiar mucho
6. hacer un viaje
7. acostarse tarde
8. dormir mucho

E. Entrevista.

1. ¿Estuviste en casa todo el día ayer? ¿Qué ropa te pusiste ayer?
2. ¿Cuándo hiciste una fiesta la última vez? ¿Cuántas personas fueron?
   ¿Hasta qué hora estuvieron allí? ¿Llevaron los invitados algo de tomar o de comer?
   ¿Qué hicieron en la fiesta?
3. ¿Cuándo comiste en un restaurante la última vez? ¿Con quién comiste?
   ¿Adónde fueron? ¿Trajo el mesero la comida en seguida o tuvieron
   que esperar un poco? ¿Pudiste comer todo o llevaste un poco a casa?

 ¡A escuchar!

La novia. René is talking to a co-worker about his fiancée. Listen to their conversation, then answer the questions.

1. ¿Cuándo llegó Olga a Buenos Aires?
2. ¿Para qué vino a Buenos Aires?
3. ¿Dónde encontró un puesto?

F. Ayer. Prepare a role-play with a classmate in which you talk about what you did yesterday. Discuss…

• whether you had to work
• whether you came to campus
• how much time you were at work or on campus
• what time you went home
• what you did last night

G. ¿Quién? Name a person who did each of the following things.

MODELO: Fue presidente de los Estados Unidos durante los años setenta.
Richard Nixon, Gerald Ford y Jimmy Carter fueron presidentes de los Estados Unidos durante los años setenta.

1. Quiso ser presidente pero no pudo.
2. Dijo algo tonto recientemente.
3. Hizo una película muy popular recientemente.
4. No estuvo en clase la última vez.
5. Tuvo un gran éxito recientemente.

H. El día de los enamorados. Complete the letter by using the correct preterite forms of the verbs in parentheses.

Querido Memo,

Ayer Ernesto y yo (ir) _____ de compras al centro comercial de Guadalupe. (Estar) _____ en tres tiendas. (Poder) _____ ver muchas blusas. Yo (tener) _____ mucho cuidado cuando (hacer) _____ la selección de la blusa, porque no (poder) _____ conseguir mucho dinero para la ocasión. En la Tienda París el dependiente me (traer) _____ un cinturón de seda muy bonita y a buen precio. Lo (ver) _____ y ahí mismo decidí comprarla. Le pedí un descuento y me lo (dar) _____. Después yo (ir) _____ a la casa de Conchita y le (dar) _____ la blusa para el Día de los enamorados. (Ser) _____ un momento muy romántico. Ella me (dar) _____ muchos besos y abrazos y me (decir) _____:
—Gracias Ignacio, te quiero.

Después Conchita y yo (ir) _____ a comer a un restaurante italiano. Invitamos a sus padres, pero ellos no (querer) _____ venir. Nosotros no (saber) _____ por qué ellos no (venir) _____ con nosotros, pero (ser) _____ mejor. Cuando (estar) _____ solos en el restaurante (hacer) _____ planes para nuestra boda. Te vamos a invitar, por supuesto.

Te dejo porque tengo que estudiar.

Un fuerte abrazo,
Nacho

Verbos con sentidos especiales en el pretérito

- The verbs **conocer**, **saber**, **querer** and **poder** have particular meanings when used in the preterite. In the preterite, use:

conocer	to say you met someone
saber	to say you found something out
querer	to say you tried (agreed) or **no querer** (refused) to do something
poder	to say you managed to do something.

  Conocí a mi esposa en la universidad. *I met my wife at the university.*
  ¿Cómo **supiste** la verdad? *How did you find out the truth?*
  Nadie **quiso** participar. *Nobody agreed to participate.*
  No **pudieron** hacer este ejercicio. *They couldn't manage to do this exercise.*

A. ¿Qué sucedió? Ask a classmate what happened the last time he/she did the following things.

1. La última vez que no pudiste venir a clase…
   a. ¿llamaste al profesor para saber qué hacer para la siguiente clase?
   b. ¿llamaste a otro estudiante para saber qué hacer para la siguiente clase?
   c. ¿no hiciste nada para prepararte para la siguiente clase?

2. Cuando supiste la nota de tu último examen de español…
   a. ¿te gustó la nota?
   b. ¿te enojaste?
   c. ¿no tuviste ninguna reacción?

3. La última vez que no pudiste comprender algo en clase…
   a. ¿te pusiste nervioso/a y no hiciste nada?
   b. ¿hiciste una pregunta?
   c. ¿buscaste la explicación en el libro?

4. La última vez que tuviste un examen muy importante…
   a. ¿quisiste estudiar toda la noche anterior?
   b. ¿saliste con amigos toda la noche anterior?
   c. ¿no pudiste dormir toda la noche anterior?

5. La última vez que quisiste dormir una siesta por la tarde…
   a. ¿pudiste dormir?
   b. ¿llamó alguien?
   c. ¿hicieron tus hijos, tus vecinos o tu compañero/a de cuarto demasiado ruido?

B. ¿Qué? Name the following things using complete sentences.

MODELO: una cosa que Ud. no pudo hacer ayer
         No pude hacer la tarea de matemáticas.

1. un lugar donde Ud. estuvo ayer
2. algo nuevo que Ud. supo ayer
3. la primera cosa que dijo hoy
4. una cosa que Ud. no pudo hacer el fin de semana pasado
5. una cosa que Ud. tuvo que hacer anoche

1 EL TIEMPO Y LA FECHA

LA FECHA

la estación	season
la primavera	spring
el verano	summer
el otoño	fall, autumn
el invierno	winter
el mes	month
enero	January
febrero	February
marzo	March
abril	April
mayo	May
junio	June
julio	July
agosto	August
septiembre	September
octubre	October
noviembre	November
diciembre	December

EL TIEMPO

¿Qué tiempo hace?	What's the weather like?
El cielo está nublado.	The sky is cloudy.
El cielo está despejado.	The sky is clear.
Hace buen/mal tiempo.	The weather's nice/bad.
Hace (mucho) calor.	It's (very) hot.
Hace fresco.	It's cool.
Hace (mucho) frío.	It's (very) cold.
Hace sol.	It's sunny.
Hace viento.	It's windy.
La temperatura es de…grados centígrados/fahrenheit.	The temperature is… degrees centigrade/ Fahrenheit.
llover (ue)	to rain
nevar (ie)	to snow

LOS DÍAS FESTIVOS

el Año Nuevo	New Year's Day
el Día de los Enamorados	Valentine's Day
el Día de la Independencia	Independence Day
el Día de los Muertos	the Day of the Dead
la Janucá	Hanukkah
la Navidad	Christmas
la Noche Vieja	New Year's Eve
la Pascua Florida	Easter
la Semana Santa	Holy Week

2 LA ROPA Y LOS COLORES

LA ROPA

llevar	to wear, to carry, to take
la ropa	clothes
un abrigo	overcoat
unos blue jeans	jeans
una blusa	blouse
una bolsa	purse
unos calcetines	socks
una camisa	shirt
una camiseta	T-shirt
un cinturón	belt
una corbata	necktie
una chaqueta	jacket
una falda	skirt
un impermeable	raincoat
unas medias	pantyhose
unos pantalones	pants
unos pantalones cortos	shorts
un paraguas	umbrella
un sombrero	hat
un suéter	sweater
un tacón	heel
un traje	suit
un vestido	dress
unos zapatos (de tenis)	(tennis) shoes

LOS ESTILOS

de algodón	(made of) cotton
de buena calidad	good quality
a/de cuadros	plaid
de cuero	(made of) leather
de lana	(made of) wool
de seda	made of silk
liso/a	solid-colored
con lunares	polka dotted
a/de rayas	striped
estampado	print
formal	formal
informal	casual

LOS COLORES

amarillo/a	yellow
anaranjado/a	orange
azul	blue
beige	beige
blanco/a	white
café	light brown
gris	grey
marrón	brown
morado/a	purple
negro/a	black
rojo/a	red
rosa	pink
verde	green

LAS COMPRAS

VERBOS

aceptar	to accept
costar (ue)	to cost
gastar	to spend
llevar	to take
pagar	to pay
probarse	to try on
usar	to use

SUSTANTIVOS

la caja	cash register
el cheque (de viajero)	(traveler's) check
el/la cliente	customer
el/la dependiente	salesclerk
el efectivo	cash
la talla	size
la tarjeta de crédito	credit card

ADJETIVOS DEMOSTRATIVOS

aquel/la/los/las	that
ese/esa/os/as	that
este/a/os/as	this

4 EL DÍA DE AYER

EL PASADO

EL PRETÉRITO IRREGULAR

dar (di, diste…)	to give
decir (dije, dijiste…)	to say, to tell
estar (estuve, estuviste…)	to be
hacer (hice, hiciste…)	to do, to make
ir (fui, fuiste…)	to go
poder (pude, pudiste…)	to be able (to manage…)
poner (puse, pusiste…)	to place, to put
querer (quise, quisiste…)	to want (to try…)
saber (supe, supiste…)	to know (to find out…)
ser (fui, fuiste…)	to be
tener (tuve, tuviste…)	to have
traer (traje, trajiste…)	to bring
venir (vine, viniste…)	to come

OTRAS PALABRAS:

acerca de	about
de repente	suddenly
darse la mano	to shake hands
durar	to last
enterarse de	to find out about

3 UNA SOLICITUD DE EMPLEO

UN CURRÍCULUM VITAE

el apellido	family name
la dirección	address
la edad	age
la entrevista	interview
el estado civil	marital status
la experiencia	experience
la fecha de nacimiento	date of birth
el lugar de nacimiento	place of birth
la nacionalidad	nationality
la solicitud de empleo	job application

OTRAS PALABRAS

avanzarse	to advance, to get ahead
estadounidense	(from the) United States
independientemente	independently
profesionalmente	professionally
secundario/a	secondary
universitario/a	university (adj)

LOS LUGARES DE TRABAJO

la empresa	company
el estado	state
la fábrica	factory
el hospital	hospital
el restaurante	restaurant
el teatro	theater
la tienda	store

LAS PROFESIONES

el/la abogado/a	lawyer
el actor	actor
la actriz	actress
el/la cajero/a	cashier
el/la cantante	singer
el/la cocinero/a	cook
el/la contador/a	accountant
el/la director/a	director, principal
el/la diseñador/a de publicidad	advertising designer
el/la empleado/a	employee
el/la enfermero/a	nurse
el/la hombre/mujer de negocios	businessman/businesswoman
el/la ingeniero/a	engineer
el/la jefe/a de personal	head of personnel
el/la maestro/a	teacher
el/la médico/a	doctor
el/la mesero/a	waiter/waitress
el/la músico/a	musician
el/la obrero/a	manual worker
el/la programador/a de computadoras	computer programmer
el/la psiquiatra	psychiatrist
el/la secretario/a	secretary

When you read a newspaper or magazine, there are certain sections that you can recognize at a glance, due to the layout. For example, television listings, horoscopes, and the classified ads are usually all easily recognizable. Glance at the excerpt from the Buenos Aires newspaper *La Nación*. What sort of information do you think it contains? Look at the map. What do you think the numbers such as 33/23 next to the names of the cities mean?

A. En contexto. Working with a partner, brainstorm to think of at least ten new vocabulary items that you would expect to find in the weather section of a newspaper. Then scan the excerpt from *La Nación* to see how many of these you can find.

Domingo 15 enero de 1995

Para la Capital y el Gran Buenos Aires

Día: cálido, húmedo e inestable. 60% de probabilidad de una tormenta eléctrica. Temperatura máxima: 33°, y mínima: 23°. Vientos del sector este, rotando al Nordeste, de 12 a 25 km/h. Promedio de humedad: 65%.

Noche: mayormente nubloso y húmedo. 50% de probabilidad de algún chaparrón o tormenta eléctrica. Vientos mayormente del Nordeste, de 15 a 25 km/h. Promedio de humedad: 85%.

Mañana: algo nublado; con brisa y menos húmedo. 30% de probabilidad de un breve chaparrón. Máxima: 28°, y mínima: 18°. Vientos volviéndose del Sudoeste, de 15 a 25 kn/h. Promedio de humedad: 55%.

Martes: parcialmente despejado, con brisa. Máxima: 27°, y mínima: 17°. Vientos del sector sudoeste, de 15 a 30 km/h. Promedio de humedad: 50%.

Miércoles: parcialmente nubloso; inestable. Máxima: 28° y mínima: 17°.

Jueves: mayormente despejado con brisa fresca.

Telemet Inc./Accu Weather © 1994 © LA NACION

Día	Noche	Mañana	Martes	Miércoles	Jueves
Cálido e inestable	Mayormente nubloso	Algo nublado	Parcialmente despejado	Parcialmente nubloso	Mayormente despejado

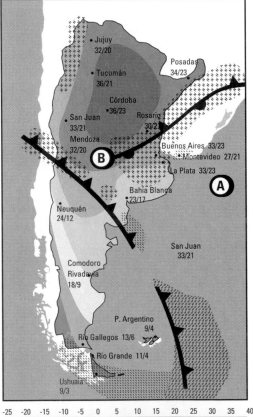

*Ayer

Una jornada de marcas elevadas, pesada y con cielo ligeramente nublado fue la vivida ayer por los habitantes de esta ciudad y de sus zonas aldeanas.

La temperatura máxima se registró a las 15:45, con 32°, en tanto que la mínima, de 22°, se marcó a las 6:10.

*Servicio Meterológico Nacional

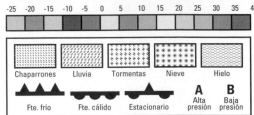

Pronóstico	Buenos Aires						Pinamar						Punta del Este					
Tiempo	Día	Noche	Mañ.	Mar.	Mié.	Jue.	Día	Noche	Mañ.	Mar.	Mié.	Jue.	Día	Noche	Mañ.	Mar.	Mié.	Jue.
Temperaturas	24	15	26/18	25/15	24/13	23/12	24	16	24/16	26/18	25/14	24/13	27	21	27/19	27/18	28/18	25/17
Humedad (%)	65	80	50				65	85	55				60	85	50			
Lluvias																		
Cielo (*)	N	N	PD	PD	PD	D	N	N	PD	PD	PN	PN	N	N	PN	PN	PN	PD
Vientos	15/30	15/25	15/30				15/30	15/25	15/30				12/22	15/30				

* D despejado PD parcialmente despejado N nublado PN parcialmente nublado

Después de leer

Reread the weather forecast from *La Nación*. Then answer the questions.

1. ¿Cuál es la fecha? ¿En qué estación estamos?
2. ¿En qué ciudad(es) va a hacer calor? ¿En qué ciudad(es) va a hacer fresco?
3. ¿Qué tiempo va a hacer hoy en Buenos Aires? ¿esta noche? ¿mañana? ¿este martes?
4. ¿Cuándo hay 60 por ciento de probabilidad de una tormenta eléctrica?
5. ¿Cuándo va a haber húmedad?
6. ¿Qué tiempo hizo ayer?
7. ¿Qué significa frente frío? ¿frente cálido? ¿frente estacionario? ¿alta/baja presión?
8. ¿Cómo se dice *high temperature?* ¿*low temperature?*

¡A escribir!

Using words that you learned in this chapter, write a weather forecast for your city. In the first paragraph, predict the weather for the coming week. In the second, tell what the weather was like yesterday.

¿Cómo se pronuncia?

- When **i** or **u** combines with **a, e,** or **o,** or when they combine with each other, both vowels are pronounced together as one syllable. Such vowel combinations are called diphthongs. In diphthongs, **i** will sound similar to the **y** in the English word *yes.*

      sept**ie**mbre   nov**ie**mbre   jul**io**   C**ai**ro   ital**ia**no   v**ie**nto   n**ie**va   v**ei**nte   tr**ei**nta

- When the letter **u** combines with another vowel it is pronounced like the **w** of the English word *we.*

      ll**ue**ve   b**ue**n tiempo   c**ua**tro   el Año N**ue**vo   m**ue**rtos   cas**ua**l   ca**u**sa   E**u**ropa   f**ui**

- Remember that **u** is not pronounced after the letter **q.**
      quinientos   **qu**iero   par**qu**e

- Sometimes **i** or **u** with another vowel will remain a separate syllable. In that case, a written accent is used to indicate that it is not a diphthong.

      fr**í**o   d**í**a   todav**í**a   contin**ú**a   filiosof**í**a   ca**í**do

- The pronunciation of **c** and **g** depends on the vowel that follows each letter. Before **a, o,** or **u...**

      c is pronounced hard like **k: buscar, calculadora, disco, cuatro**
      g is pronounced hard as in the English word *go:* **pagar, llegar, gustar, abrigo**

   Before **e** or **i...**

      c is pronounced soft like **s: cena, cerca, ciento, diciembre**
      g is pronounced soft like a Spanish **j: geología, general, biología**

- Spelling changes in the **yo** form of the preterite of verbs ending in **-car** and **-gar** are needed to indicate that the **c** and **g** keep their hard sound before the **-é** ending.

      buscar: **Busqué** en todas las tiendas. *I looked in all of the stores.*
      llegar: **Llegué** a clase tarde.   *I arrived in class late.*

¡TRATO HECHO!

Spanish for Retail and Fashion

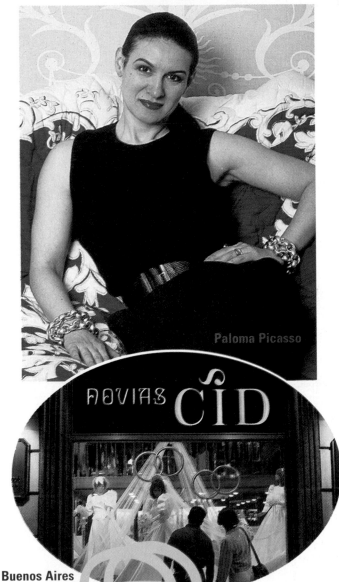

Paloma Picasso

NOVIAS CID

Buenos Aires

Palabras básicas

la aguja	*needle*
el botón	*button*
el corte	*length* (cloth); *cut, fit* (dress, suit)
coser	*to sew*
la costura	*seam*
el dedal	*thimble*
el cierre, la cremallera	*zipper*
cruzado	*double-breasted*
el dobladillo, la bastilla	*hem*
la doblez	*cuff* (pants)
el escote	*décolletage, low neckline*
estar a la moda	*to be stylish* (person)
estar de moda	*to be in style* (something)
el hilo	*thread*
el look	*look*
la manga	*sleeve*
el maniquí	*mannequin*
el/la modista	*dressmaker*
el molde	*pattern*
la portañuela	*fly* (pants)
la prenda	*article of clothing*
el puño	*cuff* (shirt)
la solapa	*lapel*
el sastre	*tailor*
la costurera	*seamstress*
el talle	*waist, fit*
la tela	*cloth, material, fabric*

average monthly expenditure on clothing and accessories in the u.s.

	women	men	children
hispanics	$99.00	$94.00	$91.00
non-hispanics	$81.00	$71.00	$82.00

A. El mercadeo. Statistics for the general population indicate that women shop for clothes approximately five times per calendar year, whereas Hispanic average 12.3 times per year. What is the significance of this information to a retailer? In groups of two or three, discuss how you, as a retailer, would market clothing differently for Hispanics and for non-Hispanics?

B. La historia de una prenda de vestir

Primero, el diseñador tiene unas ideas para un vestido.

Luego, escoge la tela y crea un modelo usando un maniquí.

Cuando el diseñador está contento con su diseño, crea un molde.

Las modistas usan el molde para producir los vestidos. Cortan la tela, cosen las costuras, le hacen un dobladillo...

Luego el diseñador presenta los vestidos en una exposición de moda. Las modelos posan en frente de la prensa y futuros clientes.

Finalmente, después de una campaña de publicidad, la ropa llega a las tiendas y boutiques.

C. Un molde. Your company sells sewing patterns and supplies bilingual labels and directions with each package. Label the patterns below for Spanish speakers using the vocabulary from this and previous chapters.

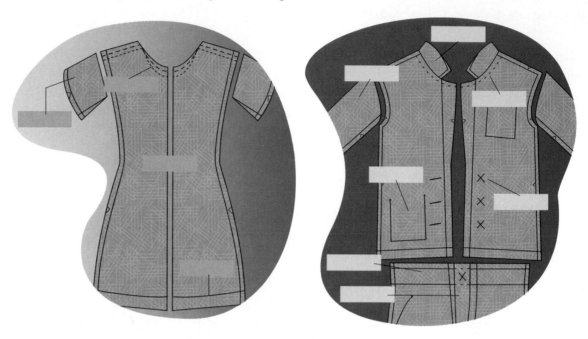

D. Ordenar. You are now preparing the directions that accompany the pattern for the pants. In what order would you place these instructions?

_____ estudiar el molde   _____ ponerle el botón

_____ hacer la doblez   _____ cortar la tela

_____ coser las costuras   _____ ponerle el cierre

¿Quién es?

E. Un dibujo. You are a student at the *Fashion Institute of Technology* in New York City and must turn in your final portfolio tomorrow, but you are still missing one item. Your friend has an idea for you, but is at home in New Jersey. Your friend phones you and describes his/her idea while you sketch what your friend is describing. Later, check with your friend to see if what you drew was what he/she intended. Then switch roles.

F. Un pedido. A manager for *The Gap* in Mexico City needs a shipment of clothing from the warehouse in the United States. A clerk will take the order, asking as many questions as necessary to ensure that the correct items are sent. After they hang up, students compare the original list with the clerk's order. Then they reverse roles.

G. Descripción. You are an entertainment reporter for a national magazine and need to file a story about a local event, including what the participants were wearing. In groups of two or three, write a description of what the people below are wearing. Include as many details as possible. Remember that your audience will not see the pictures.

¿Quiénes son?
¿De dónde vienen?

Repaso

6

LECCIÓN 1

- Hola. ¡Buenos días! ¿Cómo te llamas?
- Las clases
- Te presento a . .
- ¿Cómo estás?
- Qué hora es? ?Qué día?
- Los números
- El salón de clase

- Usted, tú y yo
- *estar* + adjectivo
- Los números de cero a cien
- La hora y los días de la semana
- El artículo definido:género y número
- El artículo indefinido

LECCIÓN 2

- ¿Cómo es la universidad?
- ¿Cómo eres? ¿Cómo son tus amigos?
- ¿Qué te gusta hacer?
- ¿Qué quieres hacer?
- ¿Qué haces durante la semana?
- ¿Qué haces después del trabajo?
- ¡Tengo una pregunta!
- Las preguntas

- El verbo ser y los pronombres sujetos
- Los adjetivos
- Los infinitivos
- Los verbos que terminan en -*ar*
- ¿Qué quieres? ¿Cuál prefieres?

LECCIÓN 3

- ¿Dónde vives?
- ¿Cómo es tu cuarto?
- ¿Cómo es tu familia?
- ¿Cómo son tus familiares?
- ¿Qué haces durante la semana?
- ¿Qué haces los fines de semana?
- ¿Qué está pasando?

- El verbo *estar*
- *ser* y *estar*
- Los verbos *tener* y *venir*
- La posesión
- Los verbos regulares: -*er* e -*ir*
- Los verbos irregulares: -*er* e -*ir*
- El presente progresivo
- Las expresiones afirmativas y negativas

LECCIÓN 4

- ¿Cómo pasas tu tiempo libre?
- ¿Quieres tomar algo conmigo?
- ¿Qué haces todos los dias?
- ¿Cómo son tus relaciones con tu mejor amigo/a?
- ¿Adónde vas los fines de semana?
- ¿Adónde vas para…?
- ¿Cuáles son tus planes?
- ¿Qué noticias tienes?

- Los verbos con cambios en la raíz
- Más cambios en la raíz
- Los verbos reflexivos
- Más sobre los reflexivos
- Los verbos ir y dar
- El futuro inmediato y el pasado reciente

LECCIÓN 5

- ¿Qué tiempo hace?
- ¿Cuál es la fecha?
- ¿Qué llevas?
- ¿Qué desea Ud.?
- Un curriculum vitae
- ¿Qué experiencia tiene Ud.?
- ¿Qué tal te fue?
- ¿Qué hiciste hoy?

- Los números de 100 en adelante
- La fecha
- Los adjetivos y pronombres demostrativos
- Adjetivos usados como pronombres
- Introducción al pretérito
- Cambios ortográficos en el pretérito
- Más sobre el pretérito

La llegada al trabajo

These marginal notes indicate the pages on which the information needed to do the activities is presented.

Randy Tankovitch is starting his new job as an office clerk in Quito, Ecuador. What does he need to know to greet his new co-workers and boss?

Page 8. [*Lección* 1]

A. What are the two ways to say *you* (singular) in Spanish?

1. _____ 2. _____

B. What are the two ways to say *you* (plural) in Spanish? Will Randy use both forms in Quito?

1. _____ 2. _____

Page 12 [*Lección* 1]

C. What phrase should Randy use to ask how someone is doing? Complete the chart by writing in the verb used in this phrase.

yo	_____	nosotros/as	_____
tú	_____	vosotros/as	_____
él, ella, Ud.	_____	ellos, ellas, Uds.	_____

D. Saludos. Which of these greetings are appropriate for Randy to use with the secretary his first day on the job? Randy knows no one at the company except the boss, whom he met during the interview.

The greetings used in Activities D–G are presented on pages 4 and 12.

_____ Oye, ¿qué tal?
_____ Buenas tardes.
_____ Buenos días, señorita.
_____ ¿Cómo estás, Hilda?
_____¿Qué hay de nuevo?
_____ Buenas noches, señorita.
_____ ¡Hola!
_____ ¿Cómo está Ud.?
_____ Soy Randy.
_____ Me llamo Randy Tankovitch.

E. ¿Y Ud.? In general, how would you greet these people?

1. su hermano
2. su profesor de informática
3. su abuela
4. su colega en el trabajo
5. su jefe/a
6. una cajera en el supermercado

F. Los saludos de Randy. Now complete Randy Tankovitch's conversation with Hilda, the company secretary.

RANDY: _____. Soy Randy Tankovitch.
HILDA: Buenos días, Randy. Bienvenido a nuestra compañía. _____
Hilda Lloreda.
RANDY: ¿Cómo _____?
HILDA: Muy bien, gracias. Y, por favor, vamos a tutearnos. No _____
muy formales en esta oficina.
RANDY: Bueno...entonces, ¿sabes si la señora Floresta me está esperando?
HILDA: Sí, sí, sí. Ahora la llamo.

G. ¿Y Ud.? By now you should be able to greet anybody, anywhere, at any time. With a partner, role-play each of these situations. Chat briefly, then bring the conversation to a close.

· You work in a very formal office and you are greeting your boss for the first time in several weeks
· You have just run into your best friend in the grocery store.
· You need to attend to a company client whom you have never met before.
· You have a friend in South America with whom you "chat" on the Internet.

Los compañeros de trabajo

Puedes llamarme Marta

MARTA: ¡Hola, Randy! ¡Qué gusto verte de nuevo!

RANDY: Buenos días, señora. ¿Cómo está usted?

MARTA: Muy bien, Randy, pero aquí somos muy informales. Puedes llamarme Marta.

RANDY: Cómo no.

MARTA: ¿Ya conociste a tus compañeros de trabajo?

RANDY: No, solamente a Hilda.

MARTA: Bueno, te presento ahora mismo.

Con permiso

MARTA: Randy, quiero presentarte a Sol Matos, nuestra asistente.

RANDY: Mucho gusto, Sol.

SOL: Igualmente y bienvenido.

(teléfono)

SOL: Con permiso.

Hablamos más tarde

MARTA: Aris, quiero presentarte a Randy Tankovitch, nuestro nuevo empleado.

ARIS: Mucho gusto, Randy.

RANDY: Encantado.

ARIS: ¿Cuál es tu apellido?

RANDY: Tankovitch.

ARIS: ¡Qué apellido más interesante! No es tan común como el mío: García. ¿De dónde es tu familia?

RANDY: Mis padres son de los Estados Unidos, pero mis abuelos vienen de Rusia.

ARIS: ¿Y cómo se escribe?

RANDY: No es tan difícil. T–a–n–k–o–v–i–t–c–h.

ARIS: Veo. Veo. Pues, es un gusto tener un compañero de trabajo de los Estados Unidos que habla tan bien el español.

RANDY: Muchas gracias. Hablamos más tarde.

MARTA: Ahora, tú te vas a sentar con Sol para hablar de tus responsabilidades.

After greeting his new boss, Marta Floresta, Randy is introduced to his new co-workers. What does Randy need to know to participate politely in the introductions?

The regular forms of -ar verbs are taught on page 58. [*Lección* 2]

A. The verb **presentar** is a regular verb ending in **-ar**. Can you provide the regular endings for **-ar** verbs?

presentar			
yo	present_____	nosotros/as	present_____
tú	present_____	vosotros/as	present_____
él, ella, Ud.	present_____	ellos/as, Uds.	present_____

B. Introductions may be either formal or informal. What are the phrases for:

Formal and informal introductions are taught on page 30. [*Lección* 1]

1. formal introductions? _____
2. informal introductions? _____

C. Read the conversations on the preceding page. In what two ways does Randy respond when the boss introduces him to his new co-workers?

1. _____
2. _____

D. How does Aris ask Randy what his last name is? _____
How do you translate these questions?

Information on the question *cuál* is found in *Lección*s 1 and 2.

1. ¿Cuál es tu libro?
2. ¿Cuál es la respuesta?
3. ¿Cuál prefieres?

Since **cuál** can be translated to English in two ways, how do you know when to use this question word?

E. Más formal. With a classmate, act out the conversations on the preceding page, but this time in a more formal office. What words will change?

F. Ficha personal. Before getting started with his assignments for the day, Randy takes a minute to jot down the names of the people in his office. Help Randy spell everyone's last name. Then put them in alphabetical order.

Information on the alphabet is located in *Lección* 1.

1. _____
2. _____
3. _____
4. _____

G. Nuevos compañeros. In groups of three, role-play a situation in which two of you are good friends; the other person knows only one of the friends. Be sure to:

· greet one another
· introduce the people who don't know each other
· exchange pleasantries
· ask each other's last name
· bring the conversation to a close

El horario y el trabajo

Muchas preguntas

SOL: Pues, Randy, tengo muchas preguntas, pero primero tenemos que decidir cuál va a ser tu horario y qué vas a hacer. ¿A qué hora prefieres empezar el día, a las 8:30, a las 9:00 o a las 9:30?

RANDY: Creo que a las 9:00. Así salgo más temprano y no tengo que levantarme muy, muy temprano.

SOL: Bueno. Entonces entras a las 9:00 y sales a las 6:30 de la tarde. A ver... ¿prefieres escribir cartas o sacar fotocopias?

RANDY: Pues, no sé. Creo que prefiero sacar fotocopias.

What information about numbers and calendars does Randy need to know to do his scheduling and some banking for his boss?

Information on telling time, etc. is on pages 18, 22, 30. *Lección* 1

A. When discussing his scheduling, how will Randy say:

1. It is one o'clock.
2. Lunch is at one o'clock.

B. During which hours will Randy and his co-workers use these greetings to answer the phone?

1. _____ Buenos días, Palaciega y compañía.
2. _____ Buenas tardes, Palaciega y compañía.
3. _____ Buenas noches, Palaciega y compañía.

C. Marta has two unsigned messages on her desk when she gets back from lunch. She has made an educated guess about which message was written by Sol and which by Randy. Can you figure it out? Explain the reason for your guess.

D. Firma aquí. First, write the names of the months from January-December in the appropriate column. Then ask your classmates when their birthday is and have one person who has a birthday in that month sign your book.

Dates are taught in *Lección* 5.

The months are taught in *Lección* 5.

Numbers are taught in *Leccione*s 1 and 5.

Verb forms are found in *Lección* 2.

Functions are in *Lección* 3.

MODELO: ESTUDIANTE A: *¿Cuándo es tu cumpleaños?*

              ESTUDIANTE B: *El 22 de agosto.*

              ESTUDIANTE A: *Pues, firma aquí. o Gracias, pero no necesito una firma para el mes de agosto.*

MES	FIRMA		MES	FIRMA
1. _____	_____		7. _____	_____
2. _____	_____		8. _____	_____
3. _____	_____		9. _____	_____
4. _____	_____		10. _____	_____
5. _____	_____		11. _____	_____
6. _____	_____		12. _____	_____

E. El viaje de Marta. Marta has asked Randy to go to the bank to purchase foreign currency for her upcoming trip. She has given Randy a list, which indicates how many **sucres** he is to spend buying foreign currency for each country. Using this newspaper listing, figure out how much foreign currency Randy will need to get for each country.

Argentina S/. 1.286.000
Chile S/. 1.893.250
Colombia S/. 979.500
Perú S/. 772.550

Dólar

Mercado Libre
Compra..............S/.2.572,00
Venta................S/.2.575,00

Divisas
Tasas por transacción mínima de un millón de dólares

Países	Monedas	Relación al dólar	Relación al sucre
Alemania	Marco	1,38	1.857,19
Argentina	Peso	0,99	2.577,57
Australia	Dólar	1,36	1.893,10
Bélgica	Franco	28,47	90,44
Brasil	Real	0,92	2.774,58
Canadá	Dólar	1,35	1.895,57
Colombia	Peso	894,20	2,87
Corea del Sur	Won	755,80	3,40
Chile	Peso	377,95	6,81
España	Peseta	119,75	2,16
Inglaterra	Libra	0,62	4.104,89
Francia	Franco	4,82	533,91
Hong Kong	Dólar	7,73	332,82
Italia	Lira	1.600,60	1,61
Japón	Yen	88,56	29,08
México	Peso	6,09	422,82
Perú	Nuevo Sol	2,22	1.158,34
Suecia	Corona	7,15	369,81
Suiza	Franco	1,15	2.226,54
Taiwan	Dólar	26,40	97,54
Venezuela	Bolívar	169,78	15,17

F. Su primer día. Randy has a somewhat complicated schedule on his first day. First formulate complete sentences from the cues below, supplying the missing words. Then, with a partner, prepare Randy's schedule. Avoid any overlap of time.

MODELO: *—¿Cuándo tiene que hablar con el jefe?*
          —Randy habla con el jefe a las 4:30.
          —¿Y cuándo...?

1. hablar/jefe/14:30
2. almorzar/Hilda, Sol y Aris/1:30 o 2:00
3. llamar/ su esposa/11:45
4. escribir/carta/11:00–11:30
5. sacar/fotocopias/10:00–10:15
6. tomar/café/4:00 o 4:30
7. atender/los clientes/2:15–3:00
8. poner en orden/escritorio/9:30–9:45 o 10:00–10:15

Now, using the twenty-four hour clock, rewrite the statements describing Randy's afternoon activities.

Una llamada telefónica

¡Un beso!

Randy calls his wife, Leti, to tell her about the office.

LETI: ¿Aló?

RANDY: Hola mi amor, soy yo Randy.

LETI: ¿Cómo te va en el nuevo trabajo?

RANDY: ¡Muy bien! Me gusta mucho la oficina.

LETI: ¿Cómo es?

RANDY: Es una oficina muy pequeña e informal. Todos se tutean.

LETI: ¿Y tu jefa, y los compañeros de trabajo?

RANDY: La señora Floresta..., Marta, es muy simpática y los compañeros son agradables también.

LETI: ¡Qué bien! ¿Qué estás haciendo ahora?

RANDY: Acabo de sacar algunas fotocopias. Luego voy a escribir unas cartas y atender a unos clientes.

LETI: ¿A qué hora regresas a casa hoy?

RANDY: Pues mi horario es de las nueve hasta las seis y media, entonces llego a casa a las siete. ¿Y tú? ¿Cuándo sales del trabajo?

LETI: También salgo a las seis y media. ¿Quieres salir a comer para festejar tu primer día en el nuevo trabajo?

RANDY: Sí, sí. Es una buena idea. Te espero en casa a las siete. Ahora tengo que trabajar. ¡Un beso!

LETI: Adiós.

What does Randy need to know to describe his co-workers, boss, and office?

Verb forms are found in *Lección* 1 (reviewed in first section of this *lección*). Functions are in *Lección* 3.

A. What verb will Randy need to describe the general characteristics and qualities of his office and co-workers? Do you remember all of the forms?

yo	_____	nosotros/as	_____
tú	_____	vosotros/as	_____
él, ella, Ud.	_____	ellos, ellas, Uds.	_____

Progressive verb forms are found in *Lección* 3.

B. What verb will Randy need to describe the physical and emotional conditions of his co-workers, and where things are?

C. Randy's wife asks him what he is doing right now. What grammatical structure should Randy use to respond?

D. When Randy describes his office and co-workers using adjectives, what does he need to do in Spanish? How is this different than English? How would Randy make these statements?

Adjective agreement is taught in *Lección*s 1 and 2.

1. My co-workers are nice.
2. The office is small.
3. Hilda is blonde.
4. All of my co-workers are busy.

E. ¿Qué están haciendo? Based on the information given, guess what the following people are doing.

MODELO: Randy y Leti están en un restaurante.
Están comiendo.

1. Aris está en la oficina.
2. Hilda tiene el teléfono en la mano.
3. Randy está en el banco y tiene una lista de las tasas de cambio.
4. Marta acaba de comprar el periódico y un café.
5. Sol tiene un bolígrafo y una hoja de papel.

F. ¿Y Ud.? Role-play a telephone conversation in which you describe your dorm room or apartment to a friend at another school. Your partner will ask appropriate questions and respond to yours. Remember to:

• use appropriate greetings
• ask questions about each other's life at school
• ask questions about each other's roommate/s
• end the conversation appropriately

Tomándonos un café

PASTELES Y POSTRES
tarta de frutas.........................s/. 3.000
flan..s/. 2.500
pastel de chocolate...............s/. 3.400
arroz con leche.......................s/. 2.800
churros....................................s/. 3.000
churros rellenos.....................s/. 3.500
   crema
   dulce de leche
helados varios........................s/. 2.500

SANDWICHES
media luna...............................s/. 7.500
cubano.....................................s/. 8.500
pavo
(con lechuga y tomate)..........s/. 8.000
pernil
(con lechuga y tomate)..........s/. 7.800
chorizo español.......................s/. 8.500

BEBIDAS
café o té..................................s/. 2.000
jugos.......................................s/. 3.200
   piña
   mango
   tomate de árbol
   frutilla
   naranja
batidas....................................s/. 3.500
   vainilla
   chocolate
   frutilla
gaseosas.................................s/. 2.900
agua mineral...........................s/. 2.000
   con o sin gas

PIZZAS
la clásica
queso y tomate........................s/. 10.000
la Hawaiana
jamón y piña............................s/. 12.000
la rústica
hongos y berenjena.................s/. 11.500

A cualquiera de las pizzas se le puede añadir...
cebolla   pimentón   ají
aceitunas   anchoas   hongos

MESERO: ¡Buenos días! ¿Cómo están?
TODOS: ¡Buenos días, Guille! ¡Hola! Hombre, ¿qué tal?
HILDA: Guille, quiero presentarte a Randy Tankovitch, un compañero nuevo.
GUILLE: Mucho gusto, Randy.
RANDY: Igualmente.
GUILLE: Parece que no tengo suficiente café. Tomas café, ¿no?
RANDY: Sí, sí.
GUILLE: ¿Cómo te gusta el café?
RANDY: Con leche y azúcar, por favor.
GUILLE: Muy bien. Ahora vengo.
ARIS: Entonces, ¿por qué estás en Ecuador?
RANDY: Porque me casé con una ecuatoriana que tiene un magnífico trabajo aquí en Quito.

During their coffee break, Randy's co-workers take the opportunity to get to know him. They ask him one question after another.

Questions are taught in *Lección 2.*

A. Preguntas. You have learned four ways to ask questions in Spanish. You'll find two ways in the conversation above. What are the other two? Give your own example of each with questions you could use to get to know someone.

1. _____   _____
2. _____   _____
3. _____   _____
4. _____   _____

B. Complete each question with an appropriate question word.

1. —¿_____ es la cliente? —Es baja, morena y agradable.
2. —¿_____ cuesta sacar una fotocopia? —500 pesos.
3. —¿_____ es el profesor de esa clase? —Es la profesora Castells.
4. —¿_____ prefieres, el rojo o el verde? —Ninguno. Prefiero el blanco.
5. —¿_____ puedes ayudarme? —Creo que mañana.
6. —¿_____ vas después del trabajo? —Voy a la esquina a tomarme una cerveza.
7. —¿_____ comes por la mañana? —No como nada.
8. —¿_____ amigos de Japón tienes? —Tengo un solo amigo de Japón.

C. How will Randy express that he likes certain things or likes to do particular activities? For example, how will Randy say, *I like to read* and *I like sports?*

Gustar is taught lexically in *Lección* 2.

1. _____
2. _____

How would you ask a friend if he or she likes to read or if he or she likes sports?

1. _____
2. _____

D. Many things that Randy likes to do on week nights are expressed with regular **-er** and **-ir** verbs in Spanish. What are the present indicative endings of these regular verbs?

Regular -er and -ir verbs are taught in *Lección* 3.

leer		
yo _____	nosotros/as _____	
tú _____	vosotros/as _____	
él, ella, Ud. _____	ellos/as, Uds. _____	

escribir		
yo _____	nosotros/as _____	
tú _____	vosotros/as _____	
él, ella, Ud. _____	ellos/as, Uds. _____	

E. What expression should Randy use to say: *I have just arrived in Quito.*

Recent past is taught in *Lección* 4.

F. Diez preguntas. With a classmate, write a list of ten questions that Randy's co-workers may have asked about him. Answer the questions. Then ask each other similar questions.

MODELO: –¿Por qué está Randy en Quito?
　　　　 –*Randy está en Quito porque se casó con una ecuatoriana.*

　　　　 –¿Por qué vives en Boulder?
　　　　 –*Vivo en Boulder porque me gusta esquiar.*

G. El pasado reciente. With a partner, state what you have just finished doing based on the cues below.

MODELO: you are huffing and puffing
　　　　 –*¿Qué acabas de hacer?*
　　　　 –*Acabo de venir de una clase de gimnasia.*

1. you are crying
2. you are perspiring
3. you are angry
4. you are exhausted
5. you have a shopping bag in your hand
6. you are humming to yourself

En el almuerzo

Planes para el fin de semana

SOL: Y Randy, ¿tienes muchos hermanos?

RANDY: Tengo tres, una hermana y dos hermanos.

HILDA: ¿Viven todavía con tus padres?

RANDY: Mi mamá se murió hace tres años. Entonces mi hermano menor vive con mi papá. La otra hermana está casada con un japonés y tiene dos hijas. Mi hermano mayor vive con su pareja en Washington y con el hijo adoptivo del primer matrimonio de ella.

SOL: Y ahora estás aquí en Quito con tu esposa. ¿Cuándo piensan tener hijos Uds.?

RANDY: Pues, no sé. ¡Acabamos de casarnos!

ARIS: Oye, Randy. ¿Cuáles son tus planes para este fin de semana?

Future plans are taught in *Lección* 4. Immediate future is presented in *Lección* 4.

A. To ask about future plans, what questions might Randy use?

1. _____

2. _____

Immediate future is taught in Lección 4.

B. What expression is used to answer questions about future plans?

The verb *ir* is presented in *Lección* 4.

C. Can you provide all of the present indicative forms of the irregular verb **ir**?

ir			
yo	_____	nosotros/as	_____
tú	_____	vosotros/as	_____
él, ella, Ud.	_____	ellos/as, Uds.	_____

The family is described in *Lección* 3.

D. Tu familia. Describe your family to a classmate while he or she sketches a family tree as you speak. When you are finished, check the tree for accuracy. Then switch roles.

E. ¿Y Ud.? What are your plans for the weekend? Make a list of the things you plan to do from your last class before the weekend until your first class after the weekend.

F. Vamos al cine. Role-play a phone conversation with a friend. Be sure to:

• use appropriate greetings
• ask if your friend has any plans for this weekend
• suggest going to the movies
• discuss possible movies and showtimes and decide on one
• end the conversation appropriately

CARTELERA CINEMATOGRÁFICA

ALHAMBRA	PRESIDENTE	BENALCAZAR
Cine continuo desde las 12h30 **Pocahontas** **Los tres ninjas** Censura: Todo público Valor s/. 3.000	Cine continuo desde las 14h30 **Voluntad de hierro** 14h30 / 17h45 **Pocahontas** 16h20 / 19h25 Calif.: Todo público - Valor s/. 4.000	5 Funciones desde las 14h30 **Pocahontas** Calif. Todo público Valor: s/. 4.000
CUMANDA	**ATAHUALPA**	**HOLLYWOOD**
Cine Continuo desde las 13h30 **Huevos de oro** 13h30 / 16h45 / 20h00 **Jamón Jamón** 15h00 / 18h15 Calific. 18 años Valor s/. 2.000	Cine continuo 12h30 **Un día de furia** 12h40 / 16h10 / 19h35 **Zona de impacto** 14h20 / 17h50 Calif.: 15 años - Valor: s/. 2.500	Ilona Staller La Cicciolina Desde las 13h30 Noticiero UFA Avances nueva programación Instructora de sexo Calif.: 21 años - Valor: s/. 1.700
QUITO	**GRANADA**	**BOLIVAR**
Cine continuo 13h30 **Huevos de oro** 13h30 / 16h45 / 20h00 **Jamón Jamón** 15h00 / 18h15 Calif.: 18 años Valor: s/. 2.000	Simultáneo exclusivo desde las 13h30 **Avances nueva programación** **Leonas del placer** **Locuras de amor y sexo** Calif.: Proh. menores 21 años Valor: s/. 1.700	Cine continuo desde las 13h30 **Rápida y mortal** 13h30 / 17h35 **El perfecto asesino** 15h35 / 19h40 Valor: s/. 3.000
AMERICA	**REPUBLICA**	**RUMIÑAHUI**
Simultáneo exclusivo desde las 13h30 **Avances nueva programación** **Leonas del placer** **Locuras de amor y sexo** Calif.: Proh. menores 21 años Valor: s/. 1.700	Cine continuo desde las 14h00 **Sintonia de amor** 14h00 / 18h10 **Mujercitas** 16h00 / 20h10 Calif.: 12 años. Valor s/. 4.000	Cine continuo desde las 13h00 **Pocahontas** 13h35 / 18h40 / 19h40 **Volviendo a casa** 15h05 / 18h05 Calif.: Todo público Valor: s/. 3.000

G. ¿Qué película es? Using verbs you know in the present tense, recount the plot of your favorite, or of a recent movie. Don't give the names of the characters or actors. See if your classmates can guess what movie it is.

H. ¿Qué van a hacer? Based on the information given, say what these people are going to do.

MODELO: Randy tiene hambre.
         Va a comer.

1. Aris está cansada.
2. Marta tiene un dolor de cabeza.
3. Hilda y su amiga quieren comprar zapatos.
4. Randy tiene mucha sed.
5. Leti tiene que cambiar dinero.

Una reunión con la jefa

¿Te gustó el trabajo?

ARIS: Chau, Randy.

RANDY: Hasta mañana.

MARTA: Bueno, cuéntame. ¿Cómo te fue hoy?

RANDY: Pues, bastante bien. Primero conversé con Sol como dijiste y organizamos el día. Resultó ser bastante complicado, pero al final pudimos incluir lo todo.

MARTA: ¿Tuviste tiempo de conocer un poco a tus compañeros?

RANDY: Sí, sí. Son muy agradables. Nos tomamos un café juntos por la mañana y salimos a almorzar también. Me divertí mucho con ellos.

MARTA: ¿Y el trabajo? ¿Te gustó?

RANDY: Sí, muchísimo. Es muy interesante y creo que me va a ir muy bien.

Good-byes are taught in Lección 1.

A. What are several ways to say good-bye? Which of these are more formal (+) and which less formal (-)?

1. _____ _____
2. _____ _____
3. _____ _____
4. _____ _____

Regular preterites are taught in *Lección* 5.

B. What are the regular preterite forms for **-ar, -er,** and **-ir** verbs?

llamar			
yo	_____	nosotros/as	_____
tú	_____	vosotros/as	_____
él, ella, Ud.	_____	ellos, ellas, Uds.	_____

Irregular preterites are taught in *Lección* 5.

deber			
yo	_____	nosotros/as	_____
tú	_____	vosotros/as	_____
él, ella, Ud.	_____	ellos, ellas, Uds.	_____

escribir			
yo	_____	nosotros/as	_____
tú	_____	vosotros/as	_____
él, ella, Ud.	_____	ellos, ellas, Uds.	_____

C. The following verbs are irregular in the preterite. Using the **yo** form, group the verbs into the appropriate categories.

hacer	estar	traer	querer	poder	tener
saber	ir	venir	poner	ser	decir

STEMS WITH **u**   STEMS WITH **i**   STEMS WITH **j**   TWO VERBS—SAME FORMS

_____   _____   _____   _____

_____   _____   _____   _____

_____   _____

_____

D. ¿Qué tal te fue? Make a list of questions Marta may have asked Randy about his first day on the job. Then role-play an interview with Randy, using the questions you wrote.

E. Me fue muy bien. At the end of his first week, Marta asked Randy to write a short paragraph describing everything he did that week and whether or not he liked it. Help Randy write his paragraph.

F. Tu primer día en la universidad. Do you remember your first days/weeks at college? Describe them to a classmate.

MODELO: —¿Qué hiciste el primer día de clases?
—*Pues, fui a mi primera clase de álgebra y no me gustó. Luego asistí a una clase de arte moderno pero la encontré muy difícil. ¡Fue un desastre!*

1. ¿Conociste a mucha gente?
2. ¿Encontraste el dormitorio fácilmente?
3. ¿Almorzaste en la cafetería?
4. ¿Compraste muchos libros?
5. ¿Saliste con tus nuevos amigos?
6. ¿Adónde fueron cuando salieron?
7. ¿Cuántas veces fuiste a la biblioteca durante la primera semana?
8. ¿Qué cosas compraste para tu habitación?

G. ¡Qué bueno eres! Randy's co-workers are very impressed with his work even after the first day. Role-play a conversation in which one of Randy's co-workers asks him about his experience and background. Be sure to:

· open with an appropriate lead-in question
· ask about Randy's education and previous jobs
· inquire about Randy's interests, likes and dislikes
· close with an appropriate comment

¡TRATO HECHO!

Embassies and consulates can be a great starting point for information and opportunities abroad.

Jobs and Internships in Spain and South America

ARGENTINA

EMBAJADA
1600 New Hampshire Avenue, N.W.
Washington, DC 20009
(202) 939-6400

CONSULADOS: Baltimore, Chicago, Houston, Los Angeles, Miami, New Orleans, New York, San Francisco

BOLIVIA

EMBAJADA
3014 Massachusetts Avenue, N.W.
Washington, DC 20008
(202) 483-4410

CONSULADOS: New Orleans, New York, San Francisco, Washington, DC

CHILE

EMBAJADA
1732 Massachusetts Avenue, N.W.
Washington, DC 20036
(202) 785-1746

CONSULADOS: Boston, Charleston, SC, Columbus, GA, Dallas, Denver, Detroit, Los Angeles, Miami, New York, San Francisco, Tucson

COLOMBIA

EMBAJADA
2118 Leroy Place, N.W. Wash, DC 20008
(202) 387-8366

CONSULADOS: Baltimore, Boston, Chicago, Dallas, Detroit, Houston, Kansas City, KS, Los Angeles, Miami, Minneapolis, New Orleans, New York, Philadelphia, Rochester, MN, San Francisco, Tampa

ECUADOR

EMBAJADA
2535 15th Street, N.W. Washington, DC 20009 (202) 234-7200

CONSULADOS: Boston, Los Angeles, Miami, New Orleans, New York, San Francisco, Washington, DC

Bogotá

28 febrero 1995

Consulado General de Colombia
10 E. 46th Street
New York, NY 10017

A quien le corresponda:

Reciba usted mi cordial saludo. Mi nombre es Jason Hallowell y soy estudiante en la Universidad de North Carolina aquí en Estados Unidos. Actualmente estoy entre mi tercer y mi último año de estudios y hace tres años que llevo cursos de español. Mi concentración es "estudios internacionales" y le dirijo esta carta en espera de que usted me informe sobre cualquier posibilidad de trabajar en Colombia entre los meses de mayo y agosto del año en curso.

Adjunto para su información mi currículum vitae de manera que pueda ver los diferentes trabajos que hasta ahora he tenido y así orientarme un poco respecto a las posibilidades de hacer algún tipo de práctica o participar en algún programa de cooperación internacional entre Estados Unidos y Colombia.

Le agradezco de antemano cualquier información que me pueda enviar. Queda de usted atentamente,

Jason Hallowell

Anexo

Santiago

Buenos Aires

México

Caracas

MÉXICO

EMBAJADA
2829 16th Street, N.W.
Washington, DC 20009
(202) 234-6000

CONSULADOS: Albuquerque, Atlanta, Austin, Boston, Brownsville, Calexio, CA, Chicago, Corpus Christi, Dallas, Del Río, TX, Denver, Detroit, Douglas, AZ, Eagle Pass, TX, El Paso, Fresno, Houston, Kansas City, MO, Laredo, Los Angeles, Lubbock, McAllen, Miami, New Orleans, New York, Nogales, Philadelphia, Phoenix, Presidio, TX, Sacramento, St. Louis, St. Paul, Salt Lake City, San Antonio, San Diego, San Bernardino, San Francisco, San Jose, Seattle

PARAGUAY

EMBAJADA
2400 Massachusetts Avenue, N.W.
Washington, DC 20008
(202) 483-6960
CONSULADOS: Coral Gables, New Orleans, New York, San Francisco.

PERÚ

EMBAJADA
1700 Massachusetts Avenue, N.W.
Washington, DC 20036
(202) 833-9860

CONSULADOS: Boston, Chicago, Houston, Los Angeles, Miami, New Orleans, New York, San Francisco, Seattle

URUGUAY

EMBAJADA
1919 F Street, N.W. Washington, DC 20006
(202) 331-1313
CONSULADOS: Chicago, Miami, New Orleans, New York, San Francisco

VENEZUELA

EMBAJADA
2445 Massachusetts Avenue, N.W.
Washington, DC 20008
(202) 797-3800
CONSULADOS: Baltimore, Boston, Chicago, Houston, Los Angeles, Miami, Mobile, New Orleans, New York, Philadelphia, Portland, San Francisco, Savannah

ESPAÑA
EMBAJADA
2700 15th Street, N.W.
Washington, DC 20009
(202) 265-0190
CONSULADOS: Boston, Chicago, Houston, Los Angeles, Miami, New Orleans, New York, San Francisco

Regular Verbs: Simple Tenses

Infinitive / Present Participle / Past Participle	Indicative					Subjunctive		Imperative
	Present	Imperfect	Preterite	Future	Conditional	Present	Imperfect	
hablar hablando hablado	hablo hablas habla hablamos habláis hablan	hablaba hablabas hablaba hablábamos hablabais hablaban	hablé hablaste habló hablamos hablasteis hablaron	hablaré hablarás hablará hablaremos hablaréis hablarán	hablaría hablarías hablaría hablaríamos hablaríais hablarían	hable hables hable hablemos habléis hablen	hablara hablaras hablara habláramos hablarais hablaran	habla tú, no hables hable usted hablemos hablen Uds.
comer comiendo comido	como comes come comemos coméis comen	comía comías comía comíamos comíais comían	comí comiste comió comimos comisteis comieron	comeré comerás comerá comeremos comeréis comerán	comería comerías comería comeríamos comeríais comerían	coma comas coma comamos comáis coman	comiera comieras comiera comiéramos comierais comieran	come tú, no comas coma usted comamos coman Uds.
vivir viviendo vivido	vivo vives vive vivimos vivís viven	vivía vivías vivía vivíamos vivíais vivían	viví viviste vivió vivimos vivisteis vivieron	viviré vivirás vivirá viviremos viviréis vivirán	viviría vivirías viviría viviríamos viviríais vivirían	viva vivas viva vivamos viváis vivan	viviera vivieras viviera viviéramos vivierais vivieran	vive tú, no vivas viva usted vivamos vivan Uds.

Vosotros commands

hablar	comer	vivir
hablad no habléis	comed no comáis	vivid no viváis

Regular Verbs: Perfect Tenses

	Indicative					Subjunctive	
	Present Perfect	**Past Perfect**	**Preterite Perfect**	**Future Perfect**	**Conditional Perfect**	**Present Perfect**	**Past Perfect**
	he hablado	había hablado	hube hablado	habré hablado	habría hablado	haya hablado	hubiera hablado
	has comido	habías comido	hubiste comido	habrás comido	habrías comido	hayas comido	hubieras comido
	ha vivido	había vivido	hubo vivido	habrá vivido	habría vivido	haya vivido	hubiera vivido
	hemos	habíamos	hubimos	habremos	habríamos	hayamos	hubiéramos
	habéis	habíais	hubisteis	habréis	habríais	hayáis	hubierais
	han	habían	hubieron	habrán	habrían	hayan	hubieran

Irregular Verbs

Infinitive Present Participle Past Participle	Indicative					Subjunctive		Imperative
	Present	**Imperfect**	**Preterite**	**Future**	**Conditional**	**Present**	**Imperfect**	
andar andando andado	ando andas anda andamos andáis andan	andaba andabas andaba andábamos andabais andaban	anduve anduviste anduvo anduvimos anduvisteis anduvieron	andaré andarás andará andaremos andaréis andarán	andaría andarías andaría andaríamos andaríais andarían	ande andes ande andemos andéis anden	anduviera anduvieras anduviera anduviéramos anduvierais anduvieran	anda tú, no andes ande usted andemos anden Uds.
caer cayendo caído	caigo caes cae caemos caéis caen	caía caías caía caíamos caíais caían	caí caíste cayó caímos caísteis cayeron	caeré caerás caerá caeremos caeréis caerán	caería caerías caería caeríamos caeríais caerían	caiga caigas caiga caigamos caigáis caigan	cayera cayeras cayera cayéramos cayerais cayeran	cae tú, no caigas caiga usted caigamos caigan Uds.
dar dando dado	doy das da damos dais dan	daba dabas daba dábamos dabais daban	di diste dio dimos disteis dieron	daré darás dará daremos daréis darán	daría darías daría daríamos daríais darían	dé des dé demos deis den	diera dieras diera diéramos dierais dieran	da tú, no des dé usted demos den Uds.

Irregular Verbs (continued)

Infinitive / Present Participle / Past Participle	Indicative Present	Indicative Imperfect	Indicative Preterite	Indicative Future	Indicative Conditional	Subjunctive Present	Subjunctive Imperfect	Imperative
decir diciendo dicho	digo dices dice decimos decís dicen	decía decías decía decíamos decíais decían	dije dijiste dijo dijimos dijisteis dijeron	diré dirás dirá diremos diréis dirán	diría dirías diría diríamos diríais dirían	diga digas diga digamos digáis digan	dijera dijeras dijera dijéramos dijerais dijeran	di tú, no digas diga usted digamos digan Uds.
estar estando estado	estoy estás está estamos estáis están	estaba estabas estaba estábamos estabais estaban	estuve estuviste estuvo estuvimos estuvisteis estuvieron	estaré estarás estará estaremos estaréis estarán	estaría estarías estaría estaríamos estaríais estarían	esté estés esté estemos estéis estén	estuviera estuvieras estuviéramos estuviera estuvierais estuvieran	está tú, no estés esté usted estemos estén Uds.
haber habiendo habido	he has ha hemos habéis han	había habías había habíamos habíais habían	hube hubiste hubo hubimos hubisteis hubieron	habré habrás habrá habremos habréis habrán	habría habrías habría habríamos habríais habrían	haya hayas haya hayamos hayáis hayan	hubiera hubieras hubiera hubiéramos hubierais hubieran	
hacer haciendo hecho	hago haces hace hacemos hacéis hacen	hacía hacías hacía hacíamos hacíais hacían	hice hiciste hizo hicimos hicisteis hicieron	haré harás hará haremos haréis harán	haría harías haría haríamos haríais harían	haga hagas haga hagamos hagáis hagan	hiciera hicieras hiciera hiciéramos hicierais hicieran	haz tú, no hagas haga usted hagamos hagan Uds.
ir yendo ido	voy vas va vamos vais van	iba ibas iba íbamos ibais iban	fui fuiste fue fuimos fuisteis fueron	iré irás irá iremos iréis irán	iría irías iría iríamos iríais irían	vaya vayas vaya vayamos vayáis vayan	fuera fueras fuera fuéramos fuerais fueran	ve tú, no vayas vaya usted vamos (no vayamos) vayan Uds.

Irregular Verbs (continued)

Infinitive / Present Participle / Past Participle	Indicative — Present	Imperfect	Preterite	Future	Conditional	Subjunctive — Present	Imperfect	Imperative
oír / oyendo / oído	oigo / oyes / oye / oímos / oís / oyen	oía / oías / oía / oíamos / oíais / oían	oí / oíste / oyó / oímos / oísteis / oyeron	oiré / oirás / oirá / oiremos / oiréis / oirán	oiría / oirías / oiría / oiríamos / oiríais / oirían	oiga / oigas / oiga / oigamos / oigáis / oigan	oyera / oyeras / oyera / oyéramos / oyerais / oyeran	oye tú, / no oigas / oiga usted / oigamos / oigan Uds.
poder / pudiendo / podido	puedo / puedes / puede / podemos / podéis / pueden	podía / podías / podía / podíamos / podíais / podían	pude / pudiste / pudo / pudimos / pudisteis / pudieron	podré / podrás / podrá / podremos / podréis / podrán	podría / podrías / podría / podríamos / podríais / podrían	pueda / puedas / pueda / podamos / podáis / puedan	pudiera / pudieras / pudiera / pudiéramos / pudierais / pudieran	
poner / poniendo / puesto	pongo / pones / pone / ponemos / ponéis / ponen	ponía / ponías / ponía / poníamos / poníais / ponían	puse / pusiste / puso / pusimos / pusisteis / pusieron	pondré / pondrás / pondrá / pondremos / pondréis / pondrán	pondría / pondrías / pondría / pondríamos / pondríais / pondrían	ponga / pongas / ponga / pongamos / pongáis / pongan	pusiera / pusieras / pusiera / pusiéramos / pusierais / pusieran	pon tú, / no pongas / ponga usted / pongamos / pongan Uds.
querer / queriendo / querido	quiero / quieres / quiere / queremos / queréis / quieren	quería / querías / quería / queríamos / queríais / querían	quise / quisiste / quiso / quisimos / quisisteis / quisieron	querré / querrás / querrá / querremos / querréis / querrán	querría / querrías / querría / querríamos / querríais / querrían	quiera / quieras / quiera / queramos / queráis / quieran	quisiera / quisieras / quisiera / quisiéramos / quisierais / quisieran	quiere tú, / no quieras / quiera usted / queramos / quieran Uds.
saber / sabiendo / sabido	sé / sabes / sabe / sabemos / sabéis / saben	sabía / sabías / sabía / sabíamos / sabíais / sabían	supe / supiste / supo / supimos / supisteis / supieron	sabré / sabrás / sabrá / sabremos / sabréis / sabrán	sabría / sabrías / sabría / sabríamos / sabríais / sabrían	sepa / sepas / sepa / sepamos / sepáis / sepan	supiera / supieras / supiera / supiéramos / supierais / supieran	sabe tú, / no sepas / sepa usted / sepamos / sepan Uds.
salir / saliendo / salido	salgo / sales / sale / salimos / salís / salen	salía / salías / salía / salíamos / salíais / salían	salí / saliste / salió / salimos / salisteis / salieron	saldré / saldrás / saldrá / saldremos / saldréis / saldrán	saldría / saldrías / saldría / saldríamos / saldríais / saldrían	salga / salgas / salga / salgamos / salgáis / salgan	saliera / salieras / saliera / saliéramos / salierais / salieran	sal tú, / no salgas / salga usted / salgamos / salgan Uds.

Irregular Verbs (continued)

Infinitive Present Participle Past Participle	Indicative Present	Imperfect	Preterite	Future	Conditional	Subjunctive Present	Imperfect	Imperative
ser siendo sido	soy eres es somos sois son	era eras era éramos erais eran	fui fuiste fue fuimos fuisteis fueron	seré serás será seremos seréis serán	sería serías sería seríamos seríais serían	sea seas sea seamos seáis sean	fuera fueras fuera fuéramos fuerais fueran	sé tú, no seas sea usted seamos sean Uds.
tener teniendo tenido	tengo tienes tiene tenemos tenéis tienen	tenía tenías tenía teníamos teníais tenían	tuve tuviste tuvo tuvimos tuvisteis tuvieron	tendré tendrás tendrá tendremos tendréis tendrán	tendría tendrías tendría tendríamos tendríais tendrían	tenga tengas tenga tengamos tengáis tengan	tuviera tuvieras tuviera tuviéramos tuvierais tuvieran	ten tú, no tengas tenga usted tengamos tengan Uds.
traer trayendo traído	traigo traes trae traemos traéis traen	traía traías traía traíamos traíais traían	traje trajiste trajo trajimos trajisteis trajeron	traeré traerás traerá traeremos traeréis traerán	traería traerías traería traeríamos traeríais traerían	traiga traigas traiga traigamos traigáis traigan	trajera trajeras trajera trajéramos trajerais trajeran	trae tú, no traigas traiga usted traigamos traigan Uds.
venir viniendo venido	vengo vienes viene venimos venís vienen	venía venías venía veníamos veníais venían	vine viniste vino vinimos vinisteis vinieron	vendré vendrás vendrá vendremos vendréis vendrán	vendría vendrías vendría vendríamos vendríais vendrían	venga vengas venga vengamos vengáis vengan	viniera vinieras viniera viniéramos vinierais vinieran	ven tú, no vengas venga usted vengamos vengan Uds.
ver viendo visto	veo ves ve vemos véis ven	veía veías veía veíamos veíais veían	vi viste vio vimos visteis vieron	veré verás verá veremos veréis verán	vería verías vería veríamos veríais verían	vea veas vea veamos veáis vean	viera vieras viera viéramos vierais vieran	ve tú, no veas vea usted veamos vean Uds.

Stem-changing and Orthographic-changing Verbs

Infinitive Present Participle Past Participle	Indicative					Subjunctive		Imperative
	Present	Imperfect	Preterite	Future	Conditional	Present	Imperfect	
incluir (y) incluyendo incluido	incluyo incluyes incluye incluimos incluís incluyen	incluía incluías incluía incluíamos incluíais incluían	incluí incluiste incluyó incluimos incluisteis incluyeron	incluiré incluirás incluirá incluiremos incluiréis incluirán	incluiría incluirías incluiría incluiríamos incluiríais incluirían	incluya incluyas incluya incluyamos incluyáis incluyan	incluyera incluyeras incluyera incluyéramos incluyerais incluyeran	incluye tú, no incluyas incluya usted incluyamos incluyan Uds.
dormir (ue, u) durmiendo dormido	duermo duermes duerme dormimos dormís duermen	dormía dormías dormía dormíamos dormíais dormían	dormí dormiste durmió dormimos dormisteis durmieron	dormiré dormirás dormirá dormiremos dormiréis dormirán	dormiría dormirías dormiría dormiríamos dormiríais dormirían	duerma duermas duerma durmamos durmáis duerman	durmiera durmieras durmiera durmiéramos durmierais durmieran	duerme tú, no duermas duerma usted durmamos duerman Uds.
pedir (i, i) pidiendo pedido	pido pides pide pedimos pedís piden	pedía pedías pedía pedíamos pedíais pedían	pedí pediste pidió pedimos pedisteis pidieron	pediré pedirás pedirá pediremos pediréis pedirán	pediría pedirías pediría pediríamos pediríais pedirían	pida pidas pida pidamos pidáis pidan	pidiera pidieras pidiera pidiéramos pidierais pidieran	pide tú, no pidas pida usted pidamos pidan Uds.
pensar (ie) pensando pensado	pienso piensas piensa pensamos pensáis piensan	pensaba pensabas pensaba pensábamos pensabais pensaban	pensé pensaste pensó pensamos pensasteis pensaron	pensaré pensarás pensará pensaremos pensaréis pensarán	pensaría pensarías pensaría pensaríamos pensaríais pensarían	piense pienses piense pensemos penséis piensen	pensara pensaras pensara pensáramos pensarais pensaran	piensa tú, no pienses piense usted pensemos piensen Uds.

Stem-changing and Orthographic-changing Verbs (continued)

Infinitive Present Participle Past Participle	Indicative					Subjunctive		Imperative
	Present	Imperfect	Preterite	Future	Conditional	Present	Imperfect	
producir (zc) produciendo producido	produzco produces produce producimos producís producen	producía producías producía producíamos producíais producían	produje produjiste produjo produjimos produjisteis produjeron	produciré producirás producirá produciremos produciréis producirán	produciría producirías produciría produciríamos produciríais producirían	produzca produzcas produzca produzcamos produzcáis produzcan	produjera produjeras produjera produjéramos produjerais produjeran	produce tú, no produzcas produzca usted produzcamos produzcan Uds.
reír (i, i) riendo reído	río ríes ríe reímos reís ríen	reía reías reía reíamos reíais reían	reí reíste rio reímos reísteis rieron	reiré reirás reirá reiremos reiréis reirán	reiría reirías reiría reiríamos reiríais reirían	ría rías ría riamos riáis rían	riera rieras riera riéramos rierais rieran	ríe tú, no rías ría usted riamos rían Uds.
seguir (i, i) (ga) siguiendo seguido	sigo sigues sigue seguimos seguís siguen	seguía seguías seguía seguíamos seguíais seguían	seguí seguiste siguió seguimos seguisteis siguieron	seguiré seguirás seguirá seguiremos seguiréis seguirán	seguiría seguirías seguiría seguiríamos seguiríais seguirían	siga sigas siga sigamos sigáis sigan	siguiera siguieras siguiera siguiéramos siguierais siguieran	sigue tú, no sigas siga usted sigamos sigan Uds.
sentir (ie, i) sintiendo sentido	siento sientes siente sentimos sentís sienten	sentía sentías sentía sentíamos sentíais sentían	sentí sentiste sintió sentimos sentisteis sintieron	sentiré sentirás sentirá sentiremos sentiréis sentirán	sentiría sentirías sentiría sentiríamos sentiríais sentirían	sienta sientas sienta sintamos sintáis sientan	sintiera sintieras sintiera sintiéramos sintierais sintieran	siente tú, no sientas sienta usted sintamos sientan Uds.
volver (ue) volviendo vuelto	vuelvo vuelves vuelve volvemos volvéis vuelven	volvía volvías volvía volvíamos volvíais volvían	volví volviste volvió volvimos volvisteis volvieron	volveré volverás volverá volveremos volveréis volverán	volvería volverías volvería volveríamos volveríais volverían	vuelva vuelvas vuelva volvamos volváis vuelvan	volviera volvieras volviera volviéramos volvierais volvieran	vuelve tú, no vuelvas vuelva usted volvamos vuelvan Uds.

Lección 1

page 8

1. Use **tú** to address a friend, a classmate, a family member, or a child. Use **usted** to address adults with whom you are not a close friend or someone to whom you wish to show respect.
2. **Yo** means *I*. Subject pronouns are generally dropped, unless you cannot tell who the subject is from the verb ending.
3. **Eres** is also translated as *you are*.
4. Literally, **yo me llamo** means *I myself call*.

page 14

1. (yo) estoy, (tú) estás, (Ud.) está, (Carlos) está, (Silvia) está 2. It will generally end with -**a**.

page 20

1. Use **cien** to say exactly *one hundred*. Use **ciento** when another number follows, as in **ciento uno** (101).
2. Do not translate the word *one* in *one hundred*.

page 22

1. Use **es** to tell time for: *It's one o'clock* (**Es la una.**), *It's noon.* (**Es el mediodía.**), and *It's midnight.* (**Es la medianoche.**) Use **son** with the other hours.
2. Use **son las dos** to say *it's two o'clock* (at the moment). Use **a las dos** to say that something happens *at two o'clock*.
3. Use **el** with a day of the week to say something will occur on a specific Monday, Tuesday, etc. Use **los** with a day of the week to say that something generally occurs on a certain day each week. Do not use either **el** or **los** when saying what day it is today.

page 6

1. To say *the* use **el** before masculine, singular nouns; **la** before feminine, singular nouns; **los** before masculine, plural nouns; and **las** before feminine, plural nouns.
2. **El diccionario** is masculine. **La biología, la sociedad,** and **la composición** are feminine.
3. Make nouns plural by adding –**s** if they end with a vowel and –**es** if they end with a consonant.

page 28

To say *a*, use **un** before a masculine noun and **una** before a feminine noun. To say *some*, use **unos** before a masculine noun and **unas** before a feminine noun.

Lección 2

page 8

1. **Ser** means *to be*. Its forms are **yo soy, tú eres, él es, ella es, usted es, nosotros/as somos, vosotros/as sois, ellos son, ellas son, ustedes son**.
2. The subject pronouns in Spanish are: *I* (**yo**), *you* (**tú, usted, ustedes,** or **vosotros/as**), *he* (**él**), *she* (**ella**), *we* (**nosotros/as**), *they* (**ellos/as**). All subject pronouns are dropped unless you cannot tell who the subject is from the verb ending or context, or you wish to emphasize the subject. In the singular, **él, ella,** and **usted** have the same verb form. In the plural **ellos, ellas,** and **ustedes** have the same verb ending.
3. **Vosotros/as** means *you* when talking to a group of people you would address by **tú** in the singular. It is used in Spain, but not in America. In American Spanish, use **ustedes** as the plural of both **tú** and **ustedes**.

page 10

1. If the masculine form of an adjective ends in –**o**, the feminine form will end in –**a**. Adjectives ending in another vowel, a consonant, or –**ista** generally have the same form for masculine and feminine. Adjectives denoting nationalities and those ending in –**dor** will add –**a** in the feminine, even though they end with a consonant.
2. If an adjective ends with a vowel, add –**s** to make it plural. If it ends with a consonant, add –**es**.
3. Most adjectives are placed after the noun they describe.

page 16

1. An infinitive is the basic form of a verb that you find in dictionaries or vocabulary lists.
2. Infinitives in Spanish may end in –**ar**, –**er**, or –**ir**.
3. You can use **¿Quieres?, ¿Prefieres?, ¿Te gustaría?,** or **¿Puedes?** followed by an infinitive to issue an invitation.
4. To turn down an invitation you can use: **No puedo., Me gustaría, pero, Necesito, Tengo que**

page 22

1. To conjugate an –**ar** verb, drop the –**ar** from the infinitive and add these endings: (**yo**) –**o**, (**tú**) –**as**, (**él, ella, Ud.**) –**a**, (**nosotros/as**) –**amos**, (**vosotros/as**) –**áis**, (**ellos, ellas, Uds.**) –**an**.
2. You must insert **a** before a specifc human direct object. The word **a** contracts with the masculine, singular definite article **el** to become **al**.

3. Place **siempre** and **nunca** before the verb. Place **con frecuencia**, **a veces**, **los lunes**, and **todos los días** either at the beginning or end of the sentence.

page 28
1. You generally place the subject of a question after the verb.
2. Translate tag questions by adding **¿verdad?** or **¿no?** to the end of a statement.
3. All question words have written accents. **Quién(es)**, **cuánto(s)/a(s)**, and **cuál(es)** have plural forms.
4. Both **qué** and **cuál** can mean *what*. Use **cuál** to say *what is/are* + noun, when asking for a selection from a group (*What is you favorite restaurant?* **Cuál es tu restaurante favorito?**)

Lección 3

page 8
1. Both **ser** and **estar** mean *to be*.
2. All except the **yo** and **nosotros/as** forms of **estar** have written accents.
3. **Estar** is used to describe changeable conditions, such as moods or physical states, and to tell where someone or something is.
4. Do not use **de** with **entre** or **en**. When **de** is followed by the masculine, singular definite article **el** (*the*), they contract to **del**.

page 10
1. **¿Cómo están tus padres?** means *How are your parents doing?*
2. **¿Cómo son tus padres?** means *What are your parents like?*
3. Use **ser** to 1) identify people and things 2) describe general characteristics 3) tell time 4) tell where someone is from.

page 16
1. The **nosotros/as** and **vosotros/as** forms of **tener** and **venir** are different.
2. In Spanish you say that you have a certain number of years (**tener años**). Use **tener que** followed by an infinitive to say that you have to do something.

page 18
1. **Su(s)** can mean *his*, *her*, *its*, *your*, or *their*. To avoid ambiguity you can reword a phrase like **su familia** to **la familia de él/ella/Ud./Uds./ellos/ellas**.
2. Use **el/la/los/las** + noun + **de**. (*Alicia's husband* = **el esposo de Alicia**)

page 24
The **nosotros/as** and **vosotros/as** forms of –**er** and –**ir** verbs are different.

page 26
1. In the present indicative **hacer** (*to make, to do*), **poner** (*to put, to place*), **saber** (*to know*), **salir** (to go out, to leave), **traer** (*to bring*), and **ver** (*to see*) are conjugated like –**er** and –**ir** verbs in all forms except for **yo**. The **yo** forms are **hago**, **pongo**, **sé**, **salgo**, **traigo**, and **veo**.
2. Insert a **z** before the final **c** in the **yo** form of verbs ending in –**cer** (**conocer** ➞ **yo conozco**).

page 30
1. In English, the present participle ends in –**ing**. In Spanish it ends in –**ando** or –**iendo**, as in **hablando** (*talking*) or **comiendo** (*eating*).
2. The present participle of –**er** and –**ir** verbs ends in –**iendo**, whereas the present participle of –**ar** verbs ends in –**ando**.
3. The present particles of **leer** and **dormir** are **leyendo** and **durmiendo**.

Lección 4

page 8
1. The vowels do not change in the stem of the **nosotros/as** and **vosotros/as** forms.
2. The **yo** form of **decir** is **digo**.

page 10
In the present participle, an **o** in the stem of a stem-changing –**ir** verb becomes **u** (**dormir** ➞ **durmiendo**) and an **e** changes to **i** (**servir** ➞ **sirviendo**).

page 16
1. Verbs describing actions subjects perform on themselves and verbs describing changes in a state of mind are generally reflexive in Spanish.
2. The reflexive pronouns are: **me, te, se, nos, os, se**.

page 18
1. Reflexive pronouns may be placed either before the conjugated verb or or they may be attached to the end of the infinitive or the past participle.
2. Reciprocal verbs indicate that two or more people are doing something to each other.

page 24
1. Use **adónde** to ask where someone is going.
2. The preposition a and the masculine, singular definite article **él** contract to **al**.
3. **Para** means *in order to* when it is followed by an infinitive.

page 30

1. Use **ir a** + infinitive to say what someone is going to do. Use **acabar de** + infinitive to say what someone has just done.
2. With **ir a** + infinitive or **acabar de** + infinitive, you may place reflexive pronouns either before the conjugated form of ir or **acabar**, or you may attach them to the end of the infinitive.
3. The corresponding future expressions are: **hace una hora → en una hora/ayer por la tarde → mañana por la tarde/anoche → mañana por la noche/anteayer → pasado mañana/la semana pasada → la próxima semana.**

Lección 5

page 8

1. Translate the word *one* in *one million* (**un millón**), but not in *one hundred* (**cien/to**) or *one thousand* (**mil**).
2. Express years using **mil** (1996 → **mil novecientos noventa y seis**).

page 10

1. Use the cardinal numbers (**el dos, tres, cuatro**) with all dates except the first of the month (**el primero**).
2. Do not translate *on* when saying something occurs on a certain day or date. Instead, use the definite article.

page 16

1. Use **este/a** to say *this* and **ese/a** or **aquel/la** to say *that*. **Aquel/la** generally refers to something at a greater distance than **ese/a**.
2. Use **éste**, with an accent, to say *this one* and **este sombrero**, without an accent, to say *this hat*.

page 18

La roja means *the red one* when referring to a feminine, singular noun like **la camisa roja**.

page 24

1. Use the preterite to say what happened or what someone did at some moment in the past.
2. The **nosotros** form of the preterite looks like the present indicative.
3. In the **él, ella, Ud., ellos, ellas,** and **Uds.** forms of stem-changing **–ir** verbs, **e** becomes **i** and **o** becomes u.
4. **Ser** and **ir** are identical in the preterite.

page 28

1. In the **yo** forms of verbs ending in **–car**, **–gar**, and **–zar**, **c** becomes **qu**, **g** changes to **gu**, and **z** becomes **c** before the **–é** ending.
2. The endings **–ió** and **–ieron** become **–yó** and **–yeron** when immediately preceded by a vowel.

page 34

The preterite stems of these irregular verbs are: **estar → estuv–, poner → pus–, querer → quis–, tener → tuv–, decir → dij–, poder → pud–, traer → traj–, saber → sup–, venir → vin–.** The endings are: (**yo**) **–e**, (**tú**) **–iste**, (**él, ella, Ud.**) **–o**, **nosotros/as** (**–imos**), **vosotros/as** (**–isteis**), **ellos, ellas, Uds.** (**–ieron**) for all except **dijeron** and **trajeron**.

Los recuerdos

7

La niñez

- ¿Cómo era tu niñez?
- En la escuela secundaria

- El imperfecto

TEMA 2

Las costumbres

- ¿Qué se hace allí?
- ¿Cómo era la vida de entonces?

- *se* impersonal

TEMA 3

Los acontecimientos

- Los grandes momentos de la vida
- Un día importante

- El pretérito y el imperfecto

TEMA 4

Los cuentos

- *La Guanina* I
- *La Guanina* II

- Más sobre el pretérito y el imperfecto

Understanding Unfamiliar Verb Forms

¡TRATO HECHO!

Spanish for Law and Legal Personnel

¿Cómo era tu niñez?

A. De niño/a vivía con …/Nosotros vivíamos en …

Yo (no) era un/a niño/a bueno/a. Nunca/Siempre obedecía a mis padres.
(Raramente) Faltaba a la escuela (con frecuencia).

Yo tenía…   muchos amigos.
      un perro.
      un gato.
      un pájaro.
      un pez.

Me gustaba(n)… los deportes.
      la música.
      la escuela.
      la televisión.

Para divertirme…

leía las tiras cómicas.

jugaba al ajedrez.

tocaba el piano.

escuchaba la radio.

iba al museo de arte.

miraba la televisión.

B. Diálogo. La niñez en Puerto Rico.

Francesca García, una puertorriqueña que vive en Nueva York, acaba de enterarse de que tiene una media hermana en Puerto Rico. El padre de Francesca se casó por segunda vez después de divorciarse de su madre. Francesca va a volver a Puerto Rico por primera vez y está hablando del pasado con su madre.

FRANCESCA: No me acuerdo mucho de mi niñez cuando vivíamos en Puerto Rico.

MAMÁ: Nosotros vivíamos con tus abuelos, los padres de tu papá. Tu papá trabajaba mucho y casi nunca estaba en casa.

FRANCESCA: ¿Por qué se divorciaron? ¿No eras feliz con él?

MAMÁ: Al principio estábamos muy enamorados.

FRANCESCA: ¿Y más tarde hubo problemas?

MAMÁ: Pues… en aquella época, yo no tenía mucha paciencia. Nosotros no teníamos casi nada y yo quería demasiado. Quería venir a Nueva York porque mis hermanos ya estaban aquí.

FRANCESCA: ¿Y mi padre no quería?

MAMÁ: No, prefería quedarse en Puerto Rico.

C. ¿Comprende Ud.?

1. Cuando Francesca nació, sus padres vivían con…
2. Al principio sus padres estaban…
3. Su madre quería venir a… pero su padre quería…

D. Mi niñez. Replace the italicized word(s) so that each statement describes *your* childhood.

1. De niño/a mi familia vivía en *San Diego.*
2. Era un/a niño/a *tímido/a.*
3. Tenía *muchos* amigos.
4. Mi mejor amigo/a se llamaba *Rebecca Moran.*
5. *No* tenía *animales.*
6. Siempre quería tener *un perro.*
7. Para divertirme, me gustaba *leer.*
8. No me gustaba *practicar deportes.*

E. A los diez años. When you were ten, how often did you do the following things?

MODELO: Iba al cine.
   Iba al cine todos los sábados. o *Casi nunca iba al cine.*

nunca	casi nunca	de vez en cuando
con frecuencia	todos los días	siempre

1. Escuchaba la radio.
2. Miraba la televisión.
3. Jugaba al ajedrez.
4. Faltaba a la escuela.
5. Tocaba un instrumento musical.
6. Me peleaba con mis hermanos.
7. Leía.
8. Dormía hasta el mediodía.
9. Comía en McDonald's.
10. Obedecía a mis padres.

En la escuela secundaria

A. Cuando iba a la escuela secundaria…

Llegaba a la escuela a las ocho.
Tenía clases hasta las tres.

Tocaba la trompeta (el clarinete, el saxofón, el trombón, el tambor, la flauta) con la orquesta.

Era rebelde.
Sacaba buenas/malas notas.

Jugaba al básquetbol (vólibol, béisbol, fútbol, fútbol americano) con el equipo de la escuela.

B. Diálogo. ¿Cómo era mi padre?

Francesca sigue hablando de su padre con su mamá.

FRANCESCA: ¿Cómo era mi padre?
MAMÁ: Era un buen hombre. No hablaba mucho… era un poco serio.
FRANCESCA: ¿Y cómo se conocieron Uds.?
MAMÁ: Yo iba a la escuela con su hermana que era mi mejor amiga. Ella no vivía muy lejos de nuestra casa y hacíamos muchas cosas juntas.
FRANCESCA: ¿Cuántos años tenías entonces?
MAMÁ: Yo tenía dieciséis años y tu papá tenía diecisiete.
FRANCESCA: ¿Qué les gustaba hacer?
MAMÁ: Nos divertíamos mucho juntos. Él tocaba la guitarra y cantábamos o bailábamos. También nos gustaba caminar por la playa… éramos felices.

C. ¿Comprende Ud.? Correct each statement based on **¿Cómo era mi padre?**

1. El padre de Francesca era muy cómico.
2. Su madre tenía veinte años y su padre veintiuno cuando se conocieron.
3. A sus padres les gustaba ir al cine cuando eran jóvenes.

D. En la escuela secundaria. Read the statement from each pair that best describes you in high school.

1. a. Me gustaba la escuela.
   b. No me gustaba la escuela.
2. a. Llegaba tarde a la escuela a veces.
   b. Siempre llegaba a la escuela a tiempo.
3. a. Vivía cerca de la escuela.
   b. Vivía lejos de la escuela.
4. a. Practicaba deportes.
   b. No practicaba ningún deporte.
5. a. Tocaba un instrumento musical.
   b. No tocaba ningún instrumento musical.
6. a. Sacaba buenas notas.
   b. Sacaba malas notas.
7. a. Salía mucho con amigos.
   b. Me quedaba en casa.
8. a. Era muy activo/a.
   b. No hacía casi nada.

E. Entrevista. Using the statements in **D. En la escuela secundaria**, make up questions and interview a classmate about his/her high school days.

F. ¿Instrumento o deporte? Tell what the following people used to play. Guess if you are not sure.

MODELOS: Franco Harris
Franco Harris jugaba al fútbol americano.
Ricky Valens
Ricky Valens tocaba la guitarra.

1. Fernando Valenzuela
2. Wilt Chamberlain
3. Herb Alpert
4. Billy Jean King
5. Liberace
6. Pelé

El imperfecto

Para averiguar

1. What do you describe with the imperfect?

2. What are the imperfect endings for **-ar** and **-er** verbs? What is the imperfect of **hay?**

3. Which three verbs are irregular in the imperfect?

4. What are the four different ways that **comíamos** might be expressed in English?

• To talk about how things *used to be*, use the imperfect. Unlike the preterite, which describes the completed aspect of an event, the imperfect describes the habitual or ongoing nature of past actions. Following are the forms of the imperfect.

	trabajar	comer	vivir
yo	trabaj**aba**	com**ía**	viv**ía**
tú	trabaj**abas**	com**ías**	viv**ías**
él, ella, usted	trabaj**aba**	com**ía**	viv**ía**
nosotros/as	trabaj**ábamos**	com**íamos**	viv**íamos**
vosotros/as	trabaj**abais**	com**íais**	viv**íais**
ellos, ellas, ustedes	trabaj**aban**	com**ían**	viv**ían**

• The imperfect of **hay** is **había.**

• There are only three irregular verbs in the imperfect.

	ir	ser	ver
yo	**iba**	**era**	**veía**
tú	**ibas**	**eras**	**veías**
él, ella, usted	**iba**	**era**	**veía**
nosotros/as	**íbamos**	**éra mos**	**veíamos**
vosotros/as	**ibais**	**erais**	**veíais**
ellos, ellas, ustedes	**iban**	**eran**	**veían**

• The imperfect may be expressed in a variety of ways in English.

HABITUAL ACTIONS

Iba a la casa de mis abuelos en mayo.	*I went to my grandparents' house each May.*
	I used to go to my grandparents' house each May.
	I would go to my grandparents' house each May.
Siempre **comíamos** temprano.	*We always ate early.*
	We always used to eat early.
	We would always eat early.

ACTIONS IN PROGRESS

Iba a su casa cuando eso ocurrió.	*I was going to their house when that happened.*
Comíamos cuando llamaste.	*We were eating when you called.*

• The imperfect is also used to express age and time in the past.

Tenía 15 años entonces.	*I was fifteen then.*
Eran las diez de la noche.	*It was ten o'clock at night.*

A lo personal

A. Ahora y entonces. Indicate if the following statements are true regarding your present situation at the university. Then say if they were also true in high school.

MODELO: Hay muchos exámenes.
Sí, ahora hay muchos exámenes.
En la escuela secundaria, había muchos exámenes también.

1. Las clases son difíciles.
2. Los estudiantes estudian mucho.
3. Los libros son caros.
4. Hay clases todos los días.
5. Me gustan todas mis clases.
6. Tengo que estudiar mucho.
7. Vivo con mis padres.
8. Conozco bien a mis profesores.
9. Falto a clase con frecuencia.
10. Estoy en clase todo el día.
11. Saco buenas notas.
12. Siempre hago mi tarea.

B. En estas ocasiones. Ask a partner what he/she generally used to do as a child on the following occasions.

MODELO: los fines de semana
—De niño/a, ¿qué hacías los fines de semana?
—Jugaba con los otros niños que vivían en la misma calle.

1. para su cumpleaños
2. los veranos
3. cuando hacía mal tiempo
4. cuando hacía buen tiempo
5. para divertirse
6. los domingos por la tarde
7. cuando tenía mucho dinero
8. cuando no tenía dinero

C. Entrevista.

1. ¿Cómo te gustaba pasar el tiempo cuando eras pequeño/a? ¿Tenías muchos amigos? ¿Dónde jugabas? ¿Venían tus amigos más a tu casa o ibas a la casa de ellos? ¿Cómo se llamaba tu mejor amigo/a? ¿Cómo era? ¿Mirabas mucho la televisión? ¿Cuál era tu programa favorito?
2. ¿Hacía tu familia muchos viajes? ¿Viajaban Uds. mucho en avión? ¿Adónde iban de vacaciones? ¿Veían a tus abuelos con frecuencia? ¿Vivían tus abuelos cerca o lejos de tu casa?
3. ¿Cómo era tu cuarto? ¿Tenías un televisor o una computadora? ¿Tenías un perro o un gato? ¿Cómo se llamaba/n?

 ¡A escuchar!

¿Cómo eran las cosas? Francesca is asking her mother about her high school days. Listen to their conversation, then answer the questions.

1. ¿Por qué no fueron los padres de Francesca a la misma escuela?
2. ¿Con quién pasaba todo el tiempo su madre? ¿Cómo se llamaba?
3. ¿Qué hacían después de la escuela?

¿Qué se hace allí?

A. En Puerto Rico…

La madre de Francesca habla de algunas costumbres en Puerto Rico.

Se habla español pero se puede usar
el inglés en muchos lugares.
Se toca salsa y se baila mucho.

Se celebra el 4 de julio y se usan
dólares estadounidenses.

Se come comida criolla.

Se cultivan frutas, café y azúcar.
Se producen textiles.

B. Diálogo. La conversación continúa…

Francesca sigue hablando de Puerto Rico con su madre.

FRANCESCA: ¿A veces quisieras volver a Puerto Rico?

MAMÁ: Sí… sobre todo en invierno. Hace entre 75 y 85 grados Fahrenheit todo el año. No se necesita ni aire acondicionado ni calefacción.

FRANCESCA: ¿Se encuentra trabajo fácilmente allí? ¿Hay mucha industria?

MAMÁ: Ahora no sé si se puede encontrar trabajo. Antes había mucho trabajo en la agricultura.

C. ¿Comprende Ud.?

1. ¿Cuándo piensa volver a Puerto Rico la madre de Francesca?
2. ¿Por qué no se necesita aire acondicionado o calefacción?
3. ¿Qué tipo de trabajo se podía encontrar cuando la madre de Francesca vivía en Puerto Rico?

D. En mi región.
Describe your region of the country to a South American friend using the cues below. Include the final **-n** if the answer is plural.

1. Se habla(n)…
2. Se escucha(n)…
3. Se produce(n)…
4. En invierno se lleva ropa…
5. Para divertirse se puede…

E. ¿En qué país?
In which Spanish-speaking countries are the following things done? If you do not know, guess.

1. Se habla español y se usa catalán también en el noreste del país.
2. Se hablan español y quechua.
3. Se puede ver pirámides mayas.
4. Se celebra la independencia el 16 de septiembre.
5. Se baila el tango.
6. Se usan dólares estadounidenses.
7. Se usan pesetas.
8. Se usan bolívares.
9. Se producen artículos de cuero.
10. Se produce tabaco.
11. Se comen tacos.
12. Se come comida criolla.

F. ¿Por qué se conoce?
For what are these places in the United States known? Work with a partner to come up with answers.

MODELO: Chicago
Chicago se conoce por el viento que hace allí.

1. Miami	4. California	7. Texas
2. Nueva York	5. Colorado	8. Boston
3. las Carolinas	6. Wisconsin	

G. ¿Cuándo se dice…?
Match the expressions on the left with the situations in which you would say them on the right.

MODELO: ¡Buen provecho!
Se dice "¡Buen provecho! cuando se ofrece algo de comer."

1. ¡Buen provecho!   a. cuando se brinda
2. Buenos días.   b. cuando se ofrece algo de comer
3. Adiós.   c. cuando se ve a alguien por la tarde
4. Buenas tardes.   d. cuando uno se acuesta
5. ¡Buen viaje!   e. cuando se sale de viaje
6. ¡Duerme bien!   f. cuando se ve a alguien por la mañana
7. ¡Salud!   g. cuando uno se va
8. Mucho gusto.   h. cuando se conoce a alguien por primera vez

¿Cómo era la vida de entonces?

A. La vida en los años 50...

*La madre de Francesca habla de cómo era la vida en los años 50
antes de salir de Puerto Rico.*

Se trabajaba mucho pero también uno se divertía y se reía mucho.
Se vivía más simplemente. Se comía comida fresca. No se comía
en restaurantes de comida rápida.
No se veía mucha contaminación del medio ambiente.
Uno no se preocupaba tanto por la delincuencia y no se usaban
tanto las drogas. Se esperaba un futuro mejor.

B. Diálogo. En aquella época.

La madre de Francesca habla de su juventud.

MAMÁ: Yo era una muchacha idealista. Esperaba mucho de la vida.

FRANCESCA: ¿Se vivía bien entonces?

MAMÁ: En mi opinión, sí. Uno no se preocupaba por tantos problemas. No había
tanta delincuencia y no se usaban las drogas como ahora. Uno se pasaba
mucho tiempo con la familia, uno se reía y se divertía.

FRANCESCA: ¿Preferías la vida de entonces?

MAMÁ: En algunos aspectos sí, en otros no. Siempre quise estudiar en la
universidad pero eso no se hacía mucho en aquella época.

C. ¿Comprende Ud.?

1. ¿Qué tipo de muchacha era la madre de Francesca?
2. ¿Cómo se vivía en aquella época? ¿Por qué?
3. ¿Cómo se pasaba el tiempo?
4. ¿Qué aspectos de la vida prefiere su madre ahora?

D ¿Dónde? Name a place where the following things are done in your city.

1. Se come bien.
2. Se sirve buena comida mexicana.
3. Se puede descansar.
4. Se aprende mucho.
5. Uno se divierte mucho.
6. Se conocen muchachas y muchachos interesantes.
7. Uno se preocupa mucho por la criminalidad.
8. Se corre o se practican deportes.
9. Se prohíbe fumar.
10. Se vende la mejor ropa.

E. En aquel entonces. Would you agree if your parents said the following about their youth?

MODELO: Uno se divertía más en aquel entonces.
Sí, creo que uno se divertía más en aquel entonces. o *No, creo que uno se diverte más ahora.*

1. Se trabajaba más en aquel entonces.
2. Se vivía más simplemente.
3. Uno se preocupaba más por el medio ambiente.
4. Se hablaba más abiertamente de problemas sociales.
5. Se comía mejor.
6. Se pasaba más tiempo con la familia.
7. Se vivía mejor.
8. Se sentía más libre.
9. Se esperaba más del futuro.

F. Un hotel de lujo. You are traveling in Spain. Using the symbols from the guide book, tell at which hotel(s) the following services are available.

MODELO: Se puede jugar al tenis.
Se puede jugar al tenis en los hoteles La Almoraima y Royal Andalus Golf.

1. Se puede jugar al golf.
2. Se puede nadar.
3. Se puede comer.
4. Se sirven las comidas en el jardín.
5. Se puede ir a la playa.
6. Se acepta VISA.
7. Se ofrecen salas de conferencia.
8. Se cierre en febrero.
9. Se prohíben animales.
10. Se permiten animales.

La instalación

Las habitaciones de los hoteles que recomendamos poseen, en general, cuarto de baño completo. No obstante puede suceder que en las categorías 🏠, 🏠 y 🏠 algunas habitaciones carezcan de él.

30 hab **30 qto**	Número de habitaciones
🛗	Ascensor
🌬	Aire acondicionado
📺	Televisión en la habitación
☎	Teléfono en la habitación a través de centralita
☎	Teléfono en la habitación directo con el exterior
♿	Habitaciones de fácil acceso para menusválidos
🍽	Comidas servidas en el jardín o en la terraza
🏋	Fitness club (gimnasio, sauna...)
🏊	Piscina: al aire libre – cubierta
🌳	Playa equipada – Jardín
🎾	Tenis en el hotel – Golf y número de hoyos
🏛 25/150	Salas de conferencias: capacidad de las salas
🚗	Garaje en el hotel (generalmente de pago)
Ⓟ	Aparcamiento reservado a la clientela
🐕	Prohibidos los perros (en todo o en parte del establecimiento)
Fax	Transmisión de documentos por telefax
mayo-octubre	Período de apertura comunicado por el hotelero
temp.	Apertura probable en temporada sin precisar fechas. Sin mención, el estacionamiento está abierto todo el año
✉ **28 012** ✉ **1 200**	Código postal

CASTELLAR DE LA FRONTERA 11350 Cádiz 4 4 6 X 13 - 1 984 h. - 🌐 956.
◆ Madrid 698 - Algeciras 27 - ◆ Cádiz 150 - Gibraltar 27.
🏠 **La Almoraima** 🏠, SE : 8 km 🖉 69 30 50, Telex 78179, Fax 69 32 14,« Antigua casa-convento en un gran parque», 🍽 🌳 🎾 🚗 Ⓟ 🅰🅴 Ⓓ 🅴 🚫
Com 3000 - 🍽 750 - **11 hab** 8000/13000 - PA 6000

🏠 **Royal Andalus Golf** 🏠, playa de La Barrosa, SO : 11 km 🖉 49 41 09, Fax 49 44 90, 🍽,« Profusión de plantas, amplia terraza con 🏊», 🎾, 9 18 - 🛗 📺 ♿ 🚗 Ⓟ - 🏛 30/300. 🅰🅴 Ⓓ 🅴 🆅🅸🆂🅰. 🚫
Com 2500 - 🍽 1250 - **263 hab** 15200/19000 - PA 5315.

🏠 **Pampinot** 🏠, sin rest, Mayor 3 🖉 64 14 00, Fax 64 51 28,« Casa señorial del siglo XVI» - 📺 ☎. 🅰🅴 Ⓓ 🅴 🆅🅸🆂🅰
cerrado febrero - 🍽 1100 - **8 hab** 12000/17000.

se impersonal

Para averiguar

1. What are three ways you might translate the phrase **Eso no se dice?**

2. Which two verb forms are used with impersonal **se?**

• Use **se** to state generalizations about what is or is not done. Phrases with **se** may be expressed in a variety of ways in English.

Se habla español allí.	*People speak Spanish there.*
	One speaks Spanish there.
	Spanish is spoken there.
Eso no **se hace** aquí.	*People don't do that here.*
	One does not do that here.
	That is not done here.
¿Se toma vino tinto o blanco con eso?	*Do people drink red or white wine with that?*
	Does one drink red or white wine with that?
	Is red or white wine drunk with that?

• With **se,** use the third-person form (**él, ella, ellos, ellas**) of the verb. It may be singular or plural, depending on the subject.

Se vende una casa en mi calle.	*A house is for sale on my street.*
Se venden dos casas en mi calle.	*Two houses are for sale on my street.*
Se come paella en España.	*Paella is eaten in Spain.*
Se comen tacos en México.	*Tacos are eaten in Mexico.*

• Use a singular verb with people introduced by the personal **a** and with infinitive verbs used as subjects.

Se puede bailar allí	*One can dance there. (You can dance there)*
Se encuentra a muchas personas en el parque los sábados.	*One finds many people in the park on Saturdays. (You can find…; Many people are found…)*

• When using an inherently reflexive verb in an impersonal **se** construction, the word **uno** must be added as the subject.

Uno se divertía mucho.	*One used to have a good time.*

A lo personal

A. Hace 100 años. Imagine how life was different 100 years ago. Say whether or not people used to do the following things.

MODELO: viajar en avión
No se viajaba en avión.

1. mirar la televisión
2. comer mejor
3. vivir mejor
4. trabajar más

5. escuchar música
6. viajar mucho
7. jugar al béisbol
8. divertirse

Now, imagine that your parents or grandparents are talking about what was or was not done in the "good old days." What might they say? Work with a classmate to write five sentences.

MODELO: *Se obedecía a los padres. Se podía encontrar trabajo fácilmente.*

B. Entrevista.

1. ¿Conoces bien las tiendas de música de aquí? ¿Dónde se vende música en español? ¿Se puede oír música en español en la radio? ¿En qué estación?
2. ¿Se habla mucho español donde vives? ¿Dónde se puede oír español a veces? ¿Con qué tipo de trabajo se usa mucho español?
3. ¿Sabes cómo se dice *the environment* en español? ¿Cómo se escribe? ¿Uno se preocupa mucho por la contaminación aquí? ¿Se usa mucho el transporte público? ¿Se recicla?
4. ¿Se habla mucho de la criminalidad en nuestra ciudad? ¿Se siente seguro en la calle por la noche donde vives?

□■○ ¡A escuchar!

Una visita a San Juan. Francesca has decided to visit Puerto Rico. Listen as she talks with a friend who is a travel agent. Then answer the questions.

1. Para recibir el mejor precio, ¿cuándo se necesita comprar el boleto? ¿Cuánto cuesta el boleto más barato?
2. ¿Se puede reservar el boleto por teléfono?
3. ¿Se permite fumar en el vuelo entre Nueva York y Puerto Rico?

C. ¿Qué se permite? Imagine that you have just moved into a dormitory for the summer and you are asking the dorm supervisor what is and is not permitted. Prepare a conversation with a classmate to act out for the class.

D. ¿Cómo se vivía en aquel entonces? You are talking with a parent or a grandparent about what life was like when he/she was young. Prepare a conversation with a classmate in which you discuss what people did then compared to now.

E. ¿Qué se hace? A South American exchange student will be studying at your university next semester. With a partner, make a list of five things that are done and five things that are not done in typical college classes in the United States. Then, compare your list with that of the group next to you. Report to the class any items that are on both lists.

Los grandes momentos de la vida

A. Cambios en la vida.

> ## Cambios en la vida
>
> El noviazgo
> La boda
> El nacimiento
> El divorcio
> La muerte

María, la madre de Francesca, le habla de algunos acontecimientos importantes de su vida.

- Cuando tu padre me propuso matrimonio, estábamos caminando en la playa.
- Nos casamos cuando yo tenía diecinueve años. Nuestra luna de miel fue un desastre y nuestro matrimonio también.
- Cuando naciste, vivíamos en Ponce.
- Cuando me divorcié de tu padre, todavía no sabías ni hablar ni caminar.
- Cuando tu padre murió, me enteré de que tenía otra esposa y otra hija.

B. Diálogo. ¿Estabas nerviosa?

María le describe el día de su boda a Francesca.

FRANCESCA: ¿Tuvieron Ustedes una boda grande?

MAMÁ: Sí, tuvimos una boda muy bonita en la catedral. Me acuerdo bien de aquel día. Toda la familia fue y muchos amigos también…casi doscientas personas. Llegué a la iglesia muy temprano, pero tu padre, al contrario, llegó al último momento.

FRANCESCA: ¿Estabas nerviosa?

MAMÁ: ¡Sí, cómo no! Y como tu padre llegó tarde, yo creía que tenía dudas y que no iba a aparecer. Cuando por fin llegó, todos los invitados ya estaban esperando.

FRANCESCA: Y abuelita, ¿qué estaba haciendo?

MAMÁ: La pobrecita… tú sabes cómo era… se preocupaba mucho y lloraba.

C. ¿Comprende Ud.?

1. ¿Tuvo María una boda grande? ¿Dónde?
2. ¿Cuántas personas fueron a la boda?
3. ¿Quién llegó al último momento? ¿Cómo se sentía la madre de Francesca?
4. ¿Qué estaba haciendo la abuela?

D. ¿Y Ud.? Complete the following sentences so that they describe you.

1. Cuando nací, mi familia vivía en…
2. Cuando entré a la escuela vivíamos en… Mi primer/a maestro/a se llamaba…
3. Cuando me gradué de la escuela secundaria, tenía… años. Vivía en…

E. Unas definiciones. What word does each phrase define?

el nacimiento	el noviazgo	el matrimonio	
la boda	la luna de miel	el divorcio	la muerte

1. la ceremonia cuando dos personas se casan
2. la unión legal de dos personas
3. un viaje que se hace después de una boda
4. la acción de nacer
5. el fin de la vida
6. el período de ser novios
7. la disolución de un matrimonio

F. ¿En qué orden? Which comes first?

1. la muerte/el nacimiento
2. el noviazgo/la boda
3. el divorcio/la boda
4. la boda/la muerte
5. la luna de miel/la boda
6. la luna de miel/el noviazgo

G. Una boda terrible. A bride is describing her unfortunate wedding. Change the italicized words to describe the perfect wedding.

1. *Llovía* y hacía *mal tiempo.*
2. *Nadie* fue a la boda.
3. El novio llegó *tarde.*
4. Mamá estaba muy *triste.*
5. Pasamos la luna de miel *aquí.*
6. Estuve *enferma* durante toda la luna de miel.

H. Entrevista. If your partner is married, ask him/her the first set of questions. If he/she is single, ask the second.

1. ¿En qué año te casaste? ¿Cuántos años tenías? ¿Tuviste una boda grande? ¿Cuántas personas vinieron a la boda? ¿Estabas nervioso/a cuando llegaste a la boda? ¿Dónde pasaron Uds. la luna de miel? ¿Tienes hijos? ¿Vivías aquí cuando nacieron? ¿En qué hospital nacieron?
2. ¿Quieres casarte algún día? ¿Para ti, es importante tener una boda? ¿Es importante tener un noviazgo largo? ¿Dónde te gustaría pasar la luna de miel? ¿Cuántos hijos te gustaría tener?

Un día importante

A. ¿Qué hizo Ud.? ¿Se acuerda Ud. del primer día de clases de este semestre/trimestre? ¿Qué hizo Ud.?

Hacía sol…		me levanté.
Hacía frío….	cuando…	salí para la universidad.
Llovía….		
Nevaba…		

Eran las nueve (diez…)		
Había muchos (pocos) estudiantes…	cuando…	llegué a mi primera clase.
El profesor ya esperaba…		
Nadie estaba allí…		

Me sentía contento/a (aburrido/a, nervioso/a, confundido/a)…	cuando…	salí de la clase de español.
Ya tenía mucha tarea…		

Después de las clases…		regresé a casa (a mi cuarto).
estaba cansado/a…		fui al café (a la cafetería,
tenía hambre…		al gimnasio, a la biblioteca,
quería tomar algo…	y / pero…	a la librería).
enía mucho que hacer…		
quería hacer ejercicio…		
necesitaba comprar mis libros…		

Eran las once (las doce…)	cuando…	me acosté.
Estaba (muy) cansado/a…		

B. Diálogo. La luna de miel.

María habla de su luna de miel.

FRANCESCA: ¿Dónde pasaron la luna de miel? ¿Hicieron un viaje?

MAMÁ: No hicimos mucho. No teníamos mucho dinero después de pagar la boda.

FRANCESCA: ¿Se quedaron en San Juan?

MAMÁ: La primera noche, sí. Ya era muy tarde cuando el último invitado se fue del baile. Al siguiente día fuimos a Boquerón por un día.

FRANCESCA: ¿Dónde está Boquerón?

MAMÁ: Es una playa no muy lejos de San Germán.

FRANCESCA: ¿Por qué se quedaron sólo un día?

MAMÁ: La mañana cuando salimos de San Juan hacía un tiempo estupendo. Pero cuando llegamos a Boquerón, el cielo ya estaba todo nublado. Entonces dijeron que un huracán venía hacia Puerto Rico. Yo quería quedarme allí pero él prefería regresar. ¡Tal vez era una señal!

C. ¿Comprende Ud.?

1. ¿Dónde pasaron la luna de miel?
2. ¿Cuánto tiempo estuvieron allí? ¿Por qué?
3. ¿Quién quería quedarse? ¿Quién prefería regresar?

D. El otro día. Select one phrase from each column at the top of the preceding page and make five sentences describing the last day you had classes.

MODELO: *Hacía buen tiempo cuando salí para la universidad.*
Eran las nueve cuando llegué a mi primera clase.

E. Hoy cuando llegué. What was going on when you arrived in class today? Replace the italicized word(s) so that the sentences describe you.

Hoy cuando llegué…

1. Eran *las once menos cuarto.*
2. Estaba *un poco cansado/a.*
3. Había *entre cinco y diez* estudiantes en el salón de clase.
4. Hacía *calor* en el salón de clase.
5. *No* estaba preparado/a para la clase.
6. Me senté y empecé a *estudiar el vocabulario.*
7. Los otros estudiantes estaban *durmiendo.*

F. ¿Qué hacían? Look at the illustration below and say who was doing these things when you entered the student center.

MODELO: ¿Quién dormía?
Nadie dormía.

1. ¿Quién leía?
2. ¿Quién abría una ventana?
3. ¿Quién jugaba al ajedrez?
4. ¿Quién comía?
5. ¿Quién entraba al centro estudiantil?
6. ¿Quién escribía algo?
7. ¿Quién escuchaba música?
8. ¿Quién usaba una computadora?

El pretérito y el imperfecto

Para averiguar

1. Do you use the preterite or the imperfect to describe completed actions *(what happened)?* To give background information *(what was happening)?*

2. What are four uses of the preterite? What are five uses of the imperfect?

Use the preterite to:

- describe single events in the past that are considered completed.

  Nací en Puerto Rico.   *I was born in Puerto Rico*
  Vinimos a Nueva York en 1981.   *We came to New York in 1981.*

- describe events that took place a specific number of times.

  Tu amigo **llamó** cinco veces ayer.   *Your friend called five times yesterday.*
  Comí tres veces en ese restaurante   *I ate in that restaurant three times last week.*
  la semana pasada.

- express the beginning or end of an action.

  Entré a la escuela en 1982 y **me**   *I began school in 1982 and I*
  gradué en 1994.   *graduated in 1994.*
  La clase **terminó** temprano ayer.   *Class ended early yesterday.*

- narrate a sequence of events.

  Esta mañana **me levanté, comí, me**   *This morning I got up, ate, got dressed,*
  vestí y **me fui** para la universidad.   *and left for school.*
  Se conocieron en abril y **se mudaron**   *They met in April and they moved in*
  juntos en mayo.   *together in May.*

- describe mental or emotional reactions in the past.

  Me **enojé**   *I got angry.*
  Se **sorprendieron.**   *They were (became) surprised.*

- When talking about the past in Spanish, you must decide whether to use the *preterite* or the *imperfect.* If you choose the wrong tense, you may give the wrong message. Compare the following English sentences.

  When my wife returned, we embraced passionately.
  When my wife returned, we were embracing passionately.

- In the first sentence, *we embraced* would be expressed by the preterite in Spanish, and in the second, *we were embracing,* the imperfect would be used. The preterite describes completed actions that can be sequenced (what happened). The imperfect is used to give background information that sets the scene (what was happening). Compare the following uses of each tense.

  Cuando **me levanté** mi esposo **miraba** la televisión y el gato **dormía.**
  Cuando **desayuné, tenía** mucha hambre y no **había** casi nada de comer en la cocina.
  Cuando **salí** para la universidad, **hacía** sol y **me sentía** bien, pero todavía **tenía** hambre.

Use the imperfect to:

- describe past actions in progress.

  En ese momento, **vivíamos** en Nueva York.

  At that time, were were living in New York.

  ¿Qué **estabas** haciendo?

  What were you doing?

- express habitual actions in the past.

  Cuando yo **era** joven, **salía** con amigos todos los fines de semana.

  When I was young, I used to go out with friends every weekend.

  Comíamos con frecuencia en ese restaurante.

  We frequently used to eat in that restaurant.

- describe mental or physical states in the past.

  Estábamos muy nerviosos.

  We were very nervous.

  Mi hermana **tenía** el pelo largo.

  My sister had long hair.

- tell time in the past.

  Era muy temprano. **Eran** las seis o las siete.

  It was very early. It was six or seven o'clock.

- set the scene of what was going on when another event took place.

  Dormía cuando llamaron.

  I was sleeping when they called.

  Mis padres **vivían** aquí cuando nací.

  My parents lived here when I was born.

- talk about subsequently planned actions using **ir** + **a** + ***infintive*** in the past.

  Íbamos a ir al cine.

  We were going to go to the movies.

A lo personal

A. ¿El pretérito o el imperfecto? Which action was in progress (imperfect) when the other occurred (preterite)? Choose the correct form of each verb.

1. La madre de Francesca (creía/creyó) que su novio no (iba/fue) a ir a su boda cuando (veía/vio) su coche.
2. Todos los invitados (esperaban/esperaron) en la iglesia cuando su novio (llegaba/llegó).
3. Él (llegaba/llegó) tarde porque no (tenía/tuvo) la dirección de la iglesia.
4. Cuando la novia (entraba/entró), era evidente que (estaba/estuvo) un poco nerviosa.
5. El fotógrafo (sacaba/sacó) fotos mientras los novios (salían/salieron) de la iglesia.
6. Al final de la ceremonia, la novia (miraba/miró) a su madre y (veía/vio) que (lloraba/lloró).
7. Los novios (estaban/estuvieron) exhaustos cuando los últimos invitados (se iban/se fueron) de la recepción.
8. Al día siguiente, (hacía/hizo) un tiempo estupendo cuando (salían/salieron) para la luna de miel en Boquerón.

B. De niño y ahora. Tell if you used to do the following things on school days as a child. Then tell if you did them yesterday or the last day you went to class.

MODELO: ir a la escuela en autobús
Sí, de niño/a iba a la escuela en autobús. No, ayer no fui a la escuela en autobús.

1. estar en la escuela todo el día
2. comer en la cafetería
3. llevar bluejeans a la escuela
4. perder su tarea
5. hacer preguntas en clase
6. jugar a un deporte después de las clases
7. regresar a casa después de las clases
8. salir por la noche

C. ¿Qué hizo? Here is information about how Francesca spent her day yesterday. The left column shows in what order she did things. The right column gives background information. Combine the sentences in a logical order to describe her day. Include connecting words such as **y, pero, luego, como,** or **por eso** where needed.

MODELO: *Se levantó a las siete y media ayer por la mañana. Tenía sueño y quería dormir un poco más. Su madre dormía todavía. Preparó el desayuno y comió cereal con fruta…*

preterite (sequence of events)	**imperfect (background information)**
AYER POR LA MAÑANA:	AYER POR LA MAÑANA:
Se levantó a las siete y media.	Tenía mucho sueño y quería dormir un poco más.
Preparó el desayuno.	Su madre dormía todavía.
Comió cereal con fruta y tomó café.	No tenía tiempo para preparar más de comer.
Salió de la casa para el trabajo.	Hacía sol pero un poco de frío.
Perdió el autobús y tuvo que esperar el siguiente.	En el autobús había mucha gente y no podía sentarse.
Llegó tarde a la oficina, a las nueve y cuarto.	Casi todos los pasajeros leían el periódico o dormían.
Trabajó de las nueve y veinte al mediodía.	Su jefe no estaba contento.
AYER POR LA TARDE:	AYER POR LA TARDE:
A la hora del almuerzo fue a la agencia de viajes.	La agencia no estaba muy lejos.
Compró un boleto para Puerto Rico.	La agente era muy simpática.
Regresó al trabajo a la una.	El boleto más barato costaba 500 dólares.
Trabajó sólo hasta las cuatro.	No había mucho que hacer en la oficina.
Después de trabajar, corrió por el parque por una hora.	Como hacía buen tiempo, tenía mucha energía.
Regresó a casa a las seis.	
AYER POR LA NOCHE:	AYER POR LA NOCHE:
Cenó pizza.	No tenía ganas de cocinar.
Depués de cenar, descansó y miró la televisión.	Su madre estaba enferma y no quería comer.
Se acostó temprano.	No había muchos programas interesantes en la televisión.
Se durmió inmediatamente.	Estaba aburrida y tenía mucho sueño.

D. ¿Por qué? Explain the circumstances that caused you to do these things the last time you did them.

MODELO: Estudié toda la noche porque…
 Estudié toda la noche porque tenía tres exámenes al día siguiente.

1. Me puse un suéter porque…
2. Tomé una *Coca-Cola* porque…
3. Me dormí en clase porque…
4. Falté a clase porque…
5. Me puse nervioso/a en clase porque…
6. Fui a la biblioteca porque…

E. La luna de miel. Choose the logical verb from the list to describe what happened on María's honeymoon.

quería	nos fuimos	empezó	teníamos	fue	se puso	eran
podíamos	creía	hacía	oímos	hizo	se acercaba	

Al día siguiente de la boda, _____ para Boquerón para nuestra luna de miel. _____ las diez de la mañana y _____ sol. No _____ reservaciones en un hotel porque yo _____ acampar en la playa. _____ que sería muy romántico pasar las primeras noches de nuestro matrimonio con la naturalez, bajo las estrellas. Además, no _____ pagar una habitación de hotel. La primera hora del viaje _____ buen tiempo pero un poco antes de llegar a Boquerón, _____ a hacer viento y el cielo _____ gris. Por fin _____ por la radio que un huracán _____ a Puerto Rico y eso _____ el fin de nuestra luna de miel y el comienzo de nuestro matrimonio tempestuoso.

F. Entrevista.

1. La última vez que hiciste un viaje, ¿adónde fuiste? ¿Con quién viajaste? ¿Por cuánto tiempo se quedaron Uds. allí? ¿Qué hicieron? ¿Dónde comieron? ¿Tenías reservaciones de hotel cuando saliste? ¿Viajaste en avión, en tren, en coche o en autobús? ¿Qué hora era cuando saliste? ¿Qué hora era cuando llegaste? ¿Estabas cansado/a cuando llegaste?

2. ¿Cuándo comiste en un restaurante elegante la última vez? ¿Tenías reservaciones? ¿Tuviste que esperar mucho tiempo por una mesa? ¿Dónde estaba el restaurante? ¿Cómo se llamaba el restaurante? ¿Había mucha gente en el restaurante? ¿Cómo era el restaurante? ¿Te gustó la comida? ¿Cómo te atendieron?

3. ¿Cuándo fuiste al cine la última vez? ¿Con quién estabas? ¿Qué película vieron Uds.? ¿Te gustó? ¿Había mucha violencia en la película? ¿Dónde pasaban la película?

G. Una conversación. You have just returned from your dream vacation and a friend asks about your trip. With a classmate role-play a conversation in which you discuss:

• when you left and arrived
• how you traveled
• where you stayed and what it was like
• how long you were there
• what you did

La Guanina (I)

Francesca recuerda la leyenda de Guanina de Puerto Rico, que su madre le contó cuando era pequeña.

Érase una vez una hermosa india que se llamaba Guanina. Guanina era la hermana de Guaybana, un cacique (el jefe de la tribu). Guanina estaba enamorada de un soldado español que se llamaba don Cristóbal de Sotomayor. El amor entre Guanina y don Cristóbal era un secreto porque el matrimonio entre indios y europeos no se aceptaba en aquella época.

Un día Guanina fue corriendo a la casa de don Cristóbal para decirle que los indios iban a atacar a los españoles. Don Cristóbal creía que Guanina estaba exagerando. Él dijo que los indios eran felices y que vivían en paz, pero ella contestó que no eran felices. Los españoles hacían trabajar mucho a los indios y eran crueles. Los indios no querían conformarse más con los deseos de los españoles. Le dijo a don Cristóbal que tenía que huir. Don Cristóbal se enojó y replicó que los hombres de la familia Sotomayor nunca huían. Guanina se echó a llorar. Don Cristóbal abrazó a Guanina y la besó con cariño.

A. ¿Comprende Ud.?

1. Guanina era la hermana de…
2. Guanina estaba enamorada de…
3. El soldado español se llamaba…
4. Su amor era un secreto porque…
5. Un día Guanina le dijo a don Cristóbal que los indios…
6. Don Cristóbal creía que Guanina estaba…
7. Don Cristóbal creía que los indios eran…
8. Guanina dijo que los españoles eran…
9. Guanina le dijo a don Cristóbal que tenía que…
10. Don Cristóbal replicó que…

B. ¿Qué pasó entonces? Read these possible endings for *La Guanina* and decide which is the most likely.

1. Un día Guaybana estaba solo en el bosque. Se cayó y no podía caminar porque tenía la pierna rota. Don Cristóbal pasaba por el bosque con un grupo de hombres cuando vio a Guaybana. Don Cristóbal ayudó a Guaybana y los dos se hicieron grandes amigos. Guanina y don Cristóbal se casaron y los indios y los españoles aprendieron a vivir en paz.

2. Aunque amaba a Guanina, don Cristóbal comprendía que no era posible casarse con ella y se casó con la hija del gobernador. Al oír la noticia de su matrimonio, Guanina se echó a llorar. Al ver a su hermana tan triste por culpa de un español Guaybana se puso furioso. Aquella noche mató a don Cristóbal y a su nueva esposa mientras dormían. Para vengarse, el gobernador incendió las casas de los indios y Guanina y Guaybana murieron.

3. Los hombres de Guaybana atacaron a don Cristóbal y los españoles mientras estaban caminando por el bosque. Como no esperaban el ataque, muchos españoles murieron y entre ellos don Cristóbal. Guanina amaba tanto a don Cristóbal que no podía vivir más sin él y murió a su lado. Al volver al sitio del ataque, los hombres de Guaybana encontraron a Guanina muerta en los brazos de don Cristóbal.

C. Cuentos famosos. Can you guess what these famous children's tales are?

1. La bella y la bestia
2. La Cenicienta
3. Caperucita Roja
4. El flautista de Hamelín
5. Ricitos de oro y los tres osos
6. Los tres cerditos
7. El gato con botas
8. El patito feo
9. Blanca nieves y los siete enanitos
10. La bella durmiente
11. Juanillo y la planta de frijoles
12. La pequeña sirena

La Guanina (II)

Al día siguiente, don Cristóbal llamó al jefe Guaybana. Le dijo que iba a hacer un viaje a la Villa de Caparra y que necesitaba un grupo de indios para llevar su equipaje. Guaybana no estaba contento pero obedeció con cortesía. Pronto un grupo de indios llegó para llevar el equipaje de don Cristóbal.

En ruta para la Villa de Caparra, Guaybana y sus hombres esperaban a don Cristóbal y sus amigos y los atacaron. Don Cristóbal luchó con valor pero murió con todos sus hombres.

Guaybana les dijo a algunos hombres que quería enterrar a don Cristóbal con honor porque era un guerrero valiente. Cuándo esos hombres volvieron al sitio de combate, encontraron a Guanina abrazando y besando el cuerpo de don Cristóbal. Los hombres regresaron para informar a Guaybana. El jefe dijo que tenían que matar y enterrar a Guanina con su amante don Cristóbal.

Pero no fue necesario matar a Guanina. Cuando volvieron otra vez al sitio de combate, Guanina ya estaba muerta. Los indios enterraron a Guanina junto con don Cristóbal. Y hasta nuestros días, cuando los campesinos de aquel lugar oyen la brisa por la noche, dicen que es el canto de amor de don Cristóbal y Guanina, que salen de la tumba para besarse con el claro de luna.

A. ¿Qué pasó?

1. ¿Por qué necesitaba don Cristóbal un grupo de indios? ¿Adónde iba?
2. ¿Estaba contento Guaybana? ¿Obedeció?
3. ¿Cuándo atacaron los indios a don Cristóbal y a sus hombres? ¿Murió don Cristóbal?
4. ¿Por qué quería Guaybana enterrar a don Cristóbal?
5. ¿Por qué decidió Guaybana matar a su hermana?
6. ¿Por qué no fue necesario matar a Guanina?

B. Pocahontas. There are many legends similar to *La Guanina* in other regions of the Western Hemisphere. Number the following paragraphs in logical order to retell the story of Pocahontas.

____ Pero Pocahontas no olvidó a John Smith. Los ingleses no sabían cultivar la tierra como los indios y tenían mucha hambre. Pocahontas empezó a llevarles comida a John Smith y a sus hombres en Jamestown, y todos los ingleses adoraban a la joven princesa india. Pero la amistad entre Pocahontas y los ingleses no le gustaba al padre de Pocahontas y un día le prohibió ir al pueblo de los extranjeros. John Smith volvió a Inglaterra y casi todos los ingleses murieron durante el invierno.

____ Inglaterra le gustaba mucho a Pocahontas pero tenía ganas de volver a América. En marzo de 1617 salieron para Jamestown pero tuvieron que abandonar el viaje porque Pocahontas se enfermó. La pobre Pocahontas nunca volvió a ver a su país. Se murió a la edad de 22 años en Gravesend, Inglaterra y John Rolfe tuvo que regresar solo.

____ Érase una vez una princesa india que se llamaba Pocahontas. Era una muchacha muy inteligente y curiosa. Hacía dos o tres meses que Pocahontas oía hablar de los ingleses y tenía muchas ganas de ver cómo eran esos hombres blancos. Ahora los guerreros de su padre regresaban del bosque con un prisionero extranjero y toda la tribu de Pocahontas estaba muy emocionada. Cuando llegaron a la casa de su padre, el jefe de la tribu, Pocahontas vio por primera vez a un hombre blanco. Tenía los ojos azules y el pelo rubio. Se llamaba John Smith.

____ Después de hablar un poco, el padre de Pocahontas dijo que John Smith tenía que morir. Los guerreros indios se preparaban para matar a John Smith cuando Pocahontas intercedió y le salvó la vida. John Smith se quedó varios días con la tribu y habló mucho del rey James de Inglaterra. Pocahontas se enamoró de John Smith pero un día él regresó a Jamestown, el pueblo de los ingleses.

____ En la primavera, nuevos hombres llegaron de Inglaterra. Uno de ellos era el Capitán Samuel Argall. Un día él llegó a un pueblecito de indios donde encontró a la legendaria Pocahontas. Invitó a la joven india a regresar con él a Jamestown y Pocahontas fue a vivir en el pueblo de los ingleses. Allí conoció a John Rolfe, con quién se casó después de tres meses. Tres años después de casarse, Pocahontas fue a Inglaterra con Rolfe donde vio a John Smith otra vez.

C. ¿Comprende Ud.?

1. ¿Quién era el padre de Pocahontas?
2. ¿Quién intercedió para salvarle la vida a John Smith?
3. ¿Qué pasó en Jamestown durante el invierno? ¿Dónde estaba John Smith?
4. ¿Quiénes llegaron en la primavera?
5. ¿Dónde murió Pocahontas? ¿Cuántos años tenía?

D. Otra perspectiva. Retell the story of Pocahontas from the perspective of John Smith.

Más sobre el pretérito y el imperfecto

Para averiguar

1. Do you use the preterite or the imperfect to describe events that took place in a certain order? Which tense do you use to give background information?

2. If you were describing a play that you saw, would you use the preterite or the imperfect to describe the scene when the curtain first went up? Which tense would you use to describe what the characters did, advancing the story?

• When you tell a story in the past, you will often use both the preterite and imperfect tense. Use the preterite to describe events that took place in sequence. Use the imperfect to set the scene, giving background information that is constant through a sequence of several events. For example, if you were describing a play, you would use the imperfect to describe the stage when the curtain went up.

> Una mujer y un hombre **estaban** en una cocina. El hombre **hablaba** por teléfono y la mujer **leía** el periódico. La cocina **era** pequeña y **había** sólo una mesa con dos sillas. Según el reloj en la pared, **eran** las nueve de la mañana.

• In the preceding scene nothing has happened in the sense that no event occurred; however the scene has been set. The events that take place, which advance the story, are in the preterite.

> … Según el reloj en la pared, eran las nueve de la mañana. Después de algunos minutos un muchacho **abrió** la puerta y **entró. Abrazó** a su madre pero no le **dijo** nada a su padre.…

• The following diagram is useful to help visualize the use of the preterite and the imperfect when telling a story.

> Un muchacho **abrió** la puerta, **entró, se sentó** y **comió** una manzana. **Tenía** el pelo rubio.

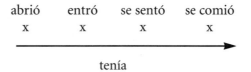

The X's represent events that can be sequenced in order (the preterite). The continous line represents the background information, which cannot be ordered in the sequence of events, but rather is true throughout the scene (the imperfect). In the example, the boy's having blond hair cannot be ordered before or after the things he does.

A lo personal

A. La Guanina. Find the verbs in *La Guanina* and explain the reason for the use of the preterite or imperfect.

B. La historia de Puerto Rico. Recount the history of Puerto Rico using the correct preterite or imperfect form of the verb in parentheses.

1. Cristóbal Colón _____ (llegar) a Puerto Rico durante su segundo viaje al Nuevo Mundo. Los indios que _____ (vivir) en la isla en aquella época _____ (llamarse) los taínos.
2. Los taínos _____ (ser) buenos agricultores y _____ (tener) una cultura impresionante.
3. De vez en cuando los caribes, una tribu caníbal que _____ (vivir) en otras islas y en América del Sur, _____ (atacar) a los taínos.

4. En 1508 Ponce de León _____ (explorar) la isla y en 1509 _____ (ser) nombrado gobernador.

5. En 1595 la reina Elizabeth de Inglaterra _____ (tratar) de apoderarse de la isla y con 4.500 hombres, Sir Francis Drake _____ (incendiar) San Juan. Durante el siguiente siglo (cien años) _____ (haber) tres intentos por los ingleses de conquistar la isla para anexionarla a Jamaica.

6. En 1700 _____ (haber) cinco pueblos en Puerto Rico. Durante el siglo XVIII ese número _____ (crecer) a cuarenta con más de 150.000 habitantes.

7. En 1873 los 32.000 personas que _____ (vivir) en esclavitud en la isla _____ (ganar) su libertad. Eso _____ (ser) un gran triunfo para las fuerzas liberales que _____ (desear) la independencia de Puerto Rico de España.

8. La revolución _____ (empezar) en Cuba en 1895. Cuando el acorazado estadounidense Maine _____ (estallar) en el puerto de La Habana en 1898, el presidente McKinley _____ (declarar) la guerra contra España el 21 de abril.

9. La Guerra entre los Estados Unidos y España _____ (durar) sólo cuatro meses y España _____ (ceder) Puerto Rico, las Filipinas y la isla de Guam a los Estados Unidos en el Tratado de París.

10. En 1917 los puertorriqueños _____ (recibir) la nacionalidad estadounidense. Hasta el año 1947 el presidente de los Estados Unidos nombrada al gobernador de Puerto Rico. En ese año el congreso _____ (reconocer) el derecho de los puertorriqueños de elegir su propio gobernador.

11. En 1951 los puertorriqueños _____ (votar) 3 a 1 a favor de cambiarse de colonia en "Commonwealth". El Estado Libre Asociado de Puerto Rico _____ (nacer) el 25 de julio de 1952.

C. El flautista de Hamelín. Tell the story of the Pied Piper by using the correct preterite or imperfect form of the verb in parentheses.

En la ciudad de Hamelín _____ (haber) millones de ratones. De noche _____ (salir) y _____ (comer) todo y no _____ (quedarse) nada para la gente. Una mañana todos los ciudadanos _____ (ir) a la casa del alcalde para quejarse. Nadie _____ (poder) matar a los ratones y todos _____ (sentirse) muy frustrados. Los ratones _____ (ser) demasiado numerosos.

Un día _____ (llegar) un caballero alto y guapo. _____ (llevar) un traje elegante y un sombrero con una pluma grande. En la mano _____ (tener) una flauta. Al ver que todos los ciudadanos _____ (estar) tristes, el flautista _____ (preguntar) por qué y el alcalde le _____ (explicar) que la cuidad _____ (estar) llena de ratones. El extranjero _____ (decir) que _____ (saber) liberar la ciudad de los ratones y el alcalde le _____ (ofrecer) una bolsa de oro por sus servicios.

El flautista _____ (empezar) a tocar una melodía encantadora y los ratones _____ (salir) de todas partes del pueblo y _____ (correr) tras él. Cuando el flautista _____ (llegar) al río todos los ratones _____ (morir) porque no _____ (saber) nadar.

Al volver al pueblo, _____ (pedir) su bolsa de oro pero el alcalde no _____ (querer) darle el dinero al flautista. Así el flautista _____ (empezar) a tocar otra melodía aun más encantadora y todos los niños _____ (salir) de sus casas y _____ (ir) con el flautista a la montaña donde _____ (desaparecer).

Sin niños, el pueblo _____ (estar) muy triste. Todos los ciudadanos _____ (estar) furiosos y _____ (amenazar) al alcalde. El alcalde se arrepintió y _____ (pagar) la bolsa de oro. Al recibir el dinero, el flautista _____ (tocar) de nuevo su flauta y la montaña _____ (abrirse). Los niños _____ (salir) del interior de la montaña y _____ (venir) corriendo a sus padres.

D. Simón Bolívar. First read the following brief biography of the great South American hero Simón Bolívar. Then put the italicized verbs into the preterite or the imperfect, as appropriate.

Simón Bolívar *nace* en 1783 en un pueblo pobre de Venezuela. Simón *vive* con su tío porque sus padres *están* muertos. Su tío *emplea* a los mejores maestros para educar a su sobrino, y el joven Simón *estudia* las grandes ideas de los filósofos europeos. Su tío también le *enseña* a pelear y sobrevivir.

Pronto el joven Bolívar *se dedica* a la liberación de su país de España. En 1819 *participa* en una revolución pero *es* un fracaso. *Dirige* una segunda revolución sin éxito.

Cinco años más tarde *se une* al General Francisco de Paula Santander de Nueva Granada (hoy día la región de Colombia y Panamá). Juntos *liberan* primero Nueva Granada y en diciembre de 1820 *hacen* a Bolívar presidente y jefe militar de la Gran Colombia, que *se forma* de Nueva Granada, Venezuela y Quito (llamado ahora Ecuador). El único problema *es* que Venezuela y Ecuador todavía *están* bajo el control de los españoles.

En junio de 1821 Bolívar *vence* a los españoles en Venezuela y en 1824 en Perú. La región de alto Perú *se nombra* Bolivia en su honor. Bolívar *es* entonces presidente de la República de Colombia (Colombia, Venezuela y Ecuador), Perú y Bolivia.

En 1826 una guerra civil *comienza* porque Venezuela *quiere* separarse de Nueva Granada. Bolívar *trata* de conservar el país unido pero no *puede* porque *muere* de tuberculosis el 17 de diciembre de 1830.

E. Los diez primeros minutos. In small groups, prepare a description of the first ten minutes of class today, adding as many details as possible. Compare your group's recollection with that of other groups.

- ¿Qué estaban haciendo todos cuando la clase empezó?
- ¿Qué había en el salón de clase? ¿Dónde estaba todo? ¿Hacía frío o calor en el salón de clase?
- ¿Qué hicieron primero? ¿Luego qué hicieron?
- ¿Llegaron tarde algunos estudiantes?

F. La escuela primaria. Can you remember the day you started elementary school? Ask a classmate the following questions and add at least two more questions of your own. Report what your partner says to the class.

1. ¿Cuántos años tenías?
2. ¿Fuiste a la escuela caminando? ¿en el coche con tus padres? ¿en autobús?
3. ¿Estaba la escuela cerca de tu casa?
4. ¿Cómo era los/as maestros/as?
5. ¿Conocías a otros niños de la clase?
6. ¿Qué hicieron?

G. Al regresar. Ask a partner about the first few minutes after he/she returned home yesterday. Add two questions of your own.

1. ¿A qué hora regresaste a casa?
2. ¿Cómo te sentías?
3. ¿Quién estaba en casa?
4. ¿Qué estaba haciendo?
5. ¿Qué ropa llevabas?
6. ¿Te cambiaste de ropa?
7. ¿Qué hiciste al llegar a casa?
8. ¿Comiste? ¿Miraste la televisión?
9. ¿Te acostaste?

H. ¿Qué historia? In five sentences, tell some of the main points of a favorite childhood movie or story without naming the characters. After your description, your classmates should be able to guess which one it is.

MODELO: —*Había una muchacha que vivía con sus tíos en Kansas. Tenía un pequeño perro negro. Un día se enojó y se fue de la casa. Después de poco tiempo regresó a casa porque hacía muy mal tiempo. La muchacha se durmió y cuando se despertó, estaba en otro país con habitantes muy bajos.*

—*The Wizard of Oz.*

 ¡A escuchar!

Un sueño raro. Listen as Francesca recounts a strange dream (**un sueño**) that she had. Then answer the questions.

1. ¿Adónde llegó Francesca en su sueño? ¿A quién quería visitar?
2. ¿Cómo le parecía todo?
3. Cuando golpeó en la puerta ¿quién contestó?

I. Mi sueño. Think of an interesting dream that you once had. A classmate will ask you about the dream and then retell it to the class.

1. ¿Cuántos años tenías?
2. ¿Dónde estabas en el sueño?
3. ¿Cómo era ese lugar?
4. ¿Estabas solo/a?
5. ¿Quién más estaba allí?
6. ¿Al empezar el sueño, qué estabas haciendo?
7. ¿Cómo te sentías?
8. ¿Qué pasó?
9. ¿Cómo se terminó el sueño?
10. ¿Te despertaste inmediatamente?

Vocabulario y expresiones

1 LA NIÑEZ

SUSTANTIVOS

el ajedrez	chess
el gato	cat
el museo	museum
la niñez	childhood
el/la niño/a	child
el pájaro	bird
el perro	dog
el pez	fish
las tiras cómicas	comic strips

VERBOS

faltar a	to miss
obedecer	to obey
sacar (buenas notas)	to get (good grades)

LA MÚSICA

tocar	to play
en la orquesta	in the band
la flauta	flute
la guitarra	guitar
un instrumento musical	a musical instrument
el saxofón	saxophone
el tambor	drum
el trombón	trombone
la trompeta	trumpet

2 LAS COSTUMBRES

SUSTANTIVOS

el aire acondicionado	air conditioning
el aspecto	aspect
la calefacción	heating
la comida criolla	typical food
la comida rápida	fast food
la delincuencia	delinquency, criminality
las drogas	drugs
el futuro	future
la juventud	youth
el medio ambiente	environment

OTRAS EXPRESIONES

en aquella época	at that time
fresco/a	fresh
tanto/a	so much
reírse	to laugh

3 LOS ACONTECIMIENTOS

SUSTANTIVOS

la catedral	*cathedral*
la boda	*wedding*
el desastre	*disaster*
el divorcio	*divorce*
el huracán	*hurricane*
la luna de miel	*honeymoon*
el matrimonio	*marriage*
la muerte	*death*
el noviazgo	*courtship*
la señal	*signal, sign*

VERBOS

proponer (matrimonio)	*to propose (marriage)*

4 LOS CUENTOS

SUSTANTIVOS

el/la amante	*lover*
el amor	*love*
la brisa	*breeze*
el/la campesino/a	*peasant*
el canto	*singing*
el cariño	*affection*
el claro de luna	*moonlight*
el cuerpo	*body*
el deseo	*desire*
el equipaje	*luggage*
el/la guerrero/a	*warrior*
el/la indio/a	*Indian*
la leyenda	*legend*
el secreto	*secret*
el sitio de combate	*battleground*
el soldado	*soldier*
la tribu	*tribe*
la tumba	*tomb*
el valor	*courage*

VERBOS

aceptar	*to accept*
atacar	*to attack*
conformarse	*to conform*
echarse a	*to start to*
enterrar	*to bury*
exagerar	*to exaggerate*
informar	*to inform*
huir	*to flee*
luchar	*to fight, to struggle*
matar	*to kill*
replicar	*to reply*

OTRAS EXPRESIONES

en ruta	*on the way*
pronto	*soon*
valiente	*brave*

Understanding Unfamiliar Verb Forms

You are going to read a short story describing creation according to the beliefs of the Taínos, the inhabitants of Puerto Rico before the arrival of the Spanish colonists. When reading, you occasionally need to look up unfamiliar verbs in a dictionary. To do this, you need to know the infinitive of the verb.

La creación

Cuando llegaron los españoles a Puerto Rico, encontraron a indios que se llamaban taínos. Los taínos tenían su propia cultura, su propio idioma[1] y sus propias tradiciones. Y tenían también enemigos. Éstos eran los caribes, otra tribu que venía de la América del Sur. Los caribes habían ocupado otras islas al sureste de Puerto Rico y empezaban a invadir a Puerto Rico mismo. Aquí presentamos algunas de la creencias[2] de los taínos.

En el principio Atabei creó el cielo, la tierra[3] y los otros cuerpos celestes.[4]

Atabei siempre había existido. Atabei era la madre original. Atabei era la gran fuerza creadora.[5]

Pero no había vida. No había luz. Todo estaba como en un profundo sueño. Y durante mucho tiempo todo continuó así.

Pero Atabei por fin se dio cuenta[6] de que algo faltaba. Y tuvo dos hijos que formó de elementos mágicos e invisibles del espacio. Los hijos se llamaron Yucajú y Guacar. Y Yucajú se preocupó porque no había luz[7] ni vida en la creación. Atabei estaba contenta porque Yucajú podía ahora terminar su obra.[8]

Y Yucajú creó el sol y la luna para alumbrar la tierra. Tomó piedras[9] preciosas de la tierra y las puso en el cielo. Y estas piedras ayudaron a la luna a alumbrar de noche. La tierra fue fértil y en ella crecieron plantas y árboles. Yucajú creó entonces animales y pájaros para vivir entre las plantas y los árboles.

Entonces Yucajú decidió crear algo nuevo, algo diferente, algo entre un animal y un dios. Así formó el primer hombre y la primera alma,[10] o jupía. Y llamó al primer hombre Locuo. Locuo se sintió contento en la tierra, feliz entre tanta belleza.[11] Y se arrodilló[12] para dar gracias a Yucajú.

Guacar vio con envidia[13] toda la obra de su hermano. Se fue a un lugar oculto y durante un tiempo no hizo nada. Pero no pudo soportar[14] la envidia y empezó a hacerle daños[15] a la obra de Yucajú. Y cambió de nombre, convirtiéndose en el terrible dios del mal, Juracán.

Juracán movía los vientos. A veces los movía con tanta fuerza que destruían la obra de Yucajú. Arrancaba los árboles y mataba los animales. Locuo ya no se sentía tan contento pues tenía miedo. Ya no podía gozar[16] tanto de las bellezas de la tierra.

Además de enviar[17] vientos fuertes, Juracán hacía temblar[18] la tierra. Esto era uno de sus juegos favoritos. En uno de los temblores más fuertes dividió el continente americano. Así se formaron las Antillas.

Pero Locuo siguió viviendo en la tierra y Yucajú creó otros dioses parar ayudarlo. Locuo aprendió a hacer imágenes de estos dioses y los llamaba cemíes. Y Yucajú le dio a Locuo el fuego[19] y así aprendió a cocinar sus comidas. Aprendió a hacer el casabe de la yuca. Pero Locuo vivía solo en la tierra. Un día, se sintió inspirado de tanta belleza que había en la naturaleza, y se abrió el ombligo[20] dando paso a dos criaturas[21] que eran como él. Eran un hombre y una mujer. El hombre se llamó Guaguyona y la mujer, Yaya. Y los hijos y nietos de Guaguyona y Yaya poblaron la tierra.

Pero los descendientes de Guaguyona y Yaya sufrieron mucho porque Juracán mandaba inundaciones[22] y vientos fuertes. Y mandaba maboyas, o espíritus malos, que causaban problemas en la vida diaria de los hombres. Los maboyas rompían las canoas[23] en el río, tiraban[24] piedras sobre las casas y escondían la pelota con que se jugaba. Y causaban también enfermedades y problemas entre los hombres.

Así se explicaron los taínos los fenómenos de la naturaleza y el origen del bien y del mal. Los caribes, que llegaron desde otras islas al sureste de Puerto Rico, eran malos. Eran feroces guerreros que en sus ataques destrozaban a las aldeas[25] taínas y se llevaban a las mujeres. A éstos, los taínos consideraban agentes de Juracán.

Y si Juracán mandaba a los caribes, tal vez Yucajú mandaría gente buena para ayudar a rechazar[26] a los caribes.

Así, cuando llegaron los españoles a Puerto Rico, los taínos sin duda pensaron que éstos eran los que Yucajú mandaba.

Y se equivocaron.

---

[1] language, [2] beliefs, [3] earth, [4] heavenly bodies, [5] creative, [6] realized, [7] light, [8] work, [9] stones, [10] soul, [11] beauty, [12] knelt, [13] envy, [14] withstand, [15] damage, [16] enjoy, [17] to send, [18] to tremble, [19] fire, [20] navel, [21] creatures, [22] sent floods, [23] broke the canoes, [24] threw, [25] destroyed towns, [26] chase away

A. Antes de leer. You probably have never seen the italicized preterite or imperfect verb forms in these sentences. Can you determine from the endings whether they are **-ar** or **-er/-ir** verbs? First state the infinitive of the verbs, then look them up in the glossary to see if you are right.

1. En el principio Atabei *creó* el cielo, la tierra y los otros cuerpos celestes.
2. Tuvo dos hijos que *formó* de elementos mágicos e invisibles del espacio.
3. La tierra fue fértil y en ella *crecieron* plantas y árboles.
4. *Se arrodilló* para dar gracias a Yucajú.
5. Juracán *movía* los vientos con tanta fuerza que *destruían* la obra de Yucajú.
6. En uno de los temblores más fuertes se *dividió* el continente americano.
7. Los hijos y nietos de Guaguyona y Yaya *poblaron* la tierra.
8. Los descendientes de Guaguyona y Yaya *sufrieron* mucho porque Juracán *mandaba* inundaciones y vientos fuertes.
9. Los maboyas *rompían* las canoas en el río, *tiraban* piedras sobre las casas y *escondían* la pelota con que se jugaba.
10. Eran feroces guerreros, que en sus ataques, *destrozaban* las aldeas taínas y se llevaban a las mujeres.

B. Adivinar. You will also be able to guess the meaning of several other verbs if you know that the **-ado/-ido** endings are the same as *-ed* in English. What do you think the italicized words mean in these sentences?

1. Atabei, la madre original, siempre *había existido.*
2. Los Caribes *habían ocupado* otras islas al sureste de Puerto Rico y empezaban a invadir a Puerto Rico mismo.
3. Él *se sintió inspirado* de tanta belleza.

C. ¿Comprende Ud.?

1. ¿Quiénes eran los enemigos de los taínos? ¿De dónde venían?
2. Al principio ¿quién creó el cielo, la tierra y los cuerpos celestes? ¿Quién era?
3. ¿Cómo se llamaron los hijos de Atabei?
4. ¿Qué creó Yucajú? ¿Quién era Locuo?
5. ¿Quién le tenía envidia a Yucajú? ¿Qué hizo para hacer daño a la creación de su hermano?
6. ¿Cómo se formaron las Antillas?
7. ¿La tierra se pobló por los descendientes de quiénes?
8. ¿A quiénes mandaron los caribes?
9. ¿Por qué se equivocaron los taínos acerca de los españoles?

¡A escribir!

Working in groups of four or five prepare one of your favorite childhood stories, which you will act out. One of you may serve as the narrator. Begin the story with *Érase una vez...* and continue setting the scene and describing the main characters by using the imperfect Remember to use the preterite to tell the events that advance t he story. Use as much vocabulary from previous chapters as possible.

Act the scene out for the class. When you finish, ask your classmates to identify the story and to summarize what happened to the main character(s).

¡TRATO HECHO!

Spanish for Law and Legal Personnel

Consider these facts:

• 1.6 percent of judges in the U.S. are Hispanic; 2.8 percent are black.

• 1.6 percent of lawyers in the U.S. are Hispanic; 2.6 percent are black.

• 6.4 percent of police officers in the U.S. are Hispanic; 12.3 percent are black.

• A certified and professionally qualified freelance court interpreter earns $250 per day.

• A staff court interpreter with one year of experience earns between $31,000 and $40,500 per year. With 4 years of experience, the range jumps to $52,500–$68,000.

el policía/la mujer policía

el/la abogado/a

Palabras básicas

acusar, denunciar	accuse	el juicio/proceso	trial
el alguacil	bailiff	el jurado	jury
el bufete	law firm	el/la ladrón/ona	robber
la cárcel	jail	la ley	law
el chantaje	blackmail	llevar preso	to place under arrest
el contrato	contract		
la corte	court	la multa	ticket, penalty
el crimen	crime	la orden de	search
el delito mayor	felony	allanamiento	warrant
el/la demandado/a	defendant	preso	under arrest
el/la demandante	plaintiff	el soborno	bribe
el delito menor	misdemeanor	¡Socorro!,	
los derechos	rights	¡Auxilio!	Help!
la firma	signature	su señoría	your honor
el hostigamiento	harassment	violar	to rape
la huella digital	finger print		

A. Las divisiones legales. On a sheet of paper, write the names of some of the important legal classifications below. Then, looking at page 262, list each legal problem under the appropriate heading:

Derecho familiar
Derecho penal
Daños personales
Derecho comercial
Derecho contractual

Now, think of as many other things as you can for which a person can be arrested, or need a lawyer or legal advice. First, make a list in English. Then use a dictionary to find the Spanish terms. Finally, write the Spanish terms under the appropriate headings.

El sistema legal y sus oficiales

La corte suprema
La corte de apelación
La corte inferior

B. Soltar ideas. Make a list of situations in the legal profession in which Spanish might be useful.

¡ojo!

La policía is used to refer to the police force or to the police in general. To say policeman, use **el policía**. To refer to a female police officer, use **la mujer policía**.

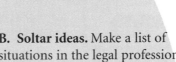

el/la juez/a

el/la auxiliar legal

El arresto

El policía usa las esposas para arrestar a un criminal. Lo meten en la patrulla y lo llevan al cuartel de policía para una interrogación. Luego, lo sueltan o lo meten en la cárcel.

el/la acusado/a

Este pequeño bufete de abogados se anuncia en las Páginas Amarillas en Massachusetts. ¿En qué tipos de caso se especializan?

Otros problemas legales

abuso sexual	homicidio
asalto	hostigamiento
bancarrota	robo
daño personal	violencia doméstica
discriminación	

C. Intéprete bilingüe. You are a Spanish-English court interpreter. The defendant is on trial for driving while intoxicated and is now being questioned by the prosecuting attorney. Interpret for the defendant and the lawyer.

ABOGADO: *Mr. Montes, where were you on the night of February 1?*
SR. MONTES Fui a la casa de una amiga.
ABOGADO: *What were you doing at your friend's house?*
SR. MONTES: Conversando.
ABOGADO: *Anything else?*
SR. MONTES: Nos tomamos unas cervezas mientras mirábamos la televisión.
ABOGADO: *How many beers, Mr. Montes?*
SR. MONTES: No sé. Una… dos. No sé.
ABOGADO: *Mr. Montes, your friend said that you drank 14 or 15 beers. Is this true?*
SR. MONTES: No. No sé
ABOGADO: *You don't know?*
SR. MONTES: Pues,… es posible, ¡pero yo manejo bien cuando estoy borracho!
ABOGADO: *Mr. Montes, the police said that you were unable to count from one to ten.*

D. ¡Soy inocente! What explanation might Mr. Montes give the prosecuting attorney for his behavior ? With a partner, prepare what Mr. Montes might say to the court in his own defense. Then present it to the class, which will vote on whether he is **inocente** or **culpable.**

 ¡A escuchar!

Servicio legal. Before listening to the conversation, write down the English cognates of the words below. Then, listen to the conversation and answer the questions.

la residencia permanente	graduarse	la visa
la clasificación	el ciclo vicioso	

1. La cliente y la auxiliar legal están...
   a. en la corte de apelación.
   b. en la cárcel.
   c. en la oficina de servicios legales.

2. La señorita Gálvez no trabaja ahora pero...
   a. no quiere trabajar nunca.
   b. estudia en la universidad.
   c. tiene una tarjeta de residencia.

3. La señorita Gálvez tiene...
   a. un green card.
   b. una tarjeta de crédito visa.
   c. una visa F-1.

4. La auxiliar dice que puede...
   a. ayudarla a completar los formularios.
   b. ayudarla si paga un soborno.
   c. conseguir la tarjeta de residente fácilmente.

E. La descripción. You have just been robbed and have found a police officer with whom you wish to file a report. Give as complete description of the robber as possible to the officer, using the illustration. Answer the officer's questions with as many details as possible. Remember, no detail is unimportant.

F. ¿Qué pasó? Now continue your report to the police officer. Tell him/her exactly what happened. Remember to include a description of what you were doing when the robbery occurred, what was stolen, how it was stolen, etc. The officer will ask appropriate questions.

G. El informe. The police officer has asked you to fill out a written report. Describe the entire robbery scene, including as many details as possible.

H. Un pagaré. Look at the following item. What kind of document is it? What does **pagaré** mean? What part of speech is **pagaré**? Do you recognize the form? What is the equivalent in English?

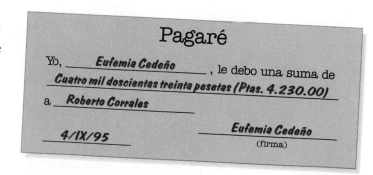

I. En el bufete. Prepare a conversation between you and your lawyer. Be sure to:

- include appropriate greetings
- give an explanation of the problem
- ask appropriate questions to find out more information
- arrive at a solution
- pay for or inquire about the lawyer's fees

La vida en casa

8

TEMA 1

Los quehaceres domésticos

- ¿Necesitas limpiar la casa?
- ¿Qué tienes en casa?

- Introducción a los complementos directos
- Más sobre los complementos directos

TEMA 2

La comida

- ¿Cuál es tu comida favorita?
- En el mercado

- Los mandatos (Ud. y Uds.)
- Los pronombres con los mandatos

TEMA 3

En la cocina

- ¿Qué ingredientes se necesitan?
- Una receta

- Los mandatos (tú)
- Los mandatos (resumen)

TEMA 4

Las diferencias y semejanzas

- Se parecen mucho
- ¿Cuál es mejor para la salud?

- El comparativo
- El superlativo

Skimming for the Main Idea

Spanish for the Restaurant and Catering Industries

¿Necesitas limpiar la casa?

A. Los quehaceres domésticos.

preparar la comida
el desayundo
el almuerzo
la cena

planchar la ropa

sacar la basura

hacer la cama

poner la mesa

barrer el piso

regar las plantas

pasar la aspiradora

B. Diálogo. Francesca llega a Puerto Rico.

En Puerto Rico, Graciela Castro, la media hermana de Francesca, habla con su compañera de cuarto, Verónica.

VERÓNICA: ¿Tu hermana va a llegar esta noche?

GRACIELA: Sí, voy a verla por primera vez. No la conozco.

VERÓNICA: La invitaste a quedarse aquí, ¿verdad?

GRACIELA: Sí, y hay tanto que hacer. Tengo que limpiar la casa, lavar la ropa y no hay nada de comer. Tengo que ir al supermercado.

VERÓNICA: ¡No te preocupes! Te puedo ayudar.

GRACIELA: Gracias.

C. ¿Comprende Ud.?

1. ¿Cuándo va a llegar la media hermana de Graciela?
2. ¿Dónde se va a quedar Francesca?
3. ¿Qué necesita hacer Graciela hoy?

D. ¿Qué hacen Uds.? Tell which household chores your family does in each place.

MODELO: en el garaje
Lavamos y secamos la ropa. Barremos el piso.

1. en el jardín
2. en la cocina
3. en la recámara
4. en la sala

E. ¿Antes o después? You are explaining to ET how things are done on earth. Which activity is done first?

MODELO: poner la mesa / comer
Se pone la mesa antes de comer.

lavar los platos / comer
Se lavan los platos después de comer.

1. hacer la cama/dormir
2. secar la ropa/lavar la ropa
3. sacudir los muebles/pasar la aspiradora
4. lavar la ropa/planchar la ropa
5. planchar la ropa/secar la ropa
6. cortar el césped/regar el césped

F. Entrevista.

1. ¿Limpias tu cuarto/apartamento/casa cada semana? ¿Qué día, por lo general? ¿Pasas la aspiradora cada vez que limpias la casa? ¿Sacudes los muebles? ¿Qué días sacas la basura?
2. Cuando eras pequeño/a, ¿tenías que ayudar con los quehaceres domésticos? ¿Qué tenías que hacer? ¿Hacías tú la cama todos los días?
3. ¿Tienes un jardín? ¿Te gusta trabajar en el jardín? ¿Con qué frecuencia tienes que cortar el césped? ¿Durante qué meses tienes que regar las plantas con más frecuencia? ¿Durante qué meses no tienes que cortar el césped?
4. ¿Qué quehaceres domésticos prefieres hacer? ¿Cuáles no te gustan?

¿Qué tienes en casa?

A. En casa hay…

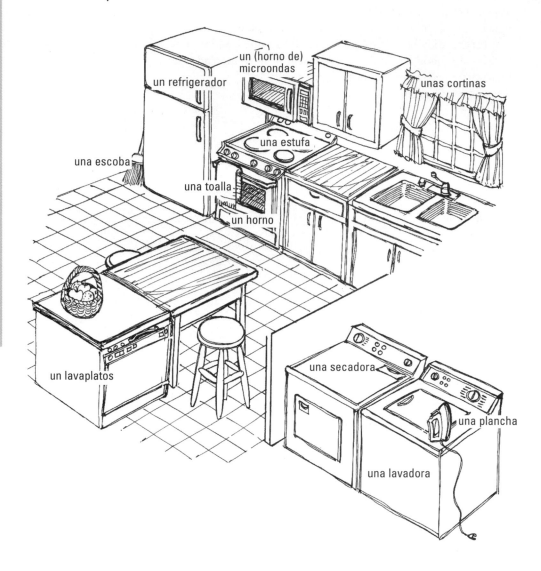

un refrigerador
un (horno de) microondas
unas cortinas
una estufa
una escoba
una toalla
un horno
un lavaplatos
una secadora
una plancha
una lavadora

B. Diálogo. Limpiando la casa.

VERÓNICA: ¿No tienes la escoba? La estaba buscando pero no la encontré en ninguna parte.

GRACIELA: Sí, la tengo en mi cuarto… pero la necesito también. Quiero barrer el patio.

VERÓNICA: Bueno, entonces yo voy a sacar la basura.

GRACIELA: Ya la saqué. ¿Por qué no metes los platos en el lavaplatos?

VERÓNICA: ¿Éstos son todos los platos sucios que hay?

GRACIELA: No, también hay una taza en la sala.

C. ¿Comprende Ud.?

1. ¿Qué estaba buscando Verónica? ¿Dónde está?
2. ¿Quién sacó la basura?
3. ¿Qué va a hacer Verónica ahora?

D. ¿Dónde están? Tell where each object is in the preceding illustration.

MODELO: la escoba (entre)
La escoba está entre el refrigerador y la pared.

1. la secadora (al lado de)
2. la plancha (encima de)
3. la toalla (delante de)
4. el refrigerador (entre)
5. el lavaplatos (a la izquierda de)
6. las cortinas (delante de)
7. la estufa (a la derecha de)
8. el microondas (sobre)

E. ¿Qué se usa para...? What does one use to do these chores?

MODELO: sacudir los muebles
Se usa una toalla para sacudir los muebles.

1. barrer el piso
2. secar los platos
3. cortar el césped
4. lavar la ropa
5. preparar la comida
6. secar la ropa
7. planchar la ropa
8. lavar los platos
9. limpiar las ventanas
10. guardar la comida

F. ¿Cuánto pagaste? A friend notices that you have new appliances. You say you just bought them and your friend asks how much you paid.

MODELO: —*Acabas de comprar una nueva lavadora ¿verdad?*
—*Sí, acabo de comprarla.*
—*¿Cuánto pagaste?*
—*1,979 pesos.*

G. Entrevista.

1. ¿Tienes una lavadora donde vives o tienes que ir a una lavandería pública? ¿Cuántas veces al mes tienes que lavar la ropa? ¿Tienes que planchar todas tus camisas? ¿pantalones? ¿vestidos?
2. ¿Te gusta cocinar? ¿Tienes un horno de microondas? ¿Usas el microoondas mucho para preparar la comida? ¿Prefieres usar el microondas o la estufa? ¿Con qué frecuencia limpias el refrigerador?
3. ¿Comes en la cocina por lo general? ¿Siempre pones la mesa antes de comer? ¿Siempre lavas los platos inmediatamente después de comer? ¿Tienes un lavaplatos?

Introducción a los complementos directos

Para averiguar

1. What is a direct object?

2. What is a direct object pronoun?

3. What are the direct object pronouns in Spanish?

4. Where are direct object pronouns placed in a sentence?

- Direct objects are people, places, or things that are acted on by the subject of a sentence or question. The words in bold type below are direct objects. Remember that human direct objects are preceded by the personal *a.*

  Conozco a **todos los profesores de español.**
  Veo **la universidad** desde mi casa.
  ¿Tienes **la escoba?**

- The following pronouns may replace nouns that function as direct objects.

Direct Object Pronouns			
me	me	**nos**	us
te	you (*fam. sing.*)	**os**	you (*fam. pl.*)
lo	him, it, you (*form. sing.*)	**los**	them, you (*pl.*)
la	her, it, you (*form. sing.*)	**las**	them, you (*pl.*)

- In English, direct object pronouns are placed after the verb. In Spanish, they are placed before a conjugated verb.

  –¿Conoces a todos **los profesores de español?**
  –Sí, **los** conozco a todos.
  –¿Ves **la universidad** desde tu casa?

  –Sí, **la** veo muy bien desde mi cuarto.
  –¿Tienes **la escoba?**
  –No, no **la** tengo.
  –¿Por qué nunca **me** invitas a tu casa?

  –Pues, **te** invito a cenar con nosotros mañana.

  –*Do you know all* **the Spanish professors?**
  –*Yes I know* **them** *all.*
  –*Can you see* **the university** *from your house?*

  –*Yes, I see* **it** *very well from my room.*
  –*Do you have* **the broom?**
  –*No, I do not have* **it.**
  –*Why don't you ever invite* **me** *to your house?*

  –*I'm inviting* **you** *to have dinner with us tomorrow.*

A lo personal

A. ¿Dónde lo pusiste? Your roommate wants to know where you put the following items. Give a logical answer.

MODELO: ¿Dónde pusiste la ropa sucia?
La metí en la lavadora.

¿Dónde pusiste…

1. los platos sucios…?
2. el cortacésped…?
3. el coche…?
4. las nuevas plantas…?

5. la escoba…?
6. el nuevo microondas…?
7. la comida…?
8. la ropa que estaba en la lavadora…?

B. La última vez. When did you last do these things? Use a direct object pronoun in your response.

MODELO: hacer la cama
La hice una vez la semana pasada./No la hago nunca.

1. cortar el césped
2. poner la mesa
3. lavar los platos
4. sacar la basura
5. preparar la comida
6. limpiar la casa
7. pasar la aspiradora
8. sacudir los muebles
9. barrer el piso de la cocina
10. regar las plantas

C. Los electrodomésticos. You are a customer in an electrical appliance store. Ask if they sell these items. A classmate will play the salesclerk.

MODELO: *—¿Venden Uds. hornos de microondas?*
—Sí, los vendemos.

1. lavadoras
2. cortinas
3. aspiradoras
4. escobas
5. toallas
6. planchas
7. secadoras
8. muebles
9. lavaplatos

D. Los amigos. Ask a classmate who does these things to him/her.

MODELO: llamar por teléfono con frecuencia
—¿Quién te llama por teléfono con frecuencia?
—Mi hermana me llama dos o tres veces a la semana./Nadie me llama.

1. ver todos los días
2. invitar a salir
3. enojar a veces
4. visitar a veces
5. conocer muy bien
6. criticar
7. sorprender
8. ayudar con su tarea a veces
9. nunca comprender
10. aburrir

Now tell whether or not your Spanish teacher does the same things to you and your classmates.

MODELO: llamar por teléfono con frecuencia
Nunca nos llama por teléfono.

E. Los objetos. With a partner, use verbs you know to describe as many things as you can that we do to the following objects.

MODELO: las plantas
Las regamos. Las compramos. Las comemos. Las ponemos en el patio…

1. la comida
2. la ropa
3. el césped
4. los platos
5. las ventanas
6. los libros
7. el español
8. la basura
9. las preguntas

F. Entrevista. Answer the questions using direct object pronouns.

1. ¿Cómo conociste a tu mejor amigo/a? ¿Con qué frecuencia lo/la llamas por teléfono? ¿Te invita a su casa con frecuencia? ¿Te sorprende a veces? ¿Cuándo? ¿Te enoja a veces? ¿Lo/La perdonas inmediatamente?
2. ¿Qué día limpias la casa por lo general? ¿La limpias todas las semanas? ¿Quién prepara la comida en tu casa? ¿Hace(s) enchiladas a veces? ¿Las comes con frecuencia cuando comes en un restaurante?

Más sobre los complementos directos

- You have seen that the direct object pronoun is placed before a conjugated verb. When it is the object of an infinitive that follows and has the same subject as a conjugated verb, the pronoun may be placed before the conjugated verb, or it may be attached to the end of the infinitive.

Voy a hacer **las camas.** → { **Las** voy a hacer.
 Voy a hacer**las.**

Tengo que lavar **los platos** → { **Los** tengo que lavar.
 Tengo que lavar**los.**

- In the present progressive, the direct object pronoun may be placed either before the conjugated form of **estar** or attached to the end of the **–ndo** form of a verb. In the latter case, a written accent is placed on the stressed vowel of the verb.

Estoy lavando **la ropa** ahora → { **La** estoy lavando ahora.
 Estoy lavándo**la** ahora.

Para averiguar

1. Direct object pronouns may occur in either of two places when a conjugated verb is followed by an infinitive. What are these two positions?

2. What are the two possible positions of direct object pronouns with the present progressive (**estar + -ndo**)? When is there a written accent mark on the verb?

A lo personal

A. ¿Qué vas a hacer con ese, esa, esos, y esas…? You want to know what your friend is going to do with these items. Your friend answers with a logical verb and a direct object pronoun.

MODELO: plantas
     —¿Qué vas a hacer con esas plantas?
     —Voy a regarlas./Las voy a regar.

leer	mirar	comer	gastar	escuchar	
regar	tocar	sacar	tomar	lavar	llevar

1. libro
2. ropa
3. café
4. pizza
5. video

6. casetes
7. basura
8. platos sucios
9. guitarra
10. dinero

B. ¿Qué estás buscando? Your roommate is looking for the following items. You ask why, and he/she gives a logical answer.

MODELO: mis zapatos negros
     —¿Sabes dónde están mis zapatos negros?
     —¿Por qué estás buscándolos?/¿Por qué los estás buscando?
     —Los necesito porque voy a una boda.

1. la escoba
2. las fotos de mi viaje
3. el cortacésped
4. mi traje de baño

5. mi paraguas
6. mi calculadora
7. mi libro de español
8. mis anteojos

C. ¿Me puedes ayudar? Ask a classmate if he/she can or will do the following things for you.

MODELO: −¿Me puedes ayudar con mi tarea de cálculo?
  −*Claro que te puedo ayudar./No, no te puedo ayudar con el cálculo.*

1. ¿Me vas a llamar esta tarde?
2. ¿Me quieres acompañar a Puerto Rico este verano?
3. ¿Me puedes visitar este fin de semana?
4. ¿Me puedes ir a buscar a la biblioteca esta noche?
5. ¿Me puedes llevar al centro en tu coche después de la clase?
6. ¿Me puedes ayudar a limpiar mi casa?

D. Los novios. With a classmate, role-play two young lovers arguing about their relationship. One partner reproaches the other for doing or not doing certain things. The other tries to appease his/her partner.

MODELO: llamar
  −*¡Nunca me llamas!*
  −*Te voy a llamar más.* o *Voy a llamarte más.*

  criticar
  −*¡Siempre me criticas!*
  −*No te voy a criticar más.* o *No voy a criticarte más.*

1. invitar a salir
2. olvidar
3. criticar
4. abrazar
5. llevar al restaurante
6. escuchar
7. hacer furioso/a
8. presentar a tus amigos
9. dejar plantado/a

 ¡A escuchar!

Los preparativos. Listen as Graciela and Verónica continue preparing for Francesca's visit. Then answer the questions.

1. ¿Qué acaba de hacer Verónica?
2. ¿Qué más necesitan hacer?
3. ¿Quién tiene la aspiradora?
4. ¿Dónde tiene la aspiradora?

E. Una conversación. You are expecting guests and your house is a mess. With another student, role-play a discussion with your roommate about how the two of you are going to put things in order.

¿Cuál es tu comida favorita?

A. Para el desayuno/el almuerzo/la cena…

La comida

El desayuno

el jamón, la salchicha, el pan dulce, el cereal, la fruta, el/la azúcar

El almuerzo

la hamburguesa, las papas fritas, el aceite, la sopa

La cena

la carne, el pollo, la langosta, el pescado, los camarones, las chuletas de cerdo, el arroz, la yuca, el pastel, el flan, el helado de chocolate, el agua mineral

El desayuno

el café

el jugo

los huevos

el tocino

El almuerzo

la sal

la pimienta

la leche

la mostaza

el sándwich

las verduras

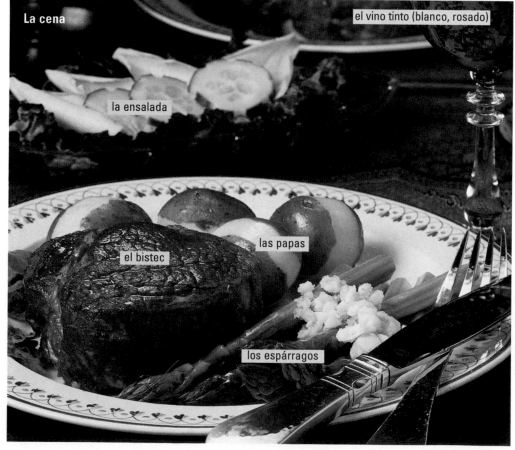

La cena

el vino tinto (blanco, rosado)

la ensalada

las papas

el bistec

los espárragos

B. Diálogo. En el supermercado.

Graciela y Verónica hablan de la cena de esta noche.

VERÓNICA: Voy al supermercado. ¿Qué necesitas para la cena?

GRACIELA: Todavía no sé qué voy a preparar. ¿Qué crees?

VERÓNICA: Sirve tu pollo asado. A mí me gusta mucho.

GRACIELA: Me gusta mucho esa salsa que haces. ¿Me puedes dar la receta?

VERÓNICA: ¡Claro! A ver… Para esa salsa necesitas mantequilla, harina, crema, un huevo, queso suizo y queso parmesano rallado. ¿Necesito comprar algo o ya lo tienes todo?

GRACIELA: No, compra el queso suizo y la crema, por favor. Y compra unas papas y frutas también.

VERÓNICA: ¿Y qué vas a servir de postre?

GRACIELA: Voy a comprar un pastel en esa pastelería que está cerca de mi oficina. Hacen unos pasteles excelentes.

C. ¿Comprende Ud.?

1. Según Verónica, ¿qué debe servir Graciela para la cena?
2. Para hacer la salsa de Verónica, ¿qué se necesita?
3. ¿Qué tiene que comprar Verónica en el supermercado?
4. ¿Qué va a servir de postre? ¿Dónde va a comprarlo?

D. Mi dicta. Tell how often you eat these foods or drink these beverages. Then say at what meal you prefer them.

MODELO: los huevos
Casi nunca los como. Los prefiero para el desayuno.

1. el jugo de naranja	4. la sopa	7. el vino
2. la ensalada	5. el arroz	8. las papas fritas
3. la salchicha	6. el jamón	9. el bistec

E. Las preferencias. Say how you prefer these foods and drinks. Use a direct object pronoun in your answer.

MODELO: los refrescos: ¿con hielo o sin hielo?
Los prefiero sin hielo. o Nunca los tomo.

1. las hamburguesas: ¿con mayonesa o con mostaza?
2. el café: ¿con crema, con leche o solo?
3. el café: ¿con cafeína o descafeinado?
4. la sopa: ¿con mucha sal, con poca sal o sin sal?
5. los huevos: ¿fritos o revueltos?
6. el bistec: ¿poco hecho, término medio o bien hecho?
7. el té: ¿con limón, con azúcar o sin nada?
8. la pizza: ¿con jamón, con salchicha o sin carne?
9. la ensalada: ¿con aceite o sin aceite?

F. La comida prohibida. What should the following people not eat or drink?

MODELO: los diabéticos
No deben comer azúcar y no deben tomar vino u otras bebidas alcohólicas.

1. las mujeres embarazadas	3. los vegetarianos
2. las personas con hipertensión	4. los niños pequeños

En el mercado

A. Frutas y legumbres.

los plátanos
los ajos
los limones
los melones
las manzanas
las berenjenas
las naranjas
las piñas
los rabanitos
los espárragos
las fresas
la lechuga

Las frutas
la naranja, el limón, las uvas, la fresa,
la manzana, la banana, la piña, la pera,
la guayaba, el mango, el melón, la sandía,
el tomate, el aguacate, el melocotón

Las legumbres
la lechuga, los frijoles, la zanahoria, el maíz,
la cebolla, el ajo, las papas, la yuca, el apio,
los chícharos, los garbanzos
las espinacas, la coliflor

B. Diálogo. De compras.

Verónica está en el mercado comprando unas cosas para la cena.

EL VENDEDOR: Buenos días, señora. ¿En qué le puedo servir?
VERÓNICA: Déme un kilo de papas, por favor.
EL VENDEDOR: Bueno, un kilo de papas… ¿Algo más?
VERÓNICA: ¿Están buenos los melones hoy?
EL VENDEDOR: Sí, están muy dulces.
VERÓNICA: Déme uno por favor.
EL VENDEDOR: ¿Es todo?
VERÓNICA: Sí. ¿Cuánto es?
EL VENDEDOR: Tres dólares con noventa y cinco centavos.

C. ¿Comprende Ud.?

1. ¿Cuántas papas compró Verónica?
2. ¿Qué más compró? ¿Cómo están hoy?
3. ¿Cuánto costó todo?

D. Los ingredientes. What ingredients are needed to make the following dishes?

MODELO: una ensalada
*Para hacer una ensalada se necesitan tomates, lechuga, cebolla, aguacate,
sal, pimienta, aceite y vinagre.*

1. una hamburguesa
2. una ensalada de fruta
3. guacamole
4. tu sándwich favorito
5. brochetas

E. Los grupos lógicos. Which word does not fit in each group? Explain your answer.

1. las fresas, las papas, las manzanas, las uvas, los mangos
2. el apio, la lechuga, los chícharos, las espinacas, la sandía
3. el pan, el jamón, la salchicha, el pollo, el bistec, las chuletas de cerdo
4. el vino, los camarones, los refrescos, el jugo, la leche, el agua
5. el flan, el pastel, la langosta, la fruta, el helado

F. El vendedor de frutas. What fruit and vegetables can you name in this photograph?

Los mandatos (Ud. y Uds.)

Para averiguar

1. What stem do you use for the **Ud.** and **Uds.** commands of most verbs?

2. What endings do you add to the stem to form **Ud.** and **Uds.** commands of **-ar** verbs? of **-er/-ir** verbs?

3. Which five verbs have irregular **Ud.** and **Uds.** command forms?

4. What spelling changes take place in the command forms of verbs ending in **-car, -gar,** and **-zar**?

- Use commands (**los mandatos**) to tell people to do something. The command form of a verb is called the imperative. To give a command to someone you would address as **usted**, drop the final **o** of the **yo** form of the verb and add these endings:

  For **-ar** verbs, add **-e**:

hablar	hablo	→ **¡Hable** más despacio, por favor!	*Speak more slowly, please!*
cerrar	cierro	→ ¡No **cierre** la puerta!	*Don't close the door!*

  For **-er** and **-ir** verbs, add **-a**:

leer	leo	→ **Lea** la página 278.	*Read page 278.*
hacer	hago	→ ¡No **haga** eso!	*Don't do that!*
poner	pongo	→ **Ponga** los platos en la mesa.	*Put the dishes on the table.*
abrir	abro	→ ¡**Abra** la ventana, por favor!	*Open the window please!*
venir	vengo	→ **Venga** mañana si puede.	*Come tomorrow if you can.*

- To give a command to more than one person, form the **ustedes** command by adding an **-n** to the **usted** command.

  Hagan esos ejercicios para mañana.　*Do those exercises for tomorrow.*
  No **hablen** durante los exámenes.　*Don't talk during exams.*

- These verbs have irregular command forms. You can easily remember which verbs they are because their **yo** forms do not end in **-o**.

	usted	ustedes
dar	**dé**	**den**
estar	**esté**	**estén**
ir	**vaya**	**vayan**
saber	**sepa**	**sepan**
ser	**sea**	**sean**

  Estén aquí mañana a las seis.　*Be here tomorrow at six o'clock.*
  Vaya a la oficina central.　*Go to the main office.*

- The command forms of verbs ending in **-car, -gar,** and **-zar** have the following spelling changes when the **a** of the indicative ending becomes an **e**: **c → qu, g → gu,** and **z → c**.

sacar	¡No sa**qu**en la basura!
pagar	¡No pa**gu**e más!
empezar	Empie**c**en, por favor.

- For courtesy, you may insert the pronoun **usted** or **ustedes** after the verb.

  Vayan **Uds.** con ellos.　*Go with them.*
  Diga **Ud.** todo.　*Tell everything.*

A lo personal

A. Los consejos. Your doctor is giving you advice. Use logical words to complete his/her suggestions for good health. Then work with a partner to think of three more suggestions for a healthier lifestyle.

1. Haga ejercicio por lo menos _____ veces a la semana.
2. Coma más _____.
3. Coma menos _____.
4. Tome mucho/a _____.
5. No tome mucho/a _____.
6. Duerma por lo menos _____ horas todos los días.
7. Vaya al dentista por los menos _____ veces al año.
8. Descanse por lo menos _____ hora(s) cada día.

B. El estrés. Tell whether you follow these recommendations published in *Buena Salud.*

MODELO: Sea optimista. Sí, *soy optimista.*
            Beba agua. *Bebo ocho vasos de agua todos los días.*

16 formas de combatir el estrés y la fatiga

1. Sea optimista.

Los estudios han demostrado que los optimistas poseen menos síntomas mentales y físicos de estrés.

2. Beba agua.

Este líquido es esencial para la energía; especialmente durante el verano.

3. Coma un chocolate.

Puede comer uno a la hora del té y le permitirá recargar energías para terminar el día.

4. Elimine el aburrimiento.

Nada quita energías más rápido que el estar aburrido. Es importante encontrar formas de dar interés a las cosas de todos los días.

5. Pratique yoga.

Esta disciplina le permitirá alcanzar la relajación y serenidad necesarias para combatir el estrés.

6. Piense como Peter Pan.

Usted se sentirá con energías siempre que esté en contacto con el impulsivo, curioso y libre personaje que era usted de niño.

7. Tenga una alimentación balanceada.

La nutrición equilibrada es esencial para la buena salud y la resistencia al estrés.

8. Duerma ocho horas por noche.

La falta de sueño crónica crea un estado de agotamiento que disminuye la calidad de su vida.

9. Limite su consumo de cafeína.

Demasiada cantidad de esta sustancia daña su salud e incrementa su susceptibilidad al estrés.

10. No fume.

Aunque la mayoría de los fumadores piensan que los cigarrillos los relajan, la nicotina, por el contrario, es una sustancia que produce una respuesta artificial de estrés en el cuerpo.

11. Evite el alcohol.

Mucha gente bebe para dejar atrás un día difícil. Pero en realidad, el alcohol crea un desequilibrio químico en el cuerpo.

12. Sea afectivo.

Los investigadores han demostrado que las personas que regularmente dan y reciben afecto viven más tiempo.

13. Dedique tiempo a sus amigos.

Las invitaciones recíprocas, las llamadas telefónicas, los encuentros regulares con amigos son eficaces en la lucha contra el estrés.

14. Elimine las emociones negativas.

La angustia, la ansiedad y la depresión son las emociones predominantes del estrés. Éstas afectan su organismo y disminuyen su resistencia al estrés.

15. Organice su tiempo efectivamente.

Demasiado que hacer en poco tiempo es un camino seguro hacia el estrés.

16. Sea menos perfeccionista.

Esto le permitirá tener más tiempo para hacer sus cosas.

C. La depresión. You are a psychologist whose patient is depressed. Tell him/her whether or not to do the following things.

MODELO: vivir solo
            No viva solo.

1. hacer lo mismo todos los días
2. salir con amigos
3. ir al trabajo
4. pasar todo el día mirando la televisión
5. ser pesimista
6. comprar un perro o un gato
7. practicar un deporte
8. hacer un viaje

Los pronombres con los mandatos

Para averiguar

1. Where do you place direct object or reflexive pronouns with affirmative commands? With negative commands?

2. When do you add a written accent to the verb?

• The placement of object pronouns with commands depends on whether you are telling someone to do something or not to do something. Attach an object pronoun to the end of an affirmative command, and place a written accent on the stressed vowel of verbs of two or more syllables. You place the object pronouns immediately before the verb of a negative command.

—¿Hacemos los ejercicios del cuaderno?   —*Do we do the exercises from the workbook?*

—Sí, hágan**los**./No, no **los** hagan.   —*Yes, do them./No, don't do them.*
—¿Puedo comer estos chocolates?   —*May I eat these chocolates?*
—Sí, cóma**los**./No, no **los** coma.   —*Yes, eat them./No, don't eat them.*

• Reflexive pronouns follow the same placement rules as direct object pronouns.

—¿Necesito levantarme?   —*Do I need to get up?*
—Sí, levánte**se**, por favor./No, no   —*Yes, get up, please./No, don't get up.*
se levante.

A lo personal

A. Los niños traviesos. You are babysitting two mischievous children. Tell them what they should and should not do.

MODELO: acostarse tarde
           No se acuesten tarde.
1. bañarse
2. levantarse al mediodía
3. ponerse la ropa de sus padres
4. enojarse el uno con el otro
5. calmarse
6. preocuparse
7. quedarse cerca de la casa

B. ¿Qué debemos hacer? With your classmates, role-play a teacher and students asking and answering these questions logically. Use direct object pronouns in the answers.

MODELO: ¿Debemos hacer los ejercicios del cuaderno en casa?
           Sí, háganlos en casa.
           ¿Podemos abrir nuestros libros durante los exámenes?
           No, no los abran durante los exámenes.

1. ¿Debemos escuchar los casetes de español todos los días?
2. ¿Podemos hacer preguntas en inglés?
3. ¿Tenemos que contestar sus preguntas en español?
4. ¿Necesitamos leer las explicaciones del libro?
5. ¿Podemos tomar refrescos en clase?
6. ¿Necesitamos traer nuestro libro a clase?
7. ¿Tenemos que aprender los mandatos para la próxima clase?
8. ¿Debemos pronunciar la palabra sándwich como en inglés?

C. Dolor de cabeza. Tell a patient suffering from a headache whether or not to eat or drink these foods and beverages. Refer to the chart from *Buena Salud*.

MODELO: pollo
Sí, cómalo.

bebidas alcohólicas
No, no las tome.

1. café
2. leche
3. bananas
4. cebollas
5. manzanas
6. mozzarella
7. salchicha
8. pescado
9. zanahorias
10. lechuga

ALIMENTOS Y DOLORES DE CABEZA: VIEJOS ALIADOS

ACONSEJABLES	NO ACONSEJABLES
Bebidas Café descafeinado, jugos de fruta, bebidas gaseosas sin cola.	**Bebidas** Más de dos tazas de café o té al día, chocolates, cacao, bebidas alcoholicas.
Carnes y pescados Pavo, pollo, pescado, carne vacuna, cerdo. Hasta tres huevos por semana.	**Carnes y pescados** Alimentos curados o conservados. Hígado de pollo, salchichas, chorizo, salchichón y embutidos picantes.
Productos lacteos Leche, quesos suaves, hasta un pote de yogur por día.	**Productos lacteos** Manteca, quesos fuertes (camembert, mozzarella, emmenthal, etc.)
Frutas y vegetales Ciruela, manzanas, cerezas, peras. No más de un vaso de jugo de cítricos por día. Espárragos, zanahorias, espinacas, tomates, lechuga, coliflor.	**Frutas y vegetales** Bananas, higos y uvas. Lentejas, garbanzos, cebollas, aceitunas, salsa de soja, levaduras

Now, you are a dietician and your patient wants to be healthy. Tell him/her whether or not to eat or drink these things.

1. pastel
2. ensalada
3. cerveza
4. arroz
5. pan dulce
6. helado
7. frutas
8. hamburguesas con queso
9. frijoles
10. agua

D. En el mercado. Imagine that you are buying fruit from the stand in the photo on page 277. Role-play the exchange with a classmate, making at least two purchases.

¿Qué ingredientes se necesitan?

A. Se necesita…

tres cucharadas de mantequilla

harina

media taza de leche

media taza de crema

una yema de huevo

media taza de queso suizo rallado

la tercera parte de una taza de queso parmesano rallado

B. Para poner la mesa se necesitan…

un mantel

un plato hondo

una cuchara

un tenedor

un plato

un cuchillo

una cacerola

un recipiente pequeño

C. Diálogo. Verónica regresa del mercado.

VERÓNICA: Aquí tengo las cosas del mercado.

GRACIELA: Ah, gracias. Ponlas en la cocina por favor.

VERÓNICA: Y luego ¿qué debo hacer?

GRACIELA: Descansa un poco, si quieres.

VERÓNICA: ¿No debemos empezar a preparar la cena? Ya son las seis.

GRACIELA: No te preocupes. El avión de Francesca no llega hasta las ocho y media… ¿Cuánto tiempo se necesita para hacer tu salsa?

VERÓNICA: No mucho, sólo unos veinte minutos.

D. ¿Comprende Ud.?

1. Después de poner las cosas del mercado en la cocina, ¿qué debe hacer Verónica?
2. ¿A qué hora llega el vuelo de Francesca?
3. ¿Cuánto tiempo se necesita para hacer la salsa de Verónica?

E. ¿Qué se usa? Tell which dishes and utensils are used for the following meals and snacks.

MODELO: comer cereal
    Para comer cereal, se usan una cuchara y un plato hondo.

1. comer un bistec
2. tomar café
3. tomar sopa
4. tomar leche
5. poner la mesa
6. tomar vino

F. La mesa. You are explaining to a child how to set the table. Use the illustration on the previous page to complete these instructions.

Primero se ponen el mantel y los platos.

_____ se pone(n) a la derecha del plato.
_____ se pone(n) a la izquierda del plato.
_____ se pone(n) detrás del plato.

G. ¿Qué es eso? Name the foods described.

1. Son blancos pero tienen el centro amarillo. Tienen mucho colesterol.
2. Es la parte amarilla de un huevo.
3. Es un polvo blanco que se usa para hacer pan o pasteles.
4. Se come con frecuencia con jamón en un sándwich.
5. Se come mucho con la comida italiana.
6. Es un líquido blanco que se toma con el café.
7. Se le pone al pan tostado o las papas preparadas al horno. Tiene muchas calorías.

H. Entrevista.

1. ¿Tomas mucho café? ¿Cuántas tazas tomas al día? ¿Lo tomas con leche? ¿con azúcar?
2. ¿Te gusta la mantequilla? ¿Con qué comes mucha mantequilla? ¿con el pan tostado? ¿con las papas preparadas al horno? ¿La usas mucho cuando cocinas?
3. ¿Comes mucho queso? ¿Prefieres el queso suizo o el parmesano? Con una hamburguesa, ¿qué tipo de queso prefieres? ¿el suizo? ¿el cheddar?
4. ¿Siempre pones la mesa antes de comer? ¿Pones un mantel? ¿Cenas en la cocina o en el comedor?
5. Cuando comes, ¿tienes el tenedor en la mano derecha o en la izquierda?
6. ¿Qué se prepara en un sartén? ¿En una cacerola? ¿En una olla?

Una receta

A. Una salsa deliciosa.

Salsa Mornay

• Comience a prepararla 20 minutos antes de servir.

• Contiene 164 calorías por 1/3 tz.

• Es una buena fuente de calcio y vitamina A.

Para preparar 2 1/3 tz:

3 cdas de mantequilla o margarina

2 cucharadas de harina

1 tz de caldo de pollo

1 tz de mitad leche y mitad crema

1 yema de huevo

1/2 tz de queso Suizo natural rallado

1/4 tz de queso Parmesano rallado

1 En una olla de 2/4 de capacidad, a fuego mediano, derrita la mantequilla y agregue, revolviendo, la harina. Mezcle hasta que se unan bien.

2 Viértale, poco a poco, y revolviendo, la leche y el caldo de pollo. Mezcle hasta que se espese.

3 En un recipiente pequeño, y usando la escobilla de cocina o un batidor de alambre de mano, bata ligeramente la yema de huevo y agregue, revolviendo, un poquito de la mezcla anterior.

4 Unala lentamente a la mezcla caliente, revolviendo vigorosamente para evitar que se le formen grumos.

5 Agregue el queso y cocine a fuego de mediano a lento, revolviendo. Cocine hasta que se caliente bien, pero no lo deje hervir. Sirva caliente con vegetales cocinados, pescado, pollo asado o huevos poché.

B. Diálogo. La salsa Mornay.

GRACIELA: Primero necesito derretir la mantequilla ¿verdad?

VERÓNICA: Sí, derrite la mantequilla y agrega la harina poco a poco. Mezcla bien la harina con la mantequilla.

GRACIELA: ¿Y después?

VERÓNICA: Vierte la leche, la crema y el caldo en la olla.

GRACIELA: ¿Agrego el huevo también?

VERÓNICA: No. Primero, en otro recipiente, bate la yema con un batidor. Entonces agrégala a los otros ingredientes y revuélvelo todo bien.

GRACIELA: ¿Lo dejo hervir?

VERÓNICA: No, caliéntalo bien pero no lo dejes hervir.

C. ¿Comprende Ud.?

1. ¿Cuáles son los dos primeros ingredientes que se usan?
2. ¿Qué se hace con el huevo antes de agregarlo a los otros ingredientes?
3. ¿Se debe dejar hervir la salsa?

D. La salsa Mornay. Scan the recipe for **salsa Mornay** and match the verbs on the left with their definitions on the right.

1. verter		a. *to boil*
2. revolver		b. *to melt*
3. mezclar		c. *to beat*
4. espesarse		d. *to thicken*
5. unir		e. *to pour*
6. derretir		f. *to add*
7. agregar		g. *to mix*
8. batir		h. *to combine*
9. calentar		i. *to heat*
10. hervir		j. *to stir*

E. Una receta. Skim the recipe for **ñoquis gratinados**. Then answer the questions. Use formal commands and direct object pronouns in your answers.

MODELO: ¿Qué hago primero con las papas?
    Hiérvalas.

1. ¿Qué hago con las papas después de pelarlas?
2. ¿Con qué mezclo las papas?
3. ¿Qué hago con la cebolla?
4. ¿Por cuánto tiempo dejo gratinar los ñoquis en el horno?
5. ¿Sirvo los ñoquis inmediatamente después de sacarlos del horno?

ÑOQUIS GRATINADOS

FICHAS DE COCINA

1   Kg (2 lb) de papas (patatas)
300 gr (10 oz) de harina
1   huevo
1/2 cebolla
5   lascas de queso blanco

300 gr (10 oz) de tomates (jitomates) de cocinar
45 gr (1 1/2 oz) de mantequilla o margarina
1   dl de crema de leche
    Sal

Hierva las papas. Pélelas y hágalas puré. Mézclelas con la harina, el huevo y una pizca de sal, hasta formar una masa homogénea. Forme con la masa varios rollitos alargados. Córtelos en pedacitos de aproximadamente 2 cm (1"). Luego fórmeles unas ranuritas con los dientes de un tenedor. Pele y pique la cebolla. Dórela en una olla con la mantequilla. Agréguele los tomates, cortados en cuadritos, y una pizca de sal. Cocine por media hora a fuego medio. Hierva los ñoquis en abundante agua con sal, hasta que estén "al dente". Cuélelos y mézclelos con la salsa de tomate. Colóquelos en un molde refractario y póngales por encima las lascas de queso. Viértales la crema de leche y coloque el molde en el horno a 200 grados C (400 grados F) a gratinar por unos 10 minutos. Sírvalos inmediatamente.

Los mandatos (tú)

Para averiguar

1. How do you form the affirmative **tú** commands?

2. How do you form the negative **tú** commands?

3. What are eight irregular **tú** commands? Are the affirmative or negative forms of these commands similar to **Ud./Uds.** commands?

- Unlike the **Ud.** commands, the form of the **tú** commands depends on whether you are telling a person to do something (an affirmative command) or not to do something (a negative command). The negative commands are formed by adding **-s** to the **Ud.** command.

NEGATIVE UD. COMMAND.	NEGATIVE TÚ COMMAND	
¡No **piense** eso!	¡No **pienses** eso!	*Don't think that!*
¡No **se siente!**	¡No **te sientes!**	*Don't sit down!*
¡No lo **haga!**	¡No **lo hagas!**	*Don't do it!*

- Affirmative **tú** commands look like the **él/ella** form of the present indicative. As with all affirmative commands, direct object and reflexive pronouns are attached to the end of the verb, and a written accent is added to the stressed syllable of all verbs of two or more syllables.

Limpia tu cuarto.	*Clean your room.*
Siéntate.	*Sit down*
Agrégalo poco a poco.	*Add it little by little.*
Come en la cocina.	*Eat in the kitchen.*
Derrite la mantequilla.	*Melt the butter.*

- The affirmative **tú** commands of the following verbs are irregular. Note that as with all verbs, the negative **tú** commands are formed by adding **-s** to the **Ud.** command.

	AFFIRMATIVE TÚ	NEGATIVE TÚ
decir	**di**	**no digas**
hacer	**haz**	**no hagas**
ir	**ve**	**no vayas**
poner	**pon**	**no pongas**
salir	**sal**	**no salgas**
ser	**sé**	**no seas**
tener	**ten**	**no tengas**
venir	**ven**	**no vengas**

A lo personal

A. Madre e hijo. A son is helping his mother in the kitchen. Which of the following would she more likely tell him to do?

MODELO: Juega con el cuchillo./No juegues con el cuchillo.
   No juegues con el cuchillo.

1. Lávate las manos antes de empezar./No te laves las manos antes de empezar.
2. Escúchame bien./No me escuches.
3. Sigue las instrucciones./No sigas las instrucciones.
4. Cierra la puerta del refrigerador./No cierres la puerta del refrigerador.
5. Lava los platos después de usarlos./No laves los platos después de usarlos.
6. Juega cerca de la estufa./No juegues cerca de la estufa.
7. Mete la cuchara en el microondas./No metas la cuchara en el microondas.
8. Come todo el azúcar./No comas todo el azúcar.
9. Toma el vino./No tomes el vino.

B. En la cocina. Your four-year-old nephew is helping you put away groceries. Tell him whether or not to put these items in the refrigerator.

MODELO: la leche
Sí, métela en el refrigerador.

el vino tinto
No lo metas en el refrigerador.

1. los huevos
2. la sal
3. la mantequilla
4. la harina
5. el té

6. el helado
7. el papel toalla
8. las naranjas
9. el pan
10. el azúcar

C. Los consejos. Your younger cousin is about to start studying at the university. Give her advice about whether she should or shouldn't do the following things. Then work with a partner to give her a few more suggestions.

MODELO: tomar un curso de español
Toma un curso de español./No tomes un curso de español.

vivir sola
Vive sola./No vivas sola.

1. estudiar aquí
2. tomar los cursos más difíciles el primer año
3. hablar mucho en clase
4. comer en la cafetería universitaria
5. vivir cerca del campus
6. dormir en clase

7. salir hasta tarde todos los días
8. tener miedo de hacer preguntas
9. hacer la tarea
10. ir a todas las clases
11. decir su opinión en clase
12. ser tímida

D. La Cenicienta. With a classmate, role-play Cinderella and her stepmother discussing the household chores. Use logical verbs.

MODELO: la aspiradora
—Cenicienta, pasa la aspiradora.
—Acabo de pasarla.

1. el piso
2. los platos
3. los muebles
4. la basura
5. la comida
6. el césped
7. la ropa

After she marries the prince, Cinderella still wants to do the housework, but he refuses to let her. What does he say?

MODELO: la aspiradora
No pases la aspiradora.

Los mandatos (resumen)

Para averiguar

1. Which commands have different affirmative and negative forms?

2. Do affirmative or negative **tú** commands follow the same pattern as the **Ud.** and **Uds.** commands?

- The chart below summarizes the **usted, ustedes,** and **tú** commands for -**ar, -er** and -**ir** verbs. Affirmative **tú** commands look like the present indicative **él/ella** form. Other commands are formed by changing the present indicative vowel endings as follows: **a → e, e/i → a.**

	tú affirmative	tú negative	Ud. affirmative/negative	Uds. affirmative/negative
hablar	habla	no hables	(no) hable	(no) hablen
cerrar	cierra	no cierres	(no) cierre	(no) cierren
comer	come	no comas	(no) coma	(no) coman
volver	vuelve	no vuelvas	(no) vuelva	(no) vuelvan
abrir	abre	no abras	(no) abra	(no) abran
pedir	pide	no pidas	(no) pida	(no) pidan

- These verbs have irregular affirmative **tú** commands. The stem of the **usted, ustedes,** and negative **tú** commands is formed by dropping the final -**o** of the present indicative **yo** form.

	tú affirmative	tú negative	Ud. affirmative/negative	Uds. affirmative/negative
decir	di	no digas	(no) diga	(no) digan
hacer	haz	no hagas	(no) haga	(no) hagan
poner	pon	no pongas	(no) ponga	(no) pongan
salir	sal	no salgas	(no) salga	(no) salgan
tener	ten	no tengas	(no) tenga	(no) tengan
venir	ven	no vengas	(no) venga	(no) vengan

- The verbs below also have irregular command forms.

	tú affirmative	tú negative	Ud. affirmative/negative	Uds. affirmative/negative
dar	da	no des	(no) dé	(no) den
estar	está	no estés	(no) esté	(no) estén
ir	ve	no vayas	(no) vaya	(no) vayan
saber	sabe	no sepas	(no) sepa	(no) sepan
ser	sé	no seas	(no) sea	(no) sean

- Remember that object and reflexive pronouns are attached to the end of verbs in affirmative commands, but are placed before the verb in negative commands.

Hazlo por mí.	*Do it for me.*
No **lo hagas** por ellos.	*Don't do it for them.*
Acuéstense temprano.	*Go to bed early.*
No **se levanten** tarde.	*Don't get up late.*

A lo personal

A. Una madre sin paciencia. Read the comic strip and decide whether or not the mother would tell each person to do the things in parentheses.

MODELO: a su hija (hacer preguntas)
¡No hagas preguntas!

1. a su hija (escucharme, invitar a sus amigos, calmarse, ser educada, venir a saludar a mi amiga)
2. a los amiguitos de su hija (venir a jugar aquí, hacer ruido, volver a su casa, regresar más tarde)
3. a su amiga Fefita (pasar a la sala, sentarse, hacer como en su casa, preocuparse, volver a verme pronto)

B. Unas sugerencias. With a partner, think of as many suggestions as possible for the following people.

1. Sus padres quieren ir de vacaciones pero no saben qué hacer.
2. Sus amigos invitan a algunas personas a su apartamento pero no saben qué hacer ni qué servir.
3. Su primo quiere sentirse mejor.
4. Su hermana va a casarse mañana.
5. La madre de su esposo sufre de mucho estrés.
6. Su compañero/a de cuarto es muy perezoso/a y su apartamento está muy sucio.

C. Una conversación. As you explain to a friend how to make *hamburguesas guisadas*, your friend asks questions. Answer them based on this recipe. Remember to change the **Uds.** commands to the **tú** form to address your friend.

Hamburguesas guisadas

INGREDIENTES

8 hamburguesas finas o 4 gruesas
1 cebolla grande picada
1 frasco pequeño de champiñones frescos o envasados

1/3 de taza de aceite
1 cucharada de pimiento
2 tomates maduros
Sal y pimienta al gusto

PREPARACIÓN

• Ponga en una cazuela o cacerola el aceite y la cebolla a freír. Agregue las hamburguesas y continúe la fritura hasta dorarlo todo.
• Agregue los jitomates pelados en trozos y los condimentos. Tape y cocine unos 15 minutos. Agregue los champiñones con su líquido y continúe la cocción sin tapa durante 10 minutos más, hirviendo la preparación. Sirva en un recipiente hondo o déjelo en una cazuela de cocción.

Se parecen mucho

A. ¿Se parecen?

Las media hermanas Graciela y Francesca se van a sorprender al verse por primera vez porque son muy parecidas. Las diferencias entre ellas no son muy evidentes.

Francesca tiene 25 años. Es la mayor.
Graciela tiene 20 años. Es la menor.
Graciela es un poco más alta.
Graciela tiene el pelo un poco más largo que Francesca.
Francesca tiene el pelo un poco menos oscuro.

B. Diálogo. En el aeropuerto.

VERÓNICA: ¡Graciela…! ¿No es ella, allí?

GRACIELA: Hola, Francesca. Soy Graciela.

FRANCESCA: Mucho gusto en conocerte. Gracias por invitarme.

VERÓNICA: Es increíble. Ustedes se parecen mucho. Parecen gemelas. Francesca, tú eres la mayor, ¿verdad?

FRANCESCA: Sí, por cinco años. Graciela es menor, aunque es más alta que yo.

C. ¿Comprende Ud.?

1. Graciela y Francesca se ven como…
2. La hermana mayor es…
3. La más alta es…

D. Comparaciones. Answer the questions about Francesca, Graciela, and Verónica based on the illustration on page 290.

1. ¿Francesca parece más liberal o menos liberal que Graciela?
2. ¿Verónica es más o menos grande que Graciela y Francesca?
3. ¿Verónica tiene el pelo más o menos largo que Graciela y Francesca?
4. ¿Quién tiene el pelo más oscuro? ¿menos oscuro?
5. ¿Cuál de las tres es la más baja? ¿la más alta?
6. ¿Quién es la más delgada?

E. En mi familia. Describe *your* family by replacing the italicized words.

1. *Mi hermana Laura es* el/la hijo/a menor. *Tiene 16 años.*
2. *Yo soy* el/la hijo/a mayor. *Tengo 21 años.*
3. Mi tío mayor tiene *67 años.*
4. Mi primo menor tiene *13 años.*
5. Yo me parezco más a *mi madre.*
6. La persona más alta de mi familia *soy yo.*
7. La persona más baja *es mi hermano David.*
8. La persona más simpática de mi familia *es mi tía Isabel.*
9. La persona con el pelo más oscuro de mi familia *soy yo.*
10. La persona con el pelo menos oscuro de mi familia *es mi hermano menor.*

F. Es increíble. Guess which answer in parentheses is the correct one as recorded in the *Guinness Book of World Records.*

1. La persona más anciana del mundo es la francesa Jeanne Louis Calmant. Tiene (118, 119, 120, 121, 122) años.
2. Diane Witt de Worchester, Massachusetts tiene el pelo más largo del mundo. Su pelo mide casi (9, 10, 11, 12, 13, 14) pies de largo.
3. Kalya Ramji Sain de Sundargarth, India tiene el bigote más largo del mundo. Su bigote mide casi (9, 10, 11, 12, 13, 14) pies.
4. Haji Mohammed Alan Channa de Pakistan es el hombre más alto del mundo. Mide más de 7 pies con (5, 6, 7, 8, 9, 10) pulgadas.
5. La mujer más alta del mundo es Sandy Allen de Chicago. Mide más de 7 pies con (5, 6, 7, 8, 9, 10) pulgadas
6. El perro adulto más pequeño de la historia pesaba sólo (3, 4, 5, 6, 7) onzas.
7. El gato más bajo de la historia medía menos de (3, 4, 5, 6) pulgadas de altura.
8. El gato más grande de la historia pesaba más de (25, 30, 35, 40, 45) libras.
9. La sandía más grande pesaba más de (100, 150, 200, 250, 300) libras.
10. El tallo de maíz más alto medía más de (25, 30, 35, 40) pies.
11. La zanahoria más grande pesaba más de (3, 7, 12, 15) libras.
12. La cebolla más grande pesaba más de (3, 7, 12, 15) libras.

¿Cuál es mejor para la salud?

A. ¿Cuál es la respuesta correcta?

1	La leche descremada tiene	más grasa que tanta grasa como menos grasa que	la leche entera.
2	Los camarones tienen	más colesterol que tanto colesterol como menos colesterol que	el jamón.
3	Las uvas tienen	más calorías que tantas calorías como menos calorías que	las manzanas.
4	Las naranjas tienen	más vitamina C que tanta vitamina C como menos vitamina C que	los limones.
5	La carne es	mejor para la salud que tan buena para la salud como peor para la salud que	las verduras.

B. Diálogo. Son parecidas.

Francesca y Graciela se ven muy parecidas pero tienen algunas diferencias.

GRACIELA: ¿Tienes hambre, Francesca? Tengo la cena preparada.

FRANCESCA: Ud. es muy amable de invitarme a quedarme aquí.

VERÓNICA: Podemos tutearnos. Somos hermanas, ¿verdad?

FRANCESCA: Sí, entonces… tú eres muy amable.

VERÓNICA: El pollo asado de Graciela es el mejor de San Juan.

FRANCESCA: ¿Pollo?

GRACIELA: ¿No te gusta el pollo?

FRANCESCA: Es que… soy vegetariana.

GRACIELA: Bueno… También hay papas, ensalada y fruta.

FRANCESCA: Veo que eres mejor cocinera que yo. Todo parece tan rico.

GRACIELA: Antes de cenar, ¿te gustaría una copa de vino?

FRANCESCA: No, gracias. No tomo alcohol tampoco. Prefiero jugo si lo tienes.

GRACIELA: Sí, cómo no. El jugo es mejor para la salud.

C. ¿Comprende Ud.?

1. ¿Por qué no come pollo Francesa? ¿Qué puede comer?
2. ¿Quién es la mejor cocinera?
3. ¿Por qué no quiere vino Francesca? ¿Qué prefiere tomar?

D. La leche descremada. How does partially skimmed milk compare to whole milk? Complete the sentences with **más … que, menos … que,** or **tanto … como,** using the chart from *Buena Salud* as a guide.

LECHE ESTERILIZADA HOMOGENEIZADA (Tetra Brik)			
Composición cada 100 cc			
ENTERA		PARCIALMENTE DESCREMADA	
Grasa	3,0%	Grasa	1,5%
Proteínas	3,0%	Proteínas	3,1%
H. de Carbono	4,5%	H. de Carbono	4,7%
Valor Energético	57 cal.	Valor Energético	44,7 cal.
Hierro	1,5 mg.	Hierro	1,5 mg.

1. La leche entera tiene _____ grasa ___ la leche parcialmente descremada.
2. La leche entera tiene _____ proteínas ___ la leche parcialmente descremada.
3. La leche entera tiene _____ hidrato de carbono ___ la leche parcialmente descremada.
4. La leche entera tiene _____ calorías ___ la leche parcialmente descremada.
5. La leche entera tiene _____ hierro ___ la leche parcialmente descremada.

E. ¿Cuál es mejor? Using this graph from *Mía* magazine, say which food or drink is better for the indicated health problems.

MODELO: la fiebre del heno (yogurt)
El yogurt es mejor para la fiebre del heno.

1. la diabetes (el brócoli/las papas)
2. el insomnio (el salmón/la miel)
3. la artritis (el pescado/la carne)
4. la congestión (las zanahorias/los chiles)
5. el colesterol (los frijoles/las bananas)
6. el páncreas (el ajo/la sandía)

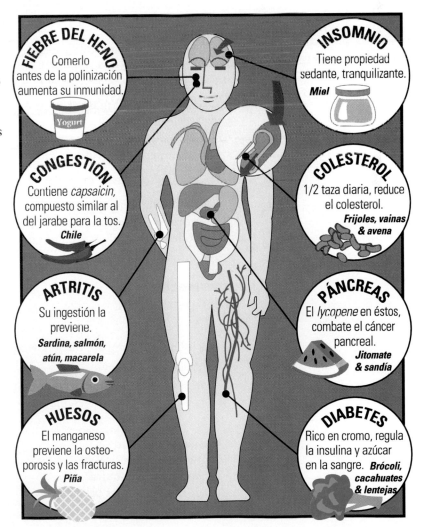

FIEBRE DEL HENO
Comerlo antes de la polinización aumenta su inmunidad.
Yogurt

INSOMNIO
Tiene propiedad sedante, tranquilizante.
Miel

CONGESTIÓN
Contiene *capsaicin*, compuesto similar al del jarabe para la tos.
Chile

COLESTEROL
1/2 taza diaria, reduce el colesterol.
Frijoles, vainas & avena

ARTRITIS
Su ingestión la previene.
Sardina, salmón, atún, macarela

PÁNCREAS
El *lycopene* en éstos, combate el cáncer pancreal.
Jitomate & sandía

HUESOS
El manganeso previene la osteoporosis y las fracturas.
Piña

DIABETES
Rico en cromo, regula la insulina y azúcar en la sangre. *Brócoli, cacahuates & lentejas*

El comparativo

Para averiguar

1. How do you say *more…than*, *less… than*, and *as… as* in Spanish?

2. Do you use **tan** or **tanto/a/os/as** before adjectives and adverbs? Which do you use before nouns?

3. Which four adjectives have irregular comparatives? How do you say *better, worse, older*, and *younger*?

- To compare people or things, use the following expressions with an adjective or an adverb: **más… que, menos… que,** or **tan… como.**

Graciela es **más alta que** Francesca.	*Graciela is taller than Francesca.*
Francesca es **menos alta que** Graciela.	*Francesca is less tall than Graciela.*
Francesca **es tan bonita como** Graciela.	*Francesca is as pretty as Graciela.*
Graciela se levanta **más temprano que** Francesca.	*Graciela gets up earlier than Francesca.*
Me acuesto **menos tarde que** antes.	*I go to bed less late than before.*
Salgo **tan frecuentemente como** ustedes.	*I go out as often as you.*

- Do not use **más… que** with **bueno, malo, viejo,** or **joven** to say *better, worse, older,* or *younger.* Instead, use the following irregular comparatives.

El jugo es **mejor** para la salud **que** el alcohol.	*Juice is better for your health than alcohol.*
La carne roja es **peor** para la salud **que** el pollo.	*Red meat is worse for your health than chicken.*
Tengo dos hermanos **mayores** y uno **menor.**	*I have two older brothers and one younger.*

- **Más… que** and **menos… que** can also be used with a noun to say *how much.* With nouns, use **tanto/a/os/as… como** rather than **tan… como.**

Mi esposo come **más verduras que** yo.	*My husband eats more vegetables than I do.*
Como **menos carne que** antes.	*I eat less meat than before.*
Vendemos **tantas frutas como** verduras.	*We sell as many fruits as vegetables.*

- **Más, menos,** and **tanto** may all be used with verbs.

Comprendo **más** ahora.	*I understand more now.*
Necesitas comer **menos.**	*You need to eat less.*
¡No hables **tanto!**	*Don't talk so much!*

A lo personal

A. Los intereses. Compare the following things in terms of your interest.

MODELO: el cine/el teatro
Para mí, el cine es más interesante que el teatro. o *Para mí, el cine es tan interesante como el teatro.* o *Para mí, el cine es menos interesante que el teatro.*

1. el cine/la televisión
2. la literatura/la música
3. la psicología/la química
4. los documentales/las películas de ciencia ficción

5. la música clásica/la música rock
6. los museos/la playa
7. el arte moderno/el arte medieval
8. Europa/América del Sur

B. Ejercicios a domicilio. This chart from the article *¡Ejercicios a domicilio!* compares the calories burned doing housework to those burned doing sports. Make three comparisons for the following activities.

MODELO: limpiar las ventanas
Se usan más calorías para limpiar las ventanas que para caminar despacio. Se usan tantas calorías para limpiar las ventanas como para caminar a cuatro millas y media por hora. Se usan menos calorías para limpiar las ventanas que para practicar kayak.

1. jugar con los niños
2. barrer
3. cambiar los muebles
4. lavar con fuerza el piso

EQUIVALENCIAS entre las actividades domésticas y los ejercicios

Actividad	Calorías Quemadas	Equivalente
Hacer la cama	2.0	Caminar despacio
Limpiar un poco la casa	2.5	Empujar un cochecito
Barrer	4.0	Montar a caballo
Limpiar las ventanas	4.5	Caminar a 4.5 millas p/h
Desyerbar el jardín	4.5	Tirar bolas al aro
Jugar con los niños	5.0	Hacer aeróbicos
Excavar en el jardín	5.0	Jugar béisbol suave
Cargar y guardar leña	5.0	Practicar kayak
Lavar con fuerza el piso	5.5	Jugar golf
Cortar el césped	6.0	Jugar pimpón
Cambiar los muebles	6.0	Montar bicicleta
Almacenar las compras	8.0	Correr a 5 millas p/h

C. Hace veinte años. Compare the following aspects of society as it was twenty years ago to how it is now.

MODELO: problemas
Había más problemas hace veinte años que ahora. o *Había tantos problemas hace veinte años como ahora.* o *Había menos problemas hace veinte años que ahora.*

1. delincuencia
2. contaminación
3. violencia doméstica
4. estrés
5. matrimonios jóvenes
6. estudiantes universitarios
7. tolerancia
8. desempleo
9. tiempo libre
10. tecnología

D. Compañeros de cuarto. Who does more chores? Compare yourself to your roommate, spouse, or parents.

MODELO: lavar ropa
Lavo más ropa que mi compañero de cuarto. o *Lavo menos ropa que mi compañero de cuarto.* o *Lavo tanta ropa como mi compañero de cuarto.*

1. lavar platos
2. comprar comida
3. sacar basura
4. planchar ropa
5. sacudir muebles
6. hacer trabajo en casa

E. Después de graduarme. How do you expect your life to change after graduation? Write at least five sentences comparing your life now and your life in the future.

MODELO: *Tengo menos responsabilidades ahora.*
Voy a ser más independiente después de graduarme.

dinero	tiempo libre	trabajo	responsabilidades
problemas	estrés	aburrido	contento

El superlativo

- The superlative is used to describe someone or something as *the most/least + adjective.*

  Es el estudiante **más inteligente** de la clase pero es **el menos estudioso.**

  *He is the **most intelligent** student **in** the class, but he is **the least studious.***

- The superlative is expressed by using a definite article with the comparative.

  Mi hermana es **más alta.** *My sister is **taller.***
  Mi hermana es **la más alta.** *My sister is **the tallest.***
  Uds. son **mejores.** *You are **better.***
  Uds. son **los mejores.** *You are **the best.***

- If a noun accompanies the adjective, the article is placed before it. Note that where English uses *in* after the superlative to express which group is being compared, Spanish uses **de.**

  Mi hermana es **la** persona más alta **de** mi familia.

  *My sister is **the** tallest person **in** my family.*

  México es **la** ciudad más grande **del** mundo.

  *Mexico City is **the** largest city **in** the world.*

Para averiguar

1. What is the superlative and how do you express it in Spanish?

2. In phrases such as *the biggest in the world,* how do you translate the word *in?*

A lo personal

A. El mundo hispano. Can you name the following places?

1. la ciudad más grande de Puerto Rico
2. la ciudad más grande del mundo hispano
3. el país más poblado del mundo hispano
4. el país menos poblado
5. la isla más grande del Caribe
6. el país de habla hispana más grande de América del Sur
7. el país de habla hispana más interesante para Ud.
8. el país de habla hispana menos interesante para Ud.

B. Descripciones. Describe these places and things using the superlative.

MODELO: Nueva York
   Es la ciudad más grande de los Estados Unidos.

1. la Ciudad de México
2. el río Mississippi
3. el río Amazonas
4. el monte Everest
5. Rusia
6. Alaska

C. Opiniones. Name the person or thing you feel fits each category. Your classmates will say whether or not they agree.

MODELO: el actor más guapo
—*Kevin Costner es el más guapo.*
—*Yo también lo encuentro el más guapo. o No lo encuentro el más guapo. o No lo conozco.*

1. el actor más guapo
2. la actriz más bonita
3. el curso más difícil de la universidad
4. la ciudad más bonita de nuestro estado
5. el programa de televisión más tonto
6. la canción más bonita de este año
7. la película más interesante de este año
8. la película menos interesante de este año

D. Lo mejor y lo peor. On a sheet of paper, write the name of the following people and places. Two students will then tell what they wrote and a third student will decide who is right.

MODELO: el peor restaurante de la ciudad

ESTUDIANTE 1: *Mama's* es el peor restaurante de la ciudad.
ESTUDIANTE 2: *La Olla Podrida* es el peor restaurante de la ciudad.
ESTUDIANTE 3: Jaime tiene razón. *Mama's* es peor que *La Olla Podrida*.

1. el mejor restaurante de la ciudad
2. el lugar más divertido de los Estados Unidos
3. el lugar más aburrido de los Estados Unidos
4. el mejor jugador de básquetbol
5. la mejor jugadora profesional de tenis

 ¡A escuchar!

Las frutas. Listen as Verónica buys some fruit. Then answer the questions.

1. ¿Cuáles son las frutas más frescas hoy?
2. ¿Cuáles son las más dulces?
3. ¿Qué compra Verónica? ¿Cuánto paga?

E. Una conversación. You are at the store with a friend and are trying to decide which bread to buy. Use this advertisement to prepare a conversation in which you tell your friend which one to choose. Explain why.

FARGO LE PROPONE UN CAMBIO DE VIDA.

100% VEGETAL
SIN COLESTEROL
SIN GRASA ANIMAL

Su nueva línea de Pan Fargo, Pan de Salvado Doble, Pan de Salvado Diet, Panecillos y Pan de Mesa sin colesterol, sin grasa animal, 100% vegetal, contribuye cada día a lograr una dieta sana y equilibrada con todo el sabor que Ud. espera del pan.

1 LOS QUEHACERES DOMÉSTICOS

SUSTANTIVOS

el almuerzo	lunch
la cena	dinner
el cortacésped	lawnmower
el desayuno	breakfast
las cortinas	curtains
la escoba	broom
la estufa	stove
el horno (de) microondas	microwave oven
la lavadora	washing machine
el lavaplatos	dishwasher
la plancha	iron
el refrigerador	refrigerator
la secadora	dryer
la toalla	towel

EXPRESIONES VERBALES

barrer el piso	to sweep the floor
cortar el césped	to cut the grass
hacer la cama	to make the bed
lavar los platos	to wash dishes
limpiar la casa	to clean the house
pasar la aspiradora	to vacuum
planchar la ropa	to iron clothes
poner la mesa	to set the table
preparar la comida	to cook food
regar (ie) las plantas	to water the plants
sacar la basura	to take out the trash
sacudir los muebles	to dust the furniture
secar la ropa	to dry the clothes

OTRAS EXPRESIONES

ninguna parte	nowhere

2 LA COMIDA

SUSTANTIVOS

el aceite	oil
el aguacate	avocado
el ajo	garlic
el apio	celery
el arroz	rice
el/la azúcar	sugar
la banana	banana
el bistec	steak
los camarones	shrimp
la cebolla	onion
la cena	dinner
el cereal	cereal
los chícharos	green peas
la chuleta de cerdo	pork chop
la crema	cream
la ensalada	salad
las espinacas	spinach
el flan	flan
la fresa	strawberry
los frijoles	beans
la fruta	fruit
los garbanzos	chick peas
la guayaba	guava
la hamburguesa	hamburger
la harina	flour
el helado (de chocolate)	(chocolate) ice cream
el huevo	egg
el jamón	ham
la langosta	lobster
la legumbre	vegetable, leguma
la leche	milk
la lechuga	lettuce
el limón	lemon
el maíz	corn
el mango	mango
la mantequilla	butter
la manzana	apple
la mayonesa	mayonnaise
el melocotón	peach
el melón	melon
el mercado	market
la mostaza	mustard
la naranja	orange
el pan (dulce)	(sweet) bread
las papas fritas	french fries
el pastel	cake
la pera	pear
el pescado	fish
la pimienta	pepper
la piña	pineapple
el plátano	banana
el pollo (asado)	(roast) chicken

SUSTANTIVOS

el batidor	beater
la botella	bottle
la cacerola	sauce pan, casserole
el caldo	broth
la copa	wine glass, goblet
la cuchara	spoon
la cucharada	spoonful
la cucharita	teaspoon
la cucharadita	teaspoonful
el cuchillo	knife
el fuego (lento, mediano)	(low, medium) heat
el mantel	tablecloth
la mitad	half
la olla	pot
el plato	plate, dish
el plato hondo	soup dish
el recipiente	container, bowl
el/la sartén	frying pan
la (media) taza	(half) cup
el tenedor	fork
la tercera parte	one third
el vaso	glass
la yema	yolk

VERBOS

agregar	add
batir	beat
calentar (ie)	heat
derretir (i)	melt
espesarse	to thicken
hervir (ie)	boil
mezclar	to mix
revolver (ue)	to stir
servir (i)	to serve
unir	to combine
verter (ie)	to pour

el queso (rallado)	(grated) cheese
la receta	recipe
el refresco	soft drink
la sal	salt
la salsa	sauce
la salchicha	sausage
la sandía	watermelon
la sopa	soup
las uvas	grapes
el tomate	tomato
la verdura	vegetable
el vino (tinto, blanco, rosado)	(red, white, rosé) wine
la yuca	cassava, yucca
la zanahoria	carrot

SUSTANTIVOS

el alcohol	alcohol
la caloría	calorie
el/la cocinero/a	cook
el colesterol	cholesterol
los/las gemelos/as	twins
la grasa	fat
la salud	health
el/la vegetariano/a	vegetarian
la vitamina	vitamin

ADJETIVOS

descremado/a	skimmed
entero/a	whole
parecido/a	similar
peor	worse
rico/a	delicious, rich

VERBO

parecerse (a)	resemble

OTRAS EXPRESIONES

más… que	more… than
menos… que	less… than
tan… como	as… than
tanto/a/os/as… como	as much… as, as many… as

If you skim an article and find the main ideas before you read it more closely, you will then find it easier to read and you will comprehend it better. When you skim an article, you gather information by looking at the layout of the article, its title and headings, and the visuals that accompany it. As you skim an article you may also note key words that recur. These words will help you guess the main points of the article.

Alimentos del nuevo mundo

El descubrimiento de América llevó a la mesa de los europeos sabores nuevos: frutas y animales conocidos por los habitantes de esas tierras.

Luego de la llegada de los españoles a América, los europeos comenzaron a llevar a su mesa, y a sus proprias tierras, una serie de alimentos nuevos que empezaron a conocer y a disfrutar con la colonización. Estos fueron cuatro de los más importantes:

La piña: También se le conocía como "ananás" (que proviene de su nombre científico) y los indígenas de nuestro continente la utilizaban desde hacía siglos como alimento y para hacer una especie de vino. Fueron los portugueses quienes la llevaron luego por todo el mundo, a finales del siglo XVI, y se comprobó

entonces que se daba muy bien en todos los climas tropicales. La piña se convirtió en uno de los símbolos del Nuevo Continente.

El girasol: Se conoció por primera vez en las frías praderas de lo que es hoy el territorio de los Estados Unidos. Pero poco después de que los europeos lo descubrieran, empezó a competir, por la calidad de su aceite, con el olivo.

El maíz: Fueron los primitivos habitantes de México quienes lo cultivaron y lo usaron por primera vez; no sólo era su principal alimento, sino uno de los productos más apreciados de su economía. En Europa, sin embargo, adonde fue llevado por los españoles, aún hoy en día no han sabido apreciarlo como es debido, pues se sigue usando básicamente para la alimentación de los animales.

El pavo: Esos animales que los mexicanos llaman "guajolote" y los caribeños "guanajo", fueron domesticados primeramente por los aztecas. Los españoles los llevaron después a Europa, y allí si hicieron muy, pero muy populares.

A. Antes de leer. Skim *Alimentos del nuevo mundo* and answer these questions.

1. What sort of information does the title indicate might be included in the article?
2. What visuals accompany the article? Why do you think these graphics have been included?
3. What headings appear at the beginning of paragraphs? What sort of information do you think might be included in these paragraphs? Skim each of these paragraphs to find the key words.

B. Después de leer. Decide whether each statement describes **la piña, el girasol, el maíz,** or **el pavo.**

1. En México se llama *guajolote* y en el Caribe se llama *guanajo.*
2. Los aztecas lo domesticaron primero.
3. Los indígenas de América usaban este alimento para hacer vino.
4. Los exploradores encontraron este alimento por primera vez en la región que hoy es el territorio de los Estados Unidos.
5. En Europa se aprecia por su aceite.
6. Los portugueses llevaron este alimento por todo el mundo.
7. Los españoles llevaron este alimento a Europa.
8. Hoy día los europeos no aprecian este alimento como nosotros. Lo usan más para la alimentación de los animales.
9. Los indígenas de México cultivaron este alimento y lo usaron por primera vez.

C. Más detalles. Complete each sentence.

1. La piña también se conocía como…
2. Los portugueses empezaron a exportar la piña a fines del siglo…
3. El aceite de girasol empezó a competir muy pronto con el aceite de…
4. El maíz era el principal alimento de…
5. En Europa, los pavos se hicieron muy…

¡A escribir!

Una receta. Write the recipe for your favorite dish in Spanish. Before you begin, organize your ideas by using the following steps.

- Write a list of the ingredients that you need.
- Write a list of the utensils that you need.
- Select the verbs that you will need for the instructions from this list: **verter, revolver, mezclar, unir, derretir, agregar, batir, calentar, hervir.**
- Use a dictionary to find any other verbs or ingredients you will need.

¡TRATO HECHO!

Spanish For Restaurant And Catering Industries

Consider these facts

• In cuisines of all ethnic varieties, the majority of chefs and cooks in the U.S. are of Hispanic descent: 66.7 percent.

• Hispanics make up 4.7 percent of all bartenders, 7.1 percent of waiters and waitresses, 13.8 percent of kitchen workers, and 20.6 percent of waiters' and waitress' assistants in the U.S.

Palabras básicas

asar	to roast
el/la botellero/a	sommelier/wine steward
el agregado, la guarnición	side order
dejar	to allow
el acompañante	appetizer, first course
el entremés	hors d'oeuvre
la especialidad de la casa	specialty of the house
el plato del día	special of the day
freír	to fry
guisar	to stew
hornear	bake
al horno	baked
la hornilla	(stove) burner
la parrilla	grill
picar	to cut into small pieces, to nibble
la pizca	pinch
el plato principal	main course
quemar	to burn
el/la repostero/a	baker
sofreír, saltear	to sauté

¡ojo!

The word **entrée** is used in English to refer to the main course. A direct translation of entrée is *entrada* or *entrante*. However, in Spanish, as in the original French, entrada or entrante refer to the first course or appetizer.

A. Jugar con palabras. If **cuchara** means *spoon* and **cucharita** means *teaspoon*, what would you guess -**ito/ita** means? What would **platito** or **picadito** mean? With which grammatical forms do you think -**ito/it**a can be used?

B. Adivinar. You have already learned that you buy **pastel** in the pastelería. Where does the boss tell Sufi to go on page 303? Now can you guess where you buy the following items?

1. fruta
2. leche
3. cerveza
4. dulces
5. pescado

El jefe de comedor acaba de asignarles a los empleados sus responsabilidades para hoy. Todo tiene que estar listo para las 5:30 de la tarde.

Lista de trabajo — lunes 22

limpiar las mesas...............Hilda
arreglar las flores..............Esteban
planchar los manteles.......Alejandro
ir a la florería.....................Sufi
poner las mesas.................Chacho
atender la caja...................Obdulia
atender el teléfono
(aceptar reservaciones).....Elda

El chef organiza a sus asistentes. Los hornos se están calentando y los asistentes preparan los ingredientes. Juntos revisan a ver si tienen todos los implementos necesarios para el menú que planificaron para esta noche.

Cocina — lunes 22

✓ ollas y sartenes
✓ coladeras
✓ moldes y recipientes
✓ toallas
✓ especias, yerbas buenas
✓ hielo
✓ mantequilla derretida
✓ cucharones, espátulas y
vasos graduados

C. El chef. As the head chef at a restaurant, tell each of your assistants what to do to prepare this famous dish from Spain. What form of the command will you use in this situation?

hervir el agua para el arroz
hacer un sofrito
cortar el pollo en pedazos
picar el jamón y la carne de puerco
lavar los mariscos
preparar una salsa de tomate
echar mucho vino seco
agregar sal, pimentón, pimienta, vinagre y caldo de pollo

This typical dish from Spain is _____.

UN SOFRITO

El sofrito es muy popular en la cocina caribeña y española. El sofrito es una combinación de ingredientes para dar mayor gusto a los platos que se guisan. Generalmente, el sofrito consiste en un poco de aceite de oliva en el que se fríen ají verde, tomate, cebolla y ajo.

Puertas abiertas

JEFE DE COMEDOR: Buenas noches, señoritas.

ADELA Y CELIA: Buenas noches. Una mesa para dos, por favor.

JEFE DE COMEDOR: ¿Tienen reservaciones?

CELIA: Sí, a nombre de Castañeda.

JEFE DE COMEDOR: Ah, sí, aquí lo tengo. ¿En la sección de fumar o no fumar?

CELIA: No fumar.

JEFE DE COMEDOR: A ver... por aquí, por favor.

Un bufet

¡A escuchar!

Una receta. You are a new sous-chef. Listen to the chef tell you how to make frijoles negros cubanos. According to what you hear, number the ingredients involved in each step on the recipe card below.

FRIJOLES NEGROS CUBANOS

___ una pizca de azúcar   ___ 6 tazas de agua fría

___ 1/2 libra de frijoles negros   ___ una cucharadita de sal

___ 1/2 taza de aceite de oliva   ___ 1 cebolla grande picada

___ 1 ají verde picado finito   ___ 6 hojas de laurel

___ 1/2 taza de vino blanco seco

D. Pedir la comida. Adela and Celia are now seated at their table and are ordering their dinner. First read the dialogue, then answer the questions.

MESERO: Buenas noches.

ADELA Y CELIA: Buenas noches.

MESERO: ¿Ya están listas para pedir?

ADELA: Quisiera los camarones a la parrilla, los ñoquis en salsa de cuatro quesos y los espárragos.

MESERO: ¿Y para empezar?

ADELA: Me gustaría una ensalada césar.

MESERO: Perfecto. ¿Y de tomar?

ADELA: Me trae una botella de agua mineral, por favor.

MESERO: ¿Con gas?

ADELA: Sin gas, por favor.

MESERO: Muy bien. ¿Y Ud., señorita...?

1. How do you say *to order* in Spanish? _____
2. When ordering food, which three forms are used to request that a waiter/waitress bring you something: a) _____ b) _____ c) _____
3. How many command forms do you find above? _____ What hypothesis might you make about command forms and ordering food based on this brief dialogue?
4. What does **¿Y para empezar?** mean? To what does it refer? _____
5. What does **gas** mean? _____

Now with a classmate take turns role-playing waiter/waitress and a customer ordering food in a restaurant. Be sure to order at least one meal for breakfast, lunch, and dinner.

E. Un bufet para quince amigos. You and your roommate are planning a surprise party for a friend. Together, plan the menu, decide who will do each task and make a list of the items that you need to buy and where to buy them.

F. ¡A comer! Look again at the recipe card for **frijoles negros cubanos** and write a recipe card for one of *your* favorite dishes. Make a list of ingredients on the front of the card and write the steps necessary for preparation on the back.

G. El menú. Prepare a complete menu for your restaurant. Be sure to include:

- Name of the restaurant, etc.
- Main categories (e.g., meals, courses, etc.)
- Appropriate items under each category
- Daily specials
- Prices

Un viaje

9

LECCIÓN

NUEVE

TEMA 1

Los preparativos

- Antes de salir
- De vacaciones

- El participio pasado
- Los tiempos perfectos

TEMA 2

En el hotel

- En la recepción
- El servicio de habitación

- *por* y *para*
- Los pronombres preposicionales

TEMA 3

Las direcciones

- ¿Cómo llego hasta allí?
- Unos recados

- Los pronombres de complemento indirecto
- Los verbos como *gustar*

TEMA 4

En el restaurante

- ¿Una mesa para cuántas personas?
- ¡Buen provecho!

- Dos pronombres juntos
- Resemen de los pronombres personales

Using Word Families

¡TRATO HECHO!

Spanish for Travel and Tourism

Antes de salir

A. Antes de salir. ¿Qué necesitas hacer antes de salir de vacaciones?

consultar las guías
turísticas y hacer
un itinerario

(en la agencia de viajes)
comprar los boletos de avión y
reservar una habitación de hotel
con unas semanas de
anticipación

(en el banco) cambiar
dinero y comprar
cheques de viajero

conseguir un
pasaporte
y una visa

comprar una cámara, rollos de película, anteojos de sol, crema
bronceadora, una tienda de campaña, esquís, un saco de dormir, equipaje

hacer las maletas

B. ¿Cómo prefieres viajar?

por avión	el aeropuerto	hacer autostop
por tren	la estación de ferrocarril	tomar el taxi
por autobús	la estación de autobuses	tomar el metro
por barco	el puerto	andar a pie

C. Diálogo. Un viaje a España.

La familia Loya va a hacer un viaje de su casa en Costa Rica a España. Salen mañana.

SEÑOR LOYA: Bueno, ahora que las maletas están hechas, todo está listo para mañana.
SEÑORA LOYA: ¿Has cambiado un poco de dinero o lo vamos a cambiar después de llegar?
SEÑOR LOYA: No, ya he cambiado 30,000 colones.
SEÑORA LOYA: Hiciste reservaciones para el hotel también, ¿verdad?
SEÑOR LOYA: ¡No te preocupes! He preparado todo. No vamos a tener ningún problema. Van a ser unas vacaciones muy agradables.

D. ¿Comprende Ud.? ¿Cierto o falso?

1. La familia Loya sale de vacaciones la próxima semana.
2. El señor Loya está un poco preocupado.
3. No van a tener ningún problema. La señora Loya ha preparado todo.

E. ¿Cuándo? Using direct object pronouns, say when or how many times you did these things the last time you stayed in a hotel.

MODELO: comprar el boleto de avión
Lo compré con un mes de anticipación.

con un mes de anticipación	el día que salí	nunca	varias veces
dos días antes de salir	después de llegar	una vez	dos veces

1. reservar la habitación de hotel
2. hacer las maletas
3. tener que cambiar dinero
4. pasar el día entero en el hotel
5. tomar el taxi
6. llamar al servicio de habitación
7. lavar la ropa
8. leer el periódico
9. mirar la televisión en el hotel
10. pagar la cuenta

F. ¿Qué necesita Ud.? What do you need to do the following?

MODELO: para ir a la playa
Para ir a la playa, necesito un traje de baño, crema bronceadora y anteojos de sol.

1. para un viaje a Europa
2. para dormir al aire libre
3. para tomar fotos
4. para esquiar en las montañas

G. Medios de transporte. How much time does each trip take?

MODELO: ¿Para ir de Nueva York a Madrid en avión?
En avión toma aproximadamente siete horas para ir de Nueva York a Madrid.

1. ¿Para ir de Miami a Puerto Rico en barco? ¿en avión?
2. ¿Para ir de Washington a Nueva York en tren? ¿en avión? ¿en autobús? ¿haciendo autostop?
3. ¿Para ir de la universidad al centro de la ciudad a pie? ¿en taxi? ¿en autobús? ¿en bicicleta?

H. Entrevista. Answer each question about a trip you have taken.

1. ¿Qué hiciste? ¿Fuiste a un país extranjero? ¿Necesitabas un pasaporte? ¿una visa? ¿Con quién viajaste? ¿Por cuánto tiempo se quedaron allí? ¿Qué te gustó allí? ¿Qué no te gustó? ¿Te gustaría regresar a ese lugar?
2. ¿Usaste cheques de viajero? ¿Tuviste que cambiar dinero? ¿Cuánto gastaste? ¿Cuánto costó el boleto de avión? ¿Cuánto costó el hotel?
3. ¿Consultaste una guía turística? ¿Preparaste un itinerario antes de salir? ¿Seguiste el itinerario que preparaste o cambiaste de itinerario durante el viaje?
4. ¿Hiciste reservaciones antes de salir? ¿Con cuánto tiempo de anticipación las hiciste?
5. ¿Cuántas maletas llevaste contigo? ¿Podías llevarlas todas solo/a o necesitabas ayuda? ¿Perdieron tu equipaje en el aeropuerto?
6. ¿Llevaste una cámara contigo? ¿Tomaste muchas fotos? ¿Cuántos rollos de película usaste? ¿Salieron bien las fotos?

De vacaciones

A. ¿Dónde prefieres pasar las vacaciones?

en una ciudad grande	en el campo
visitar los museos, ir al teatro, tomar fotos de monumentos, visitar un parque de atracciones	acampar, montar a caballo, pescar, descender el río en canoa, escalar montañas

en un país extranjero	en una isla tropical
probar la comida, hacer turismo, aprender la historia	tomar el sol/broncearse, esquiar, bucear, hacer un crucero

B. Diálogo. Tengo ganas de regresar a España.

La señora Loya habla de sus vacaciones en España.

SEÑORA LOYA: La luz no está apagada en el cuarto de los niños. ¿Todavía no están dormidos?

SEÑOR LOYA: No pueden dormir. Están muy emocionados. Nunca han estado en un avión.

SEÑORA LOYA: A mí también, me va a ser difícil dormir esta noche. Tengo muchas ganas de regresar a España. Cuando era pequeña, íbamos a España cada verano. Siempre regresábamos al pueblecito donde nació mi padre. Montábamos a caballo y pescábamos. Me gustaba mucho.

SEÑOR LOYA: ¿Por qué nunca hablas de tu familia en España?

SEÑORA LOYA: Todos ya están muertos.

C. ¿Comprende Ud.?

1. ¿Por qué no pueden dormir los niños?
2. ¿Cómo pasaba la señora Loya las vacaciones cuando era pequeña?
3. ¿Por qué nunca habla la señora Loya de sus parientes en España?

D. En nuestro país. Tell a friend who is visiting from Spain a good place to do these things.

MODELO: ir a muchos teatros
          Se puede ir a muchos teatros en Nueva York.

1. visitar museos interesantes
2. esquiar
3. acampar
4. escalar montañas
5. montar a caballo
6. tomar el sol
7. visitar muchos parques de atracciones
8. descender un río en canoa

E. ¿Qué debo llevar? What clothes should you wear to do each of the activities listed in *Activity D*?

MODELO: *Para ir al teatro, se debe llevar un vestido o pantalones con una camisa y corbata.*

F. Excursiones. Read the following suggestions for weekend getaways in Spain. What might señora Loya say they used to do there with relatives when she was a child?

MODELO: *En Galicia nosotros escalábamos montañas y hacíamos espeleología.*

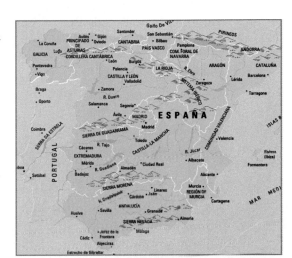

Esquí nórdico en Lleida

Una semana en Tavascán para practicar el esquí de fondo en el norte de la comarca del río Noguera Pallaresca, en una zona de lagos próxima a la cabecera del valle de Cardós. Alojamiento en refugios a pie de pista (22.500 ptas.) o en hotel (30.000 ptas.), con pensión completa, 10 horas de clase, traslados y material. *Más información:* Gente Viajera. Tel (91) 478 01 11

Descenso en piragua

En Asturias, desde Arriondas hasta Llovio, se realizan descensos en piragua diarios, con o sin monitor. El precio es de 3.000 ptas. por persona y para grupos se reduce a 2.500 ptas. Incluye el alquiler de la canoa, bolsa de comida y regreso desde Llovio en coche. La duración de la travesía es de unas 5 horas. *Más información:* Fym Aventura. Tel (98) 584 11 00

Rutas ecuestres en Navarra

Excursiones a caballo por el Pirineo navarro en rutas de un día (2.000 ptas) y otras largas, recorriendo Roncesvalles, Isaba o Aránzazu (desde 12.000 ptas). Pensión completa, guía y alquiler de caballo. *Más información:* Aralar Zalditeguía. Tel (948) 50 42 12

Descenso por aguas bravas

Cursos de iniciación en descensos por aguas bravas, en el río Alberche del Alto Tajo o en el Ebro. Desde 2 días (19.800 ptas) hasta una semana (38.000 ptas); incluye monitor, material y tiendas de campaña. *Más información:* Brown & Green. Tel. (91) 859 08 86.

Deportes de aventura en Galicia

Escaladas (desde 1,400 ptas. por media jornada), espeleología (desde 3.500 ptas. por 2 saltos) o excurciones en todo terreno (desde 12.500 ptas. una jornada). *Más información:* Galicia Aventura. Tel (988) 24 18 10.

G. Entrevista.

1. ¿Te gusta acampar? ¿Tienes una tienda de campaña? ¿Un saco de dormir? ¿Necesitas electricidad cuando acampas? ¿Para qué? ¿Te bañas en el río cuando acampas?
2. ¿Te gustan los parques de atracciones? ¿Cuál es tu parque de atracciones favorito? ¿Cuándo fue la última vez que estuviste allí?
3. ¿Prefieres pasar las vacaciones en el campo o en una ciudad grande? ¿Por qué? ¿Dónde pasaste tus últimas vacaciones? ¿Qué hiciste?
4. ¿Te bronceas en el verano? ¿Pasas mucho tiempo al sol? ¿Te gustaría vivir en una una isla tropical? ¿Por qué?

El participio pasado

- Regular past participles are formed in Spanish by adding these endings to the verb stem:

Infinitive	Stem	Ending	Past Participle
prepar**ar**	prepar	-ado	prepar**ado**
conoc**er**	conoc	-ido	conoc**ido**
dorm**ir**	dorm	-ido	dorm**ido**

- When the verb stem ends with **-a, -e,** or **-o,** a written accent is added to the **-ido** ending of **-er** and **-ir** verbs.

traer	→	**traído**
creer	→	**creído**
oír	→	**oído**

- The following verbs have irregular past participles:

abrir	**abierto**	morir	**muerto**
decir	**dicho**	poner	**puesto**
escribir	**escrito**	resolver	**resuelto**
freír	**frito**	romper	**roto**
hacer	**hecho**	ver	**visto**
imprimir	**impreso**	volver	**vuelto**

- The past participle is a verb form that can be used as an adjective. In English, regular past participles end in **-ed.** Note how the verbs *to reserve* and *to surprise* are used as adjectives in the following sentences.

| *The rooms are reserved.* | Las habitaciones están **reservadas.** |
| *I am very surprised.* | Estoy muy **sorprendido.** |

- When a past participle is used as an adjective, it agrees in number and gender with the noun that it modifies.

| Las maletas están **hechas.** | *The bags are packed.* |
| Los niños están **emocionados.** | *The children are excited.* |

A lo personal

A. ¿Cómo está Ud.? Use the past participle of each verb to describe yourself at the present moment.

MODELO: cansar
Estoy cansado/a. o *No estoy cansado/a.*

1. morir	7. sorprender	13. disgustar
2. preocupar	8. aburrir	14. acostar
3. ocupar	9. dormir	15. sentar
4. perder	10. relajar	16. enojar
5. preparar	11. deprimir	17. vestir
6. frustrar	12. encantar	18. broncear

Para averiguar

1. What form of the verb can be used as an adjective?

2. What is the regular past participle ending in English? Which endings are used to form the regular past participles of **-ar** and **-er/-ir** verbs in Spanish?

3. What ten Spanish verbs have irregular past participles?

B. Ayer cuando regresé. Use the past participle of the verb to tell in what state you found each thing when you returned home yesterday.

MODELO: las llaves/perder
Las llaves no estaban perdidas.

1. las camas/hacer
2. la mesa/poner
3. la cena/preparar
4. el teléfono/ocupar
5. la puerta/abrir
6. las ventanas/cerrar
7. el televisor/poner
8. los platos/lavar

C. Los gustos. Use a past participle to say whether or not you like the following things.

MODELO: ¿Le gusta la comida que se prepara en el microondas?
Sí, (No, no) me gusta la comida preparada en el microondas.

¿Le gusta…

1. …la ropa que se vende en Sears?
2. …la comida que se sirve en la cafetería de aquí?
3. …los libros que se leen en la clase de historia?
4. …la música que se oye en las discotecas?
5. …los ejercicios que se escriben en el cuaderno?
6. …las actividades que se hacen en grupo en clase?
7. …el grafiti que se ve en las ciudades grandes?
8. …las cosas que se dicen en el show de Rush Limbaugh?

D. ¿Está hecho? Your instructor wants to know if these things have been done. Answer each question using a past participle.

MODELO: ¿Preparó Ud. los ejercicios en el cuaderno para hoy?
Sí, están preparados.

1. ¿Abrió Ud. el libro en la página 284?
2. ¿Cerró alguien la puerta?
3. ¿Escribió alguien las respuestas en la pizarra?
4. ¿Perdió Ud. su tarea?
5. ¿Rompió Ud. la silla?
6. ¿Hizo Ud. la tarea para hoy?

E. Entrevista.

1. ¿Eres una persona organizada? Cuando vas de vacaciones, ¿ya tienes todo preparado antes de salir? Por lo general, ¿tienes un itinerario detallado? ¿Dónde pasaste tus vacaciones más divertidas? ¿tus vacaciones más aburridas?
2. Por lo general, ¿compras mucha ropa para las vacaciones? ¿Siempre compras ropa nueva o compras ropa usada a veces? ¿Cuál es tu tienda preferida? ¿Está cerrada los domingos? ¿Qué días está abierta?
3. ¿Cuáles son los lugares en los Estados Unidos más visitados por los turistas? ¿Son conocidos por sus playas? ¿por sus montañas? ¿por sus parques de atracciones? ¿Prefieres los lugares populares o los lugares poco conocidos?

Los tiempos perfectos

Para averiguar

1. Which auxiliary verb do you use with a past participles to say that you have done something?

2. How do you say that you *had done* something?

3. Where do you place the object and reflexive pronouns with the present perfect?

- The present perfect (**el presente perfecto**) is used to say that you have done something. It is composed of the present tense of the *auxiliary verb* **haber** and the *past participle*. In the present perfect, the past participle is a verb form and does not show agreement as it does when used as an adjetive.

	Auxiliary verb	Past participle	
yo	he	hablado	*I have spoken*
tú	has	hablado	*you have spoken*
él, ella, Ud.	ha	hablado	*he/she has spoken, you have spoken*
nosotros/as	hemos	hablado	*we have spoken*
vosotros/as	habéis	hablado	*you have spoken*
ellos, ellas, Uds.	han	hablado	*they have spoken, you have spoken*

–¿Cuántas veces **has visitado** España?   –*How many times have you visited Spain?*
–Nunca **he estado** allí pero he leído varias guías.   –*I have never been there, but I have read several guidebooks.*

–¿Tu hermano va contigo?   –*Is your brother going with you?*
–Todavía no **ha decidido**.   –*He still hasn't decided.*

- To say that you *had done* something, use the auxiliary verb **haber** in the imperfect (**había, habías…**). This tense is called the past perfect (**el pluscuamperfecto**).

–¿Uds. ya **habían reservado** el hotel?   –*You had already reserved the hotel?*
–**Habíamos preparado** todo.   –*We had prepared everything.*

- Object and reflexive pronouns are placed before the conjugated auxiliary verb.

–¿Has comprado los boletos?   *Have you bought the tickets?*
–No, todavía no **los** he comprado.   *No, I haven't bought them yet.*

–¿Habías oído esa canción?   *Had you heard that song before?*
–No, no **la** había oído nunca.   *No, I hadn't ever heard it.*

A lo personal

A. ¿Lo has hecho? Ask a classmate if he/she has ever done these activities. Your classmate will then tell how many times he/she has done them.

MODELO: visitar España
    –*¿Has visitado España?*
    –*Sí, he visitado España dos veces.* o *No, nunca he visitado España.*

1. viajar en tren
2. bucear en el océano
3. montar a caballo
4. descender un río en canoa
5. probar paella
6. acampar en una playa
7. pasar las vacaciones en una isla tropical
8. escalar una montaña

B. Consejos. Your friend has several problems. With a partner, think of questions to ask in order to find out what might have caused the problem and what your friend has done to resolve it.

MODELO: —Me siento enfermo/a.
—¿Has comido algo malo? ¿Has dormido? ¿Has tomado alguna medicina? ¿Has hablado con el médico?

1. No comprendo nada en la clase de español.
2. Salgo de vacaciones en dos días y nada está listo.
3. Mi novio/a no quiere salir más conmigo.

C. Antes de salir. Had you already done the following things before leaving on your last long trip?

MODELO: comprar los boletos de avión.
Sí, había comprado los boletos de avión.

1. visitar el mismo lugar antes
2. consultar una guia turistica
3. hacer un itinerario
4. cambiar dinero
5. conseguir una visa
6. comprar una cámara nueva
7. hacer reservaciones de hotel
8. olvidar de hacer algo

D. Antes de venir a la universidad. Make a list of things you had never done until you came to the university.

MODELO: *Nunca había estudiado español* o *Nunca había vivido solo/a.*

Now make a list of things that you still have never done but would like to do.

MODELO: *Nunca he estudiado francés pero me gustaría estudiarlo.*
Nunca he tenido un coche pero me gustaría tener uno.

E. Entrevista.

1. ¿Has salido de vacaciones este año? ¿Has decidido dónde vas a pasar tus próximas vacaciones? ¿Ya has estado allí antes?
2. ¿Has pasado las vacaciones solo/a recientemente? ¿Has hecho un crucero? ¿Te gustaría hacer un crucero solo/a? ¿Has visitado una isla del Caribe?
3. ¿Has visto el Gran Cañón en Arizona? ¿Has descendido al Gran Cañón montado en burro? ¿Te gustaría hacerlo? ¿Has acampado en un parque nacional? ¿Qué parque nacional te gustaría visitar?
4. ¿Qué países extranjeros has visitado? ¿Has probado unos platos exóticos de allí? ¿Qué países extranjeros te gustaría visitar? ¿Qué países no te gustaría visitar?

 ¡A escuchar!

¿Estás listo? Listen as a student asks his friend about preparations for a trip to Spain. Then, answer the following questions.

1. ¿Qué preparativos ha hecho?
2. ¿Qué había olvidado?

F. Una conversación. You are leaving tomorrow on a trip with a friend. Role-play a conversation in which you discuss whether or not you have completed all of the preparations.

En la recepción

A. ¿Tiene reservación?

la escalera

el ascensor

RECEPCIÓN

la recepción

el/la recepcionista

el pasillo

el botones

un mensaje

el/la huésped

203

la llave

B. ¿Qué tipo de habitación?

con vista al mar

con balcón

con cama matrimonial

con ducha

una habitación
sencilla/doble

con baño

C. ¿En qué piso?

la planta baja, el primer piso,
el segundo piso, el tercer piso,
el cuarto piso, el quinto piso
el sexto piso, el séptimo piso
el octavo piso, el noveno piso,
el décimo piso

D. Diálogo. Un problema.

Al llegar a Madrid, los Loya tienen un pequeño problema.

SEÑORA LOYA:	Buenas tardes. Me llamo Felicia Loya y tengo una habitación reservada para hoy.
RECEPCIONISTA:	¿Una habitación para Uds. cuatro?
SEÑORA LOYA:	Sí, para nosotros cuatro.
RECEPCIONISTA:	A ver… Loya… L-O-Y-A, ¿verdad?
SEÑORA LOYA:	Sí, L-O-Y-A.
RECEPCIONISTA:	Ah, aquí está, pero está reservada para la próxima semana, no hoy.
SEÑORA LOYA:	¿Cómo? ¡No puede ser…!
RECEPCIONISTA:	Sí, aquí está indicado que van a llegar el 2 de julio… no el 25 de junio.
SEÑORA LOYA:	¿No hay otra habitación?
RECEPCIONISTA:	Lo siento, señora, pero el hotel está completo.
SEÑORA LOYA:	¿No hay nada?
RECEPCIONISTA:	No, señora.
SEÑORA LOYA:	¿Nos puede recomendar otro hotel por acá?
RECEPCIONISTA:	Voy a llamar al hotel Atlántico a ver si tienen algo disponible.

E. ¿Comprende Ud.?

1. ¿Con qué problema se encuentran los Loya cuando llegan al hotel? ¿Para cuándo son las reservaciones?
2. ¿Por qué no pueden tener otra habitación en el mismo hotel?
3. ¿Qué hotel recomienda el recepcionista?

F. Preferencias. Express your preferences. (Note: US$1≈120 ptas.)

¿Prefiere Ud. una habitación…

1. …con baño por 8.000 pesetas o sin baño por 5.000?
2. …con baño por 8.000 pesetas o con ducha por 7.000?
3. …con balcón por 12.000 pesetas o sin balcón por 11.000?
4. …con el desayuno incluido por 11.000 pesetas o sin desayuno por 10.500?
5. …con vista al mar o con vista a las montañas?
6. …cerca del ascensor o lejos del ascensor?
7. …en la planta baja, en el primer piso o en el piso más alto?

G. ¿En qué piso? Explain to the hotel guests where the following rooms are located. Imagine that all of the floors are laid out in the same way.

MODELO: 236
> La habitación 236 está en el segundo piso a la derecha de los ascensores.

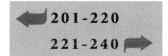

1. 509	3. 1014	5. 70	7. 339	9. 428
2. 933	4. 816	6. 631	8. 111	10. la recepción

H. ¿En qué hotel? Do the following statements most likely describe the hotel on the right or the one on the left?

1. Sólo una persona trabaja en la recepción.
2. Tiene muchos pisos.
3. Sólo hay dos pisos.
4. Hay más de un ascensor.
5. No hay ascensor.
6. Muchas habitaciones no tienen baño.
7. Hay muchas habitaciones con vista al mar.
8. No hay balcón en las habitaciones.

¿Dónde le gustaría más quedarse? ¿Por qué?

El servicio de habitación

A. Los servicios.

Necesito…

No funciona…

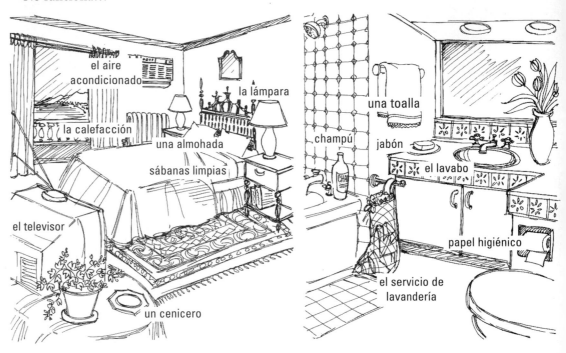

B. Diálogo. El desayuno está incluido.

Los Loya llegan a la recepción del Hotel Atlántico.

SEÑORA LOYA: Buenas tardes. Acaban de llamar del Hotel Puerta de Toledo para reservarnos una habitación.

RECEPCIONISTA: Necesitan una habitación por cinco noches, ¿verdad?

SEÑORA LOYA: Sí… cinco.

RECEPCIONISTA: ¿Prefieren una habitación con o sin baño?

SEÑORA LOYA: ¿A cuánto están las habitaciones?

RECEPCIONISTA: Bueno, una habitación con baño vale 9.500 pesetas y una habitación sin baño cuesta 7.200.

SEÑORA LOYA: Mejor, con baño, por favor… ¿Está incluido el desayuno?

RECEPCIONISTA: Sí, señora. El desayuno está incluido. Es para dos adultos y dos niños, ¿verdad?

SEÑORA LOYA: Sí, somos cuatro.

RECEPCIONISTA: Permítame su pasaporte.

SEÑORA LOYA: Sí, cómo no.

RECEPCIONISTA: Bueno, complete esta tarjeta por favor y firme aquí… Es la habitación 203. Pasen por este pasillo y en el fondo hay un ascensor. Suban al segundo piso y al salir del ascensor, doblen a la izquierda. El botones los puede ayudar con el equipaje.

C. ¿Comprende Ud.?

1. La familia Loya necesita una habitación por _____ noches.
2. Necesitan una habitación para _____ adultos y _____ niños.
3. Una habitación con baño vale _____ pesetas por noche.
4. El desayuno está _____ en el precio.

D. En el hotel. What might the hotel guest be saying or thinking? Complete the following sentences with logical nouns.

1. Hace mucho frío en la habitación. La _____ no funciona.
2. Mi ropa está sucia. ¿Tiene el hotel _____?
3. Quiero bañarme pero no hay ni _____ ni _____ . También quiero lavarme el pelo. ¿Hay _____?
4. Pedí una habitación de no fumar. No comprendo por qué hay un _____ en mi habitación.
5. Todavía no han hecho la cama. Necesitamos _____ limpias.
6. Raramente hace calor aquí. Por eso, el hotel no tiene _____.
7. No hay baño en la habitación pero pueden lavarse un poco porque hay un _____.
8. Quiero comer en la habitación esta noche. Voy a llamar al _____.

E. Un hotel de lujo. Read the ad for a chain of luxury hotels in the United States and answer the questions.

Desde US$79, Para Que No Se Incomode

Alcoba privada con cama tamaño king o dos camas matrimoniales, baño completo, vanity o peinador, televisor a color de control remoto y teléfono.

Sala de estar privada, con sofá-cama, televisor a color de control remoto, teléfono, mini-bar, horno de microondas, refrigerador, congelador y cafetera eléctrica.

Por el precio de una habitación angosta e incómoda

en cualquier otro hotel, Crown Sterling le da una espaciosa suite, ideal para conducir sus negocios o disfrutar con la familia, y muchas otras agradables comodidades. Por ejemplo, todas las mañanas, en nuestro bello patio interior, le servimos un desayuno completo. Si en otros hoteles de habitaciones estrechas se siente incómodo, en nuestros hoteles de amplias suites, se va a sentir... ¡Verdaderamente a sus anchas!

CROWN STERLING SUITES

Reservaciones: En Colombia: Travelrep. Ltda. 610-7701/610-2295/257-6014
Dentro de México: 95-800-433-4600 - Desde México a Miami: 95-800-772-3787
En Venezuela: Representaciones Rafael Bello 693 -1222/693-0139

1. ¿Qué hay en la alcoba? ¿Cuál es otra palabra para *alcoba*? ¿Qué hay en la sala de estar?
2. ¿Cuánto cuesta la habitación más barata?
3. ¿Para qué es ideal una suite?
4. ¿A qué número pueden llamar los colombianos si desean más información? ¿los mexicanos? ¿los venezolanos?

F. Un/a recepcionista. You are a bilingual employee in the reservation office of Sterling Crown Hotels. Role-play a scene in which a visitor from Mexico calls to make a reservation. Be sure to discuss:

• the arrival and departure dates
• the type of room desired
• the price
• special features of the room

Por y para

- The prepositions **por** and **para** are often confused because they can both mean *for* when translated in English.

Para averiguar

1. Do you use **por** or **para** to indicate movement through time and space? Which one do you use to describe a destination or a point in time?

2. What does **para** mean when it is following by an infinitive?

3. Do you use **por** or **para** to express means? an exchange? to say for whom something is intended?

Use por:	Use para:

• to state during or for what period of time (*during, for*)
 	
   Quiero reservar una habitación **por** tres noches.
   Vamos a llegar el 15 de junio **por** la tarde.
	• to indicate a point in time or a deadline (*for, by*)
	
	   Necesitamos reservaciones **para** mañana.
	   Debemos llegar **para** las seis.

• to indicate movement or location in space (*through, along, past, around*)
 	
   Fuimos **por** esta calle y pasamos **por** esta casa.
   ¿Por qué está mirando **por** la ventana?
   ¿Hay un banco **por** acá?
	• to name a destination (*for*)
	
	   Salimos mañana **para** Barcelona.
	   Papa se fue **para** el banco.

• to express the motive of an action (*on account of, because of, for*)
 	
   Lo hice **por** mi familia.
   Estoy muy contento **por** ellos.
	• to express a recipient or person(s) intended (*for*)
	
	   Compré estos regalos **para** mi tía.
	   Necesito una mesa **para** dos.

• to express an exchange (*in exchange for*)
 	
   Gracias **por** venir.
   Pagó setecientos dólares **por** viajar en primera clase.
	• to indicate comparison (*for*)
	
	   Ella es muy inteligente **para** una niña de cinco años.
	   Él habla bien **para** un extranjero.

• to express means (*by*)
 	
   Hice las reservaciones **por** teléfono.
   No me gusta viajar **por** avión.
	• to indicate from whose point of view an action or a situation is described (*for*)
	
	   Para papá es difícil leer sin los anteojos.

	• to express purpose or goal (*to, in order to*)
	
	   Regreso al hotel **para** descansar.
	   Para llegar al mediodía, tenemos que salir temprano.

• to express a person or object sought (*for*)
 	
   Pregunta **por** mí en la recepción.
   Vamos **por** el carro mañana.	

- **Por** is also used in these expressions:

por eso	*therefore*	**por lo general**	*in general*
por cierto	*surely*	**por lo menos**	*at least*
por favor	*please*	**por primera vez**	*for the first time*
por fin	*finally*	**por supuesto**	*of course*

A lo personal

A. ¿Para hacer qué? Complete each sentence logically to explain what these people will do on their vacations.

MODELO: Vamos a las montañas para…
Vamos a las montañas para esquiar.

1. Mis amigos van a una isla tropical para…
2. Mi hermana va a Nueva York para…
3. Mis primos van a un parque nacional para…
4. Mi abuelo va al lago para…
5. Mis padres van a Europa para…
6. Yo me quedo en casa para…

B. En la recepción. You are at the front desk of a hotel. Complete the following conversation with **por** or **para.**

–Buenas tardes. Necesitamos una habitación _____ tres noches.
–¿ _____ cuántas personas?
–Sólo _____ nosotros dos.
–Bueno, tengo una habitación doble _____ 16.000 pesetas la noche.
–¿Podemos verla?
–_____ supuesto. Vengan _____ acá, _____ favor.

C. Un parque de atracciones. Read the description of *Port Aventura*, an amusement park near Barcelona, and answer the questions.

Guía practica de Port Aventura

Dónde está: en Vlaseca-Salou, a 113 km. de Barcelona
Cómo llegar: Autopista A-7
Principales atractivos: atracciones-el Dragón Khan es la estrella-espectáculos, áreas temáticas - Polinesia, México, China, Mediterráneo y Far West, artesanía popular, restaurantes y souvenirs.

Calendario: desde el 1 de abril al último domingo de octubre
Precio entradas: *Adultos:* 1er día: 3.800, 2do día : 1.400; pase de 2 días: 5.200; pase temporada: 9.500. *Niños (de 4 a 12 años) y mayores de 65 años::* 1 día: 3.000; 2 día 1.200; pase de 2 días: 4.200; pase temporada: 7.500. **Niños menores de 4 años acompañados:** gratis.

Aparcamiento: cabida para 5.500 turismos y 230 autocares. Precios : moto: 120 día; coche: 400 día; furgoneta: 800 día.
Sevicios: alquiler sillita niño: 300; silla de ruedas: 500-1.000; consigna: 200. Guardería para gatos y perros con certificado de vacunación. Lavabos con instalaciones para cambiar bebés.
Comida: 28 locales (12 restaurantes de especialidades);

precios desde 850 a 4.000; menú infantil 650, posibilidad de menús bajos en calorías o sin sal; precio de refresco o helado: 150.
Seguridad y sanidad: equipo médico, ambulancias y helipuerto.
Recuerdos: desde un pin (200 ptas.) a un amate mexicano (14.000 ptas.). Pero la mayoría (camisetas, collares, chaleco, etc.), entre las 700 y las 2.500 ptas.

1. ¿Por qué autopista se llega a Port Aventura? ¿Qué significa la palabra *autopista?*
2. ¿Por cuántos meses está abierto cada año?
3. ¿Cuánto cuesta por día para los adultos? ¿para los niños? ¿para los niños menores de cuatro años? ¿Cuánto cuesta un pase temporada? ¿Qué significa *pase temporada?*
4. ¿Para cuántos vehículos hay aparcamiento? ¿Cuánto cuesta por aparcar?
5. ¿Qué servicios tiene para padres de niños pequeños? ¿Tienen una guardería para los animales? ¿Qué se necesita para dejarlos allí?
6. ¿Sirven comida especial para las personas a dieta?

D. ¿Cuánto pago? Working with a partner, state what you think Mr. Loya paid for each item on his last trip to New York City.

MODELO: crema bronceadora
Pagó ocho dólares por crema bronceadora.

1. el boleto de avión
2. una habitación de hotel (por noche)
3. el servicio de habitación
4. ropa nueva
5. una guía turística
6. anteojos de sol
7. una cámara nueva
8. diez rollos de película
9. el desayuno (por día)
10. el almuerzo (por día)

Los pronombres preposicionales

Para averiguar

1. Which two prepositional pronouns are different from the subject pronouns?

2. How do you say *with me? with you* (singular, familiar)? *with him?*

• Use the following pronouns as objects of a preposition. Note that the prepositional pronouns are the same as the subject pronouns, except for **mí** and **ti. Mí,** has a written accent to distiguish it from the possessive adjective **mi** *(my)*.

Prepositional Pronouns			
mí	*me*	**nosotros/as**	*us*
ti	*you*	**vosotros/as**	*you*
él	*him*	**ellos**	*them*
ella	*her*	**ellas**	*them*
usted	*you*	**ustedes**	*you*

–¿Hay alguien detrás **de ti?**	*–Is there someone behind you?*
–Mi esposo está detrás **de mí** pero no hay nadie detrás **de él.**	*–My husband is behind me, but there is nobody behind him.*

• Review the following prepositions and prepositional phrases.

a	*to, at*	**después de**	*after*
acerca de	*about*	**detrás de**	*behind*
al lado de	*next to*	**en**	*in*
antes de	*before (time/space)*	**encima de**	*on top of*
ante	*before (in the presence of)*	**enfrente de**	*across from, facing*
a la derecha de	*to the right of*	**hasta**	*until*
a la izquierda de	*to the left of*	**lejos de**	*far from*
cerca de	*near*	**para**	*for, in order to*
con	*with*	**por**	*for, through, by, because of*
de	*from*		
debajo de	*under*	**sin**	*without*
delante de	*in front of*	**sobre**	*over, about*

• Use **conmigo** and **contigo** to say *with me* and *with you* (singular, familiar). Otherwise, use regular prepositional pronouns after **con.**

Yo voy a la tienda y papá va al banco. ¿Prefieres ir **conmigo** o **con él**?

A lo personal

A. Para mí. You are going on a trip with your best friend. Are the following things true for both of you?

MODELO: ¿Es importante pasar las vacaciones en un hotel grande y moderno?
Para mí no es importante pero para él/ella es muy importante. o *Para nosotros/as dos no es importante.*

1. ¿Es importante viajar en primera clase?
2. ¿Es interesante probar comida exótica?
3. ¿Es aburrido tomar el sol?
4. ¿Es difícil ir de vacaciones cada año?
5. ¿Es fácil esquiar?
6. ¿Es mejor viajar por avión?
7. ¿Es preferible ir de vacaciones en verano?
8. ¿Es divertido visitar parques de atracciones?

B. Regalos. You are going on a trip around the world. A classmate will ask what you are going to buy for the following people. Answer using a prepositional pronoun.

MODELO: para tu hermana

—*¿Qué vas a comprar para tu hermana?*

—*Voy a comprar una chaqueta de cuero en Argentina para ella. o No voy a comprar nada para ella.*

una botella de vino en Francia	una chaqueta de cuero en Argentina
una pulsera de plata en México	chocolate en Bélgica
un libro de arte en el museo del Prado	unas tarjetas postales
una blusa de seda en Japón	nada

1. para tu mejor amigo/a
2. para el/la profesor/a de español
3. para los estudiantes de la clase de español
4. para tu madre
5. para tu padre
6. para ti mismo/a

C. ¿Quién es? Select a classmate and write three sentences describing who is sitting around him/her. The rest of the class will guess who it is.

MODELO: —*David está delante de él. Ana está a su derecha. Nadie está detrás de él.*

—*Es Daniel.*

D. Entrevista. Use a prepositional pronoun in your answers where appropriate.

1. ¿Te gusta viajar con tus padres? ¿Cuándo hiciste tu último viaje con ellos? ¿A qué edad hiciste tu primer viaje sin ellos? ¿Tienes muchas fotos de Uds. de las vacaciones?
2. ¿Te gusta hablar con tus amigos acerca de los viajes de ellos? ¿Te gusta recibir tarjetas postales de tus amigos? ¿Compras recuerdos *(souvenirs)* para ellos cuando viajas?
3. Por lo general, ¿hablas mucho con los pasajeros sentados a tu lado en el avión? ¿Acerca de qué hablas con ellos generalmente? ¿Cuándo pierdes la paciencia con los otros pasajeros?
4. ¿Llevas mucho equipaje contigo cuando viajas? ¿Lo llevas contigo en el avión o lo facturas *(check)*? Para ti, ¿es preferible tener mucha ropa contigo cuando viajas o es más importante viajar sin mucho equipaje?

 ¡A escuchar!

¡A escuchar! Listen as a couple checks into their hotel and note as much information as you can about their room.

E. Una conversación. You are checking into a hotel. Role-play a scene with a classmate in which you discuss:

- la duración de su estadía
- el número de huéspedes
- el precio de la habitación
- una descripción de la habitación

¿Cómo llego hasta allí?

A. Las direcciones.

Siga derecho hasta la tercera esquina.
Doble a la derecha en la tercera calle.
Doble a la izquierda en la siguiente calle.
Pase por el quiosco de revistas.
Cruce la plaza.
Suba la calle...
Baje la calle...

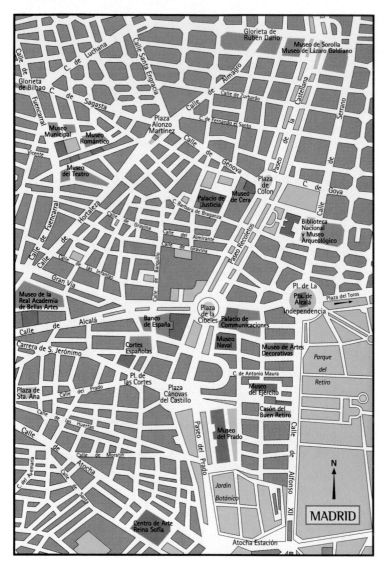

B. Diálogo.

El señor Loya tiene unos recados que hacer y va a la recepción para pedir direcciones.

SEÑOR LOYA: Discúlpeme, señor. ¿Me puede decir si hay un banco cerca de aquí? Necesito cambiar dinero.

RECEPCIONISTA: Sí, cómo no. Salga del hotel y camine a la derecha. En la primera esquina, doble a la izquierda. Ésa es la calle Flores. El banco es el tercer edificio a la derecha.

SEÑOR LOYA: También necesito ir a una oficina de correos.

RECEPCIONISTA: Hay una oficina de correos no muy lejos del banco. Siga derecho un poco en la misma calle y va a estar a la izquierda.

SEÑOR LOYA: Muchas gracias, señor.

RECEPCIONISTA: No hay de qué.

C. ¿Comprende Ud.? Complete these directions from the hotel to the bank.

1. Salga del hotel y camine a la…
2. En la primera calle, doble a la…
3. El banco es el tercer edifico a la…

D. En Madrid. You are looking out the front entrance of the Prado Museum and you hear the guard giving directions. Refer to the map on page 324 to decide where each tourist is going.

MODELO: Al salir del museo, doble a la izquierda
y siga derecho. No está muy lejos.
Va al Jardín Botánico.

1. Camine a la izquierda por el Paseo del Prado hasta la calle de Atocha. En la calle de Atocha, doble a la derecha y está en la segunda esquina a la derecha.
2. Cruce la calle detrás del museo y baje por cualquiera de las calles del otro lado hasta la calle Alfonso XII. Cruce la calle Alfonso y allí está. No puede dejar de encontrarlo.
3. Cruce la calle detrás del museo y baje por cualquiera de las calles del otro lado hasta la calle Alfonso XII. Allí doble a la izquierda y siga derecho hasta la plaza de la Independencia. Cruce la plaza y siga hasta la calle Bárbara de Braganza. La calle Bárbara de Braganza es la tercera esquina. Allí está.

E. Un laberinto. Sometimes a new city looks like a maze. Give the Loya family step-by-step directions from the hotel to the bank, the travel agency, and the pharmacy.

MODELO: *Para ir al banco, sigan derecho hasta la segunda esquina y doblen a la derecha, luego…*

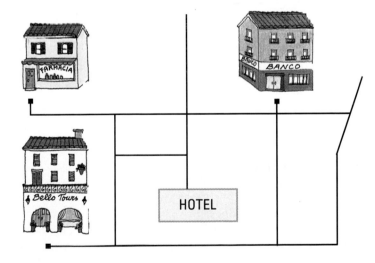

F. ¿Dónde está…? Give directions to your classmates:

• del salón de clase a la salida del edificio
• del edificio donde tienen clase a una parada de autobús
• del campus a un banco
• del campus a su apartamento/casa/residencia

Unos recados

A. ¿Dónde hay…?

- un hospital
- una farmacia
- una peluquería
- una agencia de viajes
- un quiosco de periódicos
- una oficina de correos
- un teléfono público
- una estación de servicio/una gasolinera

B. Diálogo. En el banco.

EMPLEADA: Buenos días, señor. ¿En qué puedo servirle?

SEÑOR LOYA: ¿A cuánto está el cambio del colón costarricense?

EMPLEADA: A 1,2 pesetas hoy.

SEÑOR LOYA: Bueno, quiero cambiar 20.000 colones.

EMPLEADA: Firme aquí y me da su pasaporte, por favor… Bueno, pase a la caja por favor.

(En la caja)

SEÑOR LOYA: ¿Me puede dar billetes de mil pesetas, por favor?

EMPLEADA: Sí, cómo no, señor.

C. ¿Comprende Ud.?

1. ¿A cuánto está el cambio del colón costarricense?
2. ¿Qué necesita ver la empleada?
3. ¿Cómo prefiere el señor Loya el dinero?

D. ¿Qué lugar? Which place is being decribed?

Allí…
1. se cambia dinero.
2. se hacen reservaciones para un viaje.
3. se venden revistas y periódicos.
4. se vende medicina.
5. se vende gasolina.
6. se corta el pelo.

E. En la calle Molino. Using these directions, determine the address of each place.

MODELO: Al doblar a la derecha en la calle Molino, el hotel es el cuarto
edificio a la derecha.
La dirección del hotel es el 508.

1. El restaurante La Paz está enfrente del hotel.
2. La farmacia está en la esquina, al lado del hotel.
3. Hay un hospital enfrente de la farmacia.
4. El banco está al otro extremo de la calle, al mismo lado que la farmacia.
5. Hay una pastelería al lado del banco.
6. Una peluquería se encuentra entre la pastelería y el hotel.
7. La agencia de viajes está enfrente de la pastelería.
8. La oficina de correos está a la izquierda de la agencia de viajes, en la esquina.
9. Hay una pequeña tienda de artículos deportivos a la derecha de la agencia de viajes.

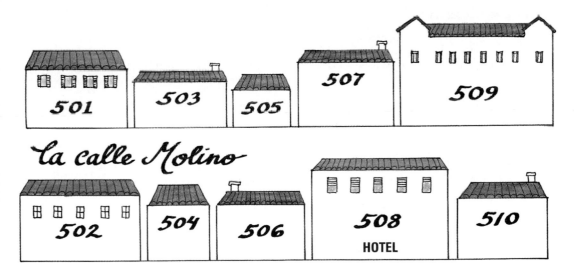

F. En el barrio. Your new neighbors say they need to run some errands. Where do they
need to go? Is it close enough to walk? Role-play the scene with a classmate.

MODELO: Necesito cambiar dinero…
—*Necesito cambiar dinero. ¿Hay un banco cerca de aquí?*
—*Hay un banco en la calle 10.*
—*¿Puedo andar hasta allí a pie?*
—*Sí, no está muy lejos.* o *No, no está muy cerca. Necesita tomar el autobús o un taxi.*

1. Necesito comprar medicina…
2. Quiero comprar el periódico…
3. Necesito cortarme el pelo…
4. Necesito comprar unos sellos…

Los pronombres de complemento indirecto

Para averiguar

1. Which indirect object pronouns differ from the direct object pronouns?

2. Why do indirect object pronouns sometimes seem repetitive?

3. Which two categories of verbs often have indirect objects? What is another common use of indirect objects?

4. Why do indirect object pronouns sometimes seem repetitive?

- When giving or telling something to someone, the thing being given or told is the *direct object* and the person to whom it is being given or told is the *indirect object.*

  They recommended *this hotel* **to me.**   I gave *the key* **to him.**
              d. o.   **i.o.**   *d.o.*   **i.o.**

- Indirect object pronouns are the same as direct object pronouns, except **le** is used instead of **lo** and **la,** and **les** is used instead of **los** and **las.**

Indirect Object Pronouns	
me *(to, for) me*	**nos** *(to, for) us*
te *(to, for) you* (fam. sing.)	**os** *(to, for) you* (fam. pl.)
le *(to, for) him, her, you* (form. sing.)	**les** *(to, for) them, you* (form. pl.)

- Indirect objects are frequently used with the following verbs that indicate

  EXCHANGE: **dar** *(to give),* **mandar** *(to send),* **ofrecer** *(to offer),* **prestar** *(to lend),* **regalar** *(to give as a gift),* **servir** *(to serve),* **traer** *(to bring)*

  COMMUNICATION: **decir** *(to say, to tell),* **enseñar** *(to teach, to show),* **escribir** *(to write),* **explicar** *(to explain),* **hablar** *(to speak),* **leer** *(to read),* **pedir** *(to ask for),* **preguntar** *(to ask a question),* **prometer** *(to promise),* **recomendar** *(to recommend)*

- Indirect objects are also used to request favors or to express for whom a favor is done.

  ¿Me trae una servilleta, por favor?   *Would you bring me a napkin, please?*
  ¿Nos hace un favor, por favor?   *Would you do us a favor, please?*
  Siempre **le** preparo algo de comer.   *I always prepare him something to eat.*

- An indirect object noun that refers to a specific person or group of people is generally accompanied by the corresponding pronoun in the same sentence. Although this may seem repetitive, it is normal in Spanish.

  Le escribo muchas cartas a **mi tío Eduardo** en Madrid.
  Nunca **les** presto dinero a **mis amigos.**

- For clarification or emphasis, you may add the preposition **a** followed by a prepositional pronoun.

  Le digo todo **a ella** pero no **le** digo   *I tell **her** everything but I don't tell*
  nada **a él.**   ***him** anything.*
  ¿Me estás hablando a **mí?**   *Are you talking to **me?***

- Indirect object pronouns follow the same placement rules as direct object pronouns or reflexive pronouns.

SINGLE CONJUGATED VERB	**¿Le** escribes una carta?
CONJUGATED VERB + *infinitive*	**¿Le** vas a escribir una carta?/¿Vas a escribir**le** una carta?
WITH **estar** + **-ndo** FORM OF A VERB	**¿Le** estás escribiendo una carta?/¿Estás escribiéndo**le** una carta?
haber + *past participle*	**¿Le** has escrito una carta?
AFFIRMATIVE COMMAND	¡Escríbe**le** una carta!
NEGATIVE COMMAND	¡No **le** escribas una carta!

A lo personal

A. ¿Qué hace Ud.? Some Chilean friends are coming for a visit. Indicate whether or not you would do these things. If you answer no, change the italicized words so that the statement is true.

1. Les recomiendo el hotel *Marriott.*
2. Les digo que *julio* es el mes más interesante.
3. Les digo que hace mejor tiempo aquí en *otoño.*
4. Les recomiendo el restaurante *Burger King.*
5. Les hablo en *español.*
6. Les enseño *la universidad.*

B. Verbos lógicos. Complete each statement with the **yo** form of the verbs of exchange or communication that make sense.

MODELO: Siempre le _____ flores a mi madre por el Día de las Madres.
Siempre le mando/regalo/doy/traigo/prometo flores a mi madre por el Día de las Madres.

1. Siempre les _____ tarjetas a mis amigos por su cumpleaños.
2. Con frecuencia les _____ mucho dinero a mis padres.
3. A veces le _____ mi coche a mi mejor amigo/a.
4. Cada semana le _____ un poema a mi novio/a.
5. Nunca le _____ favores a mi compañero/a de cuarto.
6. A veces les _____ las respuestas a mis companeros de clase.
7. Nunca les _____ bebidas alcohólicas a mis amigos.
8. A veces le _____ a mi madre de cosas personales.

For each sentence above, select one verb and say how often *you* do the activity.

MODELO: *Casi nunca le mando flores a mi madre.*

C. En clase. With a partner, make a list of things your instructor does to or for you and your classmates.

MODELO: *Nos hace preguntas…*

Now make a list of things you and you classmates do to or for your instructor.

MODELO: *Le hacemos preguntas…*

D. ¿A quién? To whom do you do the following things?

MODELO: pedirle ayuda con el español
Les pido ayuda a mis amigas Teresa y Lupita. o No le pido ayuda a nadie.

1. escribirle con frecuencia
2. darle consejos
3. decirle todo
4. hablarle en español
5. decirle mentiras a veces
6. pedirle favores

E. Favores. Make a list of three things that you have done for people and three things that others have done for you in the last few days.

MODELO: *Le mandé una tarjeta de cumpleaños a mi padre. Mi novio me lavó la ropa anoche…*

Los verbos como *gustar*

Para averiguar

1. What does **me gusta** literally mean?

2. When do you use the plural form, **gustan**?

3. What are six other verbs that are used like **gustar**?

- Since **Lección 2,** you have used the expression **me gusta** to say what you *like* or **me gustaría** to say what you *would like.*

- The **me** of **me gusta/me gustaría** is an indirect object pronoun.

- A phrase like **me gustan los perros** literally means *dogs are pleasing to me.* **Gustar** agrees with the subject **los perros,** and not with **me.** Note that the subject of **gustar** generally follows the verb and the definite article is generally used as well.

  Les gusta la playa.   *They like the beach. (The beach is pleasing to them.)*
  Le gustan las ciudades grandes.   *She likes big cities. (Big cities are pleasing to her.)*

- When followed by an infinitive or series of infinitives, **gustar** is used in the third person singular.

  Les gusta viajar.   *They like to travel.*

- When you name a person who likes something, the name, noun, or pronoun must be preceded by **a**, since it is an indirect object. Remember that the indirect object pronoun will be included in your statement along with the indirect object noun or prepositional pronoun, even though this is redundant.

  A María **le** gusta ir al campo.
  A mí **me** gustan las películas.
  A mis padres **les** gusta pescar.
  A ti **te** gusta la nieve.

- The following verbs and expressions are used like **gustar.**

encantar	*to delight*
hacer falta	*to be lacking, in need*
interesar	*to interest*
faltar	*to be missing*
molestar	*to bother*
importar	*to be important, to matter*
quedar bien/mal	*to fit well/badly*

GUSTAR VERB	ENGLISH EQUIVALENT
Me encanta Barcelona.	*I love Barcelona.*
Le falta el reloj.	*He's missing his watch.*
Nos hace falta dinero.	*We need money.*
A mis amigos **no les importan** mis problemas.	*My problems don't matter to my friends.*
A los niños **no les interesan** los museos.	*Children are not interested in museums.*
¿Te molesta si fumo?	*Does it bother you if I smoke?*
Este vestido **te queda** bien.	*This dress fits you well.*

A lo personal

A. Los gustos. Ask a classmate if he/she likes the following things associated with travelling.

MODELO: los viajes en grupos grandes
  –¿Te gustan los viajes en grupos grandes?
  –No me gustan nada los viajes en grupos grandes.

Me encanta(n)…	Me gusta(n) bastante…
Me interesa(n) un poco…	No me gusta(n) nada…

1. las ruinas antiguas
2. la playa
3. las montañas
4. las excursiones al campo
5. las discotecas
6. viajar en avión
7. broncearse
8. pescar
9. ir al teatro
10. escalar montañas

Now complete each of the four expressions listed above with other words to express your likes or dislikes while on vacation.

MODELO: *Me encanta probar la comida de otros países.*
  Me gustan bastante los cruceros.
  Me interesa un poco visitar museos.
  No me gusta nada viajar en autobús.

B. ¿Quién podría ser? Which of your acquaintances or which celebrities do the following statements describe?

MODELO: Siempre le(s) falta dinero.
  A mi hermano Javier siempre le falta dinero. o *A mí siempre me falta dinero.*
  o *Nunca les falta dinero a mis amigos.*

1. Le(s) interesa mucho la política.
2. No le(s) importa la opinión de los demás.
3. Le(s) molesta mucho hablar de política.
4. Le(s) encanta hablar de cosas tontas.
5. Nunca le(s) gusta salir los fines de semana.
6. Le(s) interesan mucho los deportes.
7. Le(s) falta tiempo para estudiar.
8. Le(s) encanta comprar ropa.
9. Nunca le(s) queda bien la ropa.
10. No le(s) gusta mirar deportes en la televisión.

C. Entrevista.

1. ¿A qué lugar te gustaría hacer un viaje? ¿Qué te gustaría hacer allí? ¿Qué te encanta hacer durante las vacaciones? ¿Qué te molesta hacer? En un hotel, ¿te importa más el precio o el servicio?
2. En un hotel, ¿te gusta más llamar al servicio de habitación para la cena o salir a un restaurante? ¿Te molesta si fuman en los restaurantes? ¿Te gusta fumar?
3. ¿Te molesta si fuman en los vuelos internacionales? ¿Te gusta hablar con los pasajeros sentados a tu lado en el avión? ¿Te molesta hablar con ellos?
4. ¿Te gustaría pasar las vacaciones en una isla tropical este verano? ¿Cómo te queda tu traje de baño del verano pasado?
5. ¿Qué te falta para hacer un viaje ahora? ¿dinero? ¿tiempo? ¿ropa? ¿ganas?

¿Una mesa para cuántas personas?

A. En un restaurante.

- la terraza
- la carta de vinos
- el/la cocinero/a
- el/la camarero/a
- el/la dueño/a
- el menú
- el cubierto
- la propina
- la caja
- la bandeja
- la cuenta
- el carrito de postres
- el comedor

B. Diálogo.

La familia Loya entra en un restaurante.

DUEÑO: Buenas noches. ¿Cuántos son Uds.?

SEÑOR LOYA: Somos cuatro.

DUEÑO: ¿Prefieren Uds. una mesa aquí o en la terraza?

SEÑOR LOYA: Algo en la terraza, si hay.

(Salen a la terraza.)

DUEÑO: Aquí tienen los menús.

CAMARERO: Buenas noches. ¿Les traigo algo de beber?

SEÑORA LOYA: Me trae una copa de vino tinto, por favor.

SEÑOR LOYA: Para mí, también.

CAMARERO: ¿Y para los niños?

SEÑOR LOYA: Tráigales un agua mineral sin gas.

CAMARERO: Dos vinos tintos y dos aguas minerales sin gas. Se los traigo en seguida.

C. ¿Qué dicen?

1. ¿Dónde prefieren sentarse los Loya?
2. ¿Quién les da el menú?
3. ¿Qué les trae de beber el camarero?

D. Unas definiciones. What object or person is being described?

MODELO: una lista de los platos que se sirven en un restaurante
El menú.

1. la persona que prepara la comida
2. la persona que sirve la comida
3. la lista de vinos
4. el tenedor, el cuchillo y la cuchara para cada persona
5. el plato que se usa para llevar la comida a la mesa
6. la suma que se debe pagar
7. el lugar donde se paga la cuenta

E. Unas comparaciones. Work with a partner to think of as many differences as you can between an elegant restaurant and a fast food restaurant.

MODELO: *En un restaurante elegante, no hay cubiertos de plástico como*
en un restaurante de comida rápida.

F. ¡Hay una mosca en la sopa! You are dining in an elegant restaurant and have found a fly in your soup. You demand to speak with the owner, who in turn demands an explanation from the chef. Role-play this situation with some of your classmates.

Remember to

- get your server's attention politely
- explain the situation
- ask to speak to the owner
- ask the owner to take the soup off the bill

G. Entrevista.

1. ¿Cuál es el restaurante más elegante de la ciudad donde vives? ¿Comes allí con frecuencia? ¿Qué pides cuando comes en un restaurante elegante? ¿Qué pides cuando comes en un restaurante de comida rápida?
2. ¿Te gusta la comida étnica? ¿Qué comidas étnicas te gustan? ¿la italiana? ¿la mexicana? ¿la china? ¿Hay restaurantes de otras etnicidades en tu ciudad? ¿Qué pides cuando comes en un restaurante mexicano? ¿en un restaurante italiano?
3. ¿Tomas vino cuando comes en un restaurante? ¿Con qué comidas tomas vino tinto? ¿vino blanco? ¿Pides un postre cuando comes en un restaurante? ¿Qué pides de postre normalmente? ¿Cuánto dejas de propina si el servicio es bueno? ¿Dejas una propina si el servicio no es muy bueno? ¿si es muy malo?

¡Buen provecho!

A. Un menú.

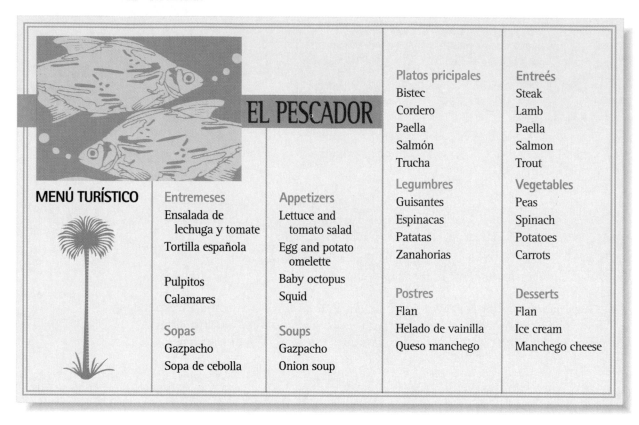

MENÚ TURÍSTICO

EL PESCADOR

Platos pricipales	Entreés
Bistec	Steak
Cordero	Lamb
Paella	Paella
Salmón	Salmon
Trucha	Trout

Legumbres	Vegetables
Guisantes	Peas
Espinacas	Spinach
Patatas	Potatoes
Zanahorias	Carrots

Postres	Desserts
Flan	Flan
Helado de vainilla	Ice cream
Queso manchego	Manchego cheese

Entremeses	Appetizers
Ensalada de lechuga y tomate	Lettuce and tomato salad
Tortilla española	Egg and potato omelette
Pulpitos	Baby octopus
Calamares	Squid

Sopas	Soups
Gazpacho	Gazpacho
Sopa de cebolla	Onion soup

B. Diálogo.

Los Loya piden la comida.

CAMARERO: ¿Están listos para pedir?

SEÑORA LOYA: Los niños quieren las chuletas.

CAMARERO: ¿Con zanahorias o con puré de patatas?

ALEJANDRO: Con puré, para mí.

LETI: Para mí, también.

CAMARERO: ¿Y para Ud., señora?

SEÑORA LOYA: ¿La paella tiene mejillones?

CAMARERO: Sí, pero se la podemos preparar al gusto, señora.

SEÑORA LOYA: Muy bien. Entonces quiero la paella sin mejillones por favor.

CAMARERO: ¿Y para Ud., señor?

SEÑOR LOYA: Me gustaría el bistec con zanahorias y puré por favor.

CAMARERO: ¿Cómo prefiere el bistec… poco hecho, término medio o bien hecho?

SEÑORA LOYA: Término medio, por favor.

C. ¿Comprende Ud.? You are the waiter/waitress at *El Pescador.* Repeat the Loya's order to make sure it is correct.

1. para los niños
2. para la señora
3. para el señor

D. ¿Quién habla? Say whether **el cliente** or **el camarero** says each of the following:

1. ¿Están listos para pedir?
2. ¿Me trae un menú, por favor?
3. ¡Buen provecho!
4. ¿Qué recomienda Ud.?
5. ¿Qué desean para beber?
6. ¿Cuál es el plato del día?
7. ¿Qué desea Ud. de plato principal?
8. Otra taza de café, por favor.
9. ¿Algo más?
10. La cuenta, por favor.

E. ¿Cuál no es lógico? Which item does not fit with the others? Explain your answers.

1. salmón, trucha, cordero, guisantes
2. flan, gazpacho, helado de vainilla, queso manchego
3. zanahorias, patatas, espinacas, helado de vainilla
4. tortilla española, pulpitos, calamares, flan
5. salmón, trucha, cordero

F. Una cita. You are making a dinner date with a friend on the telephone. Role-play a scene with a classmate in which you decide between two restaurants. In the conversation:

- discuss the types of food served at each restaurant
- describe the dishes you like or love there and those you do not like
- tell where the restaurant is located
- explain how to get there from your house

G. En el restaurante. You are ordering a full meal in a restaurant. Role-play the scene with two classmates, one of whom will play the waiter/waitress.

H. El gusto personal. Which of the following meals sounds the most appetizing to you? Interview your classmates to find out which meal is the most popular.

1. Ensalada de lechuga, cordero asado con patatas y guisantes, y flan de postre.
2. Pulpitos, paella y frutas de postre.
3. Tortilla española y gazpacho, trucha rellena con patatas y espinacas y helado de vainilla.
4. Sopa de cebolla, bistec a la parrilla con patatas y verdura y flan de postre.

Dos pronombres juntos

Para averiguar

1. Where are indirect object pronouns placed when used together with direct object pronouns?

2. What must you add to the stressed vowel of a verb when two pronouns are attached to the end of it?

3. What happens to the indirect object pronouns **le** and **les** when they are followed by the direct objects **lo, la, los,** or **las?**

• The indirect object pronoun always precedes the direct object pronoun when they are used together. A written accent must be added to the stressed vowel of an infinitive, an affirmative command, or the **–ando** form of the verb when two pronouns are attached to the end of it.

    –¿Me puedes prestar tu coche?
    –Por supuesto que **te lo** puedo prestar./Por supuesto que puedo prestár**telo.**
    –¿Necesitas las llaves?
    –Sí, dá**melas.**

• When direct and indirect object pronouns that both begin with the letter **l** are used together, the indirect object pronouns **le** and **les** become **se.**

–¿**Les** recomendaste **este hotel** a los turistas?	*–Did you recommend this hotel to the tourists?*
–No, no **se lo** recomendé.	*–No I didn't recommend it to them.*
–¿**Le** diste **tu pasaporte** al recepcionista?	*–Did you give your passport to the desk clerk?*
–Sí, **se lo** di.	*–Yes, I gave it to him.*

• Since **se** can have a variety of meanings when it replaces **le** *(to you, to him, to her)* or **les** *(to you, to them),* you often must add a prepositional phrase to clarify to whom you are referring.

Se lo dije **a Ud. (a él, a ella, a Uds. a ellos/as).**	*I told it to you (to him, to her, to you, to them).*

A lo personal

A. ¿Lo haces? How would you answer your best friend if he/she asked you the following?

MODELOS: –¿Les pides dinero a tus amigos?
        –Sí , se lo pido a veces. o *No, nunca se lo pido.*
        –¿Me puedes prestar tu chaqueta?
        –Sí, te la puedo prestar. o *No, no te la puedo prestar.*

1. ¿Les prestas tu coche (ropa, dinero, apartamento, tus libros) a tus amigos?
2. ¿Me puedes prestar tu coche (dinero, libro de español, apartamento, reloj, tus zapatos)?

B. En el restaurante. Who does each activity, you or the waiter? Change the direct objects to pronouns accordingly.

MODELOS: traer el menú
        El camarero nos lo trae a nosotros.
        pedir la comida
        Nosotros se la pedimos al camarero.

1. describir los platos
2. servir la comida
3. pedir la cuenta
4. traer la cuenta
5. dar la tarjeta de crédito
6. dejar una propina

C. ¿Se lo doy? You want your children to eat healthy foods. Tell the waiter whether or not to give them the following foods and beverages.

MODELO: —¿Les doy agua mineral?
           —*Sí, désela.*
           —¿Les doy vino?
           —*No, no se lo dé.*

¿Les doy …

1. *Coca-Cola*
2. jugo de fruta
3. ensalada
4. pan
5. zanahorias
6. pastel
7. azúcar
8. espinacas
9. frijoles

D. Consejos. Give your friend advice in each situation using the verb in parentheses with double object pronouns.

Modelo: El hijo de su amigo/a quiere un Porsche. (comprar)
           Sí, cómpraselo. o *No, no se lo compres.*

1. Una persona desconocida que le pagó un trago a su amigo/a quiere su número de teléfono. (decir)
2. Su amigo/a le preparó la cena a un cliente importante pero la cena no salió bien. (servir)
3. Alguien le dice a su amigo/a por teléfono que ganó algún premio pero que su amigo/a necesita darle el número de su tarjeta de crédito para recibirlo. (dar)
4. Un vecino que tiene 16 años le pide a su amigo/a una cerveza. (dar)
5. Un compañero de clase quiere copiar la tarea de su amigo/a. (prestar)
6. El jefe de su amigo/a siempre olvida darle vacaciones. (pedir)

E. De compras. You are shopping for clothes for a trip to the coast. First, decide who is speaking, the customer or the salesclerk. Then respond to each question or statement, replacing the direct object with a pronoun.

MODELO: ¿Me puede enseñar sus trajes de baño?
           Por supuesto que se los puedo enseñar.

1. ¿Se va a probar este traje de baño?
2. ¿Me puede enseñar sus sandalias también?
3. ¿Se va a probar estas sandalias también?
4. ¿Se va a llevar las sandalias? ¿Y el traje de baño?
5. ¿Me dio su tarjeta de crédito?
6. ¿Me pone el traje de baño en una bolsa, por favor?
7. ¿Le pongo las sandalias en la bolsa también?
8. ¿Me dio el recibo?

F. ¿Me puede ayudar? A stranger stops you on campus and asks if you can do the following for him/her. Play the roles with a classmate.

MODELO: explicar como ir al centro
           —*Discúlpeme señor/a, ¿me puede explicar cómo ir al centro?*
           —*Claro que se lo puedo explicar. Siga derecho por la calle Lavaca.*

1. decir cómo se llama esta universidad
2. escribir el nombre de la universidad
3. enseñar el campus
4. decir la hora
5. dar un dólar
6. leer este papel

Resumen de los pronombres personales

- The five sets of personal pronouns that you have learned are summarized below.

Subject	Reflexive/ Reciprocal	Direct object	Indirect Object	Prepositional
yo	me	me	me	mí
tú	te	te	te	ti
él	se	lo	le	él
ella	se	la	le	ella
usted	se	lo/la	le	ustedes
nosostros/as	nos	nos	nos	nosotros/as
vosotros/as	os	os	os	vosotros/as
ellos	se	los	les	ellos
ellas	se	las	les	ellas
ustedes	se	los/las	les	ustedes

Para averiguar

1. When do you use subject pronouns such as **yo** or **tú**?

2. When may reflexive, direct object, and indirect object pronouns be attached to the end of the verb? When *must* they be attached to the end of the verb? When must they proceed the verb?

- Subject pronouns are generally used only when needed for clarity, to stress the subject, or to contrast the subject with someone else.

  Yo me quedo en el hotel pero **ellos** van a salir.

- The reflexive/reciprocal, direct object, and indirect object pronouns all follow the same placement rules, which are summarized in the following chart.

	BEFORE A CONJUGATED VERB	ATTACHED TO THE END OF A VERB
SINGLE CONJUGATED VERB	¿**Me** preparas la cena?	_____
CONJUGATED VERB +INFINITIVE	¿**Me** vas a preparar la cena?	¿Vas a preparar**me** la cena?
estar + **–ndo** FORM OF VERB	¿**Me** estás preparando la cena?	¿Estás preparándo**me** la cena?
haber + PAST PARTICIPLE	¿**Me** has preparado la cena?	_____
AFFIRMATIVE COMMANDS	_____	¡Prepára**me** la cena!
NEGATIVE COMMANDS	No **me** prepares la cena.	_____

- The prepositional pronouns follow a preposition.

  –¿Compraste algo **para nosotros**?
  –Compré algo **para ti** pero no compré nada **para él.**

A lo personal

A. En casa solo/a. A student is describing a childhood vacation. Complete the paragraph with the correct pronouns.

A mi padre _____ gustaban mucho las vacaciones de verano. Para_____, eran muy importantes y siempre empezaba a hablar de_____ con muchas semanas de anticipación. El día de nuestra salida, siempre _____ despertaba a todos nosotros a las cinco de la mañana. Nunca entendí por qué_____ importaba tanto salir antes de la salida del sol. Normalmente mis hermanos y yo_____ sentábamos en el coche en el asiento de atrás. Mi hermano David estaba a la izquierda, mi hermana Gloria a la derecha y yo estaba entre_____. Una vez íbamos al Gran Cañón en Arizona. Mi madre no estaba con _____ porque ya _____ había ido una semana antes con mi tía Delia. Como siempre, mi padre quería salir temprano. Sin despertar _____, llevó a mi hermano y mi hermana al coche. No sé porque, pero se le olvidó que _____ dormía todavía en mi cama y salieron sin _____ . Al salir el sol, mis hermanos _____ despertaron y _____ preguntaron a mi papá dónde estaba _____. Cuando mi papá por fin _____dio cuenta de que _____ _____había dejado atrás, ya estaban a ciento cincuenta millas de la casa. Regresaron para buscar _____ y _____ encontraron mirando dibujos animados en la sala.

Now write a paragraph describing one of your vacation memories.

B. Recomendaciones. For each category, make a recommendation to your classmates. Another student will agree or disagree.

MODELO: un hotel

> —Les recomiendo el hotel La Quinta.
> —Se lo recomiendo también. o No se lo recomiendo.
> o No lo conozco.

1. un parque de atracciones
2. una playa
3. una peluquería
4. un museo
5. una película
6. un país extranjero

Now ask a classmate to recommend a good place to do each of these things. Another student should agree or disagree.

MODELO: para acampar

> —Patricia, ¿nos puedes recomendar un buen lugar para acampar?
> —Les recomiendo el lago Buena Vista.
> —Se lo recomiendo también. o No se lo recomiendo.

1. para esquiar
2. para comprar equipaje
3. para comprar una tienda de campaña
4. para pescar
5. para bucear
6. para hacer un crucero

C. Entrevista. Answer the questions using personal pronouns where appropriate.

1. ¿Quién te invita frecuentemente a cenar? ¿Dónde te gusta cenar? ¿Vas a cenar con esa persona esta noche?
2. Para ti, ¿qué es más importante en un restaurante, la comida? ¿los precios? ¿el servicio? ¿el ambiente? ¿Les das una propina de quince por ciento a los camareros, por lo general? ¿Cuándo no les das una propina a los camareros?
3. ¿Has probado paella? ¿pulpitos? ¿Te gustaron? ¿Comes flan a veces? ¿Te gusta? ¿Comes mejillones de vez en cuando? ¿Dónde sirven mejillones aquí?
4. ¿Comes bistec? ¿Cómo lo prefieres? Para ti, ¿es importante comer carne todos los días?

 ¡A escuchar!

¡A escuchar! Listen as the Loya family orders a meal. Then, answer the questions.

1. ¿Qué pide la señora para los niños?
2. ¿Quién pide el salmón? ¿Lo quisiera con patatas o con espinacas?
3. ¿Quién pide los calamares a la madrileña?
4. ¿Necesitan algo más?

1 LOS PREPARATIVOS

SUSTANTIVOS

los anteojos de sol, las gafas	sunglasses
el campo	countryside
la canoa	canoe
el cheque de viajero	traveler's check
la crema bronceadora	suntan lotion
los esquís	skis
la estación de autobuses	bus station
la estación de ferrocarril	railroad station
la foto	photo
la guía	guidebook
la isla	island
el itinerario	itinerary
el metro	subway
el museo	museum
el país	country, nation
el parque de atracciones	amusement park
el pasaporte	passport
el pueblecito	town, village
el puerto	port
las reservaciones	reservations
el río	river
el rollo de película	roll of film
el saco de dormir	sleeping bag
la tienda de campaña	tent
el tren	train

EXPRESIONES VERBALES

acampar	to camp
andar a pie	to go by foot, to walk
broncearse	to tan
bucear	to scuba dive
cambiar dinero	to change money
conseguir (i)	to get, to obtain
consultar	to consult
escalar montañas	to climb mountains
hacer autostop	to hitchhike
hacer las maletas	to pack (one's) bags
hacer turismo	to go sightseeing
hacer un crucero	to go on a cruise
montar a caballo	to go horseback riding
pescar	to fish
reservar	to reserve
tomar el sol	to sunbathe

ADJETIVOS Y OTRAS EXPRESIONES

apagado/a	turned off
con anticipación	in advance
de vacaciones	on vacation
emocionado/a	excited
extranjero/a	foreign
turístico/a	tourist

2 EN EL HOTEL

SUSTANTIVOS

la almohada	pillow
el ascensor	elevator
el balcón	balcony
el botones	bellhop
la calefacción	heating
el cenicero	ashtray
el champú	shampoo
la ducha	shower
la escalera	stairs
una habitación sencilla/doble	single/double room
el/la huésped/a	guest
el jabón	soap
el lavabo	lavoratory, sink
la llave	key
el mensaje, el recado	message
el papel higiénico	toilet paper
el pasillo	hallway
la planta baja	ground level/floor
la recepción	front desk
el/la recepcionista	receptionist/desk clerk
la sábana	bed sheet
el servicio de lavandería	laundry service
la vista al mar	view of the sea

LOS NÚMEROS ORDINALES

primer(o)/a	first
segundo/a	second
tercer(o)/a	third
cuarto/a	fourth
quinto/a	fifth
sexto/a	sixth
séptimo/a	seventh
octavo/a	eighth
noveno/a	ninth
décimo/a	tenth

ADJETIVOS

completo/a	full
disponible	available
incluido/a	included

VERBOS

firmar	to sign
funcionar	to work
completar	to fill out

EXPRESIONES CON POR

por eso	therefore
por cierto	surely
por fin	finally
por lo menos	at least

SUSTANTIVOS

el banco	bank
el billete	bill
la caja	cash register, cashier's window
la esquina	corner
la estación de servicio	service station
la farmacia	pharmacy
la gasolinera	gas station
el hospital	hospital
la oficina de correos	post office
la peluquería	hair salon
el quiosco de periódicos	newsstand

EXPRESIONES VERBALES

bajar	to go down
cruzar	to cross
doblar	to turn
enseñar	to show, to teach
mandar	to send
ofrecer (zc)	to offer
pasar por	to pass by
prestar	to lend
prometer	to promise
recomendar (ie)	to recommend
regalar	to give (as a gift)
seguir (i) derecho	to continue straight
subir	to go up

VERBOS COMO *gustar*

encantar	to love, to delight
faltar	to be lacking, to need
importar	to be important, to matter
interesar	to interest, to be interested in
molestar	to bother
quedar bien/mal	to fit well/badly

OTRAS EXPRESIONES

a la derecha	to the right
a la izquierda	to the left
No hay de qué.	You're welcome.
público/a	public

SUSTANTIVOS

la bandeja	tray
los calamares	squid
el/la camarero/a	waiter/waitress
el carrito de postres	dessert cart
la carta de vinos	wine list
el cordero	lamb
el cubierto	silverware
la cuenta	check, bill
los entremeses	hors d'oeuvres
el/la dueño/a	owner
el flan	flan
el gazpacho	gazpacho (a cold tomato soup)
los mejillones	mussels
el menú	menu
la paella	paella
la papa	potato
la patata (Sp.)	potato
el plato principal	main dish
la propina	tip
los pulpitos	baby octopus
el puré de papas/patatas	mashed potatoes
el salmón	salmon
la tortilla española	egg and potato omelette
la terraza	terrace
la trucha	trout

OTRAS EXPRESIONES

al gusto	to taste
bien hecho	well done
¡Buen provecho!	Enjoy your meal!
en seguida	right away
poco hecho	rare (meat)
término medio	medium (meat)
bien hecho	well done (meat)

You can often guess the meaning of new words in readings because you already know another word from the same family. For example, you could probably guess that the verb **cansarse** means *to grow tired* because you know the adjective **cansado.** Or, knowing the verb **escalar,** you could guess that the noun **la escalada** means *climbing.*

NUEVA YORK
la Ciudad que Nunca Duerme

Todos hemos estado alguna vez en Nueva York. En nuestra imaginación, por las historias que hemos oído o leído, por las películas que hemos visto o por las canciones que hablan de ella, de alguna forma todos hemos sentido la cercanía de esta gran ciudad también llamada "La Gran Manzana" o "La Urbe de Hierro."

Un ambiente cosmopolita por excelencia

Nueva York está compuesta por cinco sectores (Manhattan, Brooklyn, Queens, Staten Island y el Bronx) que en conjunto suman alrededor de quince millones de habitantes y una zona conurbana, conocida como el Gran Nueva York, con unos veinte millones de personas.

Originalmente fundada por los holandeses, la ciudad pasó a convertirse en una posesión británica para comenzar a llamarse precisamente Nueva York.

Poco a poco comenzó a adquirir el carácter de una ciudad cosmopolita: en Nueva York viven más judíos que en Jerusalén, más irlandeses que en Dublín, más italianos que en Venecia. Si caminas por la Quinta Avenida no es raro que oigas hablar yiddish, alemán, árabe, español, francés y hasta inglés. Pasear por las calles de Nueva York representa un recorrido por las diversas culturas; es admirar una ciudad con mil rostros que nunca dejará de sorprenderte.

Las tiendas y los restaurantes

A menudo se dice que si algo no está a la venta en Nueva York, ese algo simplemente no existe.

Como centro internacional de la moda, la joyería, las artes y la gastronomía, la ciudad ofrece todas las oportunidades imaginables en un mismo lugar. A los grandes almacenes como Macy's, Bloomingdale's, Saks Fifth Avenue, se agregan las tiendas exclusivas como Burberrys, The Cockpit, Fendi, The Forgotten Woman, Polo/Ralph Lauren, Tiffany's y otras más.

Tras una jornada agotadora en las tiendas, nada como una comida apacible y reparadora. Nueva York está llena de restaurantes, pero vale la pena no perderse la comida del Barrio Chino y de la Pequeña Italia. Los conocedores dicen que la mejor comida china y la mejor comida italiana se preparan en estos barrios que, además, tienen una ambientación tan típica que por un momento llegas a pensar que estás en China o en Italia.

La vida nocturna

Como dice la canción que le dedicó Frank Sinatra, Nueva York es una ciudad que nunca duerme. Los atractivos presentados por los teatros en Broadway y fuera de Broadway son tantos y tan variados que con gusto se asiste cada noche a un espectáculo diferente.

Un buen boleto para estos espectáculos cuesta en la sección de orquesta, alrededor de 60 dólares. Los boletos deben comprarse con suficiente anticipación y de preferencia adquirirlos a través de tu agencia de viajes, para que al llegar no te quedes sin función. Un sitio que merece una mención especial es Radio City Music Hall, que presenta espectáculos musicales aptos para toda la familia y donde actúan las célebres bailarinas rockettes.

Recomendaciones

CLIMA. Nueva York es una ciudad que puede llegar a registrar temperaturas extremosas, según la estación del año. En verano, el calor obliga a la gente a vestirse con ropa ligera. Pero los descensos de la temperatura, que comienzan en noviembre y se prolongan hasta marzo, reclaman que lleves al menos una gabardina o un abrigo ligero.

PROPINAS. En los restaurantes la propina va del 15 al 20%, dependiendo del servicio. Pero por lo regular al 15% se considera como la propina promedio. En los taxis, la propina suele ser de 1 dólar para recorridos cortos (de diez minutos a media hora) o de 2 dólares si se prolongan más de 30 minutos. Al portero del hotel, se le pueden dar dos dólares. Los espléndidos suelen dar 1 dólar por maleta. En Nueva York, y en general en Estados Unidos, se debe dejar al menos un dólar diario a la recamarera que asea nuestra habitación.

IDIOMA. Si hablas inglés, por pesado que sea tu acento, se te van a facilitar todos tus movimientos. Pero si sólo hablas español, no te preocupes porque no vas a tener dificultad alguna. En los hoteles, en las tiendas y en los restaurantes por lo regular hay cuando menos una persona que habla español. Si quieres modernizarte, puedes adquirir un traductor electrónico de frases (cuestan alrededor de 50 dólares) y en la palma de la mano encontrarás la respuesta a lo que quieras decir en inglés.

COSTUMBRES. Contra la imagen difundida por el cine y las series policiacas de la televisión, los neoyorquinos son en general gente de lo más amable y apacible. En las noches, después de asistir al teatro, haber ido a cenar o a escuchar música, conviene regresar al hotel en taxi. La renta de un automóvil en Nueva York tiene las mismas ventajas y desventajas que hacerlo en la Ciudad de México, tú decides.

DINERO. Si llevas una cantidad importante para tus compras y gastos, procura llevar cheques de viajero, que podrás depositar en una caja de seguridad (gratuita) en tu hotel, y limitarte a cambiar diariamente la cantidad que necesites.

A. Antes de leer. Using the familiar words in parentheses, guess the meaning of the italicized words in each sentence.

1. (cerca) Todos hemos sentido la *cercanía* de esta gran ciudad.
2. (junto) Está compuesta de cinco sectores que *en conjunto* suman alrededor de quince millones de habitantes.
3. (mirar) Puedes ver toda la ciudad desde *el mirador* del Empire State Building.
4. (vender) Si algo no está a *la venta* en Nueva York, ese algo simplemente no existe.
5. (conocer) *Los conocedores* dicen que la mejor comida china se prepara allí.
6. (olvidar) Para los niños también va a ser una visita *inolvidable.*
7. (descender) Los *descensos* de temperatura empiezan en noviembre.
8. (medio/a) Por lo regular, el 15 por ciento se considera como la propina *promedio.*
9. (maleta) Al *maletero* que sube y baja su equipaje se le puede dar dos dólares.
10. (gastar, día) Sólo se debe llevar el dinero necesario para *los gastos diarios.*

B. ¿Cierto o falso?

1. Todos hemos estado alguna vez en Nueva York.
2. Nueva York se compone de cuatro sectores.
3. La ciudad de Nueva York siempre les sorprende a los turistas.
4. En Nueva York, siempre hay personas que hablan español.
5. Nueva York siempre tiene un clima agradable.
6. En realidad, los neoyorquinos son más amables de lo que parecen en el cine o la televisión.

C. Nueva York. Reread the article and write a sentence that states the main idea of each section.

MODELO: Un ambiente cosmopolita por excelencia
En Nueva York se encuentra gente de todas partes del mundo.

¡A escribir!

Using the *Recomendaciones* section of the article as a guide, write a similar list of recommendations for your city or region, or for a place where you frequently spend your vacation.

¡TRATO HECHO!

Spanish for Travel and Tourism

En la agencia de viajes

AGENTE: Entonces, ¿dónde le gustaría pasar sus vacaciones este año?

SR. ORVIDAS: Quiero visitar a mi primo en Santiago de Chile, y luego pasar unos días en Valparaíso y Reñaca.

AGENTE: Bueno, aquí tiene el pasaje de ida y vuelta a Santiago de Chile, la reservación para el carros y sus cheques de viajero con el comprobante. ¡Qué lo pase bien!

SR. ORVIDAS: Gracias. Hasta luego.

AGENTE: De nada. Hasta luego.

Palabras básicas

abrocharse	to fasten
al día	up-to-date
alquilar, arrendar	to rent
la azafata, el/la sobrecargo	flight attendant
la cabina	cockpit (plane), cabin (ship)
el/la camarero/a	a maid; cleaning staff; steward
el carné de conducir	driver's license
el comprobante	sales ticket, receipt
el/la conserje	concierge
el crucero	cruise
la custodia	luggage storage
de ida y vuelta	roundtrip
emitir un boleto	to issue a ticket
facturar, despachar	to check luggage
el folleto	brochure
hacer una excursión	to sightsee

el/la gerente	manager
el kilometraje	mileage
el pasaje	ticket, fare
el/la piloto/a	pilot
el/la portero/a	doorperson
la puerta	gate
el puerto	port
el sobrepeso	excess weight
la tarjeta de embarque	boarding pass
la tripulación	crew
el tur	tour
volar (ue)	to fly

MÁS EXPRESIONES DE CORTESÍA

Adelante.	Go ahead; After you.
¿Cómo?	What?
Con permiso.	Excuse me.
Si Ud. es tan amable.	If you would be so kind.

En el avión

Señores y señoras. El capitán ha señalado que empezamos el aterrizaje a Santiago de Chile. Favor de abrocharse los cinturones, devolver las bandejas y sus asientos a su posición original y apagar todos los aparatos electrónicos. En quince minutos estamos en la pista.

Me gustaría extenderles la bienvenida a Santiago de Chile en nombre de toda la tripulación y de American Airlines. Gracias por volar con nosotros. Por favor, permanezcan en sus asientos hasta que el capitán indique que es seguro moverse en el avión. La hora local son las ocho menos diez.

Take-off, Landing and during Surface Movement.

En el mostrador del aeropuerto

DEPENDIENTE: Su pasaje, por favor.
SR. ORVIDAS: Sí, cómo no.
DEPENDIENTE: ¿Santiago de Chile es su destino final hoy?
SR. ORVIDAS: Sí, señorita.
DEPENDIENTE: Eh...Veo que Ud. tiene dos maletas que facturar... ¿Prefiere un asiento en la ventanilla o en el pasillo?
SR. ORVIDAS: Ventanilla, por favor y detrás del ala, si es posible.
DEPENDIENTE: No hay problema, Sr. Orvidas. El vuelo no va muy lleno... Aquí está su tarjeta de embarque– vuelo 911, asiento 23A, ventanilla. La salida es por la puerta 22.
SR. ORVIDAS: Muchas gracias.
DEPENDIENTE: No hay de qué. ¡Buen viaje!

¿Dónde te quedas?

en un hotel

en un albergue juvenil

en un camping

En la conserjería del hotel

SR. ORVIDAS: Buenas tardes.

CONSERJE: Buenas tardes.

SR. ORVIDAS: Tengo una pregunta. ¿Cómo se llega a la Biblioteca Nacional?

CONSERJE: ¿Tiene Ud. un plano de la ciudad?

SR. ORVIDAS: Solamente tengo éste pequeño.

CONSERJE: Pues, aquí le doy uno mejor. Ahora, Ud. sale por estas puertas centrales y dobla a la derecha. En la primera esquina Ud. dobla otra vez a la derecha. Esa calle se llama Estado. En la Avenida Libertador Bernardo O'Higgins Ud. dobla a la izquierda y sigue derecho hasta la esquina Maciver. Allí está la Biblioteca Nacional a su izquierda.

SR. ORVIDAS: Muchas gracias.

CONSERJE: A la orden. ¡Y bienvenido a Santiago!

A. Expresiones de cortesía. Our choice of words and grammatical structures conveys not only information but also our attitude toward the person with whom we are speaking.

1. Review the conversations on pages 344-346 making a list of all expressions of politeness.
2. Based on these conversations, can you estimate how much of our conversation is dedicated to communicating our attitude toward the other person and how much to the actual exchange of information?

B. Los símbolos internacionales. In the brochure provided by your rental car company, you find these international symbols. Can you identify these symbols?

1. hospital
2. aeropuerto
3. donde se espera un taxi
4. información turística
5. velocidad máxima
6. no entrar
7. parada del autobús
8. lugar para acampar
9. lugar para caminar solamente
10. restaurante

PLANO TURISTICO SANTIAGO CENTRO

1. Municipalidad de Santiago
2. Museo Histórico Nacional y Palacio de la Real Audiencia
3. Correo Central
4. Iglesia Catedral y Museo de la Catedral
5. Ex Congreso Nacional
6. Tribunales de Justicia
7. Museo Chileno de Arte Precolombino
8. Portal Fernando Concha
9. Edificio Comercial Edwards
10. Casa Colorada. Museo de Santiago
11. Portal Buines
12. Palacio La Alhambra
13. Plaza de la Constitución
14. Palacio de la Moneda
15. Llama de la Libertad
16. Intendencia Región Metropolitana
17. Correo Moneda
18. Bolsa de Comercio
19. Club de la Unión
20. Iglesia. Museo y Convento San Francisco
21. Templo San Agustín
22. Teatro Municipal
23. Basílica y Museo de la Merced
24. Ascensor Cerro Santa Lucía
25. Biblioteca Nacional
26. Feria Artesanal Santa Lucía
27. Universidad de Chile

C. En el kiosco de informaciones. Look at the conversations on pages 324 and 346. How do you ask for directions in Spanish? What are two ways to give directions? Using the map above, help these tourists who need to get to different places. Be sure to use appropriate expressions of courtesy.

1. del kiosco de informaciones a la Biblioteca Nacional
2. de la Plaza de la Constitución a la Municipalidad de Santiago y luego a la Bolsa de Comercio
3. del Teatro Municipal al Club de la Unión

¡A escuchar!

Un tur a pie. Listen to the instructions that the Information Booth attendant is giving to a visitor. Based on the map above, state whether the visitor will find these tourist sights on the left or the right during her walking tour. **¡ojo!** The sights are not in order.

_____ Intendencia Región Metropolitana
_____ Plaza de la Constitución
_____ Palacio de la Moneda
_____ Plaza de Armas

_____ Club de la Unión
_____ Correo Moneda
_____ Portal Bulnes
_____ Cerro Santa Lucía

En la carretera

10

TEMA 2

En el coche

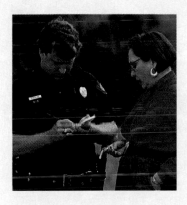

- ¿Cómo funciona?
- Unas señales

- El subjuntivo:
  expresiones impersonales

TEMA 3

En la calle

- Un accidente
- ¡Auxilio!

- El subjuntivo:
  expresiones de duda
- El subjuntivo:
  expresiones de emoción

TEMA 4

Los medios de transporte

- La estación de ferrocarril
- En la aduana

- El presente perfecto del
  subjuntivo
- El subjuntivo:
  lo indefinido y lo no
  existente

Recognizing Cause and Effect Relationships

Spanish in the Mass Media and Public Relations

¡Que se diviertan!

A. ¿Te gustaría visitar España?

una catedral
(Sevilla)

una iglesia
(La Sagrada familia, Barcelona)

unas ruinas romanas
(El acueducto, Segovia)

un palacio antiguo
(La Alhambra, Granada)

un monasterio
(Montserrat)

un festival
(Los Sanfermines, Pamplona)

B. Diálogo. Los últimos días en España.

La familia Loya habla de cómo pasar sus últimos días en España.

SEÑORA LOYA: Antes de acostarnos, vamos a decidir cómo pasamos los dos últimos días en España. Hay muchas cosas que todavía no hemos visto: el acueducto de Segovia, la Alhambra en Granada, y esta semana hay el famoso encierro de los toros en Pamplona.

SEÑOR LOYA: Vamos a ver la Alhambra. Dicen que es uno de los palacios árabes más bellos del mundo.

ALEJANDRO: Pero no me interesan los palacios antiguos. Ya hemos visto muchos edificios antiguos. ¡Vamos a correr con los toros en Pamplona!

LETI: ¡Sí, vamos a correr con los toros!

SEÑORA LOYA: Está bien, vamos a Pamplona, pero que no se hable más de correr con los toros. Es muy peligroso.

C. ¿Comprende Ud.?

1. ¿Qué quiere hacer la señora Loya antes de acostarse?
2. ¿Adónde prefiere ir el señor Loya?
3. ¿Qué prefieren hacer los niños?
4. ¿Qué deciden hacer?

D. ¡Vamos! Your friends say they would like to do the following things on a trip to Spain. Suggest where you might go.

MODELO: Me interesan las ruinas romanas.
   ¡Vamos a Segovia a ver el acueducto!

1. Me gusta visitar los museos de arte.
2. Nos interesa la arquitectura árabe.
3. Me interesan las catedrales góticas.
4. Me gustaría ver cómo se vive en los monasterios.
5. Nos gustaría participar en unos festivales regionales.

E. Madrid. Skim the descriptions of Madrid excerpted from the *Guía Turística Michelin de España*. Then answer the questions below.

Situada en el centro de la Península, en las estribaciones de la Sierra Guadarrama, Madrid, la capital más alta de Europa (646 m), es una ciudad luminosa, hospitalaria y animada, con un clima continental seco, muy caluroso en verano y frío aunque soleado en invierno.

En la actualidad, pese al intenso tráfico, todavía se puede disfrutar de acogedores rincones populares, de la perspectiva de hermosas avenidas y de una vida alegre y despreocupada.

Madrid es una ciudad cosmopolita, con una intensa vida cultural y artística, que ofrece gran variedad de museos, centros culturales, exposiciones, espectáculos, conciertos y una vida nocturna muy activa.

Todo el centro de Madrid (Puerta del Sol, Callao, Preciados) constituye una zona comercial muy popular y bulliciosa, donde conviven antiguos comercios de gran tradición con modernos establecimientos y grandes almacenes. Las tiendas de lujo y alta costura se concentran en el barrio de Salamanca, en torno a las calles Serrano, Ortega y Gasset, Lagasca y Goya. Es una zona de gran raigambre comercial con numerosas joyerías, tiendas de decoración y perfumerías.

1. ¿Dónde está situada Madrid?
2. ¿Cuál es la capital europea de mayor altitud?
3. ¿Cómo es la ciudad?
4. ¿Qué tiempo hace allí en verano? ¿en invierno?
5. En la actualidad, ¿cuál es un problema de la ciudad?
6. ¿Cómo es la vida madrileña?
7. ¿Hay mucha variedad cultural en la ciudad?
8. ¿Dónde hay muchas tiendas de lujo?

Un poco de geografía

A. Geografía. Describe these places with details from the map.

MODELO: Mallorca
Mallorca es una isla al este de España, en el mar Mediterráneo.

1. Portugal	3. Galicia	5. los Pirineos
2. Madrid	4. el país Vasco	6. Andorra

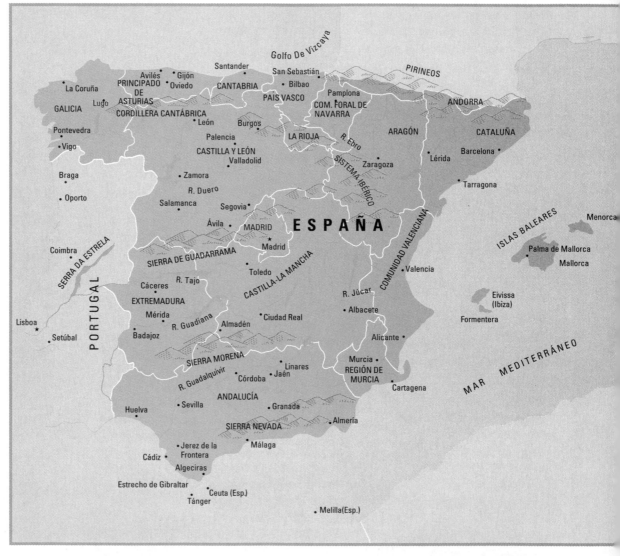

el bosque	la isla	el océano	el norte
la colina	el lago	la frontera	el sur
la montaña	el río	la capital	el este
la costa	el mar	la región	el oeste
la península			

B. Lugares. Name the places being described.

MODELO: las montañas más altas del mundo
Los Himalayas son las montañas más altas del mundo.

1. el río más largo del mundo
2. la costa más bonita de los Estados Unidos
3. la isla más grande de Europa
4. el océano entre Europa y Norteamérica
5. la capital de Colombia
6. un desierto en California
7. el lago más grande de los Estados Unidos
8. el mar entre Europa y África

C. Diálogo. Cuatro días en Barcelona.

Los Loya acaban de pasar cuatro días en Barcelona. Están en la recepción del hotel.

SEÑOR LOYA: Quisiera pagar la cuenta de la habitación 512.

RECEPCIONISTA: Bueno, son tres noches a 9.500 pesetas y ocho desayunos a 600 pesestas son 33.300 pesetas, por favor.

SEÑOR LOYA: ¿Puedo pagar con cheques de viajero?

RECEPCIONISTA: Por supuesto, señor.

SEÑOR LOYA: Una pregunta. Nosotros vamos a Pamplona. ¿Hay algo interesante que ver entre aquí y Pamplona?

RECEPCIONISTA: Los Pirineos son muy bonitos. Les recomiendo que vayan a Montserrat si todavía no lo han visto. Está un poco fuera del camino a Pamplona pero vale la pena. Tiene vistas espectaculares.

SEÑORA LOYA: ¡Sí, vamos a Montserrat! En vez de tomar el tren, alquilemos un coche.

SEÑOR LOYA: Montserrat está al norte de aquí, ¿verdad?

RECEPCIONISTA: Más bien al noroeste. Tomen la autopista.

SEÑOR LOYA: Bueno, gracias.

RECEPCIONISTA: Adiós. ¡Qué tengan un buen viaje!

D. ¿Comprende Ud.? ¿Cierto o falso?

1. La habitación de los Loya costó 33.300 pesetas.
2. El recepcionista les recomienda a los Loya que vayan a un museo.
3. Montserrat está de camino a Pamplona.
4. La familia Loya va a ir a Pamplona en tren.

E. España. How much do you know about Spain?

1. En área, España es el (primer, segundo, tercer, cuarto, quinto) país de Europa.
2. España es el (segundo, tercer, cuarto, quinto, sexto, séptimo) país europeo en altitud media.
3. La ciudad más grande de España es (Madrid, Granada, Valencia, Barcelona, Sevilla). La segunda es (Madrid, Granada, Valencia, Barcelona, Sevilla) y la tercera es (Madrid, Granada, Valencia, Barcelona, Sevilla).
4. Las frutas cítricas son un producto muy importante del (norte, sur, oeste, este) de España.
5. En el estrecho de Gibraltar, la costa española está a (14, 31, 55, 70) kilómetros de la costa africana.

Los mandatos (nosotros)

Para averiguar

1. What are the two ways to say *let's do something*?

2. Where do you place the object and reflexive pronouns with **nosotros** commands?

- One way to suggest doing something with other people in Spanish is to use **vamos a** + *infinitive*.

¡**Vamos a salir** esta noche!	*Let's go out tonight!*
¡**Vamos a comer** a un restaurante!	*Let's eat out!*
¡**Vamos a ser** pacientes!	*Let's be patient!*

- **Nosotros** commands are also expressed by adding **-mos** to the **Ud.** command form. The written accents of the **Ud.** commands **dé** and **esté** are not needed in the **nosotros** commands.

¡**Salgamos** esta noche!	*Let's go out tonight!*
¡**Comamos** en un restaurante!	*Let's eat out!*
¡**Seamos** pacientes!	*Let's be patient!*
No **salgamos** esta noche.	*Let's not go out tonight.*

- The affirmative **nosotros** command of **ir** is **vamos** instead of **vayamos**. In the negative, however, you do say **no vayamos**.

¡**Vamos** a la playa!	*Let's go to the beach!*
¡**No vayamos** allí!	*Let's not go there!*

- Object pronouns are attached to the end of the verb in affirmative commands and an accent is written on the stressed vowel. Object pronouns are placed before the verb in negative commands. The final **-s** of the command is dropped before the indirect object pronoun **se**.

¡**Hagámoslo** mañana!	*Let's do it tomorrow!*
¡No **lo hagamos** ahora!	*Let's not do it now!*
¡**Digámoselo**!	*Let's tell it to them!*
¡No **se lo digamos**!	*Let's not tell it to them!*

- The reflexive pronoun **nos** is also attached to the end of the verb in affirmative commands. When this occurs, the final **-s** of the verb is dropped.

¡**Levantémonos** temprano!	*Let's get up early!*
¡**Vámonos**!	*Let's go!*

¡ojo!

Review the following Ud. command forms.

INFINITIVE	UD. COMMAND
conocer	conozca
dar	dé
decir	diga
estar	esté
hacer	haga
ir	vaya
oír	oiga
poner	ponga
saber	sepa
salir	salga
ser	sea
tener	tenga
traer	traiga
venir	venga
ver	vea
-GAR VERBS	
pagar	pague
-CAR VERBS	
sacar	saque
-ZAR VERBS	
empezar	empiece

A lo personal

A. Unas sugerencias. Accept or refuse the following suggestions made by a friend.

MODELO: ¡Vamos a comer en McDonald's esta noche!
Sí, comamos en McDonald's./No, no comamos en McDonald's.
¡Vamos a acostarnos temprano esta noche!
Sí, acostémonos temprano/No, no nos acostemos temprano.

1. ¡Vamos a levantarnos a las seis mañana!
2. ¡Vamos a pasar la tarde en la playa!
3. ¡Vamos a acampar en las montañas!
4. ¡Vamos a hacer un viaje en autobús!
5. ¡Vamos a hacer una fiesta este sábado!
6. ¡Vamos a salir esta noche!
7. ¡Vamos a quedarnos en casa esta noche!
8. ¡Vamos a escuchar mis casetes de Madonna!

B. ¡Depende! Under the following conditions, what might you suggest that you and your friends do tomorrow?

MODELO: Va a nevar.
           ¡Vamos a esquiar!

1. Va a hacer sol.
2. Va a hacer frío.
3. Va a llover.
4. Va a hacer mucho calor.
5. Uds. tienen mucho dinero.
6. Uds. no tienen dinero.

C. ¿Qué quieres hacer? Make an appropriate suggestion for each situation.

MODELO: Necesito un poco de ejercicio.
           Vamos a correr en el estadio de la universidad.

1. Deseo salir esta noche.
2. Quiero comprar un nuevo traje de baño.
3. Tengo ganas de escuchar música.
4. Tengo hambre.
5. Estoy muy cansado esta noche.
6. Y tú, ¿qué quieres hacer?

D. Un itinerario. You have a three-hour layover in Mérida and have time to see a couple of tourist sights. With a partner, scan these guidebook descriptions and prepare a conversation discussing which two sights to see and which to leave out.

★**MÉRIDA** EXTREMADURA Badajoz

★★ **MÉRIDA ROMANA** visita : 3h

★★ **Museo Nacional de Arte Romano.** – Este edificio moderno, terminado en 1985, ha sido concebido especialmente por el arquitecto Rafael Moneo para presentar las ricas colecciones de arqueología romana de Mérida.
En los niveles superiores, donde se exponen joyas, monedas, esculturas, cerámica... se pueden admirar de cerca los bellísimos **mosaicos★**.
En la cripta se visita el recinto arqueológico (vestigios de casas romanas, tumbas) sobre el que se ha construido el edificio.

★★ **Teatro.** – Fue construido por Agripa, yerno de Augusto, en el año 24 a. C. Su planta es semejante a la de los grandes teatros imperiales: graderías dispuestas en semicírculo con una capacidad para 6 000 espectadores; orchestra destinada al coro, alrededor de la cual tomaban asiento los altos dignatarios.

★ **Anfiteatro.** – Construido también en el s. I a. C., su capacidad se estima en unos 14 000 espectadores. Se celebraban especialmente carreras de carros y se podía transformar la pista en estanque, librándose entonces combates navales (naumaquias.)

Casa romana del anfiteatro. – Gracias a los vestigios de diversas construcciones del s. III – conducciones de agua, pavimentos, arranque de los muros – se ha podido recobrar el plano de una casa señorial, organizada en torno a un perstilo y sus dependencias. Los mosaicos del pavimento se han conservado extraordinariamente. Unos muestran una interesante decoración geométrica, otros escenas de la vida cotidiana, como el del Otoño, que representa la pisa de la uva.

Templo de Diana. – Calle Romero Leal. Restos de un antiguo templo romano que se alza con sus grandes columnas acanaladas.

Introducción al subjuntivo

Para averiguar

1. When is the subjunctive used in a subordinate clause?

2. Which verb form that you have already learned is similar to the subjunctive?

3. Is there a stem change in the **nosotros** forms of **-ar**, **-er**, or **-ir** stem-changing verbs in the subjunctive? What is the change?

4. When do you use an infinitive after verbs like **querer** or **preferir**?

5. When do you use the subjunctive after these verbs?

- Up to this point you have been using verb forms in the *indicative mood*. The indicative mood is used to describe what the speaker assumes to be true. There is another form of the verb called the *subjunctive mood*. Using the subjunctive form of the verb often means that what is said is not considered a fact. The subjunctive is used in the subordinate clause of a sentence when the main clause expresses a wish, doubt, emotion, or attitude. Compare these sentences.

  INDICATIVE   **Mis padres van de vacaciones con nosotros.**

  (The speaker assumes that it is true that her parents are going.)

  SUBJUNCTIVE   **Quiero que mis padres vayan de vacaciones con nosotros.**

  (The speaker does not necessarily assume it to be true that her parents are going. It is just what she wants.)

- The subjunctive is formed exactly like the **Ud.** command by changing vowels of the **-ar** verb endings to **-e**, and the vowels of **-er** and **-ir** verbs to **a**.

	hablar	comer	vivir	ir	dar	estar
UD.COMMAND	hable	coma	viva	vaya	dé	esté
SUBJUNCTIVE						
que yo	hable	coma	viva	vaya	dé	esté
que tú	hables	comas	vivas	vayas	des	estés
que él/ella/Ud.	hable	coma	viva	vaya	dé	esté
que nosotros/as	hablemos	comamos	vivamos	vayamos	demos	estemos
que vosotros/as	habléis	comáis	viváis	vayáis	déis	estéis
que ellos/ellas/Uds.	hablen	coman	vivan	vayan	den	estén

- When the main clause of a sentence uses a verb that expresses a desire about whether or not something should occur, the subordinate clause uses the subjunctive if there is a change in subject. If there is no change in subject, use an infinitive.

  (Yo) Quiero que **(tú)** me acompañes.   *I want **you** to go with me.*
  (Yo) Quiero ir al parque.   *I want to go to the park.*

- An **e** in the stem of the **nosotros** and **vosotros** forms of stem-changing **–ir** verbs changes to **i** and an **o** changes to **u** in the subjunctive. Note that this change occurs only with stem-changing **–ir** verbs, and not with **–ar** and **–er** verbs.

INFINITIVE	SUBJUNCTIVE
cerrar	cierre, cierres, cierre, cerremos, cerréis, cierren
volver	vuelva, vuelvas, vuelva, volvamos, volváis, vuelvan
BUT	
sentir	sienta, sientas, sienta, sintamos, sintáis, sientan
dormir	duerma, duermas, duerma, durmamos, durmáis, duerman

- Here are some commonly used verbs generally followed by the subjunctive:

desear	pedir	preferir	recomendar
esperar	permitir	prohibir	querer

Note that while Spanish has two clauses connected by the conjunction **que**, English often has a different sentence structure.

¿Quieres que yo lo **haga**?

Do you want me to do it? (Do you want that I do it?)

Desean que **nos quedemos** con ellos.

They wish for us to stay with them. (They wish that we stay with them.)

A lo personal

A. ¿El guía o los turistas? Do the tourists want the guide to do these things or does the guide want the tourists to do them? Begin each sentence with **Los turistas quieren que el guía...** or **El guía quiere que los turistas...**

MODELO: hablar un poco sobre la historia de la región
Los turistas quieren que el guía hable un poco sobre la historia de la región.

1. describir bien la región
2. hacer preguntas
3. contestar sus preguntas
4. volver el próximo año
5. manejar el autobús
6. pagar
7. darle una propina
8. recomendárselo a sus amigos
9. hablar más despacio
10. prestarle atención

B. ¿Cuáles prefiere? Which chores do you prefer doing and which do you prefer that your roommate or spouse do?

MODELO: cortar el césped
Prefiero cortar el césped yo mismo/a. o *Prefiero que mi compañero/a de cuarto corte el césped.*

1. lavar la ropa
2. cambiar el aceite del coche
3. reparar la llanta desinflada
4. limpiar el horno de la cocina
5. hacer las camas
6. ir al supermercado
7. planchar la ropa
8. poner los platos en el lavaplatos
9. sacudir los muebles
10. preparar la cena

Now say whether you think your roommate or spouse agrees with your division of chores.

MODELO: *Mi esposo/a prefiere que yo corte el césped.*
Mi esposo/a prefiere cortar el cesped él/ella mismo/a.

C. ¿Qué quieren? Say whether or not the following people want the things indicated in parentheses.

1. Mis padres (no) quieren que yo (venir a su casa, graduarme, ser feliz, estar enfermo/a).
2. Por lo general, los hijos (no) quieren que sus padres (darles dinero, ser muy estrictos, decirles cómo vivir).
3. (No) Queremos que nuestro/a profesor/a (venir a clase, hablar español en clase siempre, dar pruebas todos los días, hacer preguntas difíciles en los exámenes).
4. Nuestro/a profesor/a (no) quiere que nosotros (venir a clase tarde, estudiar, hacer la tarea, hablar mucho inglés en clase, comprender la lección).
5. Los huéspedes de un hotel (no) quieren que su habitación (ser cómoda, estar limpia, tener vista al mar, costar mucho).
6. Los turistas (no) quieren que su agente de viajes (encontrar el mejor precio, darles información equivocada, perder sus boletos).

D. Mis experiencias. Write five sentences describing what you did on different vacations. Then tell your classmates whether or not you recommend that they do them.

MODELO: *Fui a DisneyWorld el año pasado. Les recomiendo que vayan allí también.*
Probé pulpitos una vez en Barcelona. No les recomiendo que los prueben.
Me quedé en el Hotel Grand Am en Las Vegas. Les recomiendo que se queden allí también.

 ¡A escuchar!

Un viaje. Listen as two friends plan a short trip. Then, answer the following questions.

1. ¿Qué recomienda Patricio?
2. ¿Qué prefiere Quique? ¿Qué lugar recomienda? ¿Qué se puede hacer allí?
3. ¿Qué espera Patricio?

E. ¿Qué podemos hacer? You and your roommate are going to visit a friend in another city for the weekend. You are on the phone with your friend discussing what the three of you can do for fun while you visit, and your roommate wants to know what is being planned. Relay your friend's suggestions to your roommate.

MODELO: Podemos ir al cine.
Sugiere que vayamos al cine.
Podemos jugar tenis.
Quiere que juguemos tenis.

1. Podemos ver un partido de fútbol.
2. Podemos asistir al concierto de R.E.M.
3. Podemos salir el viernes en la noche.
4. Podemos hacer una cena en mi casa.
5. Podemos dar un paseo en bicicleta.
6. Podemos caminar en la playa.
7. Podemos ir al cine.
8. Pueden conocer a mis amigos.
9. Podemos visitar los museos.
10. Podemos hacer un picnic en el parque.

F. Una conversación. Role-play a conversation with a friend in which you plan a weekend trip. Each time one of you makes a suggestion, the other makes a counter-proposal. You come to an agreement about what to do and discuss the preparations.

G. ¡No sean ridículos! With a partner, think of things you would like for five members of the class to do. Your classmates may choose to act out the request or they may refuse to do so.

MODELO: DOS ESTUDIANTES: *Queremos que Jaime haga como un pájaro.*
               JAIME: *Bueno, voy a hacer como un pájaro./No quiero hacer*
                    como un pájaro.

      DOS ESTUDIANTES: *Queremos que Anita nos dé diez dólares.*
              ANITA: *Bueno, aquí tienen diez dólares./No quiero darles diez*
                    dólares.

H. Entrevista.

1. ¿Prefieres ir de vacaciones sólo/a o prefieres que tus amigos vayan contigo? ¿Prefieres manejar o prefieres que los demás manejen? ¿Prefieres que un guía te enseñe los lugares turísticos o prefieres visitarlos sin guía? ¿Prefieres hacer un viaje sin itinerario fijo o prefieres que todo esté bien planeado?
2. En el hotel, ¿prefieres que el botones lleve tus maletas o prefieres llevarlas tú mismo/a? ¿Prefieres ir al comedor para comer o prefieres que te sirvan la cena en tu habitación? ¿Prefieres que te llamen de la recepción para despertarte o prefieres despertarte sin llamada de la recepción?

I. ¡No quiero hacerlo! Tell your roommate that your friend suggests or wants the three of you to do these things. Your roommate tells you that he/she does not want to do them.

MODELO: ¡Vamos a escuchar mis nuevos discos compactos!
         –Quiere que escuchemos sus nuevos discos compactos.
         –No quiero escucharlos.

         ¡Vamos a leer las tiras cómicas!
         –Sugiere que leamos las tiras cómicas.
         –No quiero leerlas.

1. ¡Vamos a pasar la tarde en la playa!
2. ¡Vamos a levantarnos muy temprano!
3. ¡Vamos a acampar cerca del lago!
4. ¡Vamos a salir el viernes y el sábado!
5. ¡Vamos a pintar la casa de mi abuela!
6. ¡Vamos a comer mariscos!
7. ¡Vamos a ver la exposición de arte moderno!
8. ¡Vamos a limpiar el apartamento!
9. ¡Vamos a trabajar en el jardín!
10. ¡Vamos a pedir comida china!
11. ¡Vamos a jugar al básquetbol!
12. ¡Vamos a ir a una discoteca!

¿Cómo funciona?

A. Un viaje en coche.

Antes de salir de viaje, es importante...

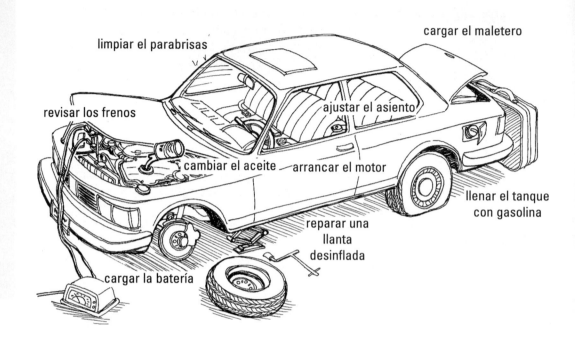

B. Diálogo. Alquilando un coche.

La familia Loya alquila un coche para su viaje a Pamplona.

EMPLEADO: Buenos días. ¿En qué puedo servirles?
SEÑOR LOYA: Deseamos alquilar un coche.
EMPLEADO: ¿Qué tipo de coche prefieren?
SEÑOR LOYA: Algo económico.
EMPLEADO: Bueno, tenemos un Ford Fiesta por 7.100 pesetas al día.
SEÑOR LOYA: ¿Cobran por el kilometraje también?
EMPLEADO: No señor, el kilometraje está incluido.
SEÑOR LOYA: ¿Y el seguro también?
EMPLEADO: El seguro cuesta 200 pesetas al día.
SEÑOR LOYA: Bueno, lo quiero por dos días.
EMPLEADO: Muy bien. Complete este formulario, por favor... También necesito ver su permiso de conducir.
SEÑOR LOYA: Bueno. Todo está en orden. Aquí lo tiene y aquí tiene mi tarjeta de crédito también.
EMPLEADO: Aquí tienen las llaves. Es ese coche azul estacionado enfrente. El tanque está lleno y le pedimos que lo llene antes de devolver el coche.
SEÑOR LOYA: Gracias, señor. Adiós.
EMPLEADO: Adiós.

C. ¿Comprende Ud.?

1. ¿Cuánto cuesta el coche al día?
2. ¿Está incluido el kilometraje? ¿el seguro?
3. ¿Necesitan llenar el tanque antes de salir? ¿antes de devolver el coche?

D. Los preparativos. You are about to leave on a long roadtrip. Using a logical verb, ask questions to check if your friend has prepared the following items.

MODELO: la llanta desinflada
    ¿Has cambiado la llanta desinflada?

1. el aceite
2. los frenos
3. el parabrisas
4. el tanque
5. la batería
6. el maletero
7. el volante
8. el motor
9. el cinturón de seguridad

E. Un coche alquilado. With a partner, think of five options that you want or would prefer when renting a car.

MODELO: *Quiero que tenga aire acondicionado. Prefiero que sea un Ford*

tener aire acondicionado	tener radio	ser nuevo	ser un Ford/Honda
ser rojo/verde/azul	ser grande		
costar mucho	tener una transmisión automática		

F. Un Ford. Read the ad for a Ford Taurus. Then answer the questions.

Ford Taurus, más memorable que nunca.

Así es el Ford Taurus. Creado con elegancia y comodidad que perduran como los buenos recuerdos. Y con la seguridad en mente, el líder en diseño ahora le ofrece dos bolsas de aire como equipo standard en cada Taurus de último modelo.

Además, es disponible con frenos antiderrapantes con un sistema computarizado para mejor control.

Maneje un nuevo Ford Taurus y disfrute de momentos que pueden ser... más memorables que nunca. Ford Taurus, el auto de mayor venta en los Estados Unidos.

Respaldado por nuestro servicio "Roadside Assistance"

Y ahora con cada nuevo Taurus, usted tendrá disponible, gratuitamente, el Ford Roadside Assistance Program, que le ayuda si usted o su familia deja las llaves dentro del carro, necesita cambiar su llanta, o hasta si se queda sin gasolina.

También a su disposición encontrará Ford Motor Credit Company, quien trabajará con usted para ayudarle a obtener crédito para su nuevo Ford.

---

1. ¿Cuántas bolsas de aire tiene el Ford Taurus?
2. ¿Qué tipo de frenos tiene? ¿Qué significa **antiderrapantes?**
3. ¿Qué significa **de mayor venta en los Estados Unidos?**
4. ¿En qué le puede ayudar el *Ford Roadside Assistance Program?*

Unas señales

A. ¿Qué significan estas señales?

Es normal que la flecha
y la luz roja estén
encendidas a la vez.

Es mejor que
cambies de carril
ahora.

Es prohibido doblar a la
izquierda.

Es necesario que sigas
derecho.

B. Diálogo. Pasando por los Pirineos.

Los Loya están pasando por los Pirineos.

SEÑORA LOYA: Reduce un poco la velocidad.

SEÑOR LOYA: ¿Por qué? ¿Cuál es el límite de velocidad aquí?

SEÑORA LOYA: Es que me da miedo aquí en las montañas. No quiero que tengas un accidente.

SEÑOR LOYA: Pues, no mires si tienes miedo.

SEÑORA LOYA: También temo que los niños se pongan mal con todas las vueltas.

SEÑOR LOYA: Los otros conductores se van a enojar. Es muy difícil pasar aquí en las montañas.

SEÑORA LOYA: ¿No te importa que tus hijos se sientan mal? Sólo te preocupas por lo que piensan los demás.

SEÑOR LOYA: Está bien, está bien. Voy a manejar más despacio. ¡Pero no hables más de cómo manejo!

C. ¿Comprende Ud.?

1. La señora Loya no quiere que…
2. La señora Loya teme que…
3. El señor Loya le recomienda a su esposa que…

D. Más señales. How would you translate the following signs for a friend visiting from Perú?

MODELO: *No se permite pescar.*

1.
2.
3.

4.
5.

E. No se permite. Name a place on campus or in your city where the following is not permitted.

MODELO: andar a pie
No se permite andar a pie en la autopista IH 35.

1. estacionar
2. manejar
3. doblar a la izquierda
4. andar en bicicleta
5. entrar
6. dormir

F. Entrevista.

1. ¿Cuál es el límite de velocidad en el campus? ¿15, 30, 55 millas por hora? ¿Cuál es el límite de velocidad en las calles cerca del campus? ¿Siempre manejas bajo el límite de velocidad? ¿Hay muchos policías en las calles cerca de la universidad?
2. ¿Has manejado en las montañas? ¿Tienes miedo de manejar en las montañas?
3. ¿Te pones mal durante los viajes largos en coche? ¿Te ponías mal en el coche cuando eras pequeño/a?
4. ¿Te importa lo que piensen los otros conductores? ¿Cuándo te enojas con ellos?

G. Una conversación. Have you ever been issued a traffic ticket? Can you imagine getting one? Act out this scene with a classmate who will play the police officer.

El subjuntivo: expresiones impersonales

Para averiguar

1. Name fourteen expressions that are followed by the subjunctive. What do they express?

2. What does **ojalá** mean?

3. When do you use the subjunctive after impersonal expressions? The indicative?

- As you have seen, you use the indicative to describe what actually happens and the subjunctive to express desire for something to happen. The subjunctive is also used after the following expressions because they make a subjective comment on whatever follows them.

Es bueno/malo/mejor que…	Es preferible que…
Es común que…	Es raro que…
Es increíble que…	Es ridículo que…
Es lógico que…	Es triste que…
Es importante que…	Es una lástima que…
Es necesario que…	Es urgente que…
Es normal que…	Ojalá (que)…

Es bueno que alquilemos un coche. — *It's good that we are renting a car.*
Es una lástima que no haya una gasolinera aquí. — *It's a shame that there is no gasoline station here.*
¡Ojalá que alguien venga pronto! — *Let's hope that someone comes soon!*

- With impersonal expressions such as these, use the subjunctive to express an opinion about specific people's actions. When the emphasis is not on a specific person, use the infinitive.

OPINION ABOUT SPECIFIC PEOPLE
Es mejor que los niños descansen. — *It's better for the children to rest.*

GENERAL OPINION
Es mejor descansar. — *It's better to rest.*

A lo personal

A. ¿Es importante? Your friend is going on a long road trip. Tell him/her how important it is to do the following.

MODELO: ¿Necesito cambiar el aceite antes de salir?
Sí, es preferible que cambies el aceite antes de salir.

Es necesario…	Es importante…	Es mejor…
Es preferible…	Es necesario…	No es necesario…

1. ¿Necesito llenar el tanque antes de salir?
2. ¿Necesito revisar las llantas?
3. ¿Debo llevar un mapa?
4. ¿Necesito ajustar el asiento?
5. ¿Necesito usar el cinturón de seguridad?
6. ¿Debo hacer un itinerario?
7. ¿Debo darte una copia de mi itinerario?
8. ¿Debo llevar dinero en efectivo o debo cheques de viajero?
9. ¿Debo manejar toda la noche o buscar un hotel?
10. ¿Qué debo hacer si tengo problemas?

B. Cómo vivir hasta la edad de cien años. Read the article *Cómo vivir hasta la edad de cien años* and pick out ten suggestions that you think are the most important. State your opinion using expressions such as **es necesario, es muy importante, es mejor.**

MODELO: *Es muy importante mantener una dieta rica en frutas y vegetales.*

Now name five areas in which it is important for you to change your ways.

MODELO: *Es importante que yo coma más frutas y vegetales.*

25 Consejos para vivir 100 años

Algunas normas que la ayudararán a llevar una vida mejor, más sana, más larga

1. Mantenga una dieta rica en frutas y vegetales.
2. Nunca duerma menos horas de las que necesita.
3. Si no puede perdonar, por lo menos olvide.
4. Tenga siempre un libro junto a su mesa de noche.
5. Camine un poquito diariamente.
6. Reúnase con frecuencia con sus viejos amigos.
7. No esconda sus sentiminetos. Exprese lo que siente.
8. Para los que viven solos, una mascota es la mejor compañía.
9. Si se da baños de sol, escoja las horas en que es más benigno tomarlo.
10. Los chistes y la risa en general son una medicina maravillosa.
11. En la calle, conduzca siempre su auto a la velocidad indicada.
12. No olvide ponerse el cinturón de seguridad siempre que conduzca o permanezca en un auto.
13. Todos los días tome cinco o seis vasos de agua fresca.
14. Limite su consumo de carnes rojas.
15. Si no sabe mucho de electricidad, llame a un electricista.
16. Hágase un chequeo médico por lo menos una vez cada dos años, aunque no tenga ningún malestar.
17. Sométase a una prueba de mamografía una vez al año.
18. Duerma en un colchón duro para cuidar su espalda.
19. Al respirar, trate de hacer siempre inspiraciones profundas.
20. Medite todos los días por lo menos unos 15 minutos.
21. Manténgase en contacto directo con la Naturaleza.
22. Báñese con jabones suaves y aceitosos para proteger su piel.
23. Pruebe las yerbas y los remedios naturales.
24. Dése un buen masaje de vez en cuando.
25. Si fuma, deje de hacerlo.

C. ¿Cómo estudiar mejor. Read the study tips from *Clara* magazine. Then completing the sentences with a logical verb from the list, give a friend advice.

escuchar	prestar	ser	saber	estudiar
descansar	hacer	dejar	dedicar	

1. Es necesario que _____ atención a las explicaciones que se dan en clase.
2. Es preferible que no _____ todo para última hora.
3. Es mejor que no _____ música mientras estudias.
4. Es importante que la luz _____ buena y la silla cómoda.
5. Es muy importante que _____ tomar apuntes en las clases.
6. Es importante que no _____ mucho frío o calor en la habitación donde estudias.
7. Para tener resultados positivos, no es necesario que _____ horas interminables a estudiar.

Cómo aprobar el curso con éxito

Estudiar *mejor,*
sin estudiar *más*

Estudiar y hacerlo con resultados positivos no consiste exclusivamente en dedicar horas interminables a prepararse para los exámenes finales. Trabajar de forma que el esfuerzo se traduzca en una buena calificación requiere ganas, dedicación y tiempo. Pero, sobre todo, es necesario seguir un método, basado en la observación de las siguientes normas de trabajo:

A SOLAS
En casa es donde mejor se estudia. En una habitación libre, bien ventilada, sin compañía y sin ruido. Nada de música, ni suave ni ambiental.

El exceso de calefacción o enfriamiento es igualmente desaconsejable ya que puede dificultar la capacidad de concentración.

MESA AMPLIA Y LUZ DIRECTA
Es conveniente disponer de una mesa amplia para poder trabajar sin agobios ni amontonamiento de material. La luz, natural o artificial, debe ser buena y no producir reflejos ni deslumbramientos. Una silla cómoda. Quedan descartados los sillones y sofás.

DESCANSAR CADA HORA
No se debe estudiar más de una hora seguida. Pedagogos y psicólogos aconsejan periodos máximos de 50 o 55 minutos, con intervalos de descanso de 10 minutos. Durante este paréntesis es bueno levantarse, salir de la habitación, estirar las piernas y distraer la atención con algo agradable.

SABER LEER
Saber leer implica entender lo que se lee. Con una buena capacidad de comprensión es posible sintetizar el trabajo de forma considerable. La síntesis ayuda a memorizar los conocimientos que requieren algunas asignaturas.

ESTAR ATENTO
Prestar atención a las explicaciones que se dan en clase aligera la tarea de asimilación que debe hacerse después en casa individualmente.

TOMAR APUNTES
Saber tomar apuntes en las clases que así lo requieran es toda una técnica que no es posible explicar en un par de frases. Si tienes dificultades, los apuntes del compañero más brillante pueden ser el recurso urgente para salir del paso y, además, te servirán de pauta para aprender cómo hacerlo.

D. La próxima semana. Complete the following sentences so that they describe *your* activities over the next few days.

MODELO: Es bueno que…
          Es bueno que yo no tenga que trabajar este fin de semana.

1. Es importante que…
2. Es preferible que…
3. Es increíble que…
4. Es una lástima que…
5. Es ridículo que…
6. Ojalá (que)…
7. Es mejor que…
8. Es urgente que…
9. Es necesario que…
10. Es malo que…

E. Una conversación. When your roommate asks to borrow your car, you agree, with these stipulations:

- que no regrese tarde
- que llame si hay algún problema
- que maneje bajo el límite de velocidad
- que el tanque esté lleno cuando devuelva el coche
- que el coche esté limpio
- que deje el asiento y la estación de radio como estaban

 ¡A escuchar!

Una excurción en canoa. Listen as some vacationers rent a canoe. Then complete the sentences.

1. Las canoas cuestan…
2. En las canoas no se permiten…
3. Cuando el río se bifurque, es muy importante que…

F. Consejos. Give advice as your friend tells you one of his/her problems or something he/she wants.

MODELO: Quiero sacar buenas notas este semestre.
          Es importante que estudies más.

1. Me siento muy mal y tengo fiebre.
2. Quiero saber qué tiempo hace hoy.
3. Quiero vivir muchos años.
4. ¡Mi novio/a no me habla!
5. El coche no funciona, tiene una llanta desinflada.
6. Tengo mucha tarea esta noche.

Un accidente

A. Hubo un accidente.

la autopista

un edificio

una estacionamiento

el límite de velocidad

JOE'S MECHANIC SHOP

el tráfico/la circulación

un semáforo

un taller

MAIN ST

un letrero

un peatón

una esquina

una parada de autobús

un policía

una acera

un choque/un accidente

un/a conductor/a

la grúa

B. Diálogo. El encierro de toros en Pamplona.

La familia Loya está esperando el encierro de los toros en Pamplona. La señora está hablando con sus hijos.

SEÑORA LOYA: Quiero que se queden conmigo o con papá.

ALEJANDRO: Pero mamá, quiero correr con los toros.

SEÑORA LOYA: Ni hablar de eso. ¡No quiero que me lo pidas más! Es muy peligroso… temo que te lastimes. Vamos a quedarnos aquí en esta acera… no creo que haya peligro.

SEÑOR LOYA: Voy un poco más arriba. Me parece que se ve mejor desde allí.

ALEJANDRO: Voy con papá.

C. ¿Comprende Ud.?

1. La señora quiere que sus hijos…
2. Alejandro quiere…
3. La señora Loya no quiere que…
4. La señora teme que…

D. Unas definiciones. What word corresponds to each definition?

1. el lugar donde se espera el autobús
2. una persona que anda a pie
3. una persona que conduce un coche o un autobús
4. una señal de una luz roja, una luz amarilla y una luz verde
5. la parte de la calle donde andan los peatones
6. un vehículo que transporta coches después de un choque
7. una carretera donde se puede conducir a grandes velocidades
8. un lugar donde se puede dejar los coches
9. el dinero que tienen que pagar los conductores que conducen demasiado rápido

E. Cambios. State your feelings about each situation using expressions such as **es bueno que, es mejor que, es normal que, es una lástima que, es ridículo que.**

MODELO:　El límite de velocidad en muchas autopistas es
de 55 millas por hora.
*Es bueno (mejor/ridículo) que el límite de velocidad
sea de 55 millas por hora.*

1. El seguro es más caro para los conductores jóvenes.
2. El precio del seguro sube si uno tiene muchos choques o muchas multas.
3. Hay multas muy altas para los conductores ebrios.
4. Casi nadie maneja bajo el límite de velocidad.
5. En los Estados Unidos casi todo el mundo tiene coche.
6. En muchas ciudades grandes el aire está contaminada.
7. Hoy día, los coches nuevos cuestan casi 20.000 dólares.
8. Muchos coches nuevos vienen con bolsas de aire.

F. Entrevista.

1. ¿Se permite conducir en el campus? ¿Hay mucho tráfico? ¿Hay muchos peatones? ¿Hay muchos estudiantes que andan en bicicleta? ¿Cuál es el límite de velocidad? ¿Dónde recomiendas estacionar en el campus?
2. Por lo general, ¿observas el límite de velocidad? ¿Has recibido una multa recientemente? ¿Has tenido un choque recientemente? ¿Tuviste alguna vez un accidente? ¿Cuándo?
3. ¿Se necesitan más semáforos cerca de la universidad? ¿Dónde se necesita uno? ¿Paras el coche cuando la luz está en amarillo? ¿Siempre paras el coche cuando la luz está en rojo?

¡Auxilio!

A. ¡Socorro!

una emergencia

el humo

una escalera

un bombero

un incendio

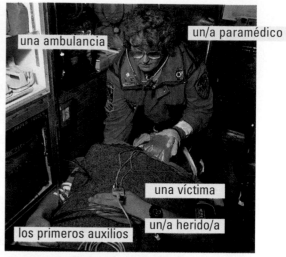

una ambulancia

un/a paramédico

una víctima

un/a herido/a

los primeros auxilios

una denuncia

un/a testigo/a

un criminal

un arresto

B. Diálogo. ¡Gracias a Dios!

Los padres de Alejandro se dan cuenta de que Alejandro ha desaparecido.

SEÑORA LOYA: ¿Dónde está Alejandro?

SEÑOR LOYA: ¿No está contigo?

SEÑORA LOYA: Se fue arriba contigo.

SEÑOR LOYA: No… no lo vi.

SEÑORA LOYA: ¡Dios mío! Se ha perdido. ¡Ojalá que sepa el nombre del hotel!

SEÑOR LOYA: Estoy seguro de que sabe dónde está.

SEÑORA LOYA: ¿Qué pasa allí arriba? ¿Por qué viene una ambulancia?

LETI: Dicen que hay un joven herido.

SEÑOR LOYA: ¿Crees que sea Alejandro?

SEÑORA LOYA: No, no…aquí viene ahora. Lo veo allí arriba. Está bien… ¡gracias a Dios!

C. ¿Comprende Ud.?

1. ¿Por qué están preocupados los Loya?
2. ¿Qué espera la señora? ¿Qué dice el señor?
3. ¿Qué oye la señora?
4. ¿El herido es Alejandro?

D. Dígame lo que es. Can you identify the words being defined below?

1. una persona que ha sufrido un accidente o un crimen
2. una persona que extingue un incendio
3. los gases grises y negros que salen de un incendio
4. una persona que trabaja en una ambulancia
5. una caso urgente
6. una persona que ha visto un accidente o un crimen
7. una persona que comete un delito

E. Un reportaje. Complete this news report with appropriate words.

EL REPORTERO: Buenas noches. Estoy aquí en la calle 24. Detrás de mí había un edificio que ha sido destruido por un _____. Estoy con Salvador Zavala, _____ de la ciudad de Los Angeles. Señor Zavala, cuando Uds. llegaron había una familia atrapada en el segundo ____, ¿verdad?

EL BOMBERO: Sí, cuando llegamos, mucho _ ____ negro salía de la planta baja y nadie podía salir ni entrar. Pudimos alcanzar a la familia a través de una ventana con una _____ .

EL REPORTERO: ¿Hubo _____?

EL BOMBERO: No, gracias a Dios todos pudieron salir sanos y salvos pero el edificio fue destruído y son cinco familias que perdieron todo.

EL REPORTERO: Como oyeron, no les queda nada a las _____ de este incendio. Si usted quisiera ayudarlas, nos puede llamar a la estación. Nuestro teléfono es el 929-4000. Soy Martín López desde la calle 24.

F. La policía. With a partner, role-play an officer interviewing a Spanish-speaking witness about a drive-by shooting. You need to inquire about the following information for your report:

- cuántas personas había y dónde estaban
- cuántas personas tenían pistolas
- quiénes fueron heridos
- quiénes dispararon
- si hubo otros testigos

G. Entrevista.

1. ¿Ha habido un incendio en este barrio recientemente? ¿Tienes un detector de humo en tu casa/apartamento? ¿Hay detectores de humo en todos los edificios de la universidad? En caso de incendio, ¿se debe usar el ascensor o la escalera?
2. ¿Sabes dar los primeros auxilios? ¿Te gustaría trabajar como paramédico/a? ¿Cómo reaccionas cuando ves una ambulancia? ¿Siempre paras el coche para dejarla pasar?
3. ¿Qué hospitales tienen salas de emergencia aquí? ¿Vives cerca de un hospital? ¿Oyes las sirenas de las ambulancias a veces?
4. ¿Hay mucha delincuencia en el barrio de la universidad? ¿Tienes miedo de salir por la noche? ¿Has sido testigo/a de algún delito? ¿de un accidente? ¿de un incendio?

El subjuntivo: expresiones de duda

Para averiguar

1. What are ten expressions of doubt that are followed by the subjunctive?

2. Why do you not use the subjunctive after **creer que, estar seguro/a que, es cierto que,** and **es verdad que** unless these expressions are negated or used in a question?

3. What are two ways to say *perhaps* or *maybe*? When do you use the subjunctive with them?

• The subjunctive is also used to question the truth about something. It is used after verbs and expressions of doubt.

VERBS	EXPRESSIONS OF DOUBT
dudar que…	es dudoso que…
no creer que…	es posible/imposible que…
no estar seguro/a (de) que…	es probable / improbable que…
no es cierto que…	
no es verdad que…	

Dudo que haya habitaciones disponibles.   *I doubt that there are rooms available.*

Es posible que tengan algo en otro hotel.   *It's possible that they might have something in another hotel.*

• Since the expressions **creer que**, **estar seguro de que**, **es cierto que**, and **es verdad que** indicate that the speaker considers his or her assumptions to be true, they take the indicative in affirmative statements. When these verbs and expressions are used negatively or in questions, doubt is implied, and therefore they take the subjunctive.

• When these expressions are used in a question, they take the indicative if the speaker is merely seeking information, and the subjunctive if the speaker expects or fears a negative or unfavorable response.

–¿**Es verdad que hace** ruido?   –*Is it really making noise?*
–¿**Crees que sea** el motor?   –*Do you think its the engine?*
–Sí, **creo que es** el motor.   –*Yes, I think its the engine.*
–No, **no creo que sea** el motor.   –*No, I don't think its the engine.*

• Use **quizás** or **tal vez** to say *maybe, perhaps*. The subjunctive is used after these expressions, unless the speaker feels quite sure that the assertion is true.

Quizás vengamos mañana.   *Perhaps we might come tomorrow.* (The speaker has some doubt.)

Quizás venimos mañana.   *Perhaps we're coming tomorrow.* (The speaker thinks it is true.)

INFINITI G20

ESPECIFICACIONES

Precio:	US$20.900 a US$24.800
Estilo de carrocería/asientos:	sedán/2
Motor:	cuatro cilindros en línea dohc, 140 caballos y 2,0 litros
Transmisiones:	manual de cinco velocidades y cuatro automática
Suspensión (delantera/trasera):	articulaciones múltiples/tirantes
Distancia entre ejes:	2,55 m (100,4")
Largo/ancho/altura:	4,44/169/139 m (174,8/66,7"/54,7")
Ancho vía (frente/atrás):	47/1,46 m (57,9/57,5")
Frenos (delanteros/traseros):	disco/disco y ABS
Neumáticos:	todo tipo de clima: 195/65HR14
Peso bruto:	1.305 kg (2.877 lb.)
Capacidad de carga:	0,40 m^3 (14,2 pies^3)
Seguridad:	dos bolsas de aire
Consumo de combustible (ciudad/carretera):	10,2/13,6 km/l (24/32 mpg)
Garantía básica (meses/recorrido):	48/96.500 km (60.000 millas)

A lo personal

A. ¿Es cierto? Do you believe that the following statements are true?

MODELO: Los coches hechos en Japón son mejores que los coches hechos aquí.

*Sí, es cierto que los coches hechos en Japón **son** mejores que los coches hechos aquí.* o *Quizás los coches hechos en Japón **sean** mejores que los coches hechos aquí.* o *No estoy seguro/a que los coches hechos en Japón **sean** mejores que los coches hechos aquí.*

1. Los coches nuevos son más eficientes que los viejos.
2. Siempre se debe hacer todas las reparaciones recomendadas por los mecánicos.
3. Necesitamos más estacionamiento en la universidad.
4. Los conductores manejan muy mal aquí.
5. Las carreteras son más peligrosas a las dos de la mañana.
6. Hay más choques en las carreteras durante el día.
7. La policía siempre tiene razón.
8. Las mujeres son mejores conductores que los hombres.

B. ¿Es verdad? You are looking for a new car and the salesperson makes the following statements about the Infiniti G20. Look at the consumer report on page 372 and decide whether the salesperson knows what he is talking about.

MODELO: Cuesta más de $20.000 dólares.
Es verdad que cuesta menos de $20.000 dólares.
El motor tiene seis cilindros.
No es verdad que el motor tenga seis cilindros.

1. Tiene 140 caballos.
2. La transmisión manual es de cuatro velocidades.
3. La transmisión automática tiene cinco velocidades.
4. Tiene frenos delanteros y traseros de disco.
5. Pesa más de 1.400 kilogramos.
6. Tiene cuatro bolsas de aire.
7. Corre 12 kilómetros por litro en la ciudad.
8. Corre más de 13 kilómetros por litro en la carretera.
9. Trae una garantía básica de 60 meses.

C. En España. You are going to Spain and are discussing what you know about the country with a friend. Give your opinion about these statements.

MODELO: Hay un McDonald's en Madrid.
Dudo que haya un McDonald's en Madrid.
o *Creo que hay un McDonald's en Madrid.*

1. Los almacenes están abiertos hasta las nueve de la noche.
2. Sirven Dr. Pepper en los cafés.
3. Saben hablar inglés en muchos restaurantes y tiendas.
4. Se aceptan Visa y American Express en todos los hoteles.
5. Tienen un metro en todas las grandes ciudades.
6. Hay mucha delincuencia en las grandes ciudades españolas.
7. Se puede ver todo el Prado en dos o tres horas.

El subjuntivo: expresiones de emoción

Para averiguar

1. You have learned to use the subjunctive to describe something that is not necessarily true. What is an additional use of the subjunctive?

2. What are ten expressions of emotion that are followed by the subjunctive?

- The subjunctive is used to express emotions about what someone else is doing or about what is happening to someone else. Here are some common verbs of emotion that are followed by the subjunctive.

me (te, le…) gusta que…	me (te, le…) molesta que…
me (te, le…) encanta que…	me (te, le…) sorprende que…
alegrarse (de) que…	sentir que…
estar contento/a (de) que…	temer que …
estar triste (de) que…	tener miedo (de) que…

Me alegro de que vengas con nosotros.

I am happy that you are coming with us.

Siento que los demás tengan que quedarse aquí.

I am sorry that the others have to stay here.

—¿Les gusta a tus padres que **estudies** música?

—*Do your parents like that you study music?*

—Sí, pero les molesta que yo **toque** el violín en la casa.

—*Yes, but it bothers them that I play violin in the house.*

A lo personal

A. Una llamada telefónica. You are talking on the phone with a friend who is on vacation. Express your emotions about what he/she says, using **me alegro de que…**, **es bueno que…**, **es una lástima que…**, or **siento que…**

MODELO: Me divierto mucho.
   Me alegro de que te diviertas.

1. Todo está muy caro.
2. Me gusta mucho la comida.
3. Hay muchas cosas interesantes que hacer.
4. Sólo tengo dos días más de vacaciones.
5. El hotel está cerca de todo.
6. Estoy un poco enfermo hoy.
7. No puedo hablar más.
8. Nos vemos pronto.

Two days later, on the way back from the airport, your friend calls for help because he has had an accident. React to each statement using a verb that expresses your feelings.

1. El choque no es tan grave.
2. Yo estoy bien.
3. El otro conductor tiene la culpa.
4. El otro conductor no tiene seguro.
5. Él dice que yo tengo la culpa.
6. Hay muchos testigos.
7. La policía le da una multa al otro.
8. No puedo usar mi coche.

B. Gustos y molestias. With a partner, list the things that these people generally like those named in parentheses to do and things that bother them.

MODELO: a los profesores (los estudiantes)
   A los profesores les gusta que los estudiantes escuchen en clase…
   Les molesta que los estudiantes duerman en clase…

1. a los estudiantes (los profesores)
2. a los padres (sus hijos)
3. a los hijos (los padres)
4. a las mujeres (los hombres)
5. a los hombres (las mujeres)
6. a los meseros (los clientes)

C. Los titulares. Express your feelings about the following headlines in your school newspaper.

MODELO: La matrícula sube.
No me gusta que la matrícula suba.

Los profesores reciben más dinero.

Hacen más estacionamiento.

La biblioteca está abierta más horas.

La policía da multa por comer o beber en la biblioteca.

Todos tienen que estudiar lenguas extranjeras.

El nuevo estacionamiento cuesta dos dólares la hora.

Hay menos ayuda financiera.

Se permite fumar en las clases.

Más horas de matemáticas son necesarias para graduarse.

Un profesor de ciencias económicas recibe el Premio Nobel.

D. Deseos. Express your feelings about the following people by completing each sentence.

MODELO: Estoy contento de que mis padres...
Estoy contento de que mis padres puedan hacer un viaje este verano.

1. Temo que mi mejor amigo/a...
2. Espero que el/la profesor/a...
3. Me alegro de que mis padres...
4. Prefiero que nadie...
5. Me gusta que todos mis amigos...
6. Ojalá que yo...

 ¡A escuchar!

Un choque. Listen to two friends talk about an accident one of them was in. Then, answer the questions.

1. ¿Cuándo ocurrió el choque?
2. ¿Por qué vinieron los bomberos?
3. ¿Se puede reparar el otro coche?
4. ¿Hubo heridos?
5. ¿Va a reparar su coche el hombre que habla? ¿Qué duda?

E. Compañeros/as de cuarto. Role-play an argument with your roommate in which you tell each other what you don't like and what bothers you.

La estación de ferrocarril

A. A tomar el tren.

la taquilla
un/a pasajero/a
el tren
el horario
el anuncio
  de salida
  de llegada
el andén
la parada de taxis
la consigna
  automática
la sala de espera
los vagones
la cola
el retraso

B. Familias de palabras. Which new words have the same roots as the following verbs you already know?

1. pasar
2. andar
3. llegar
4. salir
5. esperar
6. parar

C. Diálogo. A Madrid.

El vuelo de los Loya sale mañana de Madrid. Van a tomar el tren de Pamplona a Madrid.

SEÑOR LOYA: ¿A qué horas salen los trenes para Madrid mañana por la mañana?

EMPLEADO: Hay trenes a las 7:05, a las 9:51 y a las 11:25.

SEÑOR LOYA: Y el tren que sale a las 9:51, ¿a qué hora llega a Madrid?

EMPLEADO: A las 13:25.

SEÑORA LOYA: Es un poco tarde, ¿no crees? El vuelo es a las 15:10. Prefiero tomar el tren que sale a las 7:05.

SEÑOR LOYA: No creo que haya problema con el tren de las 9:51. Es muy temprano a las 7:05.

SEÑORA LOYA: Bueno, está bien. Vamos a tomar el tren de las 9:51 si no temes que lleguemos tarde para el vuelo.

SEÑOR LOYA: Cuatro billetes para el tren de las 9:51, por favor.

EMPLEADO: ¿Fumador o no fumador?

SEÑOR LOYA: No fumador, por favor.

EMPLEADO: Muy bien señor, 20.400 pesetas por favor.

D. ¿Comprende Ud.?

1. ¿Por qué teme la señora Loya tomar el tren de las 9:51?
2. ¿Por que prefiere el señor Loya tomar ese tren?
3. ¿Dónde prefieren tener asientos?

E. Entrevista.

1. ¿Hay una estación de ferrocarril aquí? ¿Dónde está? ¿Prefieres viajar en tren o en avión? ¿Por qué? ¿Cuál prefieren los españoles?
2. ¿Cuántas veces has viajado en tren? ¿Adónde fuiste? ¿Te gustó? ¿Por qué (no)?
3. ¿Has perdido un vuelo porque llegaste tarde? ¿Por qué llegaste tarde? ¿Qué hiciste?

F. ¿A qué hora? A couple is running late to catch a train. Complete their conversation by changing the verbs in parentheses to the present indicative, preterite, present subjunctive, command form, or by leaving them in the infinitive.

–¿A qué hora _____ (salir) nuestro tren?

–En veinte minutos.

–Dudo que _____ (llegar/nosotros) a la estación a tiempo. No _____ (tener/nosotros) más gasolina.

–Es increíble que _____ (ser/tú) tan irresponsable. ¿Cómo _____ (poder/tú) olvidarte de llenar el tanque?

–No quiero _____ (oír) más. Siempre quieres que yo _____ (hacer) todo: que _____ (ir/yo) a la gasolinera, que _____ (cambiar/yo) el aceite, que _____ (poner/yo) el equipaje en el coche y tú nunca quieres _____ (hacer) nada.

–No _____ (hablar/nosotros) más de esto. Quiero que _____ (bajar/tú) ahora mismo del coche y que _____ (ir/tú) a buscar gasolina. No quiero _____ (pasar) todo el día colgados aquí.

G. Un billete. You are at the train station in Sevilla and want to buy a ticket for Barcelona. Role-play this conversation with a classmate.

En la aduana

A. ¿Algo que declarar?

el control de pasaportes
la declaración de aduana
la planilla de inmigración
la nacionalidad
  argentino/a
  boliviano/a
  canadiense
  chileno/a
  colombiano/a
  costarricense
  cubano/a
  ecuatoriano/a
  español/a
  estadounidense
  guatemalteco/a
  hondureño/a
  mexicano/a
  nicaragüense
  panameño/a
  peruano/a
  paraguayo/a
  salvadoreño/a
  uruguayo/a
  venezolano/a
cruzar la frontera
declarar las compras
pagar los derechos
registrar la maleta

B. Abran sus maletas, por favor.

Los Loya llegan al aeropuerto de San José, Costa Rica, donde pasan por la aduana.

ADUANERO: Buenas noches. ¿De dónde vienen?
SEÑOR LOYA: Regresamos de España.
ADUANERO: ¿Son ciudadanos costarricenses?
SEÑORA LOYA: Sí. Aquí tiene nuestros pasaportes.
ADUANERO: ¿No hay nada que necesiten declarar?
SEÑOR LOYA: Sólo compramos estos platos de cerámica.
ADUANERO: Abran sus maletas, por favor. Gracias, está bien. Pasen por acá, por favor.

C. ¿Comprende Ud.?

1. ¿Dónde están los Loya?
2. ¿Cuál es su nacionalidad?
3. ¿Tienen algo que declarar?
4. ¿Qué compraron en España?

D. Nacionalidades. State each person's nationality.

MODELO: Paco es de Quito.
Paco es ecuatoriano.

1. Érica Ramírez es de La Paz.
2. Los Loya son de San José.
3. Felipe San Miguel es de Bogotá.
4. Refugio Elizondo es de Managua.
5. Isabel Toledo es de Madrid.
6. Pilar Gavia es de Guatemala.
7. Marco Castro es de San Salvador.
8. Luis Reyes es de Lima.
9. Arturo Ortega es de Tegucigalpa.
10. Yo soy de _____.

E. En el control de pasaportes. A customs officer says the following to you as you arrive at the airport in Spain. How do you respond?

1. ¿Cuál es su nacionalidad?
2. Su pasaporte, por favor.
3. ¿Qué va a hacer en España?
4. ¿Por cuánto tiempo se va a quedar aquí?
5. ¿Dónde se va a alojar?
6. ¿Ha estado en España anteriormente?

F. Entrevista.

1. ¿Cuántas veces has pasado por la aduana estadounidense? ¿De dónde venías? ¿Registraron tus maletas? ¿Te pusiste nervioso/a? ¿Qué te preguntó el aduanero? ¿Tuviste que declarar algunas compras? ¿Cuántos derechos tuviste que pagar? ¿Qué se debe declarar en la aduana?
2. ¿Has cruzado la frontera entre los Estados Unidos y México? ¿entre los Estados Unidos y Canadá? ¿Necesitan los norteamericanos un pasaporte para ir a México? ¿Qué río está en la frontera entre Texas y México?

G. Las banderas. Can you identify these flags?

MODELO:

Es la bandera española.

El presente perfecto del subjuntivo

Para averiguar

1. When do you use the present perfect subjunctive?

2. How do you form the present perfect subjunctive?

• Use the present perfect subjunctive to express a feeling or doubt about what has happened. The present perfect subjunctive is formed by using the subjunctive of the auxiliary verb **haber** and the past participle.

Present Perfect Subjunctive						
yo	haya		nosotros/as	hayamos		
tú	hayas	hablado	vosotros/as	hayáis		hablado
él/ella/Ud.	haya		ellos/ellas/Uds.	hayan		

Es increíble que **hayan perdido** mi equipaje.

It's incredible that they have lost my luggage.

Dudo que el avión **haya llegado.**

I doubt that the plane has arrived.

A lo personal

A. La vida es una telenovela. You have been away on a long trip and when you return you find that the following things have happened. Express your feelings.

MODELO: Su compañero/a de cuarto ha tenido un accidente con su coche de usted.
Estoy furioso/a que haya tenido un accidente con mi coche.

1. Su compañero/a de cuarto ha reparado su coche de usted.
2. Su novio/a ha encontrado un buen trabajo.
3. Su novio/a se ha casado con otro/a.
4. Su perro ha tenido cachorros.
5. Todas sus plantas han muerto.
6. Sus padres han ganado la lotería.

Now make a list of things that you hope have or have not happened when you return home today.

MODELO: *Espero que mis hijos hayan limpiado su cuarto.*
¡Ojalá que no haya habido un incendio!

B. ¡Desapareció! You stop by your best friend's house at a time when he/she is usually there, but nobody answers. Say whether or not you think he/she might have done the following things.

MODELO: ir a la iglesia
Quizás haya ido a la iglesia.
Dudo que haya ido a la iglesia.

1. salir con amigos
2. ir de compras
3. ir a la biblioteca
4. mudarse
5. dormirse en el baño
6. ponerse enfermo/a
7. irse de vacaciones
8. volver a vivir con sus padres

C. ¿Qué has hecho? Ask a classmate if he/she has done the following things lately. Then express your feelings about his/her answer.

MODELO: –¿Has estado enfermo con frecuencia recientemente?
– *Sí, he estado enfermo/a.*
–*Es una lástima que hayas estado enfermo/a.*

1. ¿Has recibido muchas multas recientemente?
2. ¿Ha subido el precio de tu seguro recientemente?
3. ¿Has tenido muchos problemas mecánicos con tu coche?
4. ¿Ha estado tu coche en el taller recientemente?
5. ¿Cuántas veces has chocado?
6. ¿Has podido tomar unas vacaciones este año?
7. ¿Has tenido que trabajar mucho recientemente?
8. ¿Has salido mucho con amigos recientemente?

D. Es increíble. With a partner, think of one interesting thing each of you has done and one thing each of you has not done. One of you will read the statements and other classmates will guess which are not true.

MODELO: –*He visto al presidente en persona. He visitado Europa dos veces. Mi compañera Nancy ha escalado el monte Everest. También ha visitado el Museo del Prado en Madrid.*

–*No creo que hayas visto al presidente y dudo que Nancy haya escalado el monte Everest.*

–*Sí, es verdad que he visto al presidente. Nunca he visitado Europa. Tienes razón que Nancy nunca ha escalado el monte Everest.*

E. ¿Qué crees? Your roommate or a friend asks you the following questions or makes the following statements. Respond using the expression in parentheses.

MODELO: Saqué una mala nota en el examen de cálculo. (es una lástima que)
Es una lástima que hayas sacado una mala nota.

1. ¿Me llamó mi papá hoy? (no creo que)
2. Nuestro equipo perdió el partido. (es una lástima que)
3. ¿Ya llegaron mis amigos? (dudo que)
4. La fiesta fue anoche. (no es cierto)
5. La policía me dio una multa esta mañana. (siento que)
6. ¿Tus amigos fueron al cine? (dudo que)
7. Tu novio/a salió con otro/a anoche. (me molesta que)
8. ¿Qué profesor nos dijo que no había clase mañana? (quizás)
9. Conocí a dos de tus amigos ayer. (me alegro de que)
10. ¿Suspendieron las clases por el mal tiempo? (es posible que)

El subjuntivo: lo indefinido y lo no existente

Para averiguar

1. What is an adjective clause?

2. When do you use the indicative in an adjective clause? ¿When do you use the subjunctive?

3. Do you use the indicative or the subjunctive in an adjective clause to describe a non-existent noun after **nadie** or **nada**?

• An adjective clause is a subordinate clause that describes a noun in the main clause. Use the indicative in an adjective clause to describe a specific person, place, or thing that is known to exist. Use the subjunctive to describe an indefinite person, place, or thing, that is only assumed to exist.

Viven en una casa **que tiene una piscina.**	(The house is specific and known to exist.)
Buscan una casa **que tenga una piscina.**	(The house is indefinite and only assumed to exist.)
Conozco un restaurante **donde sirven buena paella.**	(The speaker has a specific restaurant in mind.)
¿Conoces un buen restaurante **donde sirvan buena paella?**	(The speaker does not have a specific restaurant in mind.)

• The subjunctive is also used to describe a non-existent noun.

No he visto a nadie **que tenga tu maleta.**	*I haven't seen anyone who has your suitcase.*
No conozco a nadie **que lo haya hecho.**	*I don't know anyone who has done it.*

A lo personal

A. ¿De qué tipo? Complete the following sentences with the options in parentheses to describe what you would or would not like to have.

MODELO: Quiero un coche que… (ser económico, tener llantas viejas)
Quiero un coche que sea económico.
Quiero un coche que no tenga llantas viejas.

1. Quiero un coche que… (tener aire acondicionado, usar mucha gasolina, arrancar fácilmente, tener frenos nuevos).
2. Prefiero un apartamento que… (costar mucho, estar cerca de la universidad, estar en la planta baja, ser muy grande).
3. Quiero un trabajo que…(ser difícil, pagar bien, interesarme, hacerme nervioso/a).
4. Quiero tener profesores que… (dar mucha tarea, hacerme muchas preguntas, perder la paciencia, ser aburrido).

B. ¿Conoces a alguien que…? Tell whether or not you know someone who has done the following things.

MODELO: visitar España
Sí, tengo un amigo que ha visitado España. o *No conozco a nadie que haya visitado España.*

1. ver la Alhambra
2. visitar El Prado
3. vivir en un monasterio
4. participar en los Sanfermines en Pamplona
5. hacer un crucero
6. manejar una ambulancia
7. comprar una pistola recientemente
8. ser víctima de un incendio

C. Cerca del campus. Ask a classmate if he/she knows of the following places near the campus.

MODELO: una librería/ vender revistas en español
— *¿Conoces una librería que venda revistas en español cerca de aquí?*
— *Sí, Barnes & Nobles vende revistas en español.* o *No conozco ningún librería que venda revistas en español.*

1. un restaurante/servir paella
2. una tienda/vender ropa usada
3. unos apartamentos/no ser muy caros
4. una tienda de videos/tener películas en español
5. un supermercado/estar abierto toda la noche
6. un cine/dar películas extranjeras
7. un mecánico/ser honesto
8. un taller/arreglar los frenos

D. ¿En tu familia? Ask a classmate if someone in his/her family has done the following things recently.

MODELO: casarse
— *¿Hay alguien en tu familia que se haya casado recientemente?*
— *Sí, mi hermano mayor se casó el año pasado.* o *No, no hay nadie en mi familia que se haya casado recientemente.*

1. comprar una casa
2. tener un bebé
3. estar enfermo

4. perder su trabajo
5. ir a Sudamérica
6. hacer algo extraordinario

E. En la agencia de viajes. You are describing to a travel agent how you want to spend your vacation. Complete each sentence logically.

MODELO: Quiero ir a un lugar donde…
Quiero ir a un lugar donde haga sol todos los días.

1. Quiero ir a un lugar donde…
2. No quiero pasar mis vacaciones en un lugar donde…
3. Prefiero quedarme en un hotel que…
4. No quiero un hotel que…
5. Prefiero un vuelo que…
6. No quiero hacer nada que…

F. Conversación. With a classmate, role-play a conversation in which you tell a travel agent what sort of vacation you would like while he/she makes suggestions.

 ¡A escuchar!

En el aeropuerto. Two young businesspeople have gone to pick up a visitor at the airport. Listen to their conversation and complete the following sentences.

1. Buscan un hombre…
2. No ven a ningún hombre que…
3. Quizás el pasajero…

1 LAS SUGERENCIAS

SUSTANTIVOS

África	*Africa*
la autopista	*highway*
el bosque	*woods, forest*
la capital	*capital*
la catedral	*cathedral*
la colina	*hill*
la costa	*coast*
el desierto	*desert*
el encierro	*shutting in, penning*
el este	*east*
el festival	*festival*
Francia	*France*
la frontera	*border*
la isla	*island*
el llano	*plain*
el mar Mediterráneo	*Mediterranean Sea*
el monasterio	*monastery*
la montaña	*mountain*
el norte	*north*
el océano Atlántico	*Atlantic Ocean*
el oeste	*west*
el palacio	*palace*
la península ibérica	*Iberian Peninsula*
Portugal	*Portugal*
el río	*river*
las ruinas	*ruins*
el sur	*south*
el toro	*bull*
el valle	*valley*

ADJETIVOS

antiguo/a	*ancient*
árabe	*Arab(ic)*
bello/a	*beautiful*
peligroso/a	*dangerous*
romano/a	*Roman*

EXPRESIONES VERBALES

alquilar	*to rent*
valer la pena	*to be worth it*

2 EN EL COCHE

SUSTANTIVOS

el aceite	*oil*
el asiento	*seat*
la batería	*battery*
el carro	*car*
el cinturón de seguridad	*seat belt*
los demás	*the others*
los frenos	*brakes*
la gasolina	*gasoline*
el kilometraje	*kilometrage*
el límite de velocidad	*speed limit*
la llanta (desinflada)	*(flat) tire*
el maletero, el baúl	*trunk*
el motor	*motor*
el parabrisas	*windshield*
el peligro	*danger*
el permiso de conducir	*driver's license*
el seguro	*insurance*
el tanque	*tank*
la vuelta	*turn, curve*
el volante	*steering wheel*

ADJETIVOS

económico/a	*economic*
estacionado/a	*parked*
lleno/a	*full*

EXPRESIONES VERBALES

abrocharse	*to buckle*
ajustar	*to adjust*
arrancar	*to start (a car)*
arreglar	*to fix*
cambiar	*to change*
cargar	*to load*
cobrar	*to charge*
conducir	*to drive*
darle miedo a alguien	*to frighten someone*
devolver (ue)	*to return (an object)*
doblar	*to turn*
llenar	*to fill*
manejar	*to drive*
ponerse mal	*to start feeling bad*
reducir	*to reduce*
reparar	*to repair*
revisar	*to check*

3 EN LA CALLE

SUSTANTIVOS

el accidente	accident
la acera	sidewalk
la ambulancia	ambulance
el camino	road, way
el choque	wreck
la circulación	traffic
el/la conductor/a	driver
el estacionamiento	parking
el/la bombero/a	firefighter
el crimen	crime
el delito	crime
la emergencia	emergency
la escalera	ladder
la grúa	wrecker, tow truck
el/la herido/a	wounded man/woman
el humo	smoke
el incendio	fire
el letrero	sign
la multa	ticket, fine
la parada de autobús	bus stop
el/la paramédico/a	paramedic
el peatón	pedestrian
la pistola	pistol, gun
la policía	police
los primeros auxilios	first aid
el semáforo	traffic light
el taller	mechanic's garage
el/la testigo	witness
el tráfico	traffic
la velocidad	speed
la víctima	victim

VERBOS

acelerar	to accelerate, to speed up
atropellar	to run over
darse cuenta	to realize
desaparecer	to disappear
disparar	to shoot, to fire
estacionar	to park
lastimarse	to hurt oneself
matar	to kill
parar	to stop
pasar	to pass

OTRAS PALABRAS

arriba	up above
¡Dios mío!	My God!, My goodness!

4 LOS MEDIOS DE TRANSPORTE

SUSTANTIVOS

la aduana	customs
el andén	platform
la cola	line, queue
la consigna automática	luggage lockers
el control de pasaportes	passport check
la declaración	declaration
los derechos	duties, taxes
el horario	schedule
la llegada	arrival
la nacionalidad	nationality
la parada de taxis	taxi stand
el/la pasajero/a	passenger
la planilla de inmigración	immigration form
el retraso	delay
la sala de espera	waiting room
la salida	departure
la taquilla	ticket window
el vagón	car (of a train)

NACIONALIDADES

argentino/a	Argentine
boliviano/a	Bolivian
chileno/a	Chilean
colombiano/a	Colombian
costarricense	Costa Rican
cubano/a	Cuban
ecuatoriano/a	Ecuadorian
español(a)	Spanish
estadounidense	American
guatemalteco/a	Guatemalan
hondureño/a	Honduran
mexicano/a	Mexican
nicaragüense	Nicaraguan
panameño/a	Panamanian
paraguayo/a	Paraguayan
peruano/a	Peruvian
salvadoreño/a	Salvadoran
uruguayo	Uruguayan
venezolano/a	Venezuelan

VERBOS

declarar	to declare
registrar	to search through, to inspect

Reactions to daily events are often predictable. When people encounter obstacles, they are generally frustrated, and when they are helped, they are pleased. Recognizing logical relationships of cause and effect will help you predict and understand what happens in a literary text, such as the one you are going to read. *El arrebato* is one of many short stories that the young Spanish writer, Rosa Montero, has written for *El País*, a newspaper in Spain. The following activity will prepare you to understand the reactions of the main character of this story.

A. Antes de leer. Tell how you feel when you find yourself in the following situations.

MODELO: Está atrasado/a para el trabajo.
No me gusta estar atrasado para el trabajo.

1. Hay mucho tráfico.
2. El semáforo está en rojo en cada esquina.
3. Un conductor lo/la deja pasar para estacionar.

El arrebato por Rosa Montero

Las nueve menos cuarto de la mañana. Semáforo en rojo, un rojo inconfundible. Las nueve menos trece, hoy no llego. Embotellamiento de tráfico. Doscientos mil coches junto al tuyo. Tienes la mandíbula tan tensa que entre los dientes[1] aún está el sabor del café del desayuno. Miras al vecino. Está intolerablemente cerca. La chapa[2] de su coche casi roza[3] la tuya. Verde. Avanza, imbécil. ¿Qué hacen? No arrancan. No se mueven los estúpidos. Están paseando, con la inmensa urgencia que tú tienes. Doscientos mil coches que salieron a pasear a la misma hora solamente para fastidiarte[4]. ¡Rojjjjjo! ¡Rojo de nuevo! No es posible. Las nueve menos diez. Hoy desde luego que no no llego-o-o-o (gemido desolado[5]). El vecino te mira con odio[6]. Probablemente piensa que tú tienes la culpa[7] de no haber pasado el semáforo (cuando es obvio que los culpables son los idiotas de delante). Tienes una premonición de catástrofe y derrota[8]. Hoy no llego. Por el espejo ves cómo se acerca un chico en una motocicleta, zigzagueando entre los coches. Su facilidad te causa indignación, su libertad te irrita. Mueves el coche unos

centímetros hacia el del vecino, y ves que el transgresor está bloqueado, que ya no puede avanzar. ¡Me alegro! Alguien pita por detrás. Das un salto, casi arrancas. De pronto ves que el semáforo sigue aún en rojo. ¿Qué quieres, que salga con la luz roja, imbécil? Te vuelves en el asiento, y ves a los conductores a través de la contaminación y el polvo[9] que cubre los cristales[10] de tu coche. Los insultas. Ellos te miran con odio asesino. De pronto, la luz se pone verde y los de atrás pitan desesperadamente. Con todo ese ruido reaccionas, tomas el volante, al fin arrancas. Las nueve menos cinco. Unos metros más allá la calle es mucho más estrecha[11]; sólo cabrá un coche. Miras al vecino con odio. Aceleras. Él también. Comprendes de pronto que llegar antes que el otro es el objeto principal de tu existencia. Avanzas unos centímetros. Entonces, el otro coche te pasa victorioso. Corre, corre, gritas, fingiendo gran desprecio[12]: ¿adónde vas, idiota?, tanta prisa para adelantarme sólo un metro... Pero la derrota duele. A lo lejos ves una figura negra, una vieja que cruza la calle lentamente. Casi la atropellas. «Cuidado, abuela», gritas

B. Despues de leer. ¿Cómo se siente? Reread the text and complete the following statements about the main character.

1. Le molesta que…
2. Está furioso/a que…
3. Teme que…
4. Espera que…
5. Se alegra que…
6. Le sorprende que…

¡A escribir!

Imagine a morning where everything seems like an obstacle and your nerves are on edge. Then, complete the following sentences.

1. Me hace furisoso/a que…
2. Es increíble que…
3. No es posible que…
4. Temo que…
5. Me sorprende que…
6. Me alegro que…

Now, using Rosa Montero's *El arrebato* as a guide, use the sentences you just wrote to compose your own version of *El arrebato*.

por la ventanilla; estas viejas son un peligro, un peligro. Ya estás llegando a tu destino, y no hay posibilidades de aparcar. De pronto descubres un par de metros libres, un pedacito[13] de ciudad sin coche: frenas, el corazón te late apresuradamente[14]. Los conductores de detrás comienzan a tocar la bocina[15]: no me muevo. Tratas de estacionar, pero los vehículos que te siguen no te lo permiten. Tú miras con angustia el espacio libre, ese pedazo de paraíso[16] tan cercano y, sin embargo, inalcanzable[17]. De pronto, uno de los coches para y espera a que tú aparques. Tratas de retroceder, pero la calle es angosta[18] y la cosa está difícil. El vecino da marcha atrás[19] para ayudarte, aunque casi no puede moverse porque los otros coches están desmasiado cerca. Al fin aparcas. Sales del coche, cierras la puerta. Sientes una alegría infinita, por haber cruzado la ciudad enemiga, por haber conseguido un lugar para tu coche, pero fundamentalmente, sientes enorme gratitud hacia el anónimo vecino que se detuvo[20] y te permitió aparcar. Caminas rápidamente para alcanzar al generoso conductor, y darle las gracias. Llegas a su coche, es un hombre de unos cincuenta años, de mirada melancólica. Mucha gracias, insistes; soy el del coche azul, el que estacionó. El otro palidccc, y al fin contesta nerviosamente: «Pero, ¿qué quería usted? ¡No podía pasar por encima de los coches! No podía dar más marcha atrás». Tú no comprendes. «¡Gracias, gracias!» piensas. Al fin murmuras: «Le estoy dando las gracias de verdad, de verdad…» El hombre se pasa las manos por la cara y dice: «es que… este tráfico, estos nervios…» Sigues tu camino, sorprendido, pensando con filosófica tristeza, con genuino asombro[21]: ¿Por que es tan agresiva la gente? ¡No lo entiendo!

[1] teeth [2] license plate [3] scrapes [4] annoy [5] distressed moan
[6] hate [7] fault [8] defeat [9] dust [10] windows [11] narrow
[12] contempt [13] little piece [14] hurriedly [15] horn [16] paradise
[17] unreachable [18] narrow [19] backs up [20] stopped [21] amazement

¡TRATO HECHO!

Spanish in the Mass Media and Public Relations

el periodismo

las relaciones públicas

Deportes
en español
sólo en cable.

LA CADENA
DEPORTIVA
PRIME TICKET

¡Pídala hoy!

3175

el arte dramático

la oratoria

la comunicación electrónica

Palabras básicas

el anuncio	*advertisement*
el/la autor/a	*author*
el canal	*channel*
la cadena	*network*
la cartelera	*arts and entertainment section*
la casa editorial	*publishing house*
el/la comentarista	*newscaster, comentator*
el/la comentarista deportivo/a	*sportscaster*
la dicción	*diction*
el discurso	*speech*
la emisora	*radio station (business entity)*
en directo, en vivo	*live (transmission)*
la entonación	*intonation*
el escenario	*stage*
la estación de radio	*radio station (on the dial)*
el/la locutor/a	*announcer*
el/la meteorólogo/a	*meteorologist*
las noticias	*news*
el noticiero	*newscast*
la onda	*wave*
la prensa	*press, newsmedia*
la programación	*programming*
el/la radio	*radio*
redactar	*to write*
la señal	*signal*
televisivo/a	*television (adj.)*
tra(n)smitir	*to transmit*

La retórica

Todos los medios de comunicación tienen el buen uso del idioma en común. El estudio del idioma para la comunicación se llama la retórica. La retórica consiste en un estudio de la estructura gramatical, el significado, la relación entre las palabras y la persona que las usa, la lógica, la argumentación, la dicción, la entonación, el estilo, la presentación, el uso de analogía y metáfora y el entendimiento de la relación escritor–lector y la orador–oyente. La comunicación buena y eficaz se basa en un entendimiento profundo de la retórica.

A. Soltar ideas. What makes a good speech? What makes a good essay? First make a list of the factors that are important to each, then compare and contrast them. Which elements of rhetoric are essential to each?

B. Reaccionar. Look over *Consider these facts.* In groups of three or four, discuss the ways in which your life, beliefs, assumptions, and culture are or are not reflected in the media. How does this affect you, if at all? Why might this affect someone?

C. Emparejar. Match each word with one or more of the branches of communications shown on page 388. Explain how or why it is related.

1. la cadena
2. la onda
3. la programación
4. el/la comentarista
5. el discurso
6. el anuncio
7. el locutor
8. el escenario

Consider these facts:

- In the United States, 0.9 percent of all authors are Hispanic.

- 1.9 percent of all public relations specialists in the United States are Hispanic.

- Hispanic Americans comprise 2.0 percent of newsroom managers; 4.0 percent of copy editors; 4.0 percent of reporters and writers; and 6.0 percent of photographers/artists at the leading U.S. newspaper companies.

Veredicto del Jurado en el 'Ju
NO CU PA

Serbios atacan Bihac
ONU moviliz
fuerzas a Sar

L as Naciones Unidas des-
pacharon ayer a Sarajevo la primera
unidad de combate de su Fuerza de
Intervención Rápida, y advirtieron
que contraatacarán enérgicamente a

EL TEL

Edición No. 40318

DECANO

El periódico

la primera plana
la sección
la reseña
el titular
el índice
el/la editor/a
el/la reportero/a
el/la periodista

periódicos hispanos

Hay cinco periódicos hispanos en los Estados Unidos
que se publican todos los días. A continuación se
encuentran el nombre del periódico, el año de
fundación y la ciudad de publicación.

1. La Opinión, (1926) Los Ángeles
2. El Diario (1948) y La Prensa (1913)
   El Diario—La Prensa (1963) Nueva York
3. Noticias del Mundo (1980) Nueva York
4. El Nuevo Herald (1987) Miami
5. El Diario de Las Américas (1953) Miami

D. Una reunión organizacional. As the managing editor of the local Spanish-language newspaper, you assign stories to the appropriate sections of the newspaper. Where would you place these stories?

- la muerte de la presidente de las Filipinas
- la muerte de un hombre de la comunidad
- una reunión del gobierno local
- una reunión del presidente de Estados Unidos con Fidel Castro
- una crítica de una nueva película

E. Un artículo. Write an article for the front page of the local Spanish-language newspaper on an accident or emergency that occurred late last night. Be sure to include a description of:

- who was involved
- what happened
- when and where the accident/emergency occurred
- who responded to calls for help
- what was done to help the victims
- any other important details

F. Cómo funciona un canal de televisión. As you read this article, make a list of as many Spanish-English cognates as you can find. Are there many or few? Can you guess why? Then relate these cognates to others you know from the same family, e.g., **televisión (s.)**, **televisor (s.)**, **televisiva** (adj.), indicating their grammatical category.

Cómo funciona un canal de televisión

"¡Silencio por favor, 30 segundos y entramos...!" La voz del director de cámaras, que parece surgir de todas partes, es la señal para que tenga lugar un hecho casi mágico: el comienzo de una transmisión televisiva.

¿En qué consiste básicamente una transmisión televisiva? Se trata de un fenómeno de codificación-decodificación de una señal. En el estudio de televisión se genera una imagen: en vivo, registrada por las cámaras, o una grabación. Esta es la primera señal, la óptica, que a través de diversas conversiones se codifica en una señal eléctrica...

¿Qué tipo de ondas son las televisivas? Son electromagnéticas. Se llaman hertzianas, debido al físico Hertz, el primero que trabajó con ellas... La televisión utiliza ondas de alta frecuencia, agrupadas bajo las siglas VHS entre los 50 y los 200 megahertz, y las UHF, que empiezan alrededor de los 300 megahertz.

¿Cómo funciona una cámara de televisión? A la cámara de televisión entra la imagen, lo que ve el ojo. Esta señal es una señal de video... Dentro de la cámara, la señal de video se descompone en los tres colores básicos de la televisión: rojo, verde y azul. Esta señal descompuesta se transforma en una señal eléctrica que sale de la cámara para ir al transmisor, que la va a mandar al aire. Ahora la señal eléctrica se transforma en señal de microondas y llega a la antena transmisora. Finalmente: "...Estamos en el aire..."

Este noticiero con Jorge Ramos and María Elena Salinas se transmite de Miami por la cadena televisiva Univisión. Univisión tiene comentaristas que cubren todos los países latinoamericanos. Su distribución de las noticias se hace por las redes de cable TV.

G. ¿Quién es quién en una transmisión? Write a brief job description for each of the following people who produce a television show.

1. camarógrafo
2. iluminador
3. jefe técnico
4. productores
5. sonidista
6. musicalizador

H. Programación local. In groups of three or four, prepare a 5-minute newscast to present to the class. Be sure to include:

- an appropriate introduction
- at least two stories of interest
- the local weather and sports
- at least one commercial announcement

Radio y televisión

Hay tres cadenas televisivas y tres grandes emisoras de radio de habla hispana en los Estados Unidos. Son:

RADIO

- *Spanish Information Systems* (SIS)
- *Radio Noticias*
- *Noticiero Latino*

TELEVISIÓN

- *Galavisión*
- *Telemundo*
- *Univisión*

La salud

11

LECCIÓN

ONCE

TEMA 1

El estado físico

- ¿Estás en buena forma?
- El aseo personal

- El futuro

TEMA 2

La salud y la vida moderna

- En un mundo mejor

- El condicional

TEMA 3

El bienvivir

- ¡Manténganse en buena salud!
- Los deportes y la competencia

TEMA 4

La atención médica

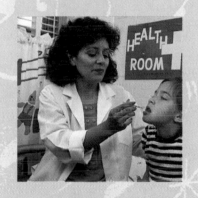

- La sala de urgencias
- Pronto se mejora si…

- Acciones futuras con *si* y *cuando*

Understanding the Purpose of a Text

¡TRATO HECHO!

Spanish for Medical Personnel

¿Estás en buena forma?

A. **El cuerpo.**

el cabello

el ojo

el diente

la piel

la cadera

la nariz

la cara

la boca

el pecho

el muslo

el tobillo

la cabeza

la oreja

el cuello

la cintura

la pierna

la rodilla

la espalda

el brazo

el codo

la mano

los dedos

la nalga

el pie

el talón

B. Diálogo. Un maratón.

En Chile, Ángel Rosales se entrena para el maratón de los Juegos Olímpicos. Habla con su entrenador.

ENTRENADOR: Me parece que no estás en forma hoy. ¿Todavía te duele la espalda?

ÁNGEL: No, la espalda está mejor.

ENTRENADOR: ¿Y cómo están las rodillas? ¿Un poco débiles?

ÁNGEL: Las rodillas están fuertes. Son los pies que me duelen. Creo que tengo una ampolla.

ENTRENADOR: Son zapatos nuevos, ¿no?

ÁNGEL: Sí, y no me quedan bien.

C. ¿Comprende Ud.?

1. ¿Está Ángel en forma hoy?
2. ¿Le duele la espalda?
3. ¿Cómo están las rodillas de Ángel?
4. ¿Qué tiene en los pies?

D. ¿Qué ropa? What clothes do you wear on these parts of the body?

MODELO: la cabeza
Se lleva un sombrero en la cabeza.

1. las piernas
2. la cintura
3. la espalda
4. el cuello
5. los pies
6. los brazos

E. Un cuerpo fuerte. What part of the body needs to be strong for the following activities?

MODELO: para jugar al tenis
Se necesitan piernas y brazos fuertes para jugar al tenis.

1. para correr en un maratón
2. para el karate
3. para jugar al fútbol
3. para nadar
4. para tocar el piano
5. para cantar ópera

F. ¡Yo mando! Tell your classmates to act out the following commands.

1. Lávate las manos.
2. Lávate el pelo.
3. Lávate los dientes.
4. Tócate la cintura.
5. Cierra los ojos.
6. Cruza los brazos.
7. Tócate los pies.
8. Abre la boca.

G. Su pareja ideal. Write five sentences to describe your dream date.

MODELO: *Tiene los ojos grandes y grises.*
Tiene el cabello negro.

El aseo personal

A. Arreglándose.

afeitarse

vestirse

peinarse

ducharse

lavarse los dientes

Ya se arregló.

El aseo personal

afeitarse
limpiarse la cara
ponerse el maquillaje
ducharse
lavarse el pelo

vestirse
arreglarse
quitarse los zapatos
remojarse los pies
ponerse los lentes de contacto
lavarse los dientes
peinarse

B. Diálogo. Quítate los zapatos.

Ángel sigue hablando con su entrenador.

ENTRENADOR: Si tienes una ampolla, no debes correr más hoy. A ver… ¡Quítate los zapatos!

ÁNGEL: No, no tengo ampolla pero tengo los pies bien rojos.

ENTRENADOR: Debes descansar un poco. Vamos a regresar y vas a remojarte los pies.

ÁNGEL: No necesito remojármelos. Sólo necesito sentarme un rato.

C. ¿Comprende Ud.?

1. ¿Por qué se quita Ángel los zapatos?
2. ¿Cómo están sus pies?
3. ¿Qué quiere su entrenador que haga?
4. ¿Qué quiere hacer Ángel?

D. Vitaminas. According to this chart from *Buena Salud* magazine, what vitamin is good for the following purposes?

MODELO: para cuidarse las manos
La vitamina B5 es buena para cuidarse las manos.

1. para lavarse el cabello
2. para cuidarse las uñas
3. para limpiarse la cara
4. para limpiarse la piel

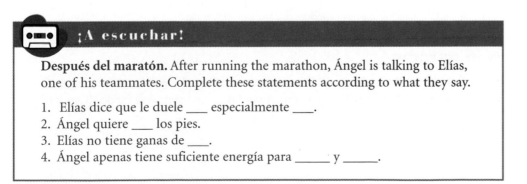

LAS VITAMINAS DE LA BELLEZA

Estas son las otras vitaminas que a la par de la E benefician no sólo la salud sino también nuestro aspecto.

Vitamina	Empleo Cosmético
A	• Crema/gel para la cara • Cremas para párpados • Lociones para el cuerpo • Cremas post-solares
E	• Cremas y lociones protectoras para cara y cuerpo • Tónicos/Desodorantes • Línea solar (en asociación con filtros UV, Emulsión para después de afeitarse • Jabones/Champúes
B5	• Cremas para la cara, manos y cuerpo • Champúes, bálsamos • Lociones y cremas para las uñas
C	• Cremas, lociones para la cara, manos y cuerpo • Dentífricos
H	• Champúes, bálsamos • Productos para las uñas
B6	• Champúes, bálsamos • Lociones • Cremas para la cara

E. Tu rutina. Your classmates want to know how often you do the following activities. Answer using direct object pronouns.

MODELO: ¿Cuántas veces por semana te afeitas la cara?
Me la afeito cada mañana. o *Nunca me la afeito.*

¿Cuántas veces por semana…

1. …te lavas el pelo?
2. …te lavas los dientes?
3. …te afeitas las piernas?
4. …te limpias la cara?
5. …te pones zapatos?

6. …te lavas las orejas?
7. …te remojas los pies?
8. …te pones calcetines?
9. …te pones maquillaje?
10. …te pintas las uñas?

🔊 ¡A escuchar!

Después del maratón. After running the marathon, Ángel is talking to Elías, one of his teammates. Complete these statements according to what they say.

1. Elías dice que le duele ___ especialmente ___.
2. Ángel quiere ___ los pies.
3. Elías no tiene ganas de ___.
4. Ángel apenas tiene suficiente energía para _____ y _____.

F. Un día difícil. You are tired when you return home at the end of the day and your spouse or roommate asks you how you feel. You explain what you are going to do to relax. Role-play the scene with a classmate.

El futuro

Para averiguar

1. What is the future tense stem for most verbs in Spanish? What is a good way to remember the future tense endings?

2. Which ten verbs have irregular future tense stems?

• You have learned to say what someone *is going to do* using **ir a + infinitive.** Use the future tense to say what someone *will do*. The stem of the future tense for most verbs is the same as the infinitive. Except for the **vosotros/as** form, the endings are similar to the present indicative of the verb **haber** (**he, has, ha, hemos, habéis, han**), without the initial **h**. There is a written accent on all of the endings, except the **nosotros** form.

	hablar	comer	vivir
yo	hablaré	comeré	viviré
tú	hablarás	comerás	vivirás
él, ella, Ud.	hablará	comerá	vivirá
nosotros/as	hablaremos	comeremos	viviremos
vosotros/as	hablaréis	comeréis	viviréis
ellos, ellas, Uds.	hablarán	comerán	vivirán

The following verbs have irregular stems in the future:

decir	dir–	**diré, dirás,…**
querer	querr–	**querré, querrás,…**
haber	habr–	**habré, habrás,…**
saber	sabr–	**sabré, sabrás,…**
hacer	har–	**haré, harás,…**
salir	saldr–	**saldré, saldrás,…**
poder	podr–	**podré, podrás,…**
tener	tendr–	**tendré, tendrás,…**
poner	pondr–	**pondré, pondrás,…**
venir	vendr–	**vendré, vendrás,…**

–¿Qué resoluciones hiciste este año? ¿Qué **harás** para vivir mejor?

–*What resolutions did you make this year? What will you do to live better?*

–No **comeré** azúcar, no **tomaré** alcohol y trabajaré más.

–*I won't eat sugar, I won't drink alcohol and I'll work more.*

–No **podrás** cumplir esas resoluciones por más de una semana.

–*You won't be able to keep those resolutions more than a week.*

A lo personal

A. Resoluciones. A friend is making resolutions of how he will improve his life this year. Does he say that he will do the following things more or will he do them less?

MODELO: hacer ejercicio
Haré más ejercicio.

1. tomar alcohol
2. comer grasa
3. trabajar
4. ayudar a mis padres
5. ser egoísta
6. salir hasta tarde durante la semana
7. mirar la televisión
8. estudiar español

Now make a list of four resolutions for yourself for the next few months.

B. Predicciones. Predict whether or not the indicated persons will do the suggested activity during the next six months.

MODELO: (mi novio/a y yo) casarnos
Sí, nos casaremos. o *No, no nos casaremos.*

1. (yo) mudarme
2. (mis padres) comprar un coche
3. (mi hermana) tener un bebé
4. (yo) empezar un nuevo trabajo
5. (mi compañero/a de cuarto) mudarse
6. (mis padres y yo) hacer un viaje juntos

C. Aquel día. Make a list of the things you will probably do and how you will probably feel on the following occasions.

MODELO: el día del examen final
Estudiaré, vendré a clase, llegaré temprano, estaré un poco nervioso/a, saldré con amigos después del examen…

1. el día de su graduación
2. durante las próximas vacaciones
3. el 31 de diciembre
4. antes de acostarse esta noche

D. Entrevista.

1. ¿Puedes imaginar cómo será la vida en el año 2020? ¿Qué se hará con las computadoras? ¿Qué usaremos como dinero? ¿Cómo serán los automóviles? ¿Cómo será una casa moderna? ¿y una escuela?
2. En 25 años, ¿qué pasará con los problemas sociales como la violencia y la delincuencia? ¿Cómo serán los hospitales? ¿Habrá curas para algunas de las enfermedades de hoy? ¿Cuáles?
3. ¿Qué pasará con nuestro planeta en 25 años? ¿Cómo estarán los animales? ¿el aire? ¿el agua? ¿y las plantas?
4. ¿Crees que algún día podremos viajar a otros planetas? ¿Cómo será visitar otros mundos? ¿Querrás viajar al espacio? ¿Por qué o por qué no?

 ¡A escuchar!

Ejercicios. Ángel is explaining some stretching exercises to a group of friends. Decide which illustration corresponds to each explanation.

E. Una reunión. You and your best friend from high school are going back to a class reunion and you are imagining what your former classmates are doing and what they are like now. Prepare a logical conversation with another student.

En un mundo mejor

A. Las presiones de la vida y los problemas sociales.

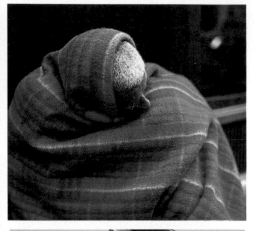

Causas de la depresión
las presiones de la vida
el estrés
la incertidumbre
la pérdida de un ser querido/de su trabajo
no poder alcanzar una meta

Síntomas de la depresión
tener mala cara
sentirse irritable
estar en mal estado de ánimo
ponerse de mal humor/molesto
entristecerse fácilmente

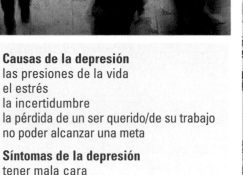

Los problemas sociales

el alcoholismo (los alcohólicos)
la narcomanía (los drogadictos)
las enfermedades como el cáncer (la diabetes, el SIDA.)
la violencia doméstica (las mujeres y los niños golpeados)
el desempleo (los desempleados)
el odio y la intolerancia (las víctimas)
las personas sin hogar (los desamparados)

B. Diálogo. ¿Por qué no vamos al lago?

Ángel estudia medicina y está en su último año. Como parte de sus estudios, trabaja en un hospital. Después de un día difícil en la sala de urgencias, Ángel habla con Paola, una colega del hospital. Pueden ver por la ventana que hay mucha gente que camina por la acera.

PAOLA: ¡Hay tanta gente en la calle! Parece que todos tienen prisa y están de mal humor.

ÁNGEL: Las presiones de la vida moderna son muy serias. Sería mejor encontrar un equilibrio en la vida y sentirse más tranquilo.

PAOLA: El problema es que el estrés y la incertidumbre de la vida hoy en día contribuyen a varias enfermedades y muchos de nuestros pacientes están deprimidos.

ÁNGEL: Tienes razón. Me entristece mucho ver a alguien con problemas emocionales que no puedo aliviar.

PAOLA: Es que tienes mucha compasión. Yo me enojo mucho cuando alguien en la oficina se siente irritable y crea un ambiente incómodo.

ÁNGEL: Todo te hace enojar cuando tienes mucha presión en el trabajo. Es bueno pasar tiempo lejos del hospital de vez en cuando y no pensar en los problemas diarios.

PAOLA: Tienes razón. ¿Por qué no vamos al lago y pasamos el fin de semana juntos en mi velero?

ÁNGEL: ¿Tienes un velero? Me encantaría pasar un día tranquilo en tu velero.

C. ¿Comprende Ud.?

1. ¿Cómo se siente la gente que camina por la acera?
2. ¿Cuáles son algunas causas de las enfermedades y la depresión?
3. ¿Qué indica cuando alguien tiene mala cara?
4. ¿Por qué se entristece Ángel?
5. ¿Cuándo se enoja Paola?
6. ¿Qué piensan hacer Ángel y Paola este fin de semana?

D. Consejos. You give advice on a radio talk show. With a group of students, prepare a role-play where people call for advice about the following problems.

1. ¿Qué debo hacer cuando mi jefe me hace enojar en el trabajo?
2. Siempre me pongo molesto cuando los hijos de mi vecino hacen ruido. ¿Qué debo hacer para mejorar la situación?
3. Mi novia siempre tiene mala cara cuando estoy con mis amigos. ¿Qué puedo hacer?
4. Las presiones de la vida no me permiten dormir. ¿Qué sugiere?
5. ¿Cuáles son los síntomas de la depresión? Creo que mi madre está deprimida y no sé qué hacer.

E. Entrevista.

1. ¿Tienes alguna meta que quieres alcanzar? ¿Qué es? ¿Qué harás para alcanzarla?
2. ¿Sigues una dieta equilibrada? ¿Llevas una vida equilibrada? ¿Qué debes hacer para establecer un equilibrio en tu vida?
3. ¿Qué te pone en un mal estado de ánimo? ¿Qué haces para sentirte mejor? ¿Te gusta estar con otros o quedarte solo/a cuando te sientes mal?
4. ¿Qué te causa estrés? ¿Qué haces para combatir el estrés? ¿Cuáles son algunas consecuencias de una vida llena de presiones?

F. Diálogo. En el velero.

Ángel y Paola descansan en el velero.

ÁNGEL: ¡Es bueno poder descansar un poco!

PAOLA: Sí, hay mucha tensión nerviosa en el hospital. A veces es demasiado.

ÁNGEL: A veces pienso que me gustaría dejar el hospital.

PAOLA: ¿Dejar el hospital? ¿Qué harías?

ÁNGEL: Trabajaría en un clínica privada. No tendría que enfrentarme con todos los problemas que vemos en el hospital. No habría tantos casos tristes como los drogadictos o las víctimas de violencia.

PAOLA: Pero no podría ayudar a los que más lo necesitan. No harías el bien que haces ahora. Echarías de menos el hospital y regresarías después de poco tiempo.

ÁNGEL: Sí, tienes razón… necesito aprender a hacer lo mejor que puedo sin preocuparme por las cosas que no puedo cambiar.

G. ¿Comprende Ud.? What would Ángel do if he left the hospital? Complete the following sentences.

1. Trabajaría en…
2. No tendría que…
3. No podría…
4. No haría…

H. Dígame lo que es. Which noun from the list matches each definition?

MODELO: la adicción a las drogas.
    Es la narcomanía.

la meta	el estrés
la incertidumbre	la pérdida de un ser querido
la depresión	el equilibrio

1. la duda y la inseguridad
2. la pérdida de ganas de actuar
3. la muerte de un amigo o familiar
4. el objetivo o lo que desea cumplir
5. la tensión nerviosa o física
6. la buena proporción de trabajo, descanso y diversión

I. ¿Quién lo dice? Would Ángel, Paola, or both Ángel and Paola say the following?

1. Me siento triste cuando veo a un paciente con problemas.
2. Me enojo a veces en el trabajo.
3. Me gusta escaparme de las presiones de la vida en mi velero.
4. El estado de ánimo de los pacientes es muy importante.
5. Me preocupo mucho por mis pacientes.

J. Entrevista.

1. En órden de importancia, ¿cuáles son los cuatro problemas más importantes del mundo moderno? ¿Qué debemos hacer para solucionarlos?
2. ¿Por qué hay tantos narcotraficantes? ¿Por qué se usan las drogas? ¿Deben legalizarse las drogas?
3. ¿Cuál es la mejor manera de combatir el SIDA.? ¿Deberíamos poner más énfasis en la educación o en las investigaciones científicas? ¿Cómo se puede mantener uno saludable?
4. ¿En qué profesiones hay mucho desempleo ahora? ¿En qué regiones del país hay mucho desempleo?
5. ¿Se ven muchas personas sin hogar aquí? ¿Quiénes son generalmente? ¿Qué se puede hacer para ayudarlos? ¿Necesitamos más asistencia social? ¿menos?
6. ¿Hay más tolerancia ahora que hace cincuenta años? ¿Todavía hay mucha discriminación? ¿Cómo podemos combatir la intolerancia?

K. A escribir. Write a dialogue between a psychologist and a patient who is complaining about the stress caused by everyday life. Be sure to include:

• approriate greetings
• the patient's symptoms
• the psychologist's advice

 ¡A escuchar!

Quiero cambiar mi horario. Ángel is in his supervisor's office requesting a change in his schedule. After listening to the conversation, give three reasons he gives for changing his schedule. Then give one negative and one positive response from Dr. Sedillo to his request.

ÁNGEL DICE QUE QUIERE CAMBIAR SU HORARIO PORQUE...

1.
2.
3.

EL DR. SEDILLO DICE QUE...

1.
2.

El condicional

Para averiguar

1. How is the conditional generally translated into English?

2. The stem of the conditional is the same as what other tense? What other tense has the same endings?

- Use the conditional to say that someone *would do* something or that something *would happen* under certain conditions. You have already used the conditional in **me gustaría…** to say that you *would like* (to do) something. The conditional is formed using the same verb stem as the future tense with the same endings as those used for the imperfect of **-er/-ir** verbs.

	hablar	comer	vivir	hacer
yo	hablaría	comería	viviría	haría
tú	hablarías	comerías	vivirías	harías
él, ella, Ud.	hablaría	comería	viviría	haría
nosotros/as	hablaríamos	comeríamos	viviríamos	haríamos
vosotros/as	hablaríais	comeríais	viviríais	haríais
ellos, ellas, Uds.	hablarían	comerían	vivirían	harían

—**Me encantaría** estar de vacaciones esta semana.

—*I would love to be on vacation this week.*

—¿Qué **harías**?

—*What would you do?*

—**Iría** a la playa, me levantaría tarde, tomaría el sol y no haría nada en especial.

—*I would go to the beach, I would get up late, I would sunbathe, and I wouldn't do anything in particular.*

- The conditional may be used to make polite requests or suggestions.

¿Podrías ayudarme?   *Could you help me?*

¿Sabría Ud. la hora?   *Would you know the time?*

Deberías comer mejor.   *You should eat better.*

A lo personal

A. Con más tiempo. Would you do the following things if you had more time?

MODELO: dormir más

    Sí, dormiría más. o No, no dormiría más.

1. mirar más la televisión
2. trabajar más
3. tener mejores notas en sus clases
4. visitar más a sus padres
5. hacer más ejercicio
6. trabajar más
7. salir más a bailar
8. ser más feliz

B. ¿Qué harías? Ask a classmate what he or she would do if faced with the following choices?

MODELO: vivir en México o en España

    — *¿Vivirías en México o en España?*

    — *Viviría en México.*

1. estudiar ruso o japonés
2. ser médico/a o abogado/a
3. comprar un coche norteamericano o japonés
4. preferir ser más guapo/a o más inteligente
5. casarse por dinero o sólo por amor
6. comer mejor o hacer más ejercicio para sentirte bien.

C. ¿Lobo o cordero? Ask classmates to answer the following questions. Then use the scoring key to find out whether they are wolves *(lobos)* or a lambs *(corderos)* in their interpersonal relationships.

¿LOBO O CORDERO?

1. ¿Dirías una mentira sobre tu persona para impresionar a una persona poco conocida?
2. En una tienda, ¿le indicarías un error a favor tuyo al dependiente que te devuelve el cambio?
3. ¿Preferirías pasar las vacaciones sin tu pareja?
4. ¿Te gustaría más tener un gato que otros animales?
5. ¿Volverías con gusto a ver viejas películas que te habían complacido en otros tiempos?
6. ¿Te lanzarías en paracaídas?
7. ¿Tendrías la misma profesión que tus padres?
8. ¿Llevarías ropa muy original y algo vistosa?
9. ¿Aceptarías una invitación de una persona poco conocida?

10. ¿Te gustaría volver a vivir en el pasado?
11. ¿Te describirías como una persona optimista?
12. ¿Te molestaría encontrar a un ex-amor con otra pareja?
13. ¿Saldrías con alguien de la edad de tus padres?
14. ¿Te gustaría ser abogado/a?

RESULTADOS:
Suma un punto por cada respuesta que coincida con las siguientes:
1. sí 2. no 3. sí 4. sí 5. no 6. sí 7. no 8. sí 9. sí 10. no 11. sí 12. no 13. sí 14. sí

De 1-5 puntos:	Eres un corderito tierno e indefenso. Tímido/a, romántico/a y dulce.
De 6-10 puntos:	Eres una persona equilibrada y razonable.
De 11-14 puntos:	Eres un verdadero lobo.

D. En un mundo perfecto. First decide if the following statements about the modern world are true. Then, say whether they would also be true in a perfect world.

MODELO: Hay mucha gente sin hogar.
Sí, es verdad que hay mucha gente sin hogar. En un mundo perfecto, no habría gente sin hogar.

1. Tenemos mucho estrés en la vida diaria.
2. Las mujeres tienen las mismas oportunidades que los hombres.
3. El aire está contaminado.
4. Hay muchas enfermedades.
5. Todos los enfermos pueden ver a un médico.
6. El tratamiento médico cuesta mucho dinero.
7. Es difícil encontrar trabajo.
8. Cada día mucha gente muere de hambre.

E. Pretextos. Have students give excuses for the following.

MODELO: ¿Por qué no haces más ejercicio?
Haría más ejercicio pero no tengo tiempo.

1. ¿Por qué no visitas más a tus padres?
2. ¿Por qué no te quedas más en casa?
3. ¿Por qué no trabajas menos?
4. ¿Me puedes prestar tu coche?
5. ¿Me puedes dar diez dólares?
6. ¿Me puedes ayudar a mudarme mañana?

¡Manténganse en buena salud!

A. En buena forma.

cansarse
seguir un régimen
ir al gimnasio
hacer abdominales
remar
subir escaleras
estirarse
jugar al boliche
salir en velero
meditar
reírse

B. Diálogo. La salud.

En una escuela secundaria en Santiago, Chile, los alumnos escuchan una presentación de Ángel sobre la salud y el entrenamiento físico.

PROFESORA: Clase, les presento al señor Rosales. El señor Rosales acaba de participar en los Juegos Olímpicos y desea hablarles de la salud y el éxito en la vida.

RAÚL: ¿Cuándo empezó a entrenarse usted para los Juegos Olímpicos?

ÁNGEL: Es difícil decir exactamente cuándo empecé a entrenarme. Cuando tenía la misma edad que ustedes ya sabía que una dieta equilibrada era muy importante y comía muchas frutas y verduras. Si quieren estar en buen estado físico, también es muy importante mantenerse muy activos. No es necesario dedicarse a un deporte pero es importante hacer ejercicio todos los días. Montar a bicicleta y caminar son actividades muy saludables.

LALO: Mis amigos y yo levantamos pesas todos los días en el gimnasio y también corremos todas las mañanas.

ÁNGEL: Muy bien. Parece que ustedes ya saben que es muy importante cuidarse la salud y dedicarse a actividades que les interesan. Así podrán alcanzar sus metas.

LUPE: Señor Rosales, ¿va a seguir entrenándose para los próximos Juegos Olímpicos?

ÁNGEL: No, ahora voy a terminar los estudios y lograr mi sueño de ser médico.

C. ¿Comprende Ud.?

1. ¿Sobre qué les habla Ángel a los alumnos?
2. ¿Qué les recomienda Ángel?
3. ¿Quiénes levantan pesas diariamente?
4. ¿Qué quiere lograr Ángel ahora?

D. ¿Qué parte del cuerpo? What part(s) of the body do you exercise with the following activities?

MODELO: caminar
         las piernas

1. remar
2. subir escaleras
3. levantar pesas
4. montar a bicicleta
5. hacer abdominales
6. jugar al boliche
7. estirarse
8. meditar
9. reírse

Now tell which of the preceding activities you do and what you should do more.

MODELO: *Camino con frecuencia y juego al boliche una vez a la semana.*
         Debo hacer más abdominales.

E. El test de los Marines. Refer to the tables to answer the following questions with a classmate.

HOMBRES:

1. ¿Cuántas abdominales debe hacer un hombre de 18 años para tener 95 puntos?
2. Si un hombre de 30 años tiene solamente 105 puntos en total, ¿puede ser *Marine* de 2ª clase?

MUJERES:

3. ¿Cuántas minutos debe correr una mujer de 28 años para tener 73 puntos?
4. ¿Cuántos puntos necesita una mujer de 22 años para ser *Marine* de 1ª clase?

F. Entrevista.

1. ¿Cuántos abdominales puedes hacer? ¿Por cuánto tiempo puedes correr sin parar?
2. ¿Te estiras antes de hacer ejercicio? ¿Dónde prefieres hacer ejercicio? ¿En casa? ¿En un gimnasio?
3. Para ti, ¿es difícil seguir un régimen? Para bajar de peso, ¿prefieres estar a dieta o hacer ejercicio?
4. ¿Te ríes con frecuencia? ¿Qué te hace reír? ¿Te sientes mejor cuando te ríes?
5. ¿Practicas la meditación? ¿Cuándo meditas? ¿Dónde? ¿Cómo te sientes después de meditar?

Desde 1775, el Cuerpo de Marines exige aptitud física y entrena a su gente para combatir no sólo al enemigo potencial, sino también al que hay dentro de cada uno de nosotros para obligarlo a ir cada vez más lejos, a moverse cada día más rápido y trabajar más y más fuerte. El test de entrenamiento físico de los marines, el TEF es una evaluación semi anual que consiste en realizar dominadas o pull-ups (flexiones de brazos colgado de barra fija), abdominales (con los pies juntos, pegados al piso, las manos en la nuca y las piernas flexionadas, levantar el torso hasta llegar a las rodillas) y carrera de 5 kilómetros (3 millas).

Cada actividad tiene un puntaje que va de 0 a 100 y depende de la capacidad individual de cada marine. Un score perfecto de 300 puntos se obtiene realizando 20 dominadas, 80 abdominales en dos minutos y recorriendo los 5 km. en 18 minutos.

Para las mujeres el máximo puntaje exige 70 posturales (colgarse de barra fija), 50 abdominales (idem hombres) y carrera de 2,5 kilómetros (aprox. 1 1/2 millas) en 10 minutos.

El puntaje obtenido es el factor más importante en la promoción para determinar sargentos y grados inferiores. Esto incentiva a los marines para superarse continuamente, dice Lance Cpl. Gonzales, un jefe administrativo que obtuvo los 300 puntos de score en el TEF y agrega: el trabajo de cada marine es estar en lo máximo de su condición física. Nosotros somos guerreros y debemos estar listos para todo, en todo momento.

POSTÚLESE PARA MARINE

Las siguientes tablas presentan los valores usados por el Cuerpo de Marines en evaluación de su rendimiento físico. Cada ejercicio se califica con un puntaje que va de 0 a 100. Estos subtotales se suman y dan un total general.

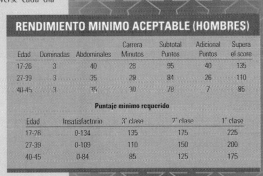

RENDIMIENTO MINIMO ACEPTABLE (HOMBRES)

Edad	Dominadas	Abdominales	Carrera Minutos	Subtotal Puntos	Adicional Puntos	Supera el score
17-26	3	40	28	95	40	135
27-39	3	35	29	84	26	110
40-45	3	35	30	78	7	85

Puntaje mínimo requerido

Edad	Insatisfactorio	3° clase	2° clase	1° clase
17-26	0-134	135	175	225
27-39	0-109	110	150	200
40-45	0-84	85	125	175

RENDIMIENTO MINIMO ACEPTABLE (MUJERES)

Edad	Colgarse de barra fija (Segundos)	Abdominales (repeticiones)	Carrera (minutos)	Total (puntos)
17-26	16	22	15	100
27-39	13	19	16:30	73
40-45	10	118	18	56

Puntaje mínimo requerido

Edad	Insatisfactorio	3° clase	2° clase	1° clase
17-26	0-99	100	150	200
27-39	0-72	73	123	173
40-45	0-55	56	106	156

Los deportes y la competencia

A. ¡Qué atleta!

Los deportes

la gimnasia
el patinaje (sobre hielo)
el hockey sobre hielo
la pista
las pruebas de pista (la carrera, el salto de altura/de longitud)
el salto
el boxeo
la lucha libre
el ciclismo
la natación
el clavado

B. Diálogo. Algún día aprenderé…

Alejandro, el hermano menor de Ángel, habla con un grupo de jóvenes durante su estancia en un campo de verano.

JOAQUÍN: Parece que aquí hay muchas actividades para todos.

ALEJANDRO: Sí. Mira a esos muchachos que están patinando por la acera.

LALO: Prefiero actividades más tranquilas como la jardinería.

JOAQUÍN: Miren, allí en ese lago podremos divertirnos bastante.

ALEJANDRO: Algún día aprenderé a nadar y a hacer todos los deportes que vi cuando mi hermano mayor participó en los Juegos Olímpicos.

LALO: Ángel se dedica a varios deportes, ¿verdad? ¿Por qué no te enseña él?

ALEJANDRO: Ahora que estudia para médico no lo veo mucho.

C. ¿Comprende Ud.? ¿Cierto o falso?

1. A Lalo le gustan todos los deportes.
2. Alejandro, el hermano de Ángel, sabe nadar.
3. Ángel se dedica a varios deportes.
4. Ángel le enseña a nadar a Alejandro.

D. Y tú, ¿qué haces? Complete the following statements with appropriate vocabulary.

1. Me encantan las plantas y todo tipo de horticultura, por eso me dedico a la _____.
2. Cuando era niña me gustaba la gimnasia. Practicaba el _____ en trampolín.
3. En el invierno me dedico al _____ . Me gustan los deportes de equipo.
4. Mi deporte favorito es la _____. Me encanta nadar.
5. Mi película favorita de siempre es Rocky. Me gusta mucho el _____.
6. Hay una _____ en el estadio.
7. ¿Prefieres el salto de _____ o de _____?

E. ¿Por qué lo haces? Explain which of the following activities you do or might like to do and give a logical reason for your choice.

MODELO: el patinaje

Me dedico al patinaje porque es buen ejercicio. o Algún día pienso dedicarme al patinaje porque parece divertido. o No me interesa el patinaje. Me parece aburrido y peligroso.

1. el esquí acuático
2. el hockey sobre hielo
3. la jardinería
4. el clavado
5. el boxeo
6. el ciclismo

F. Entrevista.

1. ¿Por qué crees que es importante seguir un régimen?
2. ¿Qué deportes son mejores para mejorar la salud? ¿Cuáles son los más peligrosos?
3. ¿Te cansas mucho cuando haces ejercicio?
4. ¿Te has dedicado a algún deporte que realmente te gustó? ¿Cuál fue?
5. ¿Qué deportes te gusta ver en la televisión? ¿Cuáles te parecen aburridos?

La sala de urgencias

A. Le atendemos ahora.

La atención médica

el/la paciente
el/la médico/a
el/la enfermero/a
el/la cirujano/a
la herida
la sangre
la tos
la fiebre
la hipertensión
el termómetro

la venda
el infarto
la gripe
el catarro
el brazo fracturado (hinchado)
las muletas
una silla de ruedas
enyesado/a
estar embarazada
el dolor de cabeza
  de éstomago
  de espalda
  en el pecho
fracturarse un hueso
toser
estornudar
desmayarse
contagiarse
hincharse
vomitar

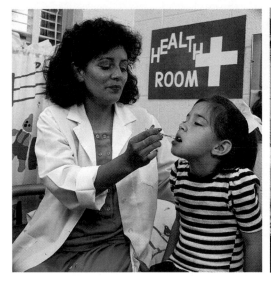

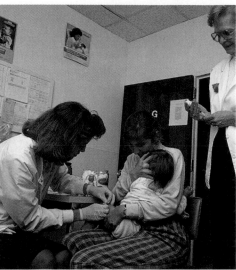

B. Diálogo. Lo cuidaremos bien.

Ángel Rosales ha terminado sus estudios de medicina y ahora trabaja en la sala de urgencias de un hospital de Santiago, Chile. Los señores Torres están en el hospital porque el señor Torres está herido después de chocar su coche.

ÁNGEL: Pronto lo atenderemos.

SR. TORRES: Creo que tengo el brazo fracturado. Es que me duele mucho.

ÁNGEL: Tiene razón. La enfermera me ayudará a enyesárselo. Primero le vendaremos las heridas.

SRA. TORRES: Doctor, también mi esposo se quejaba de un dolor fuerte en el pecho.

ÁNGEL: ¿Ha notado este síntoma en el pasado?

SR. TORRES: Hace dos años que tuve un infarto grave.

ÁNGEL: No se preocupe. Lo cuidaremos bien. Este hospital tiene algunos de los mejores cirujanos del mundo. Pronto lo moveremos de esta camilla a un cuarto privado.

SRA. TORRES: Gracias por su ayuda.

C. ¿Comprende Ud.?

1. ¿Qué se fracturó el Sr. Torres?
2. ¿Quiénes van a enyesarle el brazo?
3. ¿Por qué se preocupa tanto la Sra. Torres?
4. ¿Qué mas le duele al Sr. Torres?
5. ¿Cuándo tuvo un infarto el Sr. Torres?
6. ¿Adónde van a llevar al Sr. Torres?

D.

sen

1.
2.
3.
4.
5.
6.
7.
8.
9.

E.

1.
2.
3.
4.

F. ¿
con

MO

1. u
2. u
3. la
4. u
5. la
6. u
7. u
8. u
9. la

G. I

1. ¿
   la
2. ¿
   v
3. ¿
   v
4. ¿T
5. ¿C
6. ¿l
   ti

D. ¿Qué le pasó? Complete each sentence, describing why the following people have to see the doctor.

1. Pobre señor, tuvo un accidente y tiene…
2. En el invierno siempre tengo problemas con…
3. Comí demasiado y tengo dolor de…
4. Uno de los síntomas del catarro es…
5. Un síntoma de un infarto es…

E. En caso de infarto. Read *Cómo actuar en caso de infarto* and answer the following questions.

1. ¿Qué se debe hacer si uno no puede ponerse en contacto con el médico?
2. ¿En qué posición debe estar el paciente? ¿Qué no debe hacer?
3. ¿Qué se debe hacer si el paciente no respira y no tiene pulso?
4. ¿Cuáles son los síntomas de un infarto?

EL MÉDICO ACONSEJA

Cómo actuar en caso de infarto
Un infarto no tiene hora, lugar, ni edad. Actúe a tiempo.

+ Telefonee rápidamente al médico y si no puede contactarlo pida directamente una ambulancia.

+ El paciente debe estar en posición de descanso, sentado en una silla o acostado. No debe levantarse o caminar.

+ Permanezca al lado del paciente hasta que el médico llegue. Si el enfermo queda inconsciente, con pérdida de respiración y pulso, practique la respiración boca a boca y dé masaje cardíaco hasta que el médico llegue.

+ La severidad de los síntomas varía desde un dolor muy agudo hasta una pequeña sensación de malestar. Incluso, es posible sufrir un infarto cardíaco asintomático (los diabéticos son los más propensas a este fenómeno).

+ En ocasiones el dolor puede ser más atípico y confundirse con una angina de pecho sin ninguna importancia.

F. Entrevista.

1. ¿Conoces a una médica? ¿Tienes un/a médico/a favorito/a? ¿Por qué te gusta? ¿Cuántas veces por año visitas al médico? ¿Dónde lo ves, en su consultorio o en el hospital? ¿Has consultado a un cirujano?
2. ¿Qué debes hacer para una quemadura? ¿Qué debes hacer si tienes fiebre? ¿Cómo puedes evitar un infarto?
3. ¿Cuándo se enyesa un brazo? ¿Has tenido un brazo enyesado? ¿Por cuánto tiempo?
4. ¿Para qué son las muletas? ¿Y una silla de ruedas? ¿Hay acceso para sillas de ruedas en todos los edificios de la universidad?
5. ¿Has estado alguna vez en una camilla? ¿Por qué? ¿Te han atendido en una sala de urgencias?

Acciones futuras con *si* y *cuando*

- Use the future tense in sentences with **si** (*if*) to say what will happen if certain conditions are true. The verb in the clause with **si** is in the present indicative.

Si como menos grasa, **podré** adelgazar.   *If I eat less fat, I will be able to trim down.*

Si haces ejercicio, te **sentirás** mejor.   *If you exercise, you will feel better.*
Dormiré hasta tarde este fin de semana   *I'll sleep late this weekend, if I don't*
si no tengo que trabajar.   *have to work.*

- Use the subjunctive in adverbial clauses beginning with **cuando** to describe events that will occur in the future.

—Me llamarás **cuando vengas**, ¿verdad?   *—You'll call me when you come, won't you?*

—Te llamaré **cuando llegue** al aeropuerto.   *—I'll call you when I arrive at the airport.*

- The subjunctive is used after **cuando** in reference to the future because the action has not happened yet, and it is only assumed that it will take place. Use the indicative after **cuando** to say when something occurred, is occurring, or usually occurs.

Mi hermano siempre me llama **cuando**   *My brother always calls me when he*
   viene aquí.   *comes here.*
Me llamó ayer **cuando llegó**.   *He called me yesterday when he arrived.*

Para averiguar

1. How do you say what will happen under certain conditions?

2. In an adverbial clause referring to the future, do you use the indicative or subjunctive after **cuando**?

3. Do you use the indicative or the subjunctive after **cuando** when referring to general actions or something that happened in the past?

A lo personal

A. Ventajas del ejercicio regular. You are explaining to a friend the advantages of doing exercises regularly. Make statements, guessing the correct answer(s) in parentheses.

MODELO: reducir el (10, 15, 20, 25, 30) por ciento el riesgo de mortalidad
Si haces ejercicio regularmente, reducirás el 25 por ciento el riesgo de mortalidad.

Si haces ejercicio regular…

1. vivir un promedio de (1, 2, 3, 4, 5, 6) años más
2. poder prevenir (la diabetes, el cáncer, la gripe)
3. mantener (la flexibilidad, el equilibrio, los huesos fuertes)
4. eliminar (el estrés, la tensión, todos tus problemas)
5. sentirse (mejor, peor)
6. reducir el (25, 50, 75) por ciento el riesgo de padecer un infarto

B. ¡Escúcheme bien! Do you remember your parents' advice? Complete the following sentences with logical consequences.

1. Si no comes bien ahora…
2. Si no haces bastante ejercicio…
3. Si manejas después de tomar alcohol…
4. Si comes muchos dulces…
5. Si trabajas sin descansar…
6. Si no te acuestas temprano…

C. Así será. Write five personal goals for ten years from now.

MODELO: *En diez años hablaré muy bien español.*
          Estaré en buena salud…

Now go back and explain under what conditions you will be able to accomplish each goal.

MODELO: *Hablaré muy bien español si estudio mucho y practico con amigos hispanos.*
          Estaré en buena salud si sigo haciendo ejercicio y comiendo bien.

D. ¿Tenía razón abuelita? Many beliefs about healthcare are passed from generation to generation. Complete the following sentences from the article **¿Tenía razón abuelita?** with the future tense of the verb in parentheses, then decide whether the statement is **cierto** or **falso**.

1. Si los niños duermen con el biberón, el ácido les _____ (afectar) los dientes.
2. Si tocas a una rana, _____ (tener) verrugas.
3. Si un bebé toma leche fría, le _____ (doler) el estómago.
4. Si le pone mantequilla a una quemadura, _____ (mejorarse).
5. Si pones agua cerca de la calefacción, _____ (evitarse) infecciones.
6. Si los niños tienen los pies mojados o si se sientan en un lugar aireado, los niños _____ (resfriarse).
7. Si les das alimentos sólidos a los niños, _____ (dormir) mejor.
8. Si las mujeres embarazadas salen de la casa los días de eclipse, los niños _____ (nacer) con manchas en la piel.

¿Tenía razón abuelita?

La leche fría provoca dolor de estómago en los bebés. **Falso**
Si los padres les dan a sus hijos leche fría desde el principio, cuando esán recién nacidos, ellos se acostumbran y no sufrirán malestares.

Los niños se resfriarán si se sientan en un lugar aireado, si tienen los pies mojados o si no están abrigados. **Falso**
Los virus son los que causan los resfríos.

Tocar una rana puede provocar arrugas en los niños. **Falso**
Los virus, no las ranas ni los sapos, son los que causan las verrugas.

La mantequilla es buena para las quemaduras. **Falso**
"Lo que se necesita es agua", dicen los pediatras.

Dormir con el biberón es malo para los niños. **Verdadero**
La razón no es que ellos puedan ahogarse, sino que

Algunas veces sí, otras no. Por eso, para que salgas de las dudas, aquí te decimos cuál es la verdad

el azúcar de la leche o del jugo, se descompone, y es convertida en ácido por las bacterias de la boca. Este ácido puede afectar el esmalte de los dientes. Darles alimentos sólidos a los bebés los ayuda a dormir mejor y a no despertarse de noche. **Falso**
Los patrones del sueño dependen de la edad, no del apetito.

Las mujeres embarazadas no deben salir de sus casas si hay eclipse, pues los niños pueden nacer con manchas en el rostro o en otras partes del cuerpo. **Falso**
Ésta es una creencia sin ningún fundamento, pues hasta el momento, ningún estudio ha revelado que los eclipses tengan algún efecto de este tipo en la criatura que está por nacer.

Es bueno poner agua cerca de la calefacción para evitar infecciones. **Verdadero**
La resequedad y el aire caliente dañan el tejido que protege las células de las vías respiratorias, y así aumenta la susceptibilidad a la gripe, sobre todo en los días más fríos.

E. Reacciones. What will you do when the following things happen?

MODELO: Cuando me gradúe…
   Cuando me gradúe, haré una fiesta grande e invitaré a todos mis amigos.

1. Cuando se termine este semestre/trimestre…
2. Cuando yo tenga sesenta años…
3. Cuando yo sepa hablar español bien…
4. Cuando me levante mañana…
5. Cuando yo tenga más dinero…

F. ¿Cuándo? When will you do these things?

MODELO: tener hijos
   Tendré hijos cuando tenga un buen trabajo. o *Nunca tendré hijos.*

1. casarse
2. hacer un viaje a Sudamérica
3. estar triste
4. ser feliz
5. hacer más ejercicio
6. saberlo todo

 ¡A escuchar!

¡Al hospital! Amanda has come to the emergency room with her cousins, Juan and María Beatriz, who was complaining of severe pain earlier. Listen to their conversation and answer the questions.

1. ¿Por qué llevaron a Beatriz al hospital?
2. En la sala de espera, ¿a quién observan Juan y Amanda?
3. Según Amanda, ¿qué tendrá el pobre niño?
4. ¿Cómo es el hospital?

G. En el consultorio. You have gone to the doctor because you have the flu. The doctor asks about your symptoms, recommends a remedy, and writes a prescription. Role-play the scene with a partner.

- appropriate greetings
- the doctor's questions
- the patient's problems
- the doctor's advice

El futuro y el condicional para expresar la probabilidad y la concesión

- The future tense can be used to express probability in Spanish. When used to express probability, the future is translated using a variety of words in English: *probably, could, might, must, wonder, think, bet.*

-¿Dónde **estarán** los demás?	-*Where might the others be?*
-**Estarán** perdidos.	-*They are probably lost.*
-Estoy seguro que **llegarán** pronto.	-*I'm sure they will arrive soon.*
-¿**Habrán** tenido un accidente?	-*Could they have had an accident?*
-¿Qué **estará** haciendo José?	-*What do you think José is doing?*
-**Estará** estudiando.	-*I bet he's studying.*

- The future tense can also be used to express a concession. In this case it is usually translated into English using the words may and might.

-Tú **serás** mayor pero tu hermana es más alta.	-*You may (might) be older, but your sister is taller.*
-**Estará** nublado, pero hace calor.	-*It may be cloudy, but its hot outside.*

- The conditional is also used in Spanish to express probability and concession. While the future expresses probability and concession in a present time frame, the conditional expresses probability and concession in the past.

-**Llegarían** a las ocho.	-*They probably arrived at eight o'clock.*
-¿Por qué no fue Efrén a la fiesta?	-*Why didn't Efrén go to the party?*
-**Tendría** otro compromiso.	-*He probably had another engagement.*
-**Sería** joven pero era muy buena escritora.	-*She may (might) have been young, but she was a very good writer.*

¿Qué estará haciendo? Based on the information given, say what the following people are or were probably doing.

MODELO: Carmen está en la biblioteca.
          Estará estudiando.

1. Jorge estaba en la cocina.
2. Ellos están en el aeropuerto.
3. Los padres de Daniela vienen a visitarla esta noche.
4. Luisa va a correr en un maratón mañana.
5. Las chicas están en la oficina de correos.
6. Patricio está en el salón de clase.
7. Nuria iba a salir a bailar.
8. Gregorio tiene una entrevista mañana.

1 EL ESTADO FÍSICO

EL CUERPO

la boca	mouth
el brazo	arm
el cabello, el pelo	hair
la cabeza	head
la cadera	hip
la cara	face
la cintura	waist
el codo	elbow
el corazón	heart
el cuello	neck
el cuerpo	body
el dedo	finger
el diente	tooth
la espalda	back
el estómago	stomach
la forma	shape
la garganta	throat
la mano	hand
el muslo	thigh
la nalga	buttock
la nariz	nose
el ojo	eye
la oreja	ear
el pecho	chest
el pie	foot
la piel	skin
la pierna	leg
la rodilla	knee
et talón	heel
el tobillo	ankle

VERBOS

afeitarse	to shave
arreglarse	to get ready, to get dressed
cuidarse	to take care of yourself
doler (ue)	to hurt
ducharse	to shower
entrenarse	to train (for a sport)
peinar(se)	to comb
quitarse	to take off
remojarse	to soak

OTRAS PALABRAS Y EXPRESIONES

la ampolla	blister
el aseo	upkeep, cleanliness
débil	weak
en forma	in shape
fuerte	strong
los Juegos Olímpicos	Olympic Games
los lentes de contacto	contact lenses
el maquillaje	make-up

2 LA SALUD Y LA VIDA MODERNA

SUSTANTIVOS

el/la alcohólico/a	alcoholic
el alcoholismo	alcoholism
el ambiente	atmosphere
el cáncer	cancer
la causa	cause
el/la colega	colleague
la depresión	depression
el/la desempleado/a	unemployed person
el desempleo	unemployment
la diabetes	diabetes
el/la drogadicto/a	drug addict
la enfermedad	illness
el equilibrio	equilibrium
el estado de ánimo	state of mind
el estrés	stress
la incertidumbre	uncertainty
la intolerancia	intolerance
la meta	goal
la narcomanía	drug addiction
el odio	hatred
la pérdida	loss
la persona sin hogar	homeless person
la presión	pressure
el SIDA	AIDS
el síntoma	symptom
el velero	sailboat
la víctima	victim
la violencia doméstica	domestic violence

VERBOS

alcanzar	to reach
aliviarse	to get better
contribuir	to contribute
entristecerse	to become sad
ponerse de buen/mal humor	to get in a good/bad mood
ponerse molesto	to get upset
tener mala cara	to look bad

ADJETIVOS

desamparado	homeless
deprimido/a	depressed
golpeado/a	beaten, battered
incómodo/a	uncomfortable
irritable	irritable
querido/a	loved, dear
tranquilo/a	calm, tranquil

3 EL BIENVIVIR

SUSTANTIVOS

las abdominales	sit-ups
el/la alumno/a	pupil, student
el bienvivir	good living
el boxeo	boxing
la carrera	race
el ciclismo	cycling
el clavado	diving
la estancia	stay
el entrenamiento	training
el éxito	success
la gimnasia	gymnastics
el hockey sobre hielo	ice hockey
la lucha libre	wrestling
la meta	goal
la natación	swimming
el patinaje (sobre hielo)	(ice-) skating
la pista	track
la prueba de pista	track event
el régimen	diet
el salto (de altura/de longitud)	(high/long) jump
el velero	sailboat

VERBOS

adelgazar	to trim down
alcanzar	to reach
bajar de peso	to lose weight
caerse	to fall
dedicarse a	to take up, to dedicate oneself to
engordar	to put on weight
estirar (se)	to stretch
jugar al boliche	to bowl
lograr	to obtain, to achieve, to attain
mantener (se)	to keep, to stay
meditar	to meditate
patinar (sobre hielo)	to (ice)-skate
reírse (i)	to laugh
remar	to row
saltar	to jump
subir escaleras	to climb stairs

ADJETIVO

saludable	healthy

4 LA ATENCIÓN MÉDICA

SUSTANTIVOS

el antiácido	antacid
el antibiótico	antibiotic
el antihistamínico	antihistimine
la aspirina	aspirin
la camilla	stretcher
el catarro	cold
el/la cirujano/a	surgeon
la cura	cure
la curita	bandaid
el dolor de cabeza	headache
la fiebre	fever
las gotas para los ojos	eyedrops
la gripe	influenza
la herida	wound
la hipertensión	high blood pressure
el hueso	bone
el infarto	heart attack
el/la enfermero/a	nurse
la inyección	shot
el jarabe	cough syrup
el miel	honey
el/la médico/a	doctor
las muletas	crutches
el/la paciente	patient
las pastillas	pills
el pulso	pulse
la quemadura	burn
la radiografía	X-ray
la receta	prescription
la sangre	blood
la silla de ruedas	wheelchair
la temperatura	temperature
el termómetro	thermometer
la tos	cough
la venda, el vendaje	bandage
la vitamina	vitamin

VERBOS

contagiarse de	to catch
cortar(se)	to cut (oneself)
desmayarse	to faint
echar de menos	to miss
enyesar	to put in a cast
estornudar	to sneeze
fracturar(se)	to fracture, to break
hacer gárgaras	to gargle
hinchar	to swell
mejorarse	to get better
quemar(se)	to burn (oneself)
recetar	to prescribe
surtir una receta	to fill a prescription
toser	to cough
vendar	to bandage, to dress
vomitar	to vomit

OTRAS PALABRAS

embarazada	pregnant
grave	serious
¡Socorro! (¡Auxilio!)	Help!

The way one reads a text depends on the text's purpose. For example, when reading a literary text, one focuses on the sequencing of events and figurative language. When one reads a journalistic text, meant to give facts such as who, what, when, where, why, or how, one pays attention to these details. Look at the following text, *Técnicas para estar mejor*, and decide what its purpose is; then procede to the activity below.

A. Antes de leer. Scan the text and make a list of the questions that are answered about each of the mental and physical fitness techniques. Then, using what you know about meditation, stretching, music therapy or reflex therapy, try to guess possible answers to each question.

TÉCNICAS PARA ESTAR MEJOR

APRENDE A MEJORAR TU ESTADO FÍSICO, MENTAL Y EMOCIONAL

Para sentirte mejor es indispensable que te gustes; para lograrlo, debes hacer un trabajo individual que puede comenzar por la lectura de los libros de Louise L. Hay y, si deseas ir más lejos, puedes acudir a seminarios especializados.

LA MEDITACIÓN

¿Qué es?
Es una técnica excelente para combatir el estrés, el insomnio, la falta de concentración, la capacidad de memoria e, incluso, con la práctica, los dolores físicos.

¿Dónde practicarla?
Es aconsejable escoger un lugar tranquilo y procurar practicarla siempre a la misma hora para que la mente coja el hábito y se predisponga al estado adecuado.

¿Cuánto tiempo?
Basta con practicar diariamente de 10 a 20 minutos.

¿Cómo hacerlo?
Mantener la espalda recta sin necesidad de adoptar posturas que resulten incómodas. Basta con apoyarte en una pared. Cierra los ojos y realiza respiraciones profundas durante cinco minutos. Luego deja que la respiración se normalice. Concéntrate en un punto en el entrecejo o en el corazón, según seas más cerebral o emocional. Deja que los pensamientos pasen sin intentar detenerlos. Vuelve a tu centro de atención. Cuando quieras terminar, hazlo utilizando la respiración para volver a sentir tu cuerpo y tu entorno.

EL "STRETCHING" O ESTIRAMIENTOS

¿Qué es?
Es un método efectivo para mejorar migrañas, dolores de espalda, hipertensión, fatiga o insomnio. Al eliminar la rigidez permite mantener el cuerpo en buena forma.

¿Dónde practicarlo?
Esta técnica se puede adquirir en un gimnasio con un especialista. Luego se puede practicar en casa y en todas partes.

¿Cuánto tiempo?
Todas las veces que se desee.

¿Cómo hacerlo?
Consiste en la realización de ejercicios suaves de estiramiento con el objetivo de conseguir que cualquier parte de nuestro cuerpo que esté rígida recupere su elasticidad y flexibilidad.

Después de leer

A. Respuestas. With short answers, respond to the following questions about each of the featured healthcare techniques.

1. ¿Qué es?
2. ¿Dónde se practica?
3. ¿Cuánto tiempo dura una sesión?
4. ¿Cómo se hace?

B. ¿Cuál sería mejor? Decide which of the treatments would be most benificial for you and explain why.

MODELO: *La musicoterapia sería mejor para mí porque me gusta la música*
y podría ponerme tranquilo/a sin pensar en mis problemas.

¡A escribir!

Using **Técnicas para estar mejor** as an example, write a description of a relaxation technique, an exercise, or a sport that you like. Organize your explanation like those in the article, answering the same questions: ¿Qué es?/¿Dónde practicarlo/la?¿Cuánto tiempo?/¿Cómo hacerlo/la?

LA MUSICOTERAPIA

¿Qué es?
Está demostrado que la música tiene repercusiones psicofisiológicas en el cuerpo humano a nivel de ritmos cardiacos, respiratorios y digestivos, entre otros. Pero estos efectos también se comprueban a nivel mental y emocional y pueden ser estados de ánimo inducidos por el tipo de música que escuches.

¿Dónde practicarlo?
En un lugar tranquilo, sin ruidos que puedan interferir la música. En lo que se refiere a practicarla en casa, aconsejamos oír música clásica suave, como piezas de Vivaldi, Albinioni y Mozart, así como música "New Age".

¿Cuánto tiempo?
No tiene límite de tiempo y depende de la pieza de música que queramos escuchar.

¿Cómo hacerlo?
Ponte cómoda, relaja tu cuerpo y escucha la música liberando tus pensamientos de preocupaciones. Déjate transportar por la música.

LA REFLEXOTERAPIA

¿Qué es?
La reflexoterapia considera al pie humano como una fotografía de todo nuestro cuerpo. En él podemos encontrar reflejados todos nuestros órganos, músculos, y huesos. Un reconocimiento de los pies a través de un masaje nos puede descubrir dolencias que aún no se han manifestado de forma física. Este carácter preventivo es significativamente superior a las técnicas de diagnóstico más avanzadas y modernas.

¿Dónde practicarlo?
En centros especializados.

¿Cuánto tiempo?
La frecuencia de las sesiones depende de la afección a tratar y ésta será decidida siempre por el especialista.

¿Cómo hacerlo?
Esta técnica trata las zonas reflejas de los pies a través de un masaje que incide directamente en la dolencia. Puede aliviar desde un simple dolor de cabeza hasta problemas de vesícula y riñones.

Before you begin, reread this article, looking for phrases in each of these sections that you might be able to use in your composition.

MODELO: ¿Qué es?
Es una técnica excelente
para…, Es un método efectivo
para…, Está demostrado
que…

¡TRATO HECHO!

Spanish for Medical Personnel

Palabras básicas

la ampolla	*blister*
el chichón	*bump*
la cicatriz	*scar*
la clínica	*clinic*
la cuarentena	*quarantine*
el diagnóstico	*diagnosis*
la epidemia	*epidemic*
la higiene	*hygiene*
la hinchazón	*swelling*
la llaga	*wound*
el/la paciente, el/la enfermo/a	*sick person*
perder el conocimiento	*lose consciousness*
el quirófano	*operating room*
la recaída	*relapse*
el sanatorio	*sanatorium, clinic, nursing home*
vacunar	*to vaccinate*

MÉDICOS Y ESPECIALISTAS

el/la anestesista	*anaesthetist*
el/la ginecólogo/a	*gynecologist*
el/la neurólogo/a	*neurologist*
el/la oftalmólogo/a	*ophthalmologist*
el/la oncólogo/a	*oncologist*
el/la ortodontista	*orthodondist*
el/la ortopedista	*orthopedist*
el/la pediatra	*pediatrician*
el/la psiquiatra	*psychiatrist*
el/la urólogo/a	*urologist*

OTRAS ENFERMEDADES

la anemia	*anemia*
la apendicitis	*apendicitis*
la desnutrición	*malnutrition*
la escarlatina	*scarlet fever*
la jaqueca	*migraine*
el paludismo	*malaria, swamp fever*
las paperas	*mumps*
la rubéola	*German measles*
el sarampión	*measles*
la sinusitis	*sinusitis*
la tortícolis	*stiff neck, torticollis*
la varicela	*chicken pox*
la viruela	*smallpox*

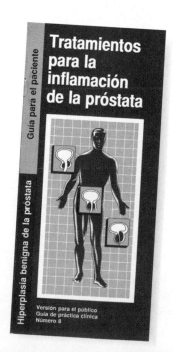

A. Reaccionar. Read *Consider these facts.* How would you describe the health situation for U.S. Hispanics? Does this surprise you? How does this relate to health insurance coverage? As a medical researcher, what other medical issues and areas of concern would you investigate based on the information provided here? In groups of two or three, make a list of your hypotheses.

B. Recomendar. If you were working in a medical clinic in a Hispanic neighborhood, would there be any illnesses that you would target for special attention and educational programs based on the facts presented here? Why or why not?

C. Comentar. Are you familiar with any of the very dangerous viruses? Which ones? Do you worry about their transmission? How is transmission influenced by international travel? What do you think about proposed solutions such as temporary quarantine for travelers and permanent quarantine for the infected? On what does your decision depend?

Consider these facts:

- U.S. Hispanic adults are the least likely to see a physician. Number of visits per year: Hispanics 4.8, blacks 5.6, non-Hispanic whites 6.5.

- The incidence of AIDS among U.S. Hispanic adults is 3.3 times greater than for non-Hispanic white adults.

- The prevalence of diabetes in the U.S. among persons 45-74 years of age is 26.1 percent for Puerto Ricans, 23.9 percent for Mexican-Americans, 19.3 percent for non-Hispanic blacks, 15.8 percent for Cuban-Americans, and 12.0 percent for non-Hispanic whites.

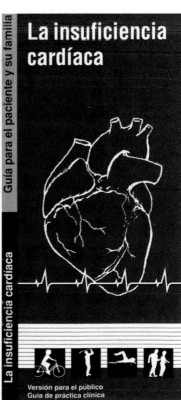

Un ataque cardíaco

Los auxiliares del médico llegaron rápido. Lo pusieron encima de la camilla y llevaron al señor Cádiz a la sala de urgencias del hospital más cercano.

ENFERMERA: ¿Cuántos años tiene Usted?
SR. CÁDIZ: 45.
ENFERMERA: ¿Es Usted alérgico a algún medicamento?
SR. CÁDIZ: Que yo sepa, no.
ENFERMERA: ¿Tiene Usted familiares aquí en los Estados Unidos?
SR. CÁDIZ: Sí, sí. Mi esposa y mis hijos, pero no estaban en casa cuando esto me pasó.
ENFERMERA: No se preocupe, Sr. Cádiz. Los llamo en seguida. La mala noticia es que lo vamos a ingresar. Usted va a estar aquí en el hospital por unos días.

Después de la operación exitosa, el señor Cádiz estuvo en la sala de recuperación por cuatro horas y media.

CIRUJANA: Bueno, Sr. Cádiz. Me parece que Usted puede irse a casa hoy. Pero, no se anime mucho. Le voy a dar de alta, pero Usted tiene que estar tranquilo en la casa. ¿Me entiende?
SR. CÁDIZ: Sí, sí, doctora. Lo único que voy a hacer es pasar por mi oficina a recoger unos papeles.
CIRUJANA: ¡Nada de eso! Usted necesita descanso total hasta que nos veamos en mi consultorio el 29 de este mes.

En el consultorio…

DOCTORA: ¿Cómo se siente, Sr. Cádiz?
SR. CÁDIZ: Bastante bien, doctora. Pero me duele un poco por aquí.
DOCTORA: A ver… Me parece que es la cicatriz de la herida que está curándose. No tiene por qué preocuparse. Ahora le voy a hacer un chequeo general. Saque la lengua, por favor. Mire para arriba… para abajo… a la derecha… a la izquierda. ¿Le duele esto?
SR. CÁDIZ: No.

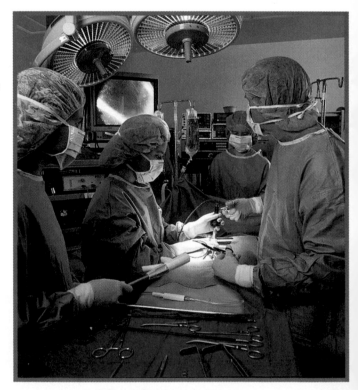

DOCTORA: ¿Y esto?

SR. CÁDIZ: Tampoco. Oiga, doctora, ¿cuándo puedo regresar al trabajo?

DOCTORA: Vamos a ver. Quiero revisar primero el corázon. Respire normalmente, por favor… Ahora, más profundo… Otra vez. Bueno. Puede volver al trabajo por dos o tres horas diarias por un mes. En un mes volvemos a revisar todo y si no hay problemas, puede volver a su rutina normal.

D. Avisar. Then in groups of two or three, assess whether the people described below are probably depressed or not.

ALBERTO: tiene dolores de cabeza; duerme ocho horas la noche; se pone triste cuando piensa en la muerte de su primo; no disfruta las mismas cosas que antes.

ESTER: padece de problemas del estómago; siempre está ansiosa; se siente triste frecuentemente; se distrae mucho; duerme tres o cuatro horas la noche; ha engordado mucho recientemente.

ANÍBAL: siempre está decaído; piensa en suicidarse; duerme doce a catorce horas muchos días; bajó mucho de peso recientemente.

E. Ayuda telefónica. Role-play the following situation with a partner: You recently completed training to become part of the staff at a local crisis prevention hotline. Your partner calls the hotline and although he/she is not very forthcoming makes several complaints about his/her life. Try to get more information from the caller, determine what kind of services the caller needs and make the appropriate referral. End the role-play appropriately.

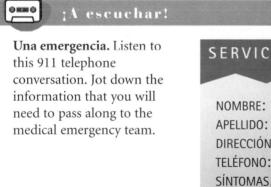

¡A escuchar!

Una emergencia. Listen to this 911 telephone conversation. Jot down the information that you will need to pass along to the medical emergency team.

SERVICIOS DE EMERGENCIA

NOMBRE:

APELLIDO:

DIRECCIÓN:

TELÉFONO:

SÍNTOMAS:

MEDICAMENTOS:

EDAD:

Repaso

12

LECCIÓN 7

- ¿Como era tu niñez?
- En la escuela secundaria
- ¿Qué se hace allí?
- ¿Cómo era la vida de entonces?
- Los grandes momentos de la vida
- Un día importante
- La Guanina I
- La Guanina II

- El imperfecto
- *se* impersonal
- El pretérito y el imperfecto
- Más sobre el pretérito y el imperfecto

LECCIÓN 8

- ¿Necesitas limpiar la casa?
- ¿Qué tienes en casa?
- ¿Cuál es tu comida favorita?
- En el mercado
- ¿Qué ingredientes se necesitan?
- Una receta
- ¿Se parecen mucho?
- ¿Cuál es mejor para la salud?

- Los complementos directos
- Más sobre los complementos directos
- Los mandatos (Ud. y Uds.)
- Los pronombres con los mandatos
- Los mandatos (tú)
- Los mandatos (resumen)
- El comparativo
- El superlativo

LECCIÓN 9

- Antes de salir
- De vacaciones
- En la recepción
- El servicio de habitación
- ¿Cómo llego hasta allí?
- Unos recados
- ¿Una mesa para cuántas personas?
- ¡Buen provecho!

- El participio pasado
- El pretérito imperfecto
- *por* y *para*
- Los pronombres preposicionales
- Los pronombres de complemento directo
- Los verbos como *gustar*
- Dos pronombres juntos
- Resumen de los pronombres personales

LECCIÓN 10

- ¡Qué se diviertan!
- La geografía
- ¿Cómo funciona?
- ¿Unas señales?
- Un accidente
- ¡Auxilio!
- La estación de ferrocarril
- En la aduana

- Los mandatos (nosotros)
- Introducción al subjuntivo
- El subjuntivo: expresiones impersonales
- El subjuntivo: expresiones de duda
- El sujuntivo: expresiones de emoción
- El presente perfecto del subjuntivo
- El subjuntivo: lo indefinido y lo no existente

LECCIÓN 11

- ¿Estás en buena forma?
- El aseo personal
- En un mundo mejor
- ¡Manténganse en buena salud!
- Los deportes y la competencia
- La sala de urgencias
- Pronto se mejora si...

- El futuro
- El condicional
- Acciones futuras con *si* y *cuando*

Un informe

Quito

Cassandra Neff works for a U.S. advertising agency in Quito, Ecuador. She arrived at work early today to write a report summarizing an important meeting with a client about an ad campaign. Which tenses will Cassandra need to write her report?

The past tenses are taught on pages 174-179 and 232.

A. What are the two tenses you use to talk about the past in Spanish?

1. _____   2. _____

B. What is the basic function of each tense?

1. _____

2. _____

The regular forms of the imperfect appear on page 232.

C. Cassandra will need to use the regular forms of the imperfect tense. Do you remember them?

comentar			
yo	_____	nosotros/as	_____
tú	_____	vosotros/as	_____
él, ella, usted	_____	ellos, ellas, ustedes	_____

aprender			
yo	_____	nosotros/as	_____
tú	_____	vosotros/as	_____
él, ella, usted	_____	ellos, ellas, ustedes	_____

decir			
yo	_____	nosotros/as	_____
tú	_____	vosotros/as	_____
él, ella, usted	_____	ellos, ellas, ustedes	_____

D. How many irregular verbs are there in the imperfect? Which are they?

The irregular forms of the imperfect are discussed on page 232.

The use of cognates is mentioned on pages 00.

_____

E. Cassandra will need to use verbs of communication to say what the other people who attended the meeting said. What do these verbs of communication mean? You should be able to guess those that you do not know.

1. decir
2. preguntar
3. notificar
4. comunicar
5. avisar

6. relatar
7. anunciar
8. comentar
9. explicar
10. informar

F. Complete these sentences from Cassandra's report using the correct preterite or imperfect form of the verb in parentheses.

The use of the preterite vs. the imperfect is discussed on pages 244 and 252.

1. Alex _____(decir) que _____ (haber) diez personas que _____ (trabajar) en el proyecto.
2. El Sr. Guedes _____ (comunicar) que él no _____ (poder) seguir trabajando en el proyecto.
3. La Sra. Kroger _____(mencionar) que sus empleados _____ (sentirse) orgullosos del nuevo anuncio.
4. La Srta. Jennings _____ (explicar) que no _____ (entender) la relación entre las palabras y las imágenes.
5. El Sr. Parra _____ (informar) que a su comité le _____ (gustar) muchísimo el diseño nuevo.

G. Using the verbs of reporting in _Activity E,_ change the following direct quotes to indirect narration.

MODELO: Sr. Guedes: "No necesitamos más información".
         El Sr. Guedes avisó que no necesitaban más información.

1. Sra. Applebaum: "El cliente tiene mucho control".

_____

2. Sr. Hunter: "Mi compañía está lista para contribuir más capital".

_____

3. Sr. Parra: "No es necesario llamar al abogado".

_____

4. Srta. La Calle: "¿Hablan Uds. de esta semana o de la semana pasada?"

_____

5. Sra. Kroger: "Creo que gastan mucho dinero en cosas ridículas".

_____

6. Sr. Gómez: "¿Cuándo se jubila el presidente?"

_____

H. Write a report of a recent meeting or event you attended. Be sure to:

• provide background information
• tell what happened
• tell who said what to whom
• comment on what people were thinking or feeling
• tell how the meeting or event ended

Cassandra está de jefa

Cassandra-supervisar el proyecto
Silvina- llamar a Lourdes (¿cuántos vuelos diarios?)
Moncho-pedir una copia del último anuncio a Franco)
Eddie- nuevos dibujos
Elisabet- nuevo texto
Rosalía- buscar fotos
Albita- seleccionar nuevos colores y diseño
Federico- llevarlo al impresor

Importante: ¡entregar todo a Andy antes de las 10:00!

¿Quiere que le haga algo?

JEFE: Cassandra, voy a estar fuera de la oficina hasta después de almuerzo. Tengo una reunión con la gente de *Procter and Gamble.*

CASSANDRA: ¿Quiere que le haga algo?

JEFE: Sí. Algo surgió con un cliente importante y necesito que se dediquen a un proyecto especial esta mañana. Quiero que les comuniques a todos lo que tienen que hacer.

CASSANDRA: ¿Quién es el cliente?

JEFE: *Ecuatoriana de Aviación.* Así que vamos a hacer todo lo posible para tener esto listo para la reunión con ellos esta tarde.

CASSANDRA: ¿Qué quieres que le diga a la gente?

JEFE: Aquí tengo una copia de lo que cada uno tiene que hacer.

Cassandra's boss, Emilio, will be out of the office until after lunch. What does Cassandra need to know to get her co-workers to do the jobs that the boss has left instructions to do?

One way appears on page 278; another appears on page 356.

A. What are at least two ways to tell someone what to do? One is more direct, the other, less so. Since Cassandra is not the boss, but is only acting on her boss's behalf, which of these would she probably choose?

1. _____   2. _____

B. What are the conditions for using the verb form that Cassandra will choose? Use the following questions to refresh your memory.

The conditions for using the subjunctive to express volition appears on page 356-357.

1. Whose desires are being expressed here? Who wants something to be done? _____
2. Who will do the work? _____
3. What verb form will Cassandra use in the main clause as she tells her co–workers what Emilio wants each of them to do? _____
4. What verb form will Cassandra use in the subordinate clause? _____
5. What are the conditions for using the subjunctive to express desire: _____

C. Can you think of several verbs that Cassandra might use to express Emilio's wishes?

A list of verbs that can be used in the main clause appears on page 356.

1. _____
2. _____
3. _____

D. What would Cassandra say to each of these people?

1. EDDIE: _____
2. SILVINA: _____
3. ALBITA: _____
4. ELISABET: _____
5. ANDY: _____
6. MONCHO: _____
7. FEDERICO: _____
8. ROSALÍA: _____

E. ¿Y usted? What do you wish these people would do for you?

1. su mamá
2. su pareja o mejor amigo/a
3. su profesor/a
4. su jefe/a
5. su hermano/a

Now say what these people want you to do for them.

F. La llegada. How do you think Cassandra told each person what they needed to do today as they arrived at work? How would you handle the situation? What approach would you take? Role–play the conversation that Cassandra had with three of the people on the list as they arrived at work today. Remember to include:

• greetings
• an explanation of the change in plans
• the instructions from the boss
• responses to any questions
• an appropriate end to the conversation

Una encuesta

cuestionario

En este cuestionario se pide que evalúe las cualidades de los dos productos de limpieza. Escriba un círculo alrededor del número que corresponda a su evaluación. Por ejemplo: utilidad

1= nada útil   2=menos útil   3=útil   4=más útil   5=muy útil

	Producto A	Producto B
1. económico	1 2 3 4 5	1 2 3 4 5
2. atractivo	1 2 3 4 5	1 2 3 4 5
3. sensible al medio ambiente	1 2 3 4 5	1 2 3 4 5
4. un tamaño adecuado	1 2 3 4 5	1 2 3 4 5
5. versátil	1 2 3 4 5	1 2 3 4 5

Cassandra's coworker, Geoff, has been assigned to do a product survey comparing his company's soap to that of several other companies. What does Geoff need to know to produce this survey?

Comparatives appear on page 294; superlatives appear on page 296.

A. Geoff will need to compare and contrast each company's products. How and under what conditions would Geoff ask each of these questions?

1. How will Geoff ask which soap package is more attractive?
2. How will Geoff ask which soap is the cheapest?

Irregular comparatives and superlatives appear on page 294.

B. Some comparative and superlative words are irregular in Spanish. Do you remember how to say the following?

	TRANSLATION	COMPARATIVE	SUPERLATIVE
1. good	_____	_____	_____
2. bad	_____	_____	_____
3. old	_____	_____	_____
4. young	_____	_____	_____

C. Which verb form will Geoff use to ask if those being surveyed *would be interested* in his company's product or if they *would buy it*? _____ Do you remember the regular endings of this tense?

The regular conditional appears on pages 404.

yo	_____	nosotros/as	_____
tú	_____	vosotros/as	_____
él, ella, usted	_____	ellos, ellas, ustedes	_____

D. You have learned ten verbs that have irregular future and conditional forms. Arrange these verbs according to their stem: **hacer**, **decir**, **poner**, **poder**, **querer**, **haber**, **saber**, **salir**, **tener**, **venir**.

The irregular forms appear on page 398.

1. Which verbs drop the vowel of the **–er** or **–ir** infinitive ending?

_____

2. Which verbs drop the infinitive vowel and add the letter **d** to the stem?

_____

3. Which two verbs have completely different stems?

_____

E. ¿Y usted? How will you tell Geoff that you think *Palmolive* is cheaper than *Dove*, or vice–versa?

_____

Maybe you think that *Palmolive* is just as cheap as *Dove*. How will you tell this to Geoff?

_____

F. Una encuesta. First choose three products and write a series of questions you would use to get feedback from customers. Then in groups of three or four, role–play the survey by asking them the questions. Finally record and tabulate the responses and report to the rest of the class.

Un empleado nuevo

18 Empleos Varios

8 VENDEDORES (AS) 1'000.000 MENSUAL
Necesita importante compañia, buena presencia. Presentar documentación, fotografía actual. Salinas 194 y Riofrío, tercer piso, Ofc. 304/5, lunes, martes, 9 a 5. (527876)

VENDEDORES
Industria licorera desea contratar agentes vendedores con experiencia probada en venta de licores dentro y fuera de la ciudad. Interesados presentarse en Avenida Amazonas 7003 y Oyacachi (Aeropuerto). (553369)

Restaurante de primera categoría
Próximo a inagurarse
Requiere chef masculino o femenino con amplia experiencia. Los interesados favor presentarse con documentación completa. Marco Aguirre 227 y avenida Brasil, el miércoles 26 de julio de 8:30 a 12m.

EMPRESA REQUIERE
Vendedor con experiencia en repuestos automotrices. Entrevista: Detroil Cía. Ltda. Av. 10 de Agosto 6798 y Río. Telf.: 435569

SUPERVISOR DE VENTAS
De preferencia con vehículo, para dirigir vendedores, sistema puerta puerta. Ofrecemos: Sueldo, comisiones y viáticos. Presentarse con documentos en Pasaje Farget 145 y Santa Prisca Ofc. 330 (557883)

Tendría que ser bilingüe

CASSANDRA: Bueno, José Luis, dime, ¿para cuándo necesitas un empleado nuevo?

JOSÉ LUIS: Lo más pronto posible. Tenemos tres o cuatro proyectos grandes que nos llegan esta semana y no podemos terminarlos con la gente que tenemos.

CASSANDRA: Entonces, ¿cuáles son las características y calidades que esta persona debe tener?

JOSÉ LUIS: Supongo que necesita tener un título universitario y un poco de experiencia. Además, tendría que ser bilingüe...

CASSANDRA: ¿Por qué no escribimos el anuncio ahora, lo llevas directamente al Comercio para que salga en el número de mañana?

As Cassandra and her co-worker, José Luis, finish their coffee, they discuss the classified ad they will put in the newspaper looking for a new employee. What will Cassandra need to know to place the ad?

The impersonal **se** appears on page 238.

A. How are general statements or questions made in Spanish when there is no emphasis on who is doing the action? Translate the following sentences:

1. Smoking is prohibited.
2. Spanish is spoken here.
3. How does one say *board of directors?*
4. Cars are sold here.

B. How will Cassandra know when to use the singular or plural form of the verb?

_____

Agreement of verb with subject in impersonal **se** expression appears on page 238.

C. The agency needs to create ads for clients. Help them form complete sentences. Add any necessary words.

1. vender / fruta fresca / aquí
2. hablar / inglés, español y francés
3. comer / bien / este restaurante
4. comprar / carros usados
5. aceptar / cheques de viajero

D. When Cassandra and José Luis write their classified ad, do they know the person they will be hiring? Do they have a specific person in mind, or are they hoping that someone with the right qualifications exists? What form of the verb will they need in the following sentences?

1. Queremos una persona que _____ (ser) bilingüe.
2. Necesitamos una persona que _____ (poder) trabajar los fines de semana.
3. Buscamos una persona que _____ (tener) experiencia previa.
4. Se necesita una persona que _____ (querer) viajar.

E. ¿Se sabe quién es? First determine whether the speaker has a specific person/object in mind (+) or not (–). Then complete the sentence with the correct form of the verb in parentheses.

The subjunctive in adjective clauses appears on page 382.

1. _____ Quiero hablar con la dependiente que me _____ (ayudar) ayer.
2. _____ Quiero un abogado que _____ (ser) inteligente y capaz.
3. _____ Busco una casa que _____ (tener) tres baños y una piscina.
4. _____ Busco una bufanda que _____ (venir) de Italia. La vi anunciada en el periódico esta mañana.
5. _____ ¿Hay alguien aquí que _____ (escribir) cartas a mano?
6. _____ No, pero tengo un hermano que _____ (escribir) cartas a mano.

F. Un anuncio clasificado. In groups of two or three, help Cassandra write the classified ad. First decide on the criteria for the position of advertising agent. Then create three different ads from which Cassandra will select the best.

G. ¿Y usted? Now write a classified ad for your school newspaper in which you advertise for a roommate. Make sure you specify all the qualities and characteristics you want your new roommate to have.

El jefe regresa

Lo único que falta ...

JEFE: ¿Y qué? ¿Qué ha pasado desde que me fui?

CASSANDRA: Bueno. Eddie ha hecho estos dibujos nuevos y el texto está listo también.

JEFE: ¿Cuántos vuelos diarios hay por fin?

CASSANDRA: No se sabe. Silvina llamó pero nadie sabía exactamente. Andy ha dejado eso en blanco para poder agregárselo al último momento.

JEFE: ¿Qué más?

CASSANDRA: Los colores están seleccionados y la composición hecha. Lo único que falta, aparte de los vuelos, es que usted lo revise todo y entonces Federico lo llevará al impresor.

Emilio has returned to the office from his meeting at Proctor and Gamble. He wants to know what has happened since he left. How will Cassandra tell him what everyone has done?

The present perfect is presented on pages 314.

A. Cassandra will use two grammatical constructions to explain what has happened in the office since her boss left for his meeting. The first construction, **haber +** _____, is used to say that someone has done something. Do you remember what this tense is called and how it is formed?

haber +	past participle	
yo _____	nosotros/as	_____
tú _____	vosotros/as	_____
él, ella, usted _____	ellos, ellas, ustedes	_____

Past participles used as adjectives appear on pages 312.

B. The second construction, **estar +** _____, is used to say that something is done. What does Cassandra need to know about this construction in Spanish? How does it differ from the construction with **haber?**

C. How would Cassandra phrase these responses to her boss?

1. The photocopies are made.
2. The drawings are completed.
3. Albita has selected the design.
4. Rosalía has looked for new photos.
5. The new text is written.

Probability appears on page 417.

D. What is a typical way in Spanish to express probability, wonder or supposition?

…in a present time frame? _____ … in the past? _____

E. How would Cassandra say the following in her conversation with the boss.

1. I wonder if that information is here.
2. The computer was probably broken.
3. The photocopies are probably on your desk.
4. Who might have given you that information?
5. I bet Moncho still has them.
6. I suppose Albita is eating lunch.
7. I wonder where the photocopies were yesterday.
8. Where might the other copies be?

F. Poner al jefe al día. Cassandra has asked Silvina to update Emilio on what has happened since she phoned Ecuatoriana Airlines to inquire about the number of daily flights. Complete the conversation between Silvina and Emilio.

SILVINA: Desafortunadamente, Emilio, nada _____ (pasar) desde que usted se fue. Con tres llamadas, no me _____ (poder—ellos) decir nada. Parece que una computadora _____ (romperse) allí y nadie sabe exactamente cuántos vuelos diarios hay.

EMILIO: ¡Qué raro! Hasta ahora, siempre _____ (tener) buena suerte con ellos. ¿ _____ (Llegar) esa información a tiempo?

SILVINA: ¡Ojalá!

EMILIO: ¿Qué vas a hacer, entonces?

SILVINA: Bueno, no _____ (dejar) de llamar, pero hablé con Andy y él tiene espacio _____ (guardar) para incluir esa información al último momento.

EMILIO: Pues, me parece que Ud. ya _____ (hacer) todo lo posible. A ver, si nos llaman pronto.

G. ¿Y usted? What things do you wonder about at your job or in your classes? Make a list of five or six items; then share your thoughts with a partner, who makes appropriate comments.

MODELO: —¿Conseguiré trabajo después de graduarme?
—*Sí. No te preocupes, eres muy inteligente y tienes mucho talento.*

H. Una conversación. Role–play a conversation in which your boss is questioning what you have done since he left for lunch. You really haven't done much of anything, but since you're afraid of getting fired, you make up a long list of tasks you have completed.

Posibles anuncios

Sí, votemos

EMILIO: Pues, ¿qué opinan Ustedes del anuncio para Honda?

FEDERICO: A mí, me gusta. Los colores funcionan y el diseño está buenísmo.

MONCHO: Sí, pero todavía no sé si es un anuncio que llama la atención.

...

EMILIO: Entonces, ¿están listos para votar?

CASSANDRA: Sí, votemos.

EMILIO: Todos a favor de presentarles este anuncio a los clientes digan sí.

...

Emilio has called a meeting to discuss the advertisements that his staff has been working on for several days. They are deciding which ad pieces work and which do not. What does Cassandra need to know in order to write advertisements to sell products?

A. One of the most frequently used verb forms in advertising and selling products is the command. Do you remember how the affirmative **tú, usted,** and **ustedes** commands are formed?

Commands appear on pages 278 and 286.

Descubrir

     tú _____usted _____   ustedes _____

B. As you continue with the **–ar** and **–er** verbs, add the reflexive pronouns, making any necessary changes.

Pronouns with commands appear on page 280.

Familiarizarse

     tú _____ usted_____ ustedes _____

Atreverse

     tú _____usted_____ustedes _____

C. How would Cassandra express *Let's…* or *Let's not…* with the following verbs?

Nosotros commands appear on pages 354.

Ir _____   **Ser** _____   **Comer** _____   **Hablar**_____

_____   _____   _____   _____

D. Now make all the commands in A, B, and C negative.

E. ¡No está del todo bien! Everyone at the meeting agreed that one of the advertisements could use a little more work. Guess which advertisement the group wants to rework and help Cassandra come up with new wording.

F. Su propio anuncio. Now pick one of these products and create an advertisement for a 60–second spot on local television.

Cassandra escribe una carta

Globalcom Traductores
Independencia 88
Bogotá, Colombia
Tel. 24-98-21

Bogotá, 3 octubre 1996

Señora Sofía Bustamante-Solís
Hoteles y Balneares Saavedra, S.A.
Cartagena, Colombia

Estimada Señora Bustamante-Solís:

Me complace dirigirle la presente para informarle sobre la traducción de los panfletos publicitarios que últimamente nos ha enviado. Le aseguro que nuestro personal más capacitado se ha encargado del proyecto ya que usted y su compañía están entre los mejores de nuestros más preciados clientes. Espero que hasta ahora le haya sido grato el servicio que le hemos ofrecido y que sea por eso que usted nos encarga este último proyecto.

Adjunto para su inspección uno de los panfletos el cual espero que encuentre sin errores. Pero en el caso de que no le parezca bien alguna parte de la traducción, favor de comunicarse conmigo lo antes posible.

Nuestro equipo me ha informado que sería beneficioso para ambas partes una reunión para hablar de este y futuros proyectos. Así me gustaría tomar esta oportunidad para invitarle a pasar por nuestras oficinas de ser posible la semana próxima, o cuando mejor le convenga.

En espera de sus noticias, quedo de usted.

GLOBALCOM

Héctor Morales
Vicepresidente

Anexo.

Emilio wants Cassandra to write a business letter to a client. What does Cassandra need to know in order to write this letter?

Although you probably have not seen a business letter in Spanish before, you already know enough Spanish to answer these questions.

A. What do you find in this letter in Spanish that you don't normally find in a business letter in English?

B. Find the phrase that is another way of saying *si es posible*.

C. Where do you find the salutation in a business letter in Spanish? How does it compare to a salutation in a business letter in English? Is it longer or shorter?

D. Which of the following salutations could possibly be added to Mr. Morales' letter?

a) Un cordial saludo   b) Un abrazo   c) Te quiere

E. What do you find before Mr. Morales' name? Would you find this in a business letter written in English?

F. What is the word for *enclosure* in Spanish? Is it abbreviated as in English?

G. ¡Ayúdela! Help Cassandra write a business letter to a client in Spanish. In the letter, be sure to include the following:

• state how happy you are with them as clients
• say that you hope they are happy with your agency
• tell them about the progress on the current advertisement
• include a sample of your work and ask for their opinion, likes, and dislikes
• tell them what you will do in the future to keep them as clients
• invite them to a meeting in your offices next week

Cassandra Neff
Extra, S. A.
Amazonas 514
Quito, Ecuador

Globalcom Traductores
Independencia 88
Bogotá, Colombia

¡TRATO HECHO!

Jobs and Internships in Central America and the Caribbean

COSTA RICA

EMBAJADA
1825 Connecticut Avenue,
N.W. Washington, D.C. 20009
(202) 234-2945

CONSULADOS: Houston, Los
Angeles, Miami, New Orleans,
New York, San Francisco

CUBA

There are restrictions on
travel to and from Cuba for
United States citizens. You
should contact the U.S.
Department of State in
Washington, D.C. for further
information.

REPÚBLICA DOMINICANA

EMBAJADA
1712 22nd Street, N.W.
Washington, D.C. 20008
(202) 332-6280

CONSULADOS: Los Angeles,
Miami, New Orleans, New
York, Park Ridge, IL, Houston,
Philadelphia, San Francisco

EL SALVADOR

EMBAJADA
2308 California Street, N.W.
Washington, D.C. 20008 (202)
265-3480

CONSULADOS: New York,
Houston, Los Angeles, Miami,
New Orleans, San Francisco

San José

Tegucigalpa

Guatemala

Managua

San Salvador

Panamá

GUATEMALA

EMBAJADA
2220 R Street, N.W.
Washington, D.C. 20008 (202)
745-4952

CONSULADOS: Chicago,
Houston, Los Angeles, Miami,
New Orleans, New York, San
Francisco, Baltimore, Seattle

HONDURAS

EMBAJADA
4301 Connecticut Avenue,
N.W. Washington, D.C. 20008
(202) 966-7700

CONSULADOS: Los Angeles,
Miami, New Orleans, New
York, Denver, Philadelphia

NICARAGUA

EMBAJADA
1627 New Hampshire Avenue,
N.W. Washington, D.C. 20009
(202) 387-4371

PANAMÁ

EMBAJADA
2862 McGill Terrace, N.W.
Washington, D.C. 20008
(202) 483-1407

CONSULADOS: Chicago,
Dallas, Houston, Los Angeles,
Miami, New Orleans, New
York, Philadelphia, Portland,
ME, San Francisco

page 288

1. The tú commands have different affirmative and negative forms.
2. Negative tú commands are similar to Ud./Uds. commands.

page 294

1. Use **más que** (more than), **menos que** (less than), and tan **como** (as as) to make comparisons.
2. Use **tan** before adjectives or adverbs. Use **tanto/a/os/as** before nouns.
3. **Bueno, malo, viejo**, and **joven** have irregular comparatives: **mejor** (better), **peor** (worse), **mayor** (older), **menor** (younger).

page 296

1. The superlative is used to say the most or the least. It is formed by using a definite article with the comparative.
2. Use de instead of in when translating a phrase such as the largest in the world (el más grande del mundo).

Lección 9

page 312

1. The past particple can be used as an adjective.
2. The regular past participle ending in English is **–ed**. In Spanish, the past participle ending is **–ado** for **–ar** verbs ane **–ido** for **–er/–ir** verbs.
3. The following past participles are irregular: **abierto (abrir), dicho (decir), escrito (escribir), hecho (hacer), muerto (morir), puesto (poner), resuelto (resolver), roto (romper), visto (ver), vuelto (volver).**

page 314

1. The auxiliary verb in the present perfect is **haber (he, has, ha, hemos, habéis, han).**
2. To say that you had done something, place the auxiliary verb in the imperfect (**había, habías, había, habíamos, habíais, habían).**
3. Object and reflexive pronouns are placed before the auxiliary verb in the present perfect.

page 320

1. Use **por** to indicate movement through time or space. Use **para** to describe a destination or a point in time.
2. **Para** means in order to when it is followed by an infinitive.
3. Use **por** to express means or exchange. Use **para** to express for whom something is intended.

page 322

1 Only **mí** and **ti** differ from the subject pronouns.
2. Use **conmigo** to say with me, **contigo** to translate with you (singular familiar), and con él for with him.

page 328

1. Only **le** and **les** differ from the direct object pronouns lo/la and los/las.
2. If a sentence has an indirect object noun, the pronoun is generally also used in the same sentence.
3. Verbs describing an exchange or communication frequently have indirect objects. Indirect objects are also used to request favors or express for whom favors are done.
4. The placement rules are the same for both direct and indirect object pronouns.

page 330

1. **Me gusta** ___ literally means ___ is pleasing to me.
2. Use the plural form when that which is pleasing to you (what you like) is a plural noun.
3. The following verbs are also used like gustar: encantar, interesar, faltar, molestar, importar, quedar bien/mal.

page 336

1. Indirect object pronouns are placed before direct object pronouns.
2. You must add an accent to a verb when two or more pronouns are attached to the end of it.
3. **Le** and **les** become se when they are followed by a direct object pronoun beginning with the letter l.

page 338

1. Use subject pronouns only when you wish to stress or clarify who the subject is.
2. Reflexive and object pronouns may be attached to the end of the verb when there is an infinitive or a present participle. They must be attached to the end of the verb in affirmative commands.

Lección 10

page 354

1. To say let's do something, you may use vamos and an infinitive or you may change the ending of Ud. commands to **–emos** for **–ar** verbs and **–amos** for **–er/–ir** verbs.
2. Object or reflexive pronouns are attached to the end of affirmative commands and they are placed before the verb in negative commands.

page 356

1. The subjunctive is used in a subordinate clause when the main clause of a sentence expresses a wish, doubt, emotion, or attitude about what happens.
2. The subjunctive stem is the same as the stem for Ud. commands.
3. The stem of stem-chaning –ar and –er verbs is the same as for the present indicative. The **nosotros/as** and **vosotros/as** forms of stem-changing verbs have the following stem changes in the subjunctive: e i and o u.
4. Use an infinitive after another verb like **querer** or **preferir** when the subject of both verbs is the same.
5. Put a verb in the subjunctive after a verb like querer or preferir when each verb has a different subject.

page 364

1. The following expressions are followed by the subjunctive, because they make a subjective comment on whatever follows them: **es bueno que, es malo que, es mejor que, es común que, es increíble que, es lógico que, es importante que, es necesario que, es normal que, es preferible que, es raro que, es ridículo que, es triste que, es una lástima que, es urgente que, ojalá que.**
2. **Ojalá que** is used to express a wish for something to occur. It may be translated by I hope that, Let's hope that, Hopefully
3. Use the subjunctive to talk about specific people, use the infinitive to generalize.

page 372

1. These expressions of doubt are followed by the subjunctive: **dudar que, no creer que, no estar seguro/a (de) que, no es cierto que, no es verdad que, es dudoso que, es posible que, es imposible que, es probable que, es improbable que.**
2. You do not use the subjunctive after these expressions in affirmative statements because they do not indicate doubt.
3. Both quizás and tal vez mean perhaps or maybe. Use the subjunctive after them unless you feel sure that what you are saying is true.

page 374

1. The subjunctive is also used to express emotions about what is occuring.
2. Use the subjunctive after these expressions of emotion: **me gusta que, me encanta que, me molesta que, me sorprende que, alegrarse (de) que, estar contento/a (de) que, estar triste (de) que, sentir que,**
temer que, tener miedo (de) que.

page 380

1. Use the present perfect subjunctive to express an emotion or doubt about what has happened.
2. Form the present perfect subjunctive by putting the auxiliary verb haber in the subjunctive: haya, hayas, haya, hayamos, hayáis, hayan.

page 382

1. An adjective clause is a subordinate clause that describes a noun in the main clause.
2. Use the indicative in adjective clauses when describing a specific noun that is known to exist. Use the subjunctive when describing a nonspecific noun, that may or may not exist.
3. Use the subjunctive in adjective clauses to describe a non-existent noun after a negative like nadie or nada.

Lección 11

page 398

1. The future tense stem of most verbs is the infinitive. The future tense ending of all forms except for vosotros/as is like the verb auxillary verb haber of the present perfect, without the initial h. All future endings have a written accent except for nosotros/as.
2. These future tense stems are irregular: **dir– (decir), querr– (querer), habr– (haber), sabr– (saber), har– (hacer), saldr– (salir), podr– (poder), tendr– (tener), pondr– (poner), vendr– (venir).**

page 404

1. The conditional is used to say that someone would do something or something would happen under certain conditions.
2. The stem of the conditional is the same as the future tense stem. The endings are the same as the imperfect endings for –**er/–ir** verbs.

page 414

1. When used to express probability, the future tense may be translated into English using words such as: probably, could, might, must, I wonder, I think, I bet.
2. The future is also used to express concession.
3. The future tense is used to express probabilty or concession referring to present time. The conditional is used to express probability or concession with reference to the past.

Quick Reference

Lección 1

Temas 1 & 2

1. He's a little tired.
2. Pedro can't speak.
3. How are you Mrs. Ortiz.
4. I'm bored.
5. What's your phone number.
6. His phone number is 263-9115.
7. Are you Juan?
8. What time is it?
9. Who else do you want to invite?
10. Good morning, can I help you?

Tema 3

1. It's ten thirty in the morning.
2. On Mondays, I have classes at 8:00.
3. What time is it, please?
4. Are you in class on Thursdays?
5. What day is it today?
6. This week, I don't have class on Monday.
7. At what time is your Spanish class?
8. He has class from 8:00 to 9:00.
9. Today is Saturday.
10. I only have one class this week.

Tema 4

1. Why is there a door here?
2. Is there a bath in your room?
3. How much does a Spanish book cost?
4. The books cost $25.00.
5. Open the books, and listen to the tapes.
6. How do you say "hello" in Spanish?
7. Read slower, please.
8. There is a professor in the Spanish class.
9. What is the homework for tomorrow?
10. There's a window in my room.

Lección 2

Tema 1

1. Are your classes interesting?
2. I like the Spanish class.
3. Where are you from?
4. My professor is patient and hard working.
5. I'm a little shy.

6. What class do you like best?
7. Do you want to go to the cafeteria with us?
8. My professor is from Miami.
9. There's a library on campus.
10. Where is your best friend from?

Tema 2

1. What do you want to do?
2. This weekend I'd like to go to the movies.
3. Carlos is very tired.
4. Do you want to go out tonight?
5. I have to work this afternoon.
6. Can you go out with us?
7. I want to go to the movies, but I have to clean the house.
8. Listen, don't you want to rest a little?
9. No thanks, I don't want to dance.
10. I'm sorry, I can't go out with you.

Tema 3

1. What are you doing here?
2. Where are you Mondays at 6:00.
3. I work twenty hours a week.
4. I work everyday.
5. Why don't you invite Lazaro?
6. Who is preparing the food?
7. Do you work in an office?
8. Do you clean your room on weekends?
9. I frequently study at night.
10. I like my work very much.

Tema 4

1. What kind of music do you like?
2. What is this?
3. Daniel studies every day, doesn't he?
4. Do you like to eat in a restaurant?
5. Are you from here?
6. I work every day except Mondays.
7. What do you want to do?
8. I already have plans.
9. My work is not boring.
10. Let's go and dance.

Lección 3

Tema 1

1. I live on Beach Street.
2. My apartment has 2 bedrooms.
3. Here is our room.
4. There's a rug in the dining room.
5. Where's the bathroom, please?
6. How is your father?
7. Who is your professor?
8. What days are you in class?
9. What does _____ mean?
10. Which is your book?

Tema 2

1. How many cousins do you have?
2. All the family lives in Monterey.
3. He has short hair.
4. She's tall, beautiful and blond.
5. Why are you in a hurry?
6. You're right! I'm scared.
7. What do you have to do tomorrow?
8. I'm 20 years old.
9. Does he have long or short hair?
10. It isn't close to the door.

Tema 3

1. Your hair is very long!
2. I sleep until 8:00.
3. What time do you have dinner?
4. What do you do after you eat?
5. The professor opens the windows.
6. I don't go out on weekends.
7. Do you know many people here?
8. I have to do my assignment.
9. My cousin likes football.
10. Do you like to watch TV?

Tema 4

1. What are you doing, Ramon?
2. Is someone studying in my room?
3. I'm not studying anything now, I'm reading.
4. No one is watching TV
5. We don't do anything on weekends.
6. With whom are you speaking?
7. My brother is working in the garden now.
8. I don't have any books.
9. Something good is happening here.
10. Where is the class?

Lección 4

Tema 1

1. What do you like to do on weekends?
2. Who's your favorite singer?
3. For me, a Coca Cola with lots of ice.
4. What do you want to drink?
5. It's hot, and I'm very thirsty.
6. Generally, I have breakfast at home.
7. What sports do you like to practice?
8. What time does the game start?
9. I prefer to dine at home.
10. He sleeps eight hours every night.

Tema 2

1. I'm going to study in the library.
2. Do you know how to swim?
3. Let's go to the park to jog.
4. Where do you go on Sunday mornings?
5. John has just called me.
6. I go to the library to study.
7. Why don't we go to class?
8. When I want to have a good time, I go to the club.
9. What do you want to do?
10. The teacher gives many tests.

Tema 3

1. I'm going to study in the library.
2. Do you know how to swim?
3. Let's go to the park to jog.
4. Where do you go on Sunday mornings?
5. John has just called me.
6. I go to the library to study.
7. Why don't we go to class?
8. When I want to have a good time, I go to the club.
9. What do you want to do?
10. The teacher gives many tests.

Tema 4

1. John has just arrived.
2. I'm not going to go to bed before ten.
3. Where are you going to go tonight?
4. After graduating, I'm going to travel.
5. My sister has just had a baby.
6. Maria is arriving in three weeks.
7. What time are you going to go to bed?
8. Are you going to study here this semester?
9. I'm not hungry, I just ate.
10. Don't worry! I just called Jose.

Lección 5

Tema 1

1. I don't know what time I'm going to arrive.
2. It rains a lot here, but it's warm.
3. What's the weather like in Chile?
4. The book costs $35.00.
5. What's today's date?
6. It's sunny and warm in June.
7. It's raining, and I can't go to the library.
8. Does it snow a lot in Chile?
9. What do you put on when you go shopping?
10. It's a cotton shirt.

Tema 2

1. What size shirt do you wear?
2. Blue is my favorite color.
3. I like these shoes; how much do they cost?
4. May I try that shirt on?
5. What are you looking for?
6. Do you want this cotton shirt, or that one?
7. What is the weather going to be like on Saturday?
8. I'm going to wear my blue jeans and yellow shirt.
9. That's good! Is this all?
10. He likes that yellow tie.

Tema 3

1. Very glad to meet you, Mr. Torres.
2. What is your name, please?
3. I worked as a secretary at Macy's.
4. Did you like working at the university?
5. When did you go to Spain?
6. What did you read?
7. Last Sunday, I played tennis.
8. Did you stay home when it rained last night?
9. Why did you return early?
10. I went to the store and I bought this shirt.

Tema 4

1. How was class today?
2. I wore a suit and a tie to the party.
3. John woke up late this morning.
4. Maria arrived at the office at eight.
5. I brought some things for the party.
6. I didn't have to work today.
7. I tried to call Maria, but I couldn't.
8. How many hours did you sleep last night?
9. He found out the truth.
10. I didn't go to the movies because it rained.

Lección 7

Tema 1

1. What did you like to do?
2. It was seven thirty in the evening.
3. Spanish is spoken here.
4. I was studying when you called.
5. To enjoy myself, I used to read.
6. How old were you then?
7. As a child, what did you do on week-ends?
8. She went to her grandparents' house each Sunday.
9. I always wanted to have a dog.
10. When Carlos was born, we lived in Madrid.

Tema 2

1. One eats well at this restaurant.
2. One does not do that here.
3. Paella is eaten in Spain
4. Credit cards are not accepted .
5. Is Spanish spoken where you live?
6. One says "Buen provecho" before eating/
7. To reduce stress, one has to exercise.
8. What does one do to sleep well?
9. How many people went to the party?
10. How much does the cheapest ticket cost?

Tema 3

1. What were you doing?
2. How old were you?
3. It was cold, and it was raining.
4. It was eight o'clock when she arrived.

5. This morning I got up at seven.
6. It was eight in the morning.
7. He was sleeping when they called.
8. I was sleepy, and I wanted to sleep more.
9. We didn't feel like cooking.
10. When did you go to the movies the last time?

Tema 4

1. Once upon a time, there was a beautiful…
2. The Spanish-American War lasted only four months.
3. What did you do when you arrived at home?
4. I was fifteen when I lived in Spain.
5. What were you wearing at the party?
6. Was the school close to your house?
7. He fell, and he couldn't walk.
8. It wasn't necessary to go to the library.
9. She was a very intelligent girl.
10. Columbus arrived in Puerto Rico during the second trip to the New World.

Lección 8

Tema 1

1. Do you need to clean the house?
2. I don't know him.
3. What household chores do you like?
4. Usually, where do you eat?
5. Do you know Juan's professor?
6. No, I don't have them.
7. Do you have the book? No, I don't have it.
8. I don't need them now.
9. You don't have to wash them.
10. Are you going to call me this afternoon?

Tema 2

1. What are you going to serve for dessert?
2. I almost never eat shrimp.
3. Give me a kilo of bananas, please.
4. How much do the lemons cost?
5. Put the books on the table, and come here.
6. Please go to the library.
7. Yes, do the exercise now.

8. Don't be pessimistic.
9. I still don't know what I'm going to prepare.
10. Are you still going to call me this afternoon?

Tema 3

1. Rest a while.
2. How many cups of coffee do you drink per day?
3. Don't think that!
4. Don't put the fork in the microwave.
5. Clean your room.
6. Put them in the refrigerator.
7. Go to bed early, and don't get up late.
8. What shall I do with the potatoes after I wash them?
9. Don't worry. I have them in the car.
10. Listen to me well.

Tema 4

1. Thank you for inviting me.
2. Who is the tallest student in the class?
3. I have two older brothers, and a younger sister.
4. Alicia is the best student.
5. Would you like a little wine?
6. Francesca is as pretty as Graciela.
7. Mexico City is the largest city in the world.
8. I'm as tall as my father.
9. Who is the most handsome actor?
10. My sister is taller than my brother.

Lección 9

Tema 1

1. I'm a little tired.
2. With whom did you go to Spain?
3. Did you take many pictures?
4. The doors and windows are open.
5. This book is written in Spanish.
6. Have you written her a letter?
7. I haven't bought them yet.
8. What foreign countries have you visited?
9. She has gone to the lab.
10. Where have you put my books?

Tema 2

1. I have a room reserved for today.
2. Is there no other room?
3. We need a room with a bathroom.
4. I brought this gift for my sister.
5. I don't like to travel by plane.
6. They live close to the university.
7. The books are under the chair.
8. Go out of the hotel, and walk to the left.
9. Cross the street, and turn right.
10. Excuse me sir. Is there a bank nearby

Tema 3

1. Sign here and give me your passport.
2. The pharmacy is on the corner.
3. Would you bring me the book, please?
4. Did you send Maria a gift?
5. He doesn't like big cities.
6. I can't go on vacation. I need the money.
7. What would you like to eat?
8. Are you interested in politics?
9. Cigarettes don't bother me.
10. I love Spain.

Tema 4

1. Here is the menu.
2. Please bring me a glass of wine.
3. We are ready to order.
4. I would like the steak with carrots and mashed potatoes.
5. He gave it to me.
6. I don't need the books. Give them to Mary.
7. I have a question.
8. Do you prefer a window seat?
9. Are you fixing dinner for me?
10. He bought something for you.

Lección 10

Tema 1

1. Let's go to the mountains on vacation.
2. France is to the North East of Spain.
3. Let's pay with a travelers' check.
4. They want us to go to the museum.
5. She suggests that I visit the cathedral.

6. Where can one go camping?
7. Let's tell him to go to the lake.
8. I want you to recommend a good hotel.
9. They want to go to the festival.
10. Let's go to bed early.

Tema 2

1. It is necessary to change the oil often.
2. I suggest that you adjust the steering wheel.
3. You cannot make a left turn here.
4. It is a shame they can't come to the party.
5. In many states it is illegal to drive without fastening your seatbelt.
6. They want us to fill the tank before returning the car.
7. It's better to change lanes now because you have to turn right soon.
8. Have you ever received a traffic ticket?
9. It's a good thing I don't have to work this weekend.
10. When do you want me to fix the breaks?

Tema 3

1. It is incredible that you never have an accident on the highway!
2. He suggests that I change the tires soon.
3. I wish you would slow down. The police are going to give you a ticket!
4. I hope we don't arrive late because of the traffic.
5. She parked the car between the sign and the traffic light.
6. I don't think there are any witnesses to that crime.
7. The firemen and police gave the victim first aid, then an ambulance came.
8. A car hit my roommate and he has a big wound on his arm.
9. I am sorry that you can't come to diner with us.
10. I doubt I can get the day off and I'm afraid its going to rain.

Tema 4

1. Wait for me by the ticket window, not on the platform.

2. Is there a taxi stand near here?
3. What is your nationality, ma'am?
4. I am honduran, here is my immigration form.
5. I don't want the customs agent to search my luggage.
6. I doubt that the train has arrived.
7. Where is Maruja? Perhaps she has gone to the library.
8. I haven't seen anyone who is wearing the same clothes you are.
9. Let's go to a video store that has movies in Spanish.
10. Let's see a movie that we haven't already seen.

Lección 11

Tema 1

1. Does your back hurt?
2. She has brown hair and blue eyes.
3. It is important to brush your teeth every day.
4. One needs strong legs to run a marathon.
5. I will go to your house tomorrow morning.
6. Come to the picnic! We'll eat and then play football.
7. I'll get dressed early, then I'll help the children get ready.
8. What will life be like in fifty years?
9. Those shoes will give you a blister.
10. They will shower after the game.

Tema 2

1. I would prefer a life with less stress.
2. Would you like to go to diner tonight?
3. With a better economy, there would be less unemployment.
4. José is in good spirits today.
5. Uncertainty often causes depression.
6. In a perfect world, there would be no hate or intolerance.
7. Could you help me with this?
8. They should read about domestic violence.
9. Would you know where I could buy stamps?
10. They should fight drug addiction in schools.

Tema 3

1. Would you like to go sailing?
2. One should stretch before doing exercises.
3. She should do less sit-ups and more aerobic exercise.
4. Which is more violent, wrestling or boxing?
5. Going up stairs is good exercise.
6. Skating could give you strong legs and knees.
7. Would you teach me how to swim?
8. Track was their favorite sport in high school.
9. Cycling is good exercise and offers you time to meditate.
10. It is important that we exercise every day.meditar.

Tema 4

1. The doctor will put a cast on that broken leg.
2. If you have a sore throat you should drink tea with honey and lemon.
3. I recommend that you use these eye drops with your new contact lenses.
4. When the doctor comes back she'll write you a presription.
5. If they exercise regularly they will reduce their risk of a heart attack.
6. If the wound has not healed, we'll give you another shot when we change the bandage.
7. She has a cold and a fever.
8. Her eyes are swollen and she is sneezing and coughing.
9. If you do not feel well tomorrow, take these pills.
10. Could you call me when the surgeon comes back?

A

las **abdominales** 11 sit-ups
el/la **abogado/a** 5 lawyer
abrazarse 4 to hug each other
el **abrigo** 5 overcoat
abril 5 April
abrir 3 to open
abrocharse 10 to buckle
abrocharse 9 to fasten
el/la **abuelo/a** 3 grandfather/grandmother
aburrido/a 2 boring (with ser); bored (with estar)
acabar + infinitive 4 to have just…
acampar 9 to camp
el **accidente** 10 accident
el **aceite** 8 oil
acelerar 10 to accelerate, to speed up
aceptar 5 to accept
aceptar 7 accept
la **acera** 10 sidewalk
acerca de 5 about
acordarse 7 to agree
acostarse (ue) 4 to go to bed
el/la **actor/actriz** 5 actor
el **acueducto** 10 aquaduct
acusar, denunciar 7 to accuse
Adelante 9 Go ahead; After you.
adelgazar 11 to trim down
Adiós. 1 Good-bye.
la **aduana** 10 customs
afeitarse 11 to shave
África 10 Africa
agosto 5 August
agradable 2 nice
agregar 8 to dd
el **aguacate** 8 avocado
agudo/a 11 acute
el **aire acondicionado** 7 air conditioning
el **ajedrez** 7 chess
el **ajo** 8 garlic
ajustar 10 to adjust
al día 9 up-to-date
al gusto 9 to taste
al lado de 3 next to
al principio 7 at the beginning
alcanzar 11 to reach
el **alcohol** 8 alcohol
alcohólico/a 11 alcoholic
el **alcoholismo** 11 alcoholism
alemán (alemana) 1 German
la **alfombra** 3 rug
algo 2 something
el **alguacil** 7 bailiff
alguien 3 someone
alguno/a/os/as 3 some
aliviarse 11 to get better
la **almohada** 9 pillow
almorzar (ue) 4 to eat lunch
el **almuerzo** 8 lunch
alquilar, arrendar 9 to rent
alrededor de 3 around
alto 3 tall
el/la **alumno/a** 11 pupil, student

el/la **amante** 7 lover
amarillo/a 5 yellow
el **ambiente** 11 atmosphere
la **ambulancia** 10 ambulance
el/la **amigo/a** 1 friend
el **amor** 7 love
la **ampolla** 11 blister
anaranjado/a 5 orange
andar a pie 9 go by foot, walk
el **andén** 10 platform
la **anemia** 11 anemia
el **anestesista** 11 anaesthetist
el **Año Nuevo** 5 New Year's Day
anoche 4 last night
anteayer 4 day before yesterday
los **anteojos** 3 eyeglasses
los **anteojos de sol, las gafas** 9 sunglasses
antes (de) 2 before
el **antiácido** 11 antacid
el **antibiótico** 11 antibiotic
antiderrapantes 10 antilock (breaks)
antiguo/a 10 ancient
el **antihistamínico** 11 antihistimine
el **anuncio** 10 advertisement
apagado/a 9 turned off
el **apellido** 5 family name
la **apendicitis** 11 apendicitis
el **apio** 8 celery
aprender (a) 3 to learn
aquel/la/los/las 5 that
árabe 10 Arab(ic)
el **árbol** 3 tree
argentino/a 10 Argentine
el **armario** 3 armoire (wardrobe)
arrancar 10 to start (a car)
arreglar 10 to fix
arreglarse 11 to get ready, dressed
arriba 10 up above
el **arroz** 8 rice
el **arte** 1 art
asado/a 8 roasted
el **ascensor** 9 elevator
el **aseo** 11 upkeep, cleanliness
el **asiento** 10 seat
asistir (a) 3 to attend
el **aspecto** 7 aspect
la **aspirina** 11 aspirin
atacar 7 to attack
el **aterrizaje** 9 take-off
atlético/a 2 athletic
atropellar 10 to run over
el **aumento de sueldo** 4 salary increase
la **autopista** 10 highway
el/la **autor/a** 10 author
avanzarse 5 to advance oneself
ayer 4 yesterday
ayer por la mañana 4 yesterday morning
ayer por la tarde 4 yesterday afternoon
ayudar 2 to help
la **azafata**, el/la **sobrecargo** 9 flight attendant
el/la **azúcar** 8 sugar
azul 3 blue

B

bailar 2 to dance
bajar 9 to go down
bajar de peso 11 to lose weight
bajo/a 3 short in stature
el **balcón** 9 balcony
el **baloncesto** 2 basketball
bañarse 4 to bathe (oneself)
la **bancarrota** 7 bankruptcy
el **banco** 9 bank
la **bandeja** 9 tray
el **baño** 3 bathroom
la **barba** 3 beard
barrer el piso 8 to sweep the floor
básquetbol 2 basketball
la **batería** 10 battery
el **batidor** 8 beater, blender
batir 8 to beat
beber 3 to drink
beige 5 beige
el **béisbol** 2 baseball
bello/a 10 beautiful
besar 7 to kiss
la **bibilioteca** 2 library
(muy) bien 1 (very) well
bien cocido 9 well done (meat)
el **bienvivir** 11 good living
bifurcarse 10 fork, branch off
el **bigote** 3 moustache
el **billete** 10 ticket, bill
la **biología** 1 biology
el **bistec** 8 steak
blanco/a 5 white
los **blue jeans** 5 jeans
la **blusa** 5 blouse
la **boca** 11 mouth
el **bocadillo** 4 sandwich
la **boda** 7 wedding
boliviano/a 10 Bolivian
la **bolsa** 5 purse
las **bolsas de aire** 10 airbags
el/la **bombero/a** 10 firefighter
bonito/a 2 pretty
el **bosque** 10 woods, forest
la **botella** 4 bottle
el **botones** 9 bellhop
el **boxeo** 11 boxing
el **brazo** 11 arm
la **brisa** 7 breeze
broncearse 9 to tan
bucear 9 to scuba dive
Buenas noches. 1 Good evening. Good night.
Buenas tardes. 1 Good afternoon.
bueno/a 2 good
Buenos días. 1 Good morning.
el **bufete** 7 law firm
buscar 4 to look for

C

el **cabello** 3 hair
la **cabeza** 11 head
la **cabina** 9 cockpit (plane), cabin (ship)

la **cacerola 8** sauce pan, casserole
cada 3 each
la **cadena 10** network
la **cadera 11** hip
caerse 11 to fall
el **café 2** café, coffee
café 3 brown
el **café con leche 4** coffee with steamed milk
la **cafetería 2** cafeteria
la **caja 5** cash register, cashier's window
el/la **cajero/a 5** cashier
los **calamares 9** squid
los **calcetines 5** socks
el **caldo 8** broth
la **calefacción 7** heating
calentar (ie) 8 to heat
la **caloría 8** calorie
la **cama 3** bed
el/la **camarero/a 9** a maid; cleaning staff; steward
el **camarógrafo 10** camara person
los **camarones 8** shrimp
cambiar 10 to change
cambiar dinero 9 change money
la **camilla 11** stretcher
caminar 4 to walk
el **camino 10** road, way
la **camisa 5** shirt
la **camiseta 5** T-shirt
el/la **campesino/a 7** peasant
el **campo 9** country side
el **canal 10** channel
el **cáncer 11** cancer
la **canoa 9** canoe
cansado/a 1 tired
el/la **cantante 5** singer
cantar 2 to sing
el **canto 7** singing
la **capital 10** capital (city)
la **cara 11** face
la **cárcel 7** jail
cargar 10 to load
el **cariño 7** affection
la **carrera 11** race
el **carrito de postres 9** dessert cart
el **carro 10** car
la **carta de vinos 9** wine list
la **cartelera 10** arts and entertainment section
la **casa editorial 10** publishing house
casado/a 3 married
casarse 4 to get married
casual 5 casual
el **catarro 11** cold
la **catedral 7** cathedral
catorce 1 fourteen
la **causa 11** cause
la **cebolla 8** onion
la **cena 8** dinner
el **cenicero 9** ashtray
centígrados/fahrenheit. 5 degrees centigrade/Fahrenheit.
el **centro comercial 4** shopping mall
cerca de/lejos de 3 near/far from
cero 1 zero

cerrar (ie) 4 to close
la **cerveza 4** beer
el **champú 9** shampoo
el **chantaje 7** blackmail
la **chaqueta 5** jacket
el **cheque (de viajero) 5** (traveler's) check
el **chícharo 8** green pea
el **chichón 11** bump
chileno/a 10 Chilean
chino 2 Chinese
el **choque 10** wreck
la **chuleta de cerdo 8** pork chop
la **cicatriz 11** scar
el **ciclismo 11** cycling
cien(to) 1 one hundred
las **ciencias 1** science
cinco 1 five
cincuenta 1 fifty
el **cine 2** movie theater
la **cintura 11** waist
el **cinturón 5** belt
el **cinturón de seguridad 10** seat belt
circulación 10 traffic
cirujano/a 11 surgeon
el/la **ciudadano/a 10** citizen
el **claro de luna 7** moonlight
el **clavado 11** diving
el/la **cliente 5** customer
la **clínica 11** clinic
el **club 4** (dance) club
cobrar 10 to charge
la **cocina 3** kitchen
el/la **cocinero/a 5** cook
el **codo 11** elbow
la **cola 10** line, queue
el/la **colega 11** colleague
el **colesterol 8** cholesterol
la **colina 10** hill
colombiano/a 10 Colombian
las **comedias 2** comedies
el **comedor 3** dining room
el/la **comentarista 10** newscaster, comentator
comer 2 to eat
cómico/a 2 funny
la **comida 2** food
la **comida criolla 7** typical food
la **comida rápida 7** fast food
como 5 as, like
¿cómo? 2 how?
¿Cómo estás? 1 How are you? (familiar)
¿Cómo se llama Ud.? 1 What is your name? (formal)
¿Cómo te llamas? 1 What is your name? (familiar)
la **cómoda 3** dresser
cómodo/a 3 comfortable
el/la **compañero/a de clase 1** classmate
el/la **compañero/a de cuarto 1** roommate
completar 9 to fill out
completo/a 9 full, complete
comprar 4 to buy
el **comprobante 9** sales ticket, receipt
la **computadora 3** computer
con anticipación 9 in advance

con frecuencia 2 frequently
Con permiso. 9 Excuse me.
conducir 10 to drive
el/la **conductor/a 10** driver
conformarse 7 to conform
conformista 2 conformist
confundido/a 1 confused
conocer (zc) 3 to meet, to know
conseguir (i) 9 to get, obtain
el/la **conserje 9** concierge
conservador/a 2 conservative
la **consigna automática 10** luggage lockers
consultar 9 to consult
la **contabilidad 1** accounting
el/la **contador/a 5** accountant
contagiarse de 11 to catch
contento/a 1 content
el **contrato 7** contract
contribuir 11 to contribute
el **control de pasaportes 10** passport check
la **copa 8** wine glass, goblet
el **corazón 11** heart
la **corbata 5** necktie
el **cordero 9** lamb
correr 3 to run
el **cortacésped 8** lawnmower
cortar (se) 11 to cut
corte 7 court
las **cortinas 8** curtains
corto/a 3 short in length
la **costa 10** coast
costar (ue) 5 to cost
costarricense 10 Costa Rican
la **costumbre 7** custom
creer 3 to believe
la **crema 8** cream
la **crema bronceadora 9** suntan lotion
el **crimen 7** crime
el **crucero 9** cruise
cruzar 9 to cross
¿cuál? 2 which?, what?
¿Cuál es la fecha? 5 What's the date?
¿cuándo? 2 when?
¿cuánto/a? 2 how much?
¿cuántos/as? 2 how many?
cuarenta 1 forty
la **cuarentena 11** quarantine
el **cuartel de policía 7** police headquarters
el **cuarto 3** room
cuarto/a 9 fourth
cuatro 1 four
cubano/a 10 Cuban
el **cubierto 9** silverware
la **cuchara 8** spoon
la **cucharada 8** spoonful
la **cucharadita 8** teaspoonful
la **cucharita 8** teaspoon
el **cuello 11** neck
la **cuenta 9** check, bill
el **cuerpo 7** body
cuidarse 11 to take care of yourself
la **cura 11** cure
la **curita 11** bandaid
el **currículum vitae 5** curriculum vitae, resumé

D

el **daño** 7 loss, damage
dar (di, diste…) 5 to give
darle miedo a alguien 10 to frighten someone
darse cuenta 10 to realize
darse la mano 5 to shake hands
de algodón 5 (made of) cotton
de aventura 2 adventure, action
de buena calidad 5 good quality
de cuadros 5 plaid
de cuero 5 (made of) leather
¿De dónde eres? 1 Where are you from?
 (familiar)
de ida y vuelta 9 roundtrip
de lana 5 (made of) wool
de miedo 2 horror
¿De qué color? 1 What color?
de repente 5 suddenly
de seda (made of) silk 5 (made of) silk
de vacaciones 9 on vacation
debajo de 3 under
deber 3 to owe; should, must
débil 11 weak
decidir 3 to decide
décimo/a 9 tenth
decir (i)(dije, dijiste…) 4 to say, to tell
decirse (i) 4 to tell each other
declarar 10 to declare
dedicarse a 11 to take up, to dedicate
 oneself to
el **dedo** 11 finger
dejar plantado 8 stood up
del oeste 2 Western
delante de/detrás de 3 in front of/behind
delgado/a 3 thin
el **delito** 10 crime
el **delito mayor** 7 felony
el **delito menor** 7 misdemeanor
el/la **demandado/a** 7 defendant
el/la **demandante** 7 plaintiff
los **demás** 10 the rest, the others
la **denuncia** 10 report (of a crime),
 accusation
el/la **dependiente** 5 salesclerk
los **deportes** 2 sports
la **depresión** 11 depression
la **depresión nerviosa** 4 nervous breakdown
deprimido/a 11 depressed
(a la) **derecha** 9 (to the) right
los **derechos** 7 rights, duties, taxes
derretir (i) 8 to melt
desafortunadamente 2 unfortunately
desagradable 3 uncomfortable/unpleasant
desamparado 11 homeless
desaparecer 10 to disappear
el **desastre** 7 disaster
el **desayuno** 8 breakfast
descremado/a 8 skimmed
desempleado/a 11 unemployed
el **desempleo** 11 unemployment
el **deseo** 7 desire
el **desierto** 10 desert
desmayarse 11 to faint

la **desnutrición** 11 malnutrition
devolver (ue) 10 to return (an object)
el **día** 2 day
el **Día de la Independencia** 5 Independence
 Day
el **Día de los Enamorados** 5 Valentine's Day
el **Día de los Muertos** 5 the Day of the Dead
la **diabetes** 11 diabetes
el **diagnóstico** 11 diagnosis
la **dicción** 10 diction
diciembre 5 December
diecinueve 1 nineteen
dieciocho 1 eighteen
dieciséis1 sixteen
diecisiete 1 seventeen
el **diente** 11 tooth
diez 1 ten
difícil 2 difficult
la **dirección** 5 address
el/la **director/a** 5 director, principal
el **discurso** 10 speech
el/la **diseñador/a (de publicidad)** 5
(advertising) designer
disparar 10 to shoot, to fire
disponible 9 available
distinto/a 2 different
divertirse (ie) 4 to have fun
divorciarse 4 to get divorced
el **divorcio** 7 divorce
doblar 10 to turn
doce 1 twelve
doler (ue) 11 to hurt
el **dolor de cabeza** 11 headache
(el) **domingo** 1 Sunday
dormir (ue) 3 to sleep
dormirse (ue) 4 to fall asleep
dos 1 two
los **dramas** 2 dramas
el/la **drogadicto/a** 11 drug addict
las **drogas** 7 drugs
la **ducha** 9 shower
ducharse 11 to shower
la **duda** 7 doubt
el/la **dueño/a** 9 owner
dulce 8 sweet
durar 5 to last
echar de menos 11 to miss
echarse a... 7 to start to...

E

la **economía** 1 economics
económico/a 10 economic
ecuatoriano/a 10 Ecuadorian
la **edad** 5 age
el **edificio** 2 building
la **educación** 5 education
el **efectivo** 5 cash
egoísta 2 selfish
embarazada 11 pregnant
la **emergencia** 10 emergency
la **emisora** 10 radio station
emitir un boleto 9 to issue a ticket
emocionado/a 9 excited

empezar (ie) 4 to begin, to start
el/la **empleado/a** 5 employee
la **empresa** 5 company
en 3 on, in, at
en directo, en vivo 10 live (transmission)
en dos horas 4 in two hours
en forma 11 in shape
en orquesta 7 in the band
en paz 7 in peace
en ruta 7 on the way
en seguida 9 right away
en tres días 4 in three days
enamorado/a 7 in love
encantar 9 to delight
el **encierro** 10 shutting in, penning
encima de 3 ot top of
encontrar 4 to find
enero 5 January
la **enfermedad** 11 illness
el/la **enfermero/a** 5 nurse
enfermo/a 1 sick, ill
enfrente de 3 across from, facing
engordar 11 to put on weight
enojarse (con) 5 to get angry
la **ensalada** 4 salad
enseñar 9 to show, teach
entender (ie) 4 to understand
enterarse de 5 to find out about
entero/a 8 whole
enterrar 7 to bury
la **entonación** 10 intonation
entre 3 between, among
los **entremeses** 9 hors d'oeuvres
el **entrenamiento** 11 training
entrenarse 11 to train (for a sport)
la **entrevista** 5 interview
entristecerse 11 to become sad
enyesar 11 to put in a cast
la **epidemia** 11 epidemic
la **época (colonial)** 7 (colonial) era
el **equilibrio** 11 equilibrium
el **equipaje** 7 luggage
Érase una vez 7 once upon a time
escalar montañas 9 to climb mountains
la **escalera** 9 stairs, ladder
la **escarlatina** 11 scarlet fever
el **escenario** 10 stage
la **escoba** 8 broom
escribir 3 to write
escuchar 2 to listen (to)
la **escuela** 2 school
ese/esa/os/as 5 that
la **espalda** 11 back
español (española) 1 Spanish
el **espejo** 3 mirror
espesarse 8 to thicken
las **espinacas** 8 spinach
el/la **esposo/a** 1 husband/wife
las **esposas** 10 handcuffs
el **esquí** 2 skiing
esquiar 4 to ski
la **esquina** 9 corner
los **esquís** 9 skis
esta mañana 4 this morning

esta mañana **4** this morning
esta noche **4** this evening
esta noche **4** this evening
esta tarde **4** this afternoon
esta tarde **4** this afternoon
la **estación 5** season
la **estación de autobuses 9** bus station
la **estación de ferrocarril 9** railroad station
la **estación de radio 10** radio station (on the dial)
la **estación de servicio 9** service station
el **estacionamiento 10** parking
estacionar 10 to park
el **estadio 4** stadium
el **estado 5** state
el **estado civil 5** marital status
el **estado de ánimo 11** state of mind
estadounidense 5 (from the) United States
el **estampado 5** print
la **estancia 11** stay
estar (estuve, estuviste…) 5 to be
estar en forma 11 to be fit
estar listo/a 9 to be ready
el **este 10** east
este fin de semana 4 this weekend
este/esta/os/as 5 this
estirar (-se) 11 to stretch
el **estómago 11** stomach
estornudar 11 to sneeze
el **estrés 11** stress
el **estudiante 1** student
estudiar 2 to study
estudiar 2 to study 2 to study
los **estudios 5** studies
la **estufa 3** stove
estupendo 7 stupenodous
exagerar 7 to exaggerate
el **éxito 11** success
la **experiencia 5** experience
extranjero/a 9 foreign
extrovertido/a 2 outgoing, extroverted

F

la **fábrica 2** factory
fácil 2 simple, easy
facturar, despachar 9 check (luggage)
la **facultad 1** department
la **falda 5** skirt
faltar 9 to be lacking
faltar a 7 to miss (class)
la **farmacia 9** pharmacy
febrero 5 February
la **fecha de nacimiento 5** date of birth
el **fenómeno 7** phenomenon
feo/a 2 ugly
el **festival 10** festival
la **fiebre 11** fever
la **fiesta 4** party
la **filosofía 1** philosophy
el **fin de semana 2** weekend
el **fin de semana pasado 4** last weekend
la **firma 7** signature
firmar 9 to sign

física 1 physics
el **flan 9** flan
la **flauta 7** flute
la **flor 3** flower
el **folleto 9** brochure
el **fondo 9** back
la **forma 11** shape
formal 5 formal
la **foto 9** photo
fracturar (se) 11 to fracture, to break
francés (francesa) 1 French
Francia 10 France
freír 9 to fry
los **frenos 10** breaks (car)
la **fresa 8** strawberry
fresco/a 7 fresh
los **frijoles 8** beans
la **frontera 10** border
la **fruta 8** fruit
el **fuego (lento, mediano) 8** (low, medium) heat
fuerte 11 strong
funcionar 9 to work
el **fútbol 2** soccer
el **fútbol americano 2** football
el **futuro 7** future

G

ganar 4 to win
el **garaje 3** garage
el **garbanzo 8** chick pea
la **garganta 11** throat
la **gasolinera 9** gas station
gastar 5 to spend
el **gato 3** cat
el **gazpacho 9** gazpacho (a cold tomato soup)
los/las **gemelos/as 8** twins
generoso/a 2 generous
la **geografía 1** geography
el/la **gerente 9** manager
la **gimnasia 11** gymnastics
el/la **ginecólogo/a 11** gynecologist
el **girasol 8** sunflower
el **golf 2** golf
golpeado/a 11 beaten, battered
gordo/a 3 fat
las **gotas para los ojos 11** eyedrops
graduarse 4 to graduate
grande 2 big
la **grasa 8** fat
grave 11 serious
la **gripe 11** influenza
gris 5 grey
la **grúa 10** wrecker, tow truck
guapo/a 3 handsome, beautiful
guatemalteco/a 10 Guatemalan
el/la **guerrero/a 7** warrior
el/la **guía 10** tourguide
el **guía 9** guidebook

H

hablar 2 to talk
Hace (mucho) calor. 5 It's (very) hot.
Hace (mucho) frío. 5 It's (very) cold.
Hace buen/mal tiempo. 5 The weather's nice/bad.
hace dos horas 4 two hours ago
Hace fresco. 5 It's cool.
Hace sol. 5 It's sunny.
hace tres días 4 three days ago
Hace viento. 5 It's windy.
hacer (hiciste) 5 to do, to make
hacer autostop 9 to hitchhike
hacer gárgaras 11 to gargle
hacer la cama 8 to make the bed
hacer las maletas 9 to pack (one's) bags
hacer turismo 9 to go sightseeing
hacer un crucero 9 to go on a cruise
hacer un viaje 4 to take a trip
hacer una excursión 9 to go on an excursion
la **hamburguesa 8** hamburger
la **harina 8** flour
Hasta luego. 1 See you later.
Hasta mañana. 1 See you tomorrow.
el **helado 8** ice cream
la **herida 11** wound
herido/a 10 wounded man/woman
el/la **hermano/a 3** brother/sister
hervir (ie) 8 to boil
la **higiene 11** hygiene
hinchar 11 to swell
la **hipertensión 11** high blood pressure
la **historia 1** history
el **hockey sobre hielo 11** ice hockey
el **hombre 1** man
el/la **hombre/mujer de negocios 5** businessman/businesswoman
hondureño/a 10 Honduran
el **horario 10** schedule
el **horno (de) microondas 8** microwave oven
el **hospital 5** hospital
el **hostigamiento 7** harassment
hoy 1 today
la **huella digital 7** finger print
el **hueso 11** bone
el/la **huésped 9** guest
el/la **huevo 8** egg
huir 7 to flee
el **humo 10** smoke
el **huracán 7** hurricane

I

idealista 2 idealist
Igualmente. 1 The same. (Me too.)
el **impermeable 5** raincoat
importante 2 important
importar 9 to be important, to matter
la **impresora 3** printer
imprimir 9 to print
el **incendio 10** fire
la **incertidumbre 11** uncertainty

incluido/a 9 included
incómodo/a 11 uncomfortable
independientemente 5 independently
indio/a 7 Indian
el **infarto 11** heart attack
informar 7 to inform
la **informática 1** computer science
la **ingeniería 1** engineering
el **inglés 1** English
insistir (en) 3 to insist (on)
el **instrumento musical 7** musical instrument
intelectual 2 intellectual
interesante 2 interesting
interesar 9 to interest
la **intolerancia 11** intolerance
el **invierno 5** Winter
la **inyección 11** shot
ir 2 to go
irritable 11 irritable
irse 4 to leave, to go away
la **isla 9** island
italiano 2 Italian
el **itinerario 9** itinerary
(a la) **izquierda 9** (to the) left

J

el **jabón 9** soap
el **jamón 8** ham
la **Janucá 5** Hanukkah
japonés 1 Japanese
la **jaqueca 11** migraine
el **jarabe 11** cough syrup
el **jardín 3** (flower) garden
el **jazz 2** jazz
el/la **jefe/a de personal 5** head of personnel
jubilarse 4 to retire
los **Juegos Olímpicos 11** Olympic Games
(el) **jueves 1** Thursday
jugar al boliche 11 to bowl
jugar(ue) 3 to play
el **jugo (de naranja) 4** (orange) juice
el **juicio/proceso 7** trial
julio 5 July
junio 5 June
el **jurado 7** jury
la **juventud 7** youth

K

el **kilometraje 9** mileage, kilometrage

L

el/la **ladrón/ona 7** robber
el **lago 4** lake
la **lámpara 3** lamp
la **langosta 8** lobster
largo/a 3 long
lastimarse 10 to hurt oneself
el **lavabo 9** lavoratory, sink

la **lavadora 8** washing machine
el **lavaplatos 8** dishwasher
lavar 2 to wash
lavarse 4 to wash (oneself)
la **leche 8** milk
la **lechuga 8** lettuce
leer 3 to read
las **lenguas 1** languages
los **lentes de contacto 11** contact lenses
el **letrero 10** sign
levantar pesas 4 to lift weights
levantarse 4 to get up
la **ley 7** law
la **leyenda 7** legend
liberal 2 liberal
la **libra 8** pound
el **límite de velocidad 10** speed limit
el **limón 8** lemon
limpiar 2 to clean
limpiar la casa 8 to clean the house
liso/a 5 solid-colored
la **literatura 1** literature
la **llaga 11** wound
llamarse 4 to call each other/oneself
el **llano 10** plain
la **llanta (desinflada) 10** (flat) tire
la **llave 9** key
la **llegada 10** arrival
llenar 10 to fill
llevar 5 to wear, to carry, to take
llevar preso 7 to place under arrest
llevarse 4 to get along with each other
llorar 7 to cry
llover (ue) 5 to rain
Lo siento. 2 I'm sorry.
el **lobo 11** wolf
el **locutor/a 10** announcer
lograr 11 to obtain, to achieve, to attain
la **lucha libre 11** wrestling
luchar 7 to fight, struggle
el **lugar de nacimiento 5** place of birth
la **luna de miel 7** honeymoon
(el) **lunes 1** Monday
la **luz 9** light

M

la **madre 3** mother
el/la **maestro/a 5** teacher
el **maíz 8** corn
mal 1 not well, badly
el **malestar 11** discomfort
la **maleta 10** suitcase
el **maletero, el baúl 10** trunk
malo/a 2 bad
mañana 4 tomorrow
la **mañana 3** morning
mañana por la mañana 4 tomorrow morning
mañana por la noche 4 tomorrow evening
mañana por la tarde 4 tomorrow afternoon
mandar 9 to send
manejar 10 to drive

el **mango 8** mango
la **mano 11** hand
el **mantel 8** tablecloth
mantener (-se) 11 to keep, to stay
la **mantequilla 8** butter
la **manzana 8** apple
el **maquillaje 11** make-up
marrón 5 brown
(el) **martes 1** Tuesday
marzo 5 March
más... que 8 more... than
matar 10 to kill
las **matemáticas 1** mathematics
la **matrícula 10** tuition
el **matrimonio 7** marriage
mayo 5 May
la **mayonesa 8** mayonnaise
el/la **mayor/menor 8** oldest/youngest
Me gusta(n)... 2 I like...
Me gustaría... 2 I would like...
Me llamo... 1 My name is...
las **medias 5** pantyhose, socks
el/la **médico/a 5** doctor
el **medio ambiente 7** environment
medir 8 to measure
meditar 11 to meditate
los **mejillones 9** mussels
mejor 1 better
mejorarse 11 to get better
el **melocotón 8** peach
el **melón 8** melon
menos 1 minus
menos... que 8 less... than
el **mensaje, el recado 9** message
el **menú 9** menu
el **mercado 8** market
la **mesa 3** table
el **mesero 5** waiter
la **meta 11** goal
el/la **meteorólogo/a 10** meteorologist
meter 8 to put
el **metro 9** subway
mexicano/a 10 Mexican
mezclar 8 to mix
el **microondas 3** microwave
el **miel 11** honey
(el) **miércoles 1** Wednesday
mirar 2 to watch, to look at
la **mitad 8** half
moderno/a 2 modern
mojado/a 11 wet
molestar 9 to bother
el **monasterio 10** monastery
la **montaña 10** mountain
montar a caballo 9 to go horseback riding
morado/a 5 purple
moreno/a 3 having brown hair
la **mostaza 8** mustard
el **motor 10** motor
Mucho gusto. 1 Pleased to meet you.
mudarse 4 to move
la **muerte 7** death
muerto/a 3 dead
la **mujer 1** woman

las **muletas** 11 crutches
la **multa** 7 ticket, penalty, fine
el **museo** 7 museum
la **música** 1 music
la **música clásica** 2 classical music
la **música popular** 2 pop music
los **musicales** 2 musicals
el **músico** 5 musician
el **muslo** 11 thigh

N

la **nacionalidad** 10 nationality
nada 3 nothing
nadar 4 to swim
nadie 3 nobody
la **nalga** 11 buttock
la **naranja** 8 orange
la **narcomanía** 11 drug addiction
la **nariz** 11 nose
la **natación** 11 swimming
la **Navidad** 5 Christmas
necesitar 2 to need
negro/a 3 black
nervioso/a 1 nervous
el/la **neurólogo/a** 11 neurologist
nevar (ie) 5 to snow
nicaragüense 10 Nicaraguan
la **niñez** 7 childhood
ninguna parte 8 nowhere
ninguno/a 3 none/not one
el/la **niño/a** 7 child
ni… ni 3 neither… nor
No hay de qué. 9 You're welcome.
la **Noche Vieja** 5 New Year's Eve
el **nombre** 5 (first) name
el **norte** 10 north
Nos vemos. 1 We'll be seeing each other.
las **noticias** 10 news
el **noticiero** 10 newscast
noveno/a 9 ninth
noventa 1 ninety
el **noviazgo** 7 courtship
noviembre 5 November
el/la **novio/a** 1 boyfriend/girlfriend
nueve 1 nine
nuevo/a 2 new
nunca 2 never

O

obedecer 7 to obey
el/la **obrero/a** 5 manual laborer
el **océano Atlántico/Pacífico** 10
Atlantic/Pacific Ocean
ochenta 1 eighty
ocho 1 eight
octavo/a 9 eighth
octubre 5 October
ocupado/a 1 busy
el **odio** 11 hatred
el **oeste** 10 west
la **oficina** 2 office

ofrecer (zc) 9 to offer
el/la **oftalmólogo/a** 11 ophthalmologist
el **ojo** 3 eye
la **olla** 8 pot
once 1 eleven
la **onda** 10 wave
optismista 2 optimistic
la **orden de allanamiento** 7 search warrant
la **oreja** 11 ear
el/la **ortodontista** 11 orthodondist
el/la **ortopedista** 11 orthopedist
oscuro/a 8 dark
el **otoño** 5 fall, autumn

P

el/la **paciente, enfermo/a** 11 sick person
padecer 11 to suffer
el **padre** 3 father
la **paella** 9 paella
pagar 5 to pay
el **país** 1 country
el **pájaro** 7 bird
el **palacio** 10 palace
el **paludismo** 11 malaria, swamp fever
el **pan (dulce)** 8 (sweet) bread
panameño/a 10 Panamanian
los **pantalones** 5 pants
los **pantalones cortos** 5 shorts
la **papa** 9 potato
las **papas fritas** 8 french fries
el **papel higiénico** 9 toilet paper
las **paperas** 11 mumps
para + infinitive 4 in order + infinitive
el **parabrisas** 10 windshield
el **paracaídas** 11 parachute
la **parada de autobús** 10 bus stop
la **parada de taxis** 10 taxi stand
el **paraguas** 5 umbrella
paraguayo/a 10 Paraguayan
el/la **paramédico** 10 paramedic
parar 10 to stop
parecer (zc) 3 to appear, to seem
parecerse (a) 8 to resemble
parecido/a 8 similar
la **pared** 3 wall
la **pareja** 11 boyfriend/girlfriend
el **parque** 4 park
el **parque de atracciones** 9 amusement park
pasado mañana 4 day after tomorrow
el **pasaje** 9 ticket, fare
el/la **pasajero/a** 10 passenger
el **pasaporte** 9 passport
pasar 10 to pass
pasar la aspiradora 8 to vacuum
la **Pascua Florida** 5 Easter
el **pasillo** 9 hallway
el **pastel** 8 cake
la **pastelería** 8 pastry shop
las **pastillas** 11 pills
el **patinaje (sobre)** 11 (ice-) skating
la **patrulla** 7 squad car
el **peatón** 10 pedestrian
el **pecho** 11 chest

el **pediatra** 11 pediatrician
pedir (i) 4 to order, to ask for
peinar(-se) 11 to comb
pelearse 4 to fight with each other
las **películas** 2 movies
el **peligro** 10 danger
peligroso/a 9 dangerous
el **pelo** 3 hair
la **peluquería** 9 hairdresser's shop, barber's
shop
la **península ibérica** 10 Iberian Peninsu
pensar (ie) 4 to think
peor 8 worse
pequeño/a 2 small
la **pera** 8 pear
perder (ie) 4 to lose
perder el conocimiento 11 to lose
consciousness
la **pérdida** 11 loss
perezoso/a 2 lazy
el **permiso de conducir** 10 driver's license
el **perro** 3 dog
peruano/a 10 Peruvian
el **pescado, el pez** 8 fish
pescar 9 to fish
pesimista 2 pessimistic
el **pie** 11 foot
la **piel** 11 skin
la **pierna** 11 leg
el/la **piloto/a** 9 pilot
la **pimienta** 8 pepper
la **piña** 8 pineapple
la **pintura** 3 painting
la **piscina** 3 swimming pool
el **piso** 9 floor
la **pista** 11 track
la **pistola** 10 pistol, gun
la **plancha** 8 iron
planchar la ropa 8 to iron clothes
la **planilla de inmigración** 10 immigration
form
el **plano** 9 map
la **planta** 3 plant
la **planta baja** 9 ground level/floor
el **plato** 8 plate, dish
el **plato hondo** 8 soup dish
el **plato principal** 9 main dish
la **playa** 4 beach
(un) poco 1 (a) little
poco hecho 8 rare
poder (ue) (pude, pudiste…) 5 to be able,
can, may
la **policía** 10 police
el **pollo (asado)** 8 (roast) chicken
poner (puse, pusiste…) 5 to place, to put, to
turn on
poner la mesa 8 to set the table
ponerse de buen/mal humor 11 to get in a
good/bad mood
ponerse mal 10 to start feeling bad, ill
popular 2 popular
por cierto 9 surely
por eso 9 therefore
por fin 7 finally

por lo menos **9** at least
por teléfono **2** on the telephone
porque **1** because
¿por qué? **1** why?
el **portero/a 9** doorperson
Portugal 10 Portugal
preferir (ie) 4 to prefer
la **pregunta 2** question
la **prensa 10** press; newsmedia
preocupado/a 1 worried
preocuparse 4 worry
preparar 2 to prepare
la **presión 11** pressure
preso 7 under arrest
prestar 9 to lend
la **primavera 5** spring
primer(o)/a 9 first
los **primeros auxilios 10** first aid
el/la **primo/a 3** cousin
probarse 5 to try on
profesionalmente 5 professionally
el/la **profesor/a 1** professor, teacher
la **programación 10** programming
el/la **programador/a 5** computer
  programmer
prometer 9 to promise
pronto 7 soon
la **propina 9** tip
proponer (matrimonio) 7 to propose
(matrimony)
la **prueba de pista 11** track event
la **psicología 1** psychology
el/la **psiquiatra 5** psychiatrist
público/a 9 public
el **pueblecito 9** town, village
la **puerta 9** gate
el **puerto 9** port
pues 2 well
la **pulgada 8** inch
los **pulpitos 9** baby octopus
el **pulso 11** pulse
el **puré de papas/patatas 9** mashed potatoes

Q

quedar bien/mal 9 to fit well/badly
la **quemadura 11** burn
quemar (se) 11 to burn
querer (ie) (quise, quisiste...) 4 to want
querido/a 11 loved, dear
el **queso (rallado) 8** (grated) cheese
Quiero presentarle a... 1 I want you to
  meet (formal)
Quiero presentarte a... 1 I want you to
  meet (familiar)
la **química 1** chemistry
quince 1 fifteen
quinto/a 9 fifth
el **quiosco de periódicos 9** newstand
el **quirófano 11** operating room
quitarse 11 to take off

R

el/la **radio 10** radio
la **radiografía 11** X-ray
el **rap 2** rap
realista 2 realistic
rebelde 2 rebellious
la **recaída 11** relapse
la **recámara (México) 3** bedroom
la **recepción 9** front desk
el/la **recepcionista 9** receptionist/desk clerk
la **receta 8** recipe, prescription
recibir 3 to receive
el **recibo 9** receipt
el **recipiente 8** container, bowl
recomendar (ie) 9 to recommend
redactar 10 to write
reducir 10 to reduce
el **refresco 4** soft drink
el **refrigerador 3** refrigerator
regalar 9 to give (as a gift)
regar (ie) las plantas 8 to water the plants
el **régimen 11** diet
registrar 10 to search through, to inspect
regresar 2 to return
regular 1 so-so
reírse (I) 11 to laugh
religioso/a 2 religious
remar 11 to row
remojarse 11 to soak
reparar 10 to repair
repetir (i) 4 to repeat
replicar 7 to reply
la **reseña 10** review
reservar 9 to reserve
la **residencia 2** dormitory
el **restaurante 2** restaurant
la **retórica 10** rhetoric
el **retraso 10** delay
revisar 10 to check
revolver (ue) 8 to stir
revuelto 8 scrambled
rico/a 8 delicious, rich
el **riesgo 11** risk
el **río 9** river
la **risa 11** laugh
el **robo 7** robbery
la **rodilla 11** knee
rojo/a 5 red
el **rollo de película 9** roll of film
romano/a 10 Roman
romper 9 to break
la **ropa 5** clothes
rosa 5 pink
la **rubéola 11** German measles
rubio 3 having blond hair
las **ruinas 10** ruins
ruso 1 Russian

S

(el) **sábado 1** Saturday
la **sábana 9** bed sheet

saber (supe, supiste...) 5 to know
sacar (buenas notas) 7 to get (good grades)
sacar la basura 8 to take out the trash
el **saco de dormir 9** sleeping bag
sacudir 10 to shake
sacudir los muebles 8 to dust the furniture
la **sal 8** salt
la **sala 3** living room
la **sala de espera 10** waiting room
la **salchicha 8** sausage
la **salida 10** departure
salir 2 to go out
el **salmón 9** salmon
la **salsa 2** salsa
saltar 11 to jump
el **salto (de altura/de longitud) 11**
(high/long) jump
la **salud 8** health
saludable 11 healthy
salvadoreño/a 10 Salvadoran
el **sanatorio 11** sanatorium, clinic,
la **sandía 8** watermlon
la **sangre 11** blood
sano 11 sound, healthy
el **sarampión 11** measles
el/la **sartén 8** frying pan
la **secadora 8** dryer
el/la **secretario/a 5** secretary
el **secreto 7** secret
secundario/a 5 secondary
seguir (i) 4 to follow
seguir derecho 9 to continue straight ahead
segundo/a 9 second
el **seguro 10** insurance
seis 1 six
el **sello 9** stamp
el **semáforo 10** traffic light
la **semana 2** week
la **semana pasada 4** last week
la **semana próxima 4** next week
la **Semana Santa 5** Holy Week
la **señal 7** signal, sign
señor(a) 1 Mr./Mrs., Sir/Madame
septiembre 5 September
séptimo/a 9 seventh
ser (fui, fuiste...) 5 to be
serio/a 2 serious
el **servicio de lavandería 9** laundry service
servir 4 serve
servir (i) 8 to serve
sesenta 1 sixty
setenta 1 seventy
sexto/a 9 sixth
el **SIDA 11** AIDS
siempre 2 always
siete 1 seven
la **silla 3** chair
la **silla de ruedas 11** wheelchair
simpático/a 2 nice
el **síntoma 11** symptom
la **sinusitis 11** sinusitis
el **sitio de combate 7** battleground
el **soborno 7** bribe
sobre 3 above

el **sobrepeso** 9 excess weight
el/la **sobrino/a** 3 nephew/niece
social 2 social
la **sociología** 1 sociology
el **soldado** 7 soldier
la **solicitud de empleo** 5 job application
soltero/a 3 unmarried
el **sombrero** 5 hat
el/la **sonidista** 10 sound person
la **sopa** 8 soup
su señoría 7 your honor
subir 9 to go up
subir escaleras 11 to climb stairs
el **suéter** 5 sweater
sufrir 4 to suffer
el **supermercado** 2 supermarket
el **sur** 10 south

T

el **tacón** 5 heel (of a shoe)
tal vez 7 sometimes
la **talla** 5 size
el **taller** 10 mechanic's garage
el **tallo del maíz** 8 cornstalk
el **talón** 11 heel (of a foot)
también 3 also
el **tambor** 7 drum
tampoco 3 neither, not either
el **tanque** 10 tank
tanto/a 7 so much
tanto/a/os/as... como 8 as much... as, as many... as
tan... como 8 as... than
la **taquilla** 10 ticket window
la **tarjeta de crédito** 5 credit card
la **tarjeta de embarque** 9 boarding pass
la **tarjeta postal** 9 post card
la **taza** 4 cup
el **té** 4 tea
te gusta(n) 2 you like...
Te presento a... 1 I'd like you to meet (familiar)
el **teatro** 5 theater
la **televisión** 2 television
televisivo/a 10 television (adj.)
el **televisor** 3 television
la **temperatura** 11 temperature
el **tenedor** 8 fork
tener (tuve, tuviste...) 5 to have
tener calor 3 to be hot
tener frío 3 to be cold
tener ganas de... 3 to feel like...
tener hambre 3 to be hungry
tener mala cara 11 to look bad, ill
tener miedo 3 to be afraid
tener prisa 3 to be in a hurry
tener que + infinitive 3 to have to
tener razón 3 to be right
tener sed 3 to be thirsty
tener sueño 3 to be sleepy
tener... años 3 to be... years old
Tengo que... 2 I have to...

el **tenis** 2 tennis
tercer(o)/a 9 third
la **tercera parte** 8 one third
terminar 2 to end, finish
término medio 8 medium
el **termómetro** 11 thermometer
la **terraza** 9 terrace
el/la **testigo** 10 witness
la **tienda** 5 store
la **tienda de campaña** 9 tent
la **tienda de ropa** 2 clothing store
las **tiendas de lujo** 10 luxury stores
tímido/a 2 shy, timid
tío/a 3 uncle/aunt
las **tiras cómicas** 7 comic strips
la **toalla** 8 towel
el **tobillo** 11 ankle
tocar 7 to play
todo 2 everything
todos los días 2 every day
tomar 3 to drink, to take
tomar sol 9 to sunbathe
el **tomate** 8 tomato
tonto/a 2 stupid, silly
el **toro** 10 bull
la **tortícolis** 11 stiff neck, torticollis
la **tortilla española** 9 egg and potato omelette
la **tos** 11 cough
toser 11 to cough
tra(n)smitir 10 to transmit
trabajador/a 2 hard-working
trabajar 2 to work
traer (traje, trajiste...) 5 to bring
el **tráfico** 10 traffic
el **traje** 5 suit
tranquilo/a 11 calm, quiet
trece 1 thirteen
treinta 1 thirty
el **tren** 9 train
tres 1 three
la **tribu** 7 tribe
la **tripulación** 9 crew
triste 1 sad
el **trombón** 7 trombone
la **trompeta** 7 trumpet
la **trucha** 9 trout
la **tumba** 7 tomb
el **tur** 9 tour
turístico/a 9 tourist
tutear 8 to use the familiar form of address

U

las **uñas** 11 fingerails
unir 8 to combine, unite
la **universidad** 1 university
universitario 1 university (adj.)
el/la **urólogo/a** 11 urologist
uruguayo/a 10 Uruguayan
usar 5 to use
las **uvas** 8 grapes

V

vacunar 11 to vaccinate
el **vagón** 10 car (of a train)
valer pena 10 to be worth it
valiente 7 brave
el **valle** 10 valley
el **valor** 7 courage
la **varicela** 11 chicken pox
el **vaso** 4 glass
(a) veces 2 sometimes
vegetariano/a 8 vegetarian
veinte 1 twenty
el **velero** 11 sailboat
la **velocidad** 10 speed
la **venda, el vendaje** 11 bandage
vender 3 to sell
venezolano/a 10 Venezuelan
venir (vine, viniste...) 5 to come
el **verano** 5 summer
verde 3 green
la **verdura** 8 vegetable
la **verruga** 11 wart
verse 4 to see each other
verter (ie) 8 to pour
el **vestido** 5 dress
vestirse (i) 4 to get dressed
viajar 4 to travel
la **víctima** 10 victim
la **videocasetera** 3 VCR
viejo/a 2 old
(el) viernes 1 Friday
el **vino (tinto, blanco, rosado)** 8 (red, white, rosé) wine
violar 7 to rape
la **violencia doméstica** 11 domestic violence
la **viruela** 11 smallpox
la **vista al mar** 9 view of the sea
la **vitamina** 8 vitamin
vivir 3 to live
el **volante** 10 steering wheel
volar (ue) 9 to fly
volver (ue) 4 to return
vomitar 11 to vomit
la **vuelta** 10 turn, curve

Y

la **yema** 8 yolk
la **yuca** 8 cassava, yucca
y... o 3 and... or

Z

la **zanahoria** 8 carrot
los **zapatos (de tenis)** 5 (tennis) shoes

A

about 5 acerca de
above 3 sobre
accelerate 10 acelerar
accept 5 aceptar
accident 10 el accidente
accountant 5 el/la contador/a
accounting 1 la contabilidad
accuse 7 acusar, denunciar
across from, facing 3 enfrente de
actor 5 el actor/la actriz
acute 11 agudo/a
add 8 agregar
address 5 la dirección
adjust 10 ajustar
advance oneself 5 avanzarse
adventure, action 2 de aventura
advertisement 10 el anuncio
advertising designer 5 el/la diseñador/a de
  publicidad
affection 7 el cariño
Africa 10 Africa
afternoon (this) 4 (esta) tarde
age 5 la edad
agree 7 acordarse
AIDS 11 el SIDA
air conditioning 7 el aire acondicionado
airbags 10 las bolsas de aire
alcoholic 11 el/la alcohólico/a
also 3 también
always 2 siempre
ambulance 10 la ambulancia
American 10 estadounidense
amusement park 9 parque de atracciones
anaesthetist 11 el/la anestesista
ancient 10 antiguo/a
and... or 3 y... o
anemia 11 la anemia
ankle 11 el tobillo
announcer 10 el/la locutor/a
antacid 11 el antiácido
antibiotic 11 el antibiótico
antihistimine 11 el antihistamínico
antilock (breaks) 10 (frenos)
antiderrapantes
apendicitis 11 la apendicitis
appear, seem 3 parecer (zc)
apple 8 la manzana
April 5 abril
aquaduct 10 el acueducto
Arab(ic) 10 árabe
Argentine 10 argentino/a
arm 11 el brazo
armoire (wardrobe) 3 el armario
around 3 alrededor de
arrival 10 la llegada
art 1 el arte
as, like 5 como
ashtray 9 el cenicero
aspect 7 el aspecto
aspirin 11 la aspirina
at least 9 por lo menos
at that time 7 en aquella época
at the beginning 7 al principio

athletic 2 atlético/a
Atlantic Ocean 10 el océano Atlántico
atmosphere 11 el ambiente
attack 7 atacar
attend 3 asistir (a)
August 5 agosto
author 10 el/la autor/a
available 9 disponible
avocado 8 el aguacate

B

back 11 la espalda
back, rear 9 el fondo
bad 2 malo/a
bailiff 7 el alguacil
balcony 9 el balcón
banana 8 la banana
bandage 11 la venda, el vendaje
bandage, dress 11 vendar
bandaid 11 la curita
bank 9 el banco
bankruptcy 7 bancarrota
baseball 2 el béisbol
basketball 2 el baloncesto
bathe (oneself) 4 bañarse
bathroom 3 el baño
battery 10 la batería
battleground 7 sitio de combate
be 5 ser (fui, fuiste...), estar (estuve...)
be able, can, may 4 poder (ue) (pude,
  pudiste...)
be afraid 3 tener miedo
be cold 3 tener frío
be hot 3 tener calor
be important, matter 9 importante
be lacking, 9 faltar
be right 3 tener razón
be sleepy 3 tener sueño
be thirsty 3 tener sed
be... years old 3 tener... años
beach 4 la playa
beans 8 los frijoles
beard 3 la barba
beat 8 batir
beaten, battered 11 golpeado/a
beater 8 el batidor
beautiful 10 bello/a
because 1 porque
become sad 11 entristecerse
bed 3 la cama
bed sheet 9 la sábana
bedroom 3 la recámara (México)
beer 4 la cerveza
before 2 antes (de)
begin, start 4 empezar (ie)
beige 5 beige
believe 3 creer
bellhop 9 el botones
belt 5 el cinturón
better 1 mejor
between, among 3 entre
big 2 grande
bill 9 un billete; la cuenta
biology 1 la biología

bird 7 el pájaro
black 3 negro/a
blackmail 7 el chantaje
blister 11 la ampolla
blood 11 la sangre
blouse 5 la blusa
blue 3 azul
boarding pass 9 la tarjeta de embarque
body 7 el cuerpo
boil 8 hervir (ie)
Bolivian 10 boliviano/a
bone 11 el hueso
border 10 la frontera
bored 2 aburrido/a (with estar)
boring 2 aburrido/a (with ser)
bother 9 molestar
bottle 4 la botella
bowl 11 jugar al boliche
boxing 11 el boxeo
boyfriend/girlfriend 1 el/la novio/a, la
  pareja
brave 7 valiente
bread(sweet) 8 el pan (dulce)
break 9 romper
breakfast 8 desayuno
breeze 7 la brisa
bribe 7 el soborno
bring 3 traer (traje, trajiste...)
brochure 9 el folleto
broom 8 la escoba
broth 8 el caldo
brother/sister 3 el/la hermano/a
brown 3 café, marrón
buckle 10 abrocharse
building 2 el edificio
bull 10 el toro
bump 11 el chichón
burn 11 la quemadura
bury 7 enterrar
bus station 9 la estación de autobuses
bus stop 10 la parada de autobús
businessman/businesswoman 5 el
  hombre/la mujer de negocios
busy 1 ocupado/a
butter 8 la mantequilla
buttock 11 la nalga
buy 4 comprar

C

café 2 el café
cafeteria 2 la cafetería
cake 8 el pastel
call each other/oneself 4 llamarse
calm, quiet 11 tranquilo/a
calorie 8 la caloría
camera person 10 el/la camarógrafo/a
camp 9 acampar
cancer 11 el cáncer
canoe 9 la canoa
capital 10 la capital
car 10 el carro
car (of a train) 10 el vagón
carrot 8 la zanahoria
cash 5 el efectivo

cash register, cashier's window 5 la caja
cashier 5 el/la cajero/a
cassava, yucca 8 la yuca
casual 5 casual
cat 7 el gato
catch (an illness) 11 contagiarse de
cathedral 7 la catedral
cause 11 la causa
celery 8 el apio
cereal 8 el cereal
chair 3 la silla
change 10 cambiar
change money 9 cambiar dinero
channel 10 el canal
charge 10 cobrar
check 10 revisar
check, bill 9 el cheque; la cuenta
check luggage 9 facturar, despachar
cheese (grated) 8 el queso (rallado)
chemistry 1 la química
chess 7 el ajedrez
chest 11 el pecho
(roast) chicken 8 el pollo (asado)
chicken pox 11 la varicela
chickpea 8 el garbanzo
child 7 el/la niño/a
childhood 7 la niñez
Chilean 10 chileno/a
Chinese 2 chino
cholesterol 8 el colesterol
Christmas 5 la Navidad
citizen 10 el/la ciudadano/a
classical music 2 la música clásica
classmate 1 el/la compañero/a de clase
clean 2 limpiar
clean the house 8 limpiar la casa
climb mountains 9 escalar montañas
climb stairs 11 subir escaleras
clinic 11 la clínica
close 4 cerrar (ie)
clothes 5 la ropa
clothing store 2 la tienda de ropa
(dance) club 4 el club
coast 10 la costa
cockpit (plane), cabin (ship) 9 la cabina
coffee with steamed milk 4 el café con leche
cold 11 el catarro
colleague 11 el/la colega
Colombian 10 colombiano/a
colonial era 7 la época colonial
comb 11 peinar(-se)
combine 8 unir
come 5 venir (vine, viniste…)
comedies 2 las comedias
comfortable 3 cómodo/a
comic strips 7 las tiras cómicas
company 5 la empresa, la compañia
computer 3 la computadora
computer programmer 5 el/la programador/a
computer science 1 la informática
concierge 9 el conserje
conform 7 conformarse
conformist 2 conformista
confused 1 confundido/a

confusing 1 confuso/a
conservative 2 conservador/a
consult 9 consultar
contact lenses 11 los lentes de contacto
container, bowl 8 el recipiente
content 1 contento/a
contract 10 el contrato
contribute 11 contribuir
cook 5 el/la cocinero/a
cook, chef 8 el/la cocinero/a
corn 8 el maíz
corner 9 la esquina
cost 5 costar (ue)
Costa Rican 10 costarricense
cough 11 la tos
cough 11 toser
cough syrup 11 el jarabe
country 1 el país
country, nation 9 el país
countryside 9 el campo
courage 7 el valor
court 7 la corte
courtship 7 el noviazgo
cousin 3 el/la primo/a
cream 8 la crema
credit card 5 la tarjeta de crédito
crew 9 la tripulación
crime 7 la delincuencia
cross 9 cruzar
cruise 9 el crucero
crutches 11 las muletas
cry 7 llorar
Cuban 10 cubano/a
cup 4 la taza
(half) cup 8 (media) taza
cure 11 la cura
curriculum vitae, resumé 5 el currículum vitae
curtains 8 las cortinas
custom 7 la costumbre
customer 5 el/la cliente
customs 10 la aduana
cut 11 cortar (se)
cycling 11 el ciclismo

D

dance 2 bailar
danger 10 el peligro
dangerous 10 peligroso/a
dark 8 oscuro/a
date of birth 5 la fecha de nacimiento
day 2 el día
day after tomorrow 4 pasado mañana
day before yesterday 4 anteayer
dead 3 muerto/a
death 7 la muerte
December 5 diciembre
decide 3 decidir
declaration 10 la declaración
defendant 7 el/la demandado/a
degrees centigrade/fahrenheit 5 grados centígrados/fahrenheit.

delay 10 el retraso
delicious 8 rico/a
department 1 la Facultad
departure 10 la salida
depressed 11 deprimido/a
desert 10 el desierto
desire 7 el deseo
dessert cart 9 el carrito de postres
diabetes 11 la diabetes
diagnosis 11 el diagnóstico
diction 10 la dicción
diet 11 el régimen
different 2 distinto/a
difficult 2 difícil
dining room 3 el comedor
director, principal 5 el/la director/a
disappear 10 desaparecer
disaster 7 el desastre
discomfort 11 el malestar
dishwasher 8 el lavaplatos
diving 11 el clavado
divorce 7 el divorcio
do, make 5 hacer (hice, hiciste…)
doctor 5 el/la médico/a
dog 7 el perro
domestic violence 11 la violencia doméstica
doorperson 9 el/la portero/a
dormitory 2 la residencia
doubt 7 la duda
dramas 2 los dramas
dresser 3 la cómoda
drink 3 beber, tomar
drive 10 conducir, manejar
driver 10 el/la conductor/a
driver's license 10 el permiso de conducir
drug addict 11 el/la drogadicto/a
drug addiction 11 la narcomanía
drugs 7 las drogas
drum 7 el tambor
dry (clothes) 8 secar ropa
dryer 8 la secadora
dust (furniture) 8 sacudir los muebles
duties, taxes 10 los derechos

E

each 3 cada
ear 11 la oreja
east 10 el este
Easter 5 la Pascua Florida
eat 2 comer
eat lunch 4 almorzar (ue)
economic 10 económico/a
economics 1 la economía
Ecuadorian 10 ecuatoriano/a
education 5 la educación
egg 8 el huevo
eight 1 ocho
eighth 9 octavo/a
eighteen 1 dieciocho
eighty 1 ochenta
el/la mesero/a

elbow **11** el codo
elevator **9** el ascensor
eleven **1** once
emergency **10** la emergencia
employee **5** el/la empleado/a
end, finish **2** terminar
engineer **1** el/la ingeniero/a
engineering **1** la ingeniería
English **1** el inglés
Enjoy your meal! **9** ¡Buen provecho!
environment **7** medio ambiente
epidemia **11** la epidemia
equilibrium **11** el equilibrio
evening (this) **4** (esta) noche
every day **2** todos los días
everything **2** todo
exaggerate **7** exagerar
excess weight **9** el sobrepeso
excited **9** emocionado/a
Excuse me. **9** Con permiso.
exercise **11** la gimnasia
experience **5** la experiencia
eye **3** el ojo
eyedrops **11** las gotas para los ojos
eyeglasses **3** los anteojos

F

face **11** la cara
factory **2** la fábrica
faint **11** desmayarse
fall **11** caerse
fall asleep **4** dormirse (ue)
fall, autumn **5** el otoño
family name **5** el apellido
fast food **7** la comida rápida
fasten **9** abrocharse
fat **3** gordo/a
fat **8** la grasa
father **3** el padre
February **5** febrero
feel like… **3** tener ganas de…
felony **7** el delito mayor
festival **10** el festival
fever **11** la fiebre
fifteen **1** quince
fifth **9** quinto/a
fifty **1** cincuenta
fight with each other **4** pelearse
fight, struggle **7** luchar
fill **10** llenar
fill a prescription **11** llenar una receta
fill out **9** completar
finally **7** por fin
find **4** encontrar
find out about **5** enterarse de
finger **11** el dedo
fingerprint **7** la huella digital
fire **10** el incendio
firefighter **10** el/la bombero/a
first **9** primer(o)/a
first aid **10** los primeros auxilios
fish **8** el pescado

fish **9** pescar
fit well/badly **9** quedar bien/mal
five **1** cinco
fix **10** arreglar
flan **8** el flan
flee **7** huir
flight attendant **9** azafata, el/la sobrecargo
floor **9** el piso
flour **8** la harina
flower **3** la flor
flute **7** la flauta
fly **9** volar (ue)
follow **4** seguir (i)
food **2** la comida
foot **11** el pie
football **2** el fútbol americano
foreign **9** extranjero/a
fork **8** el tenedor
fork, branch off **10** bifurcarse
formal **5** formal
forty **1** cuarenta
four **1** cuatro
fourteen **1** catorce
fourth **9** cuarto/a
fracture, to break **11** fracturar (se)
France **10** Francia
French **1** francés (francesa)
french fries **8** las papas fritas
frequently **2** con frecueencia
fresh **7** fresco/a
Friday **1** viernes
friend **1** el/la amigo(a)
frighten someone **10** darle miedo a alguien/asustar a alguien
front desk **9** la recepción
fruit **8** la fruta
fry **9** freír
frying pan **8** el/la sartén
full **10** lleno/a
full **9** completo/a
funny **2** cómico/a
future **7** el futuro

G

garage **3** el garaje
(flower) garden **3** el jardín (de flores)
gargle **11** hacer gárgaras
garlic **8** el ajo
gas station **9** la gasolinera
gate **9** la puerta
gazpacho **9** gazpacho (a cold tomato soup) el gazpacho
generous **2** generoso/a
geography **1** la geografía
German **1** alemán (alemana)
German measles **11** la rubéola
get (good grades) **7** sacar (buenas notas)
get along with each other **4** llevarse
get angry **4** enojarse (con)
get better **11** mejorarse
get divorced **4** divorciarse
get dressed **4** vestirse (i)

get in a good/bad mood **11** ponerse de buen/mal humor
get married **4** casarse (con)
get ready, dressed **11** arreglarse
get up **4** levantarse
get upset **11** ponerse molesto
get, obtain **9** conseguir (i)
give **5** dar (di, diste…)
give (as a gift) **9** regalar
glass **4** el vaso
glass **8** el vaso
go **3** ir (fui, fuiste…)
Go ahead; After you. **9** Adelante
go by foot, walk **9** andar a pie
go down **9** bajar
go horseback riding **9** montar a caballo
go on a cruise **9** hacer un crucero
go out **2** salir
go sightseeing **9** hacer turismo
go to bed **4** acostarse (ue)
go up **9** subir
goal **11** la meta
golf **2** el golf
good **2** bueno/a
Good afternoon. **1** Buenas tardes.
Good evening. Good night. **1** Buenas noches.
good living **11** el bienvivir
Good morning. **1** Buenos días.
good quality **5** de buena calidad
Good-bye. **1** Adiós.
graduate **4** graduarse
grandfather/grandmother **3** el/la abuelo/a
grapes **8** las uvas
green **3** verde
green pea **8** el chícharo, la arveja
grey **5** gris
ground level/floor **9** la planta baja
Guatemalan **10** guatemalteco/a
guava **8** la guayaba
guest **9** el/la huésped
(tour) guide **10** el/la guía
guidebook **9** la guía
gynecologist **11** el/la ginecólogo/a

H

hair **11** el cabello, el pelo
hairdresser's shop, barber's shop **9** la peluquería
half **8** la mitad
hallway **9** el pasillo
ham **8** el jamón
hamburger **8** la hamburguesa
hand **11** la mano
handsome, beautiful **3** guapo/a
Hanukkah **5** la Janucá
harassment **7** el hostigamiento
hard-working **2** trabajador/a
hat **5** el sombrero
hatred **11** el odio
have **5** tener (tuve, tuviste…)
have to … **3** tener que + infinitive

have fun **4** divertirse (ie)
have just… **4** acabar de + infinitive
having blond hair **3** rubio
having brown hair **3** moreno/a
head **11** la cabeza
head of personnel **5** el/la jefe/a de
headache **11** el dolor de cabeza
health **8** la salud
heart **11** el corazón
heart attack **11** el infarto
heat **8** calentar (ie)
heat (low, medium) **8** el fuego (lento, mediano)
heating **7** la calefacción
heel **11** el talón
help **2** ayudar
Help! **7** ¡Socorro!, ¡Auxilio!
high blood pressure **11** la hipertensión
highway **10** la autopista
hill **10** la colina
hip **11** la cadera
his **5** este/a/os/as
history **1** la historia
hitchhike **9** hacer autostop
Holy Week **5** la Semana Santa
homeless **11** desamparado
Honduran **10** hondureño/a
honey **11** el miel
honeymoon **7** la luna de miel
horror **2** de miedo
hors d'oeuvres **9** los entremeses
hospital **5** el hospital
How are you? (familiar) **1** ¿Cómo estás?
how many? **2** ¿cuántos/as?
how much? **2** ¿cuánto/a?
how? **2** ¿cómo?
hug each other **4** abrazarse
hurricane **7** el huracán
hurt **11** doler (ue)
hurt oneself **10** lastimarse
husband/wife **1** el/la esposo/a
hygiene **11** la higiene

I

Iberian Peninsula **10** la península ibérica
ice cream **8** el helado
ice hockey **11** el hockey sobre hielo
idealist **2** idealista
If you would be so kind. **9** Si Ud. es tan amable.
illness **11** la enfermedad
immigration form **10** la planilla de inmigración
important **2** importante
in advance **9** con anticipación
in front of/behind **3** delante de/detrás de
in love **7** enamorado/a
in order + to … **4** para + infinitive
in peace **7** en paz
in shape **11** en forma
in the band **7** en la orquesta
in three days **4** en tres días

in two hours **4** en dos horas
inch **8** pulgada
included **9** incluido/a
Independence Day **5** el Día de la Independencia
independently **5** independientemente
Indian **7** indio/a
influenza **11** la gripe
inform **7** informar
insist (on) **3** insistir (en)
insurance **10** el seguro
intellectual **2** intelectual
interest, be interested in **9** interesar
interesting **2** interesante
interview **5** la entrevista
intolerance **11** la intolerancia
intonation **10** la entonación
iron **8** la plancha
iron clothes **8** planchar la ropa
irritable **11** irritable
island **10** la isla
issue a ticket **9** emitir un boleto
It's (very) cold. **5** Hace (mucho) frío.
It's (very) hot. **5** Hace (mucho) calor.
It's cool. **5** Hace fresco.
It's sunny. **5** Hace sol.
It's windy. **5** Hace viento.
Italian **2** italiano
itinerary **9** el itinerario

J

jacket **5** la chaqueta
jail **7** la cárcel
January **5** enero
Japanese **1** japonés
jeans **5** los blue jeans
job application **5** la solicitud de empleo
(orange) juice **4** el jugo (de naranja)
July **5** julio
jump **11** saltar
(high/long) jump **11** el salto (de altura/de longitud)
June **5** junio
jury **7** el jurado

K

keep (one's self) **11** mantener (-se)
key **9** la llave
kill **10** matar
kilometrage **10** el kilometraje
kiss **7** besar
kitchen **3** la cocina
knee **11** la rodilla
know **3** saber (supe, supiste…)

L

ladder **10** la escalera
lake **4** el lago
lamb **9** el cordero

lamp **3** la lámpara
languages **1** las lenguas
last **5** durar
last night **4** anoche
last week **4** la semana pasada
last weekend **4** el fin de semana pasado
laugh **11** reírse
laundry service **9** el servicio de lavandería
lavatory, sink **9** el lavabo
law **7** la ley
law firm **7** la agencia; el bufete (Mex.)
lawnmower **8** el cortacésped
lawyer **5** el/la abogado/a
lazy **2** perezoso/a
learn **3** aprender (a)
(made of) leather **5** de cuero
leave, go away **4** irse
left **9** a la izquierda
leg **11** la pierna
legend **7** la leyenda
lemon **8** el limón
lend **9** prestar
less… than **8** menos… que
lettuce **8** la lechuga
liberal **2** liberal
library **2** la biblioteca
lift weights **4** levantar pesas
light **9** la luz
line, queue **10** la cola
listen (to) **2** escuchar
literature **1** la literatura
(a) little **1** (un) poco
live **3** vivir
live (transmission) **10** en directo, en vivo
living room **3** la sala
load **10** cargar
lobster **8** la langosta
long **3** largo/a
look bad, ill **11** tener mala cara
look for **4** buscar
lose **4** perder (ie)
lose consciousness **11** perder el conocimiento
lose weight **11** bajar de peso
loss **11** la pérdida
loss, damage **7** el daño
love **7** el amor
love, delight **9** encantar
loved, dear **11** querido/a
lover **7** el/la amante
luggage **7** el equipaje
luggage lockers **10** la consigna automática
lunch **8** el almuerzo
luxury stores **10** las tiendas de lujo

M

maid; cleaning staff; steward **9** el/la camarero/a
main dish **9** el plato principal
make the bed **8** hacer la cama
make-up **11** el maquillaje
malaria, swamp fever **11** el paludismo

malnutrition 11 la desnutrición
man 1 el hombre
manager 9 el/la gerente
mango 8 el mango
manual laborer 5 el/la obrero/a
map 9 el plano
March 5 marzo
marital status 5 el estado civil
market 8 el mercado
marriage 7 el matrimonio
married 3 casado/a
mashed potatoes 9 el puré de papas/patatas
mathematics 1 las matemáticas
May 5 mayo
mayonnaise 8 la mayonesa
measles 11 el sarampión
measure 8 medir
mechanic's garage 10 el taller
meditate 11 meditar
Mediterranean Sea 10 el mar Mediterráneo
meet, know 3 conocer (zc)
melon 8 el melón
melt 8 derretir (i)
menu 9 el menú
message 9 el mensaje, el recado
meteorologist 10 el/la meteorólogo/a
Mexican 2 mexicano/a
microwave 3 el microondas
microwave oven 8 (horno) de microonda
migraine 11 la jaqueca
mileage 9 el kilometraje
milk 8 la leche
minus 1 menos
mirror 3 el espejo
misdemeanor 7 el delito menor
miss 11 echar de menos
miss 7 faltar a
mix 8 mezclar
modern 2 moderno/a
monastery 10 el monasterio
Monday 1 lunes
moonlight 7 el claro de luna
more... than 8 más... que
(this) morning 4 esta mañana
mother 3 la madre
motor 10 el motor
mountain 10 la montaña
moustache 3 el bigote
mouth 11 la boca
move 4 mudarse
movie theater 2 el cine
movies 2 las películas
Mr./Mrs., Sir/Madame 1 (el/la) señor(a)
mumps 11 las paperas
museum 7 el museo
music 1 la música
music 7 la música
musical instrument 7 el instrumento musical
musicals 2 las musicales
musician 5 el/la músico/a
mussels 9 los mejillones
mustard 8 la mostaza

N

nails 11 las uñas
nationality 5 la nacionalidad
near/far from 3 cerca de/lejos de
neck 11 el cuello
necktie 5 la corbata
neither... nor 3 ni... ni
neither, not either 3 tampoco
nephew/niece 3 el/la sobrino/a
nervous 1 nervioso/a
nervous breakdown 4 la depresión nerviosa
network 10 la cadena
neurologist 11 el/la neurólogo/a
never 2 nunca
new 2 nuevo/a
New Year's Day 5 el Año Nuevo
New Year's Eve 5 la Nochevieja
news 10 las noticias
newscast 10 el noticiero
newscaster, comentator 10 el/la comentarista
newstand 9 el quiosco de periódicos
next to 3 al lado de
Nicaraguan 10 nicaragüense
nice 2 simpático/a, agradable
night 1 noche
nine 1 nueve
nineteen 1 diecinueve
ninety 1 noventa
ninth 9 noveno/a
nobody 3 nadie
none/not one 3 ninguno/a
north 10 el norte
nose 11 la nariz
not well, badly 1 mal
nothing 3 nada
November 5 noviembre
nowhere 8 ninguna parte
nurse 5 el/la enfermero/a

O

obey 7 obedecer
obtain, to achieve 11 lograr
October 5 octubre
offer 9 ofrecer (zc)
office 2 la oficina
oil 8 el aceite
old 2 viejo/a
oldest 8 el mayor
Olympic Games 11 los Juegos Olímpicos
on the telephone 2 por teléfono
on the way 7 en ruta
on vacation 9 de vacaciones
on, in, at 3 en
once upon a time 7 érase una vez
oncologist 11 el/la oncólogo/a
one 1 uno
one hundred 1 cien(to)
one third 8 tercera parte
onion 8 la cebolla
open 3 abrir

operating room 11 el quirófano
ophthalmologist 11 el/la oftalmólogo/a
optimist 2 optimista
orange 5 anaranjado/a
orange 8 la naranja
order, ask for 4 pedir (i)
orthodondist 11 el/la ortodonsista
orthopedist 11 el/la ortopedista
ot top of 3 encima de
others 10 los demás
outgoing, extroverted 2 extrovertido/a
overcoat 5 el abrigo
owe; should, must 3 deber
owner 9 el/la dueño/a

P

pack (one's) bags 9 hacer las maletas
paella 9 la paella
painting 3 la pintura
palace 10 el palacio
Panamanian 10 panameño/a
pants 5 los pantalones
parachute 11 el paracaída
Paraguayan 10 paraguayo/a
paramedic 10 el/la paramédico/a
park 10 estacionar
park 4 el parque
parking 10 el estacionamiento
party 4 la fiesta
pass (by) 9 pasar (por)
passenger 10 el/la pasajero/a
passport 9 pasaporte
passport check 10 el control de pasaportes
pastry shop 8 pastelería
patient 11 el/la paciente
pay 5 pagar
peach 8 el melocotón, el durazno
pear 8 la pera
peasant 7 el/la campesino/a
pedestrian 10 el peatón
pediatrician 11 el/la pediatra
pepper 8 la pimienta
Peruvian 10 peruano/a
pessimist 2 pesimista
pharmacy 9 la farmacia
phenomenon 7 el fenómeno
philosophy 1 la filosofía
photo 9 la foto
physics 1 la física
pillow 9 la almohada
pills 11 las pastillas
pilot 9 el/la piloto/a
pineapple 8 la piña
pink 5 rosa
pistol, gun 10 la pistola
place of birth 5 el lugar de nacimiento
place under arrest 7 llevar preso
place, put 5 poner (puse, pusiste...)
plaid 5 de cuadros
plain 10 el llano
plaintiff 7 el/la demandante
plant 3 la planta

plate, dish **8** el plato
platform **10** el andén
play **3** jugar(ue)
play **7** tocar
Pleased to meet you. **1** Mucho gusto.
police **10** la policía
police headquarters **7** el cuartel de policía
pop music **2** la música popular
popular **2** popular
pork chop **8** la chuleta de cerdo
port **9** el puerto
Portugal **10** Portugal
post card **9** la tarjeta postal
post office **9** la oficina de correos
pot **8** la olla
potato **9** la papa
pound **8** la libra
pour **8** verter (ie)
prefer **4** preferir (ie)
pregnant **11** embarazada
prepare **2** preparar
prescribe **11** recetar
prescription **11** la receta
press; newsmedia **10** la prensa
pressure **11** la presión
pretty **2** bonito/a
print **5** estampado
print **9** imprimir
printer **3** la impresora
professionally **5** profesionalmente
professor **1** el/la profesor(a)
programming **10** la programación
promise **9** prometer
propose (marriage) **7** proponer
   (matrimonio)
psychiatrist **5** el/la psiquiatra
psychology **1** la psicología
public **9** público/a
publishing house **10** la casa editorial
pulse **11** el pulso
pupil, student **11** el/la alumno/a
purple **5** morado/a
purse **5** la bolsa, la cartera
put **8** meter
put in a cast **11** enyesar

Q

question **2** la pregunta

R

race **11** la carrera
radio **10** el/la radiowrite
radio station (business) **10** la emisora
radio station (on the dial) **10** la estación de
   radio
railroad station **9** estación de ferrocarril
rain **5** llover (ue)
raincoat **5** el impermeable
rap **2** el rap
rape **7** violar
rare (meat) **9** crudo/a

raw (meat) **8** poco hecho
reach **11** alcanzar
read **3** leer
ready **9** estar listo/a
realist **2** realista
realize **10** darse cuenta
rebellious **2** rebelde
receipt **9** el recibo
receive **3** recibir
receptionist/desk clerk **9** el/la recepcionista
recipe **8** la receta
recommend **9** recomendar (ie)
red **5** rojo/a
reduce **10** reducir
refrigerator **3** el refrigerador
refrigerator **8** el refrigerador
relapse **11** la recaída
religious **2** religioso/a
rent **9** alquilar, arrendar
repair **10** reparar
repeat **4** repetir (i)
reply **7** replicar
report, denunciation **10** la denuncia
resemble **8** parecerse (a)
reservations **9** las reservaciones
reserve **9** reservar
resolve **9** resolver
restaurant **2** el restaurante
retire **4** jubilarse
return **2** regresar, volver (ue)
return (an object) **10** devolver (ue)
review **10** la reseña
rhetoric **10** retórica
rice **8** el arroz
right **9** a la derecha
right away **9** en seguida
rights **7** los derechos
risk **11** el riesgo
river **10** el río
road, way **10** el camino
roasted **8** el/la asado/a
robber **7** el/la ladrón/ona
robbery **7** el robo
roll of film **9** el rollo de película
Roman **10** romano
room **3** el cuarto
roommate **1** el/la compañero/a de cuarto
roundtrip **9** de ida y vuelta
row **11** remar
rug **3** la alfombra
ruins **10** las ruinas
run **3** correr
run over **10** atropellar
Russian **1** ruso

S

sad **1** triste
sailboat **11** el velero
salad **4** la ensalada
salad **8** la ensalada
salary increase **4** el aumento sueldo
sales ticket, receipt **9** el comprobante

salesclerk **5** el/la dependiente
salmon **9** el salmón
salsa **2** la salsa
salt **8** la sal
Salvadoran **10** salvadoreño/a
sanatorium, clinic **11** el sanatorio
sandwich **4** el bocadillo
Saturday **1** sábado
sauce **8** la salsa
sauce pan, casserole **8** la cacerola
sausage **8** la salchicha
saxophone **7** el saxofón
say, tell **4** decir (dije, dijiste…)
scar **11** la cicatriz
scarlet fever **11** la escarlatina
schedule **10** el horario
school **2** la escuela
science **1** las ciencias
scrambled **8** revueltos
scuba dive **9** bucear
search warrant **7** la orden de allanamiento
season **5** la estación
seat **10** el asiento
seat belt **10** el cinturón de seguridad
second **9** segundo/a
secondary **5** secundario/a
secret **7** el secreto
secretary **5** el/la secretario/a
see each other **4** verse
See you later. **1** Hasta luego.
See you tomorrow. **1** Hasta mañana.
selfish **2** egoísta
sell **3** vender
send **9** mandar
September **5** septiembre
serious **11** grave
serious **2** serio/a
serve **4** servir
serve **8** servir (i)
service station **9** la estación de servicio
set the table **8** poner mesa
seven **1** siete
seventeen **1** diecisiete
seventh **9** séptimo/a
seventy **1** setenta
shake **10** sacudir
shake hands **5** darse la mano
shampoo **9** el champú
shape **11** la forma
shave **11** afeitarse
shirt **5** la camisa
(tennis) shoes **5** los zapatos (de tenis)
shoot, to fire **10** disparar
shopping (go) **2** (ir) de compras
shopping mall **4** el centro comercial
short in length **3** corto/a
short in stature **3** bajo/a
shorts **5** los pantalones cortos
shot **11** la inyección
show, teach **9** enseñar
shower **11** bañarse, ducharse
shrimp **8** los camarones
shutting in, penning **10** el encierro
shy, timid **2** tímido/a

sick person 11 el/la paciente, el/la enfermo/a
sick, ill 1 enfermo/a
sidewalk 10 la acera
sightsee 9 hacer una excursión
sign 10 el letrero
sign 9 firmar
signal 10 la señal
signature 7 la firma
(made of) silk 5 de seda
silverware 9 el cubierto
similar 8 parecido/a
simple, easy 2 fácil
sing 2 cantar
singer 5 el/la cantante
singing 7 el canto
single/double room 9 una habitación
  sencilla/doble
sinusitis 11 la sinusitis
sit-ups 11 los abdominales
six 1 seis
sixteen 1 dieciséis
sixth 9 sexto/a
sixty 1 sesenta
size 5 la talla
skate (ice-) 11 patinar (en hielo)
skating (ice-) 11 el patinaje (en hielo)
ski 4 esquiar
skiing 2 el esquí
skimmed 8 descremado/a
skin 11 la piel
skirt 5 la falda
skis 9 los esquís
sleep 3 dormir (ue)
sleeping bag 9 el saco de dormir
small 2 pequeño/a
smallpox 11 la viruela
smoke 10 el humo
sneeze 11 estornudar
snow 5 nevar (ie)
so much 7 tanto/a
so-so 1 regular
soak 11 remojarse
soap 9 el jabón
social 2 social
sociology 1 la sociología
socks 5 las medias, los calcetines
soft drink 4 el refresco
soft drink 8 el refresco
soldier 7 el soldado
solid-colored 5 liso/a
some 3 alguno/a/os/as
someone 3 alguien
something 2 algo
sometimes 2 a veces
soon 7 pronto
sound person 10 el sonidista
sound, healthy 11 sano
soup 8 la sopa
soup dish 8 el plato hondo
south 10 el sur
Spanish 10 español(a)
speech 10 el discurso
speed 10 la velocidad
speed limit 10 el límite de velocidad

spend 5 gastar
spinach 8 las espinacas
spoon 8 la cuchara
spoonful 8 la cucharada
sports 2 los deportes
sportscaster 10 el/la comentarista
spring 5 la primavera
squad car 7 la patrulla
squid 9 los calamares
stadium 4 el estadio
stage 10 el escenario
stairs 9 la escalera
stamp 9 el sello
start (a car) 10 arrancar
start feeling bad 10 ponerse mal
start to 7 echarse a
state 5 el estado
state of mind 11 el estado de ánimo
stay 11 la estancia
steak 8 el bistec
steering wheel 10 el volante
stemmed-glass 4 la copa
stiff neck, torticollis 11 la tortícolis
stir 8 revolver (ue)
stomach 11 el estómago
stood up 8 dejar plantado
stop 10 parar
store 5 la tienda
stove 3 la estufa
strawberry 8 la fresa
stress 11 el estrés
stretch 11 estirar (-se)
stretcher 11 la camilla
striped 5 de rayas
strong 11 fuerte
student 1 el/la estudiante
studies 5 los estudios
study 2 estudiar
stupendous 7 estupendo
stupid, silly 2 tonto/a
subway 9 el metro
success 11 el éxito
suddenly 5 de repente
suffer 11 padecer
suffer 4 sufrir
sugar 8 la azúcar
suit 5 el traje
suitcase 10 la maleta
summer 5 el verano
sunbathe 9 tomar sol
Sunday 1 domingo
sunflower 8 el girasol
sunglasses 9 los anteojos de sol, las gafas
suntan lotion 9 la crema bronceadora
supermarket 2 el supermercado
surely 9 por cierto
surgeon 11 el/la cirujano/a
sweater 5 el suéter
sweep the floor 8 barrer el piso
sweet 8 dulce
swell 11 hinchar (se)
swelling 11 la hinchazón
swim 4 nadar
swimming 11 la natación

swimming pool 3 la piscina
symptom 11 el síntoma

T

T-shirt 5 la camiseta
table 3 la mesa
tablecloth 8 el mantel
take 5 llevar
take a trip 4 hacer un viaje
take care of yourself 11 cuidarse
take off 11 quitarse
take out the trash 8 sacar la basura
take up, to dedicate one's self to 11
  dedicarse a
take-off 9 el aterrizaje
talk 2 hablar
tall 3 alto
tan 9 broncearse
tank 10 el tanque
taste 9 al gusto
taxi stand 10 la parada de taxis
tea 4 el té
teacher 5 el/la maestro/a
teaspoon 8 la cucharita
teaspoonful 8 la cucharadita
television 2 la televisión
television (adj.) 10 televisivo
television set 3 el televisor
tell each other 4 decirse (i)
temperature 11 la temperatura
ten 1 diez
tennis 2 el tenis
tent 9 la tienda de campaña
tenth 9 décimo/a
terrace 9 terraza
that 5 aquel/la/los/las, ese/esa/os/as
the Day of the Dead 5 el Día de los Muertos
The same. (Me too.) 1 Igualmente.
The sky is clear. 5 El cielo está despejado.
The sky is cloudy. 5 El cielo está nublado.
The weather's nice/bad. 5 Hace buen/mal
  tiempo.
theater 5 el teatro
therefore 9 por eso
thermometer 11 el termómetro
thicken 8 espesarse
thigh 11 el muslo
thin 3 delgado/a
think 4 pensar (ie)
third 9 tercer(o)/a
thirteen 1 trece
thirty 1 treinta
this 5 este/a/os/as
three 1 tres
throat 11 la garganta
Thursday 1 jueves
ticket 10 el billete, el boleto
ticket window 10 la taquilla
ticket, fare 9 el pasaje
ticket, fine 7 la multa
tip, gratuity 9 la propina
tire (flat) 10 la llanta (desinflada)

tired **1** cansado/a
to the left/the right of 3 a la izquierda/ derecha de
today 1 hoy
toilet paper 9 el papel higiénico
tomato 8 el tomate
tomb 7 la tumba
tomorrow 4 mañana
tomorrow afternoon 4 mañana por la tarde
tomorrow evening 4 mañana por la noche
tomorrow morning 4 mañana por la mañana
tooth 11 el diente
tour 9 el tur
tourist (adj.) 9 turístico/a
tourist (n.) 9 el/la turista
towel 8 la toalla
town, village 9 el pueblecito
track 11 la pista
track event 11 la prueba de pista
traffic 10 el tráfico
traffic 10 la circulación
traffic light 10 el semáforo
train 9 el tren
train (for a sport) 11 entrenarse
training 11 el entrenamiento
travel 4 viajar
traveler's check 5 el cheque (de viajero)
tray 9 la bandeja
tree 3 el árbol
trial 7 el juicio/el proceso
tribe 7 la tribu
trim down 11 adelgazar
trombone 7 el trombón
trout 9 la trucha
trumpet 7 la trompeta
trunk 10 el maletero, el baúl
try on 5 probarse
Tuesday 1 (el) martes
tuition 10 la matrícula
turn 9 doblar
turn on, put, place 3 poner
turn, curve 10 la vuelta
turned off 9 apagado/a
twelve 1 doce
twenty 1 veinte
twins 8 los/las gemelo/as
two 1 dos

U

ugly 2 feo/a
umbrella 5 el paraguas
uncertainty 11 la incertidumbre
uncle/aunt 3 el/la tío/a
uncomfortable 11 incómodo/a
uncomfortable/unpleasant 3 desagradable
under 3 debajo de
under arrest 7 preso
understand 4 entender (ie)
unemployed person 11 el/la desempleado/a
unemployment 11 el desempleo
unfortunately 2 desafortunadamente

United States (from the) 5 estadounidense
university 1 la universidad
university (adj) 5 universitario/a
unmarried 3 soltero/a
up above 10 arriba
up-to-date 9 al día
upkeep, cleanliness 11 el aseo
urologist 11 el/la urólogo/a
Uruguayan 10 uruguayo/a
use 5 usar

V

vacuum 8 pasar la aspiradora
Valentine's Day 5 el Día de los Enamorados
valley 10 el valle
VCR 3 la videocasetera
vegetable 8 la legumbre, la verdura
vegetarian 8 vegetariano/a
Venezuelan 10 venezolano/a
victim 10 la víctima
view of the sea 9 una vista al mar
vitamin 8 la vitamina
vomit 11 vomitar

W

waist 11 la cintura
wait 5 esperar
waiter/waitress 5 el/la mesero/a
waiter/waitress 9 el/la camarero/a,
waiting room 10 la sala de espera
walk 4 caminar
wall 3 la pared
want 4 querer (ie) (quise, quisiste…)
warrior 7 el/la guerrero/a
wart 11 la verruga
wash 2 lavar
wash (oneself) 4 lavarse
wash dishes 8 lavar los platos
washing machine 8 la lavadora
watch, look at 2 mirar
water the plants 8 regar (ie) plantas
watermelon 8 la sandía
wave 10 la onda
We'll be seeing each other. 1 Nos vemos.
weak 11 débil
wear, carry, take 5 llevar
wedding 7 la boda
Wednesday 1 miércoles
week 2 la semana
weekend 2 el fin de semana
weekend(this) 4 este fin de semana
well (very) 1 (muy) bien
well-done (meat) 8 bien hecho
west 10 el oeste
Western 2 del oeste
wet 11 mojado/a
What color? 1 ¿De qué color?
What day is today? 1 ¿Qué día es hoy?
What do you study? 1 ¿Qué estudias?
What is your name? (familiar) 1 ¿Cómo te llamas?

What is your name? (formal) 1 ¿Cómo se llama Ud.?
What time is it? 1 ¿Qué hora es?
What's the date? 5 ¿Cuál es la fecha?
What's the weather like? 5 ¿Qué tiempo hace?
What? 9 ¿Cómo?
what? 2 ¿qué?
wheelchair 11 la silla de ruedas
when? 2 ¿cuándo?
where? 2 ¿dónde?
which?, what? 2 ¿cuál?
white 5 blanco/a
who? 2 ¿quién(es)
whole 8 entero/a
why? 2 ¿por qué?
win 4 ganar
windshield 10 el parabrisas
wine (red, white, rosé) 8 el vino (tinto, blanco, rosado)
wine glass, goblet 8 la copa
wine list 9 la carta de vinos
Winter 5 el invierno
witness 10 el/la testigo
wolf 11 el lobo
woman 1 la mujer
woods, forest 10 el bosque
wool (made of) 5 de lana
work 2 trabajar
work 9 funcionar
worried 1 preocupado/a
worry 4 preocuparse
worse 8 peor
Would you like…? 2 ¿Te gustaría…?
wound 11 la herida, la llaga
wounded man/woman 10 el/la herido/a
wreck 10 el choque
wrecker, tow truck 10 la grúa
wrestling 11 la lucha libre
write 3 escribir

X

X-ray 11 una radiografía

Y

yellow 5 amarillo/a
yesterday 4 ayer
yesterday afternoon 4 ayer por la tarde
yesterday morning 4 ayer por la mañana
yolk 8 la yema
You're welcome. 9 No hay de qué.
youngest 8 el/la menor
your honor 7 su señoría
youth 7 la juventud

Z

zero 1 cero

Text Credits

5 "Un jaguar toma jugo en la jungla" © Roger Paré y la courte échelle © 1992 Susaeta Ediciones; 13 Gatorade ad reprinted with permission from *Gatorade;* 21 *¿Por qué la gente viaja a EE.UU.?* reprinted with permission from *American Hotel and Motel Association;* 21 *Dinero en billeteras* published in *Hombre;* 21 *Estudiando en EE.UU.* reprinted with permision from *Instituto de Educación Internacional;* 23 *Canal+* reprinted from *¡Hola!;* 32 covers of *Buena Salud, Buenhogar,* and *Muy Interesante* reprinted with permission of the magazines; 33 TOC from *Buena Salud* reprinted with permission of the magazine; 35 Top 5 non-English languages…Where Hispanics come from? Where Hispanics live? Where Hispanics work? facts and figures taken from *Education Week,* Nov. 3, 1993 *Language Characteristics and Schooling in the United States, A Changing Picture:* 1979 and 1989, 1993, *U.S. Census* 1990; 37 *The Wrong Target* by Mr. Jeff Jacoby, *The Boston Globe,* Globe Newspaper Company; 47 *¿En qué nos equivocamos?* reprinted from *Buena Salud;* 51 "*¿Hoy? No puedo…*" by Sainz reprinted from *Circo;* 64 *De arco a arco* by Lillo published in *Hombre;* 65 "Un hombre con vanidad" reprinted from *Circo;* 68 "Las universidades de…" reprinted from *Eres;* 70 Consider these facts … and 71 Ann Bradley article and Matriculación bar graph facts and figures taken from *Education Week,* Oct. 13, 1993 and Nov. 3, 1993, *The Condition of Bilingual Education in the Nation: A Report to the Congress and the President* 1992, June 30, *Digest of Education Statistics* 1994; 77 Residencial Santa Fé reprinted with permission from *Ubica;* 96 Covers of *Geomundo, Medix, TV Novelas, Casa y Estilo, Mundo 21, Balón* reprinted with permission of the magazines; 117 Consider these facts… and Distribution of Government Social Programs sources are National Coalition of Hispanic Health and Human Services Organization (COSSMHO), INS, Visa Bureau of Consular Affairs, U.S. State Department, CDC National AIDS Clearinghouse, vol. 6 1, *U.S. Census* 1990, *Statistical Record of Hispanic Americans,* 1993, *The Hispanic Yellow Pages,* 1994-95, Boston, MA; 119 Centro Las Americas and SMOC reprinted with permission from *Sus Páginas Amarillas, The Hispanic Yellow Pages,* Massachusetts; 117 Cover & TOC of *Panorama* reprinted from the magazine; 146 "Addición al trabajo reprinted with permission from *Noticias;* 150 Luis Miguel CD cover courtesy of WEA Latina, Warner Music Netherlands BV — A Time Warner Company; 150 photo of Plácido Domingo printed with permission of Management Horizons; 159 Buenhoroscopo reprinted with permission from *Buenhogar;* 161 Hotel Listings reprinted from *Guide Michelin;* 169 "Un invierno que…" reprinted with permission from *Elle;* 177 "La primera fotografía" reprinted with permission from *Enciclopedia popular;* 179 TOC of *Clara* reprinted from the magazine; 190 Weather map and chart reprinted from *La nación;* 193 Average monthly expenditure… source is *U. S. Hispanic Market,* 1991 and JC Penny Marketing Research 1995

237 España (Green Guide) Michelin; 256 National Textbook Company; 260 Statistical Record of Hispanic Americans, 1993. An Introduction to Court Interpreting; 262 Sus Páginas Amarillas, The Hispanic Yellow Pages, 1994-1995, Boston, MA; 279 Buena Salud; 281 Buena Salud p. 133; Buenhogar, 5/31/94, p.67; 285 Buenhogar, 5/31/94; 289 Lillo/Buenhogar, 5/31/94; 289 Mía, Año 4, No. 24. 1994. p.27; 292 Larry Norman Pictures Corp., Hollywood, CA 90028; 293 (Leche esterilizada) Buena Salud, June 1994; 293 (diagram) MÌa, AÒo 3, No. 24, 1994, p. 29; 295 Cosmopolitan, 2/95, p. 23; 297 Fargo; 298 Vanidades, 1/1/95; 302 Hispanic Business, March 1995, Statistical Record of Hispanic Americans, 1993; 311 Clara, April 1995, p. 153; 319 Crown Sterling Suites (ad appeared in Hombre, 12/94); 321 Lecturas, 5/26/95, p. 106; 324 Berlitz Publishing Company, c 1994; 342-343 Clara, 3/95, pp. 120-125; 345 Rand McNally, Inc.; 351 España (Green Guide) Michelin; 355 EspaÒa (Green Guide) Michelin; 361 Ford; 365 Vanidades, 6 junio 1995; 366 Clara, marzo 1995; 372 MÈcanica Popular, Año 47, #3, marzo, 1994; 386-387 El País; 389 The Statistical Record of Hispanic Americans, 1993, Statistical Abstract, 1994. The Hispanic Almanac, 1993; 391 Enciclopedia popular; 397 Buena Salud; 405 Clara, abril 1995; 407 Buena Salud; 411 Mía; 415 Buenhogar, Año 30, no. 6; 420-421 Clara Belleza (special edition ofClara magazine); 423 ("Consider these facts")National Coalition of Hispanic Health and Human Services Organization, 1995; 423 (various pamphlets) Instituto Nacional del Cáncer, McGraw-Hill Healthcare Education Group, Bristol-Myers Company, U.S. Dept. of Health and Human Services, Novo Nordisk Pharmaceuticals, Inc.; 438 (right) Honda (left) Ciba;

Credits

2 & 6 Don Hamerman / Folio; 3 Robert Frerck / Odyssey Productions; 9 & 39 (left) Jack Messler / D. Donne Bryant Stock Photography (right) Steven Ferry; 34 Peter Chartrand / D. Donne Bryant Stock Photography; 39 (right) Jay Dorin / Southern Stock Photos; 70 & 3 Brian Smith / Gamma-Liaison; 71, 38 & 2 Walter Hodges / Westlight; 84 (top left #1)&140 (top) Ken Huang / The Image Bank; 84 (top right #2) Richard Gomez; 84 & 75 (bottom #7) Walter Hodges / Westlight; 84 (Middle left #3) Seth Resnick / Light Sources, Stock; 84 (right middle #4) Lorenzo Gomez; 84 (right middle #6) & 74 Suzanne Murphy-Larrondf; 84 (left middle #5) Bill Losh / FPG International; 86&75 N. Frank / Viesti Associates; 95 Clive Bunskill / Allsport; 115 Michael Krasowitz / FPG International; 117 L. Steinmark / Custom Medical Stock Photo; 121 AP / Wide World Photos; 126, 115 (middle) & 114 (top) Bill Bachmann / Southern Stock Photos; 126 Ron Rovtar / FPG International; 140 (bottom) Dave G. Houser; 150 Todd Kaplan / Star File; 151 (top) Paramount / Shooting Star International Photo Agency (bottom) Univision/Network; 154 &152 Tom McCarthy / Southern Stock Photos; 154 & 153 (right) Frank White / Gamma-Liaison; 156 (top left) Robert Frerck / Odyssey Productions, (top middle) Robert Frerck / Odyssey Productions, (top right) Nik Wheeler, (bottom left) Lisl Dennis / The Image Bank (bottom right) James P. Blair / National Geographic Society; 193 (top left) Frank Capri/Saga '92 / Archive Photos, (bottom left)&153 Stuart Cohen / Comstock; 195 Reuters / Bettman; 196 Lisa O'Connor/Ace / Shooting Star International Photo Agency; 212 Dave G. Houser, C. Goldin/Latin Stock / Westlight, Robert Frerck / Odyssey Productions, Jaime Villaseca / The Image Bank, Index Stock

MAR CARIBE

Barranquilla
Cartagena •
• Maracaibo
Caracas
R. Orinoco

TRINIDAD Y TOBAGO
• Port-of-Spain

VENEZUELA

OCÉANO ATLÁNTICO

Georgetown •
Paramaribo •
Cayenne

GUYANA
SURINAM
GUAYANA
FRANCESA

Medellín •
Manizales •
Cali •
• Bogotá

COLOMBIA

Quito •

ECUADOR

ECUADOR

Quayaquil •

CORDILLERA DE LOS ANDES

• Iquitos

Manaus •
R. Amazona

Belém •

Cajamarca •

R. Madeira

BRASIL

• Recife

PERÚ
Macchu
Picchu
• Lima
Ayacucho • Cuzco

Salvador •

Arequipa
L. Titicaca
La Paz

BOLIVIA

* Brasilia

Arica •

• Sucre
Potosí

Belo Horizonte •

Iquique •

PARAGUAY

Rio de Janeiro •

Antofagasta •
• Salta
Asunción •

São Paulo •
• Santos

TRÓPICO DE CAPRICORNIO

LOS ANDES

• Tucumán

OCÉANO PACÍFICO

R. Paraná

CHILE

• Córdoba

Mendoza •

R. Uruguay

Porto Alegre •

Valparaíso •
Santiago •

Rosario •

URUGUAY

CORDILLERA DE LOS

Buenos Aires •
La Plata

* Montevideo

Concepción •

Bahía Blanca •

Río de la Plata

Puerto Montt •

ARGENTINA

Islas
Malvinas

América del Sur

0   200   400   600   800 millas

Estrecho de
Magallanes

Punta Arenas •

TIERRA DEL FUEGO
Cabo de Hornos

0   200 400 600 800 kilómetros